上海档案史料研究

上海市档案馆 编

第六辑

Shanghai Archives & Records Studies

上海三联书店

目录

专题研究

口述历史

档案指南

档案架

学术动态

Contents

Monograph

Oral History

Guide to Archival Materials

Archive Library

Academic Activity

专题研究

晚清上海外商企业中的华商投资研究

张秀莉

1843 年，上海开港后，由于其地理位置优势和原有的商业基础，很快便成为中国对外贸易最重要的商埠和商品集散地，不仅成为洋行的集中地，而且也是应运而生的各类新式工业企业的发源地和集中地。雷麦在其研究中指出，上海占有外人对华投资总数约三分之一，占有直接企业投资约二分之一。① 最早伴随贸易而出现的工业企业是船舶修造业，从 19 世纪 50 年代起，英美商人便在上海建立了一些船舶修造厂，60 年代英商的祥生船厂与耶松船厂也相继成立。其次是各种加工工业。上海作为生丝的主要出口地，外国丝商从 19 世纪 60 年代起就曾试图在上海建立缫丝厂，都未成功。1878 年后，大型的机器缫丝厂在上海陆续建立，至甲午战争前夕已有怡和、宝昌、纶昌、信昌等 7 个厂，投资共约 530 万元。因为上海的租界面积最大，外国商人与侨民聚集最多，因此又成为外资轻工业的中心，自 19 世纪 40 年代至 70 年代，外国资本在此首先建立了一些食品工业和化学工业。1880 年前后，曾形成一个短期的工业投资的热潮。这些工业的产品不仅供应上海地方市场，而且广泛销售于中国各口岸、城镇，并已深入到农村。而由外商经营的各类公用事业也主要在上海，诸如大英自来火房、法商自来火行、上海自来水公司、上海电光公司等。甲午战争后，大规模的外资纱厂也相继在上海成立。此外还有外商银行、保险公司等金融行业也以

① [美]雷麦著，蒋学楷、赵康节译：《外人在华投资》，商务印书馆 1962 年版，第 82 页。

上海为中心。值得注意的是,这些外商企业的资本并非都来自国外或者上海的外商,而是包含了大量的华人投资,有些企业华人的投资甚至占了绝大比例。

关于华商在外商企业中的投资问题,已有一些代表性的成果。①但这些成果的研究时段大都集中在19世纪,对20世纪的相关问题尚缺乏研究。而在《马关条约》承认外商在通商口岸的投资设厂权后,外商掀起了又一轮投资高潮,而且出现了一些新兴的行业领域,华商在这些大量出现的外商企业中的投资状况及影响非常值得研究。从研究对象看,汪敬虞先生的研究综观全国通商口岸的华商附股现象,上海虽是一个主要地区,但由于着眼点不同,该研究成果中对上海地区华商附股外商企业的情况尚有补充的余地。聂宝璋先生、刘广京先生和郝延平先生的成果主要涉及了某个企业或某一行业的相关内容。这些都为本课题的研究奠定了扎实的基础,也留下了很大的研究空间。本文将从华商投资外商企业的原因和条件以及行业分布、投资概况等方面进行探讨。

一、华商投资外商企业的原因和条件

华商投资外商企业的原因可归纳为制度保障和利益驱动两个方面。制度保障又可从中外的对比中来分析华商抉择的理由。

1. 中外政府的政策对华商投资的影响

根据一系列不平等条约的规定,外商享有治外法权和租界的保护、子口半税等优惠,在华经营活动享有诸多特权,这种不平等的政治经济关系,导致了华商对洋商的畏惧和依附。对此郑观应曾进行过对比分析:“况遇商务讼案,华欠洋商,则领事任意要索不止,累及身家。洋欠华商,则领事每多偏视。于是华商或附洋行股份,坐沾余利,或雇无赖

① 汪敬虞的《十九世纪外国侵华企业中的华商附股活动》和聂宝璋的《从美商旗昌轮船公司的创办与发展看买办的作用》等论文都对此进行过专门研究。国外的研究著述如雷麦的《外人在华投资》,[英]勒费窝的《怡和洋行——1842—1895年在华活动概述》,[美]刘广京的《英美航运势力在华的竞争》,[美]郝延平的《十九世纪的中国买办——东西间桥梁》、《中国的商业革命》等著作中都涉及华商在外商企业中的附股。

以为护符。故欲兴商务,必先能卫商保商,尤必须杜商奸以防逃避,护商本以维市面。”①

与外商所享有的特权相比,清政府不仅限制华商经办新式企业,而且进行种种盘剥和压制,使商与官处于尖锐的矛盾对立中。1867 年中国人始被允准购买轮船,但为了免受干扰,它们都悬挂外国的旗帜。据郑观应的观察,在 1873 年前后上海长江轮船多至十七八只,计其资本已在一二百万,皆为华商之资,附洋行而贸易者十居其九。②《字林西报》在 1876 年声称“中国旗没有插上一艘私人拥有的船只或改良的轮船”。③

作为曾长期服务于外商企业和官督商办企业的华商代表,郑观应对中国的官府、外商和华商的关系之分析可谓一针见血。他指出:“中国电报乃独市生意,招股不难,难于当道始终不变。虽目下所收电费入不敷出,将来风气日开,线路日多,获利必日厚。查外国电线铁路均属如是。惟恐当道见其利,日后之时,动须报效,免费之官报愈多,稍不如意即借端抑勒。中国尚无商律,亦无宪法,专制之下,各股东无如之何!华商相信洋商,不信官督商办之局,职此故也。盖官督商办之局不占公家便宜,只求其保护,尚为地方官勒索;若太占便宜,更为公家他日借口。”④所以华商不愿自居华商之名,而甘附洋商之尾的原因在于“畏官之威,与畏官之无信而已。即如少有警报,官绅措词勒捐,富贵之家,饱己囊橐,多有迫民为盗者”。如果确实能尽行“祛其畏官之隐衷,而予以谋生之大道,则凡闽省之盐商,上海、宁波之号商,皆可罗而致也”。⑤

而对于中国官商不能合力发展新式企业的原因,郑观应则认为:“一则因华商创始不得其人,官亦不为提倡;再则归官创办,不能昭大信而服商人:赢则借事勒捐,亏则多生枝节。”⑥“泰西官与商合,欲创造机

---

① 夏东元编:《郑观应集》上册,上海人民出版社 1982 年版,第 622 页。

② 《论中国轮船进止大略》,《郑观应集》上册,第 53—54 页。

③ S. Couling (1923), *The History of Shanghai*, Volume II, Shanghai Municipal Council, by Kelly & Walsh, Limited, pp. 467 - 469.

④ 《致总办津沪电线盛观察论招商办电报书》,夏东元编:《郑观应集》下册,上海人民出版社 1988 年版,第 1003 页。

⑤ 《论中国轮船进止大略》,《郑观应集》上册,第 53—54 页。

⑥ 《论船政》,《郑观应集》上册,第 92 页。

器等局,官商会办,集款无难;中国官与商离,虽明知获利甚丰,而商俱畏官,不敢承办。惟奸商劣绅乃谋经始,不求实际,专务虚声,事纵有成,功不补过。皆因官商声气不洽,以致举措失宜耳。今中国虽设立船政、制造等局,然须得通中西之学、明制造之事者,派为总办,而后所请洋匠,不敢欺蒙,精益求精,互相讨论。……世有拘迂之士,以效法西人为耻,从而非笑之。夫人之耻莫耻于不若人。我不过欲效其技艺,臻于富强,而于世道人心曾无少损。惟在执政者审其利弊,握其枢机,开诚布公,因势利导,洵救时之要务,保国之良模矣!”①

所以,华商附股外商企业是他们在当时的政治制度背景下做出的趋利避害的选择。到1912年民国建立时,华商投资外商企业的热情依旧。据当时的报告称:“本口商务,愈觉年盛一年。如创办集股之大公司,凡乐于入股者,颇见踊跃。惟购买华商有限公司之股份,以有种种原因在内,华人殊觉稀少;大都乐购英国公司股份者居多。其意以为在英京伦敦或香港注册挂号,似属可靠。第该项公司,虽经注册,而要不过奉行故事。”②

2. 公司制度的中外差异与变迁

中国传统的商业组织形式多为独资或合伙制,而且为无限责任制,资金的募集通过“因友及友,辗转邀集”,一旦破产,东家要用自己所有财产进行赔偿。1862年旗昌轮船公司将有限责任公司的组织形式引入上海。随着华商对这一公司制度的逐步了解,他们迅速接受了这一公司制度,并掀起了投资的热潮。19世纪70年代中期出现了两个新的条件,使华商附股外国轮船公司的活动有了进一步的发展。其一,从1875年起,上海正式成为英国的所谓船舶注册港口,诸凡英籍船只都可在上海移转产权。其二,从70年代下半期起,英国的股份有限公司条例,也普遍应用于它在中国的航运公司。80年代初期,上海船舶注册处的英国人汉德山(Wm. Handyside Tapp)说:“上海作为英国船只的注册港口的条例,达到了它预期的目的,本地的资本逐渐地被吸收到

① 《论机器》,《郑观应集》上册,第90页。

② 关册1912年,中文本,上海口。转见汪敬虞编:《中国近代工业史资料》第二辑,科学出版社1957年版,第1064页。

航业投资中来,产权的公开和注册处为转移产权所提供的便利,保证了投资的信心。"至于有限公司条例,则不仅直接提供了产权转移的便利,而且还缩小了投资的风险。因此,汉德山称如果有限公司条例早一些应用于上海,航运和保险公司就会得到更多好处。①

华商投资外商企业除制度保障上的原因外,最直接的还是投资利润的回报。旗昌轮船公司是上海较早一家获得华商巨额投资的外商企业,它能在华商还不甚了解股份制企业为何物的情况下即给予大量的投资,除金能亨本人从1850—1857年一直在上海旗昌洋行任职,与中国买办及商人之间建立了相互信赖的私人关系外,更重要的是他通过行动培养中国朋友对经营轮船业的兴趣,以丰厚的利润作为诱饵。他将一艘立即可以赚钱的轮船从广州开到上海加以整修,投入长江航运,并和中国友人合股经营、共享厚利。据金能亨回忆:"我虽然自己承担风险,但没有独享利润,一俟轮船顺利航行,我就把所得利润分给中国人,为了争取他们参加到旗昌轮船公司这个更加宏伟的规划中来。"②

当时的报纸对外商企业的成功进行了热情洋溢的报道。据称:"公正轮船公司在不到两年的时间里成功积累了8万两公积金,等于已支付的资本的一半,这还不包括30%的股利,这是一个令人吃惊的繁荣记录。很难找到我们本地公司比这三家航运公司(旗昌、公正、北清轮船公司)经营得更为成功的证据,以及他们所回报给股东的巨大利润。目前情形总体而言处于平衡状态,为了外国人的长远利益,他们应该继续这样的状态,不要有任何剧烈的变化和猛烈的震荡。这三家公司的友好相处是他们实现未来繁荣的最根本保证,只要这种情形继续下去,我们就可以期望他们维持这一有效的情况并给予令人满意的股利。""谏当保险行的股息超过165%,此外还有近10%的利润分配给有贡献的股东。"③1876年,曾有一位外国领事写道:"中国人把投资于外商企业看作是发财致富的一种手段,他们已投资于轮船公司、银行、保险公

① Consular Reports,1880年,上海,第101页。见汪敬虞:《十九世纪西方资本主义对中国的经济侵略》,人民出版社1983年版,第494页。

② [美]刘广京著,邱锡荣、曹铁珊译:《英美航运势力在华的竞争(1862—1874)》,上海社会科学院出版社1988年版,第22—24页。

③ 《北华捷报》1868年12月22日。

司和采矿公司。”①从下表中我们亦可直观地看出部分外商企业在不同阶段的利润状况：

企业名称	年份	纯利比资本(%)	股息(%)
祥生船厂	1891.5—1892.4	17.5	12
祥生船厂	1893.5—1894.4	17.4	12
耶松船厂	1892.7—1893.6	13.5	9
耶松船厂	1893.7—1894.6	21.0	11
美查兄弟有限公司	1889.11—1890.10	11.8	10
老德记药房	1892	17.9	7
新上海制冰厂	1893	14.3	9
上海大英自来火房	1874	15.4	11
上海大英自来火房	1889	21.7	12
上海大英自来火房	1894	24.7	12
上海自来水公司	1890	9.1	8
上海自来水公司	1894	10.7	9
怡和纱厂	1902	—	40
怡和纱厂	1903	—	8
怡和纱厂*	1909	—	22
公益纱厂	1911	—	12
公益纱厂**	1912	—	15
杨树浦纱厂	1920	—	100

资料来源：孙毓棠编：《中国近代工业史资料》上册，第248页；《北华捷报》相关年份。

说明：*1912—1917年期间的平均股息为23.34%。

**1911—1920年期间的平均股息为24.40%。

1910年前后上海之所以涌现出那么多的橡树种植公司，而且引发了抢购股票的狂潮，同样是高额利润的刺激。仅以蓝格志拓植公司的股票

① [英]勒费窝著，陈曾年、乐嘉书译：《怡和洋行——1842—1895年在华活动概述》，上海社会科学院出版社1986年版，第52页。

行情来看,1910年七月初一日,每股面值100荷盾(约合中国货币60两)的股票卖价为1420两,[①]超过股票面额的23倍!据姚公鹤回忆:"当时亲友叙晤,除橡皮股票外,无他谈话,抑若早投资而即晚便可获利者。夫股票涨价,立时致富,诚然可待,亦思橡树自种植以迄收获,应若干年,收获之后,用人工或机工制成需用物品,应若何手续及资本。"[②]相对较高而且稳定的投资回报,显然是华商投资者关注的主要内容。

有了投资的原因和动机,还必须具备投资的条件,才能使得这一行为付诸实践。上海开埠初期,洋行的经营方式主要是印度商号或某种外国商品的代理行,兼做自营贩运。由于交通阻隔,洋行的代理和自营业务不限于进出口商品贸易,同时兼营航运、保险、金融汇兑业务。他们利用操纵居奇的地位,获得了巨额的利润。但是这种旧式垄断制度下的方法与资本主义自由竞争之间的冲突已开始表露出来。早在19世纪50年代,某些洋行已开始考虑改变旧的经营方式。直到19世纪60—70年代,汇丰银行等新式银行所提供的资金融通方式以及苏伊士运河的通航和海底电报线通至上海,刺激了贸易的发展。

上海在1876—1884年的8年间,洋行数目由160家增加到245家,平均每年增加10家以上。[③] 面对大批中小洋行争夺贸易机会造成的利润大幅下降,原有的一些老牌洋行开始扩大自己的经营范围,广泛投资于航运、金融、保险和一些工业部门,以补偿他们的损失。怡和洋行转而从事各式货品代理以及船运、金融和保险业务。旗昌洋行的一位合伙人,于1872年把这一变化总结为:"当这个转型期过去,绝大多数拥有资本与信用的大型洋行,无疑都会调整体制,由农产品买卖转为工商企业,并将涉足银行业。"同年,怡和洋行的合伙人写道:"我相信合理的发展是佣金会逐渐成为我们的固定收入,而过去那种完全独资运作的情形将逐渐消失。"[④]

---

① 《股票(七月初一日上海股票行情)》,《申报》1910年8月6日。

② 姚公鹤:《上海闲话》,上海商务印书馆1917年初版,上海古籍出版社1989年再版,第117—121页。

③ 《十九世纪西方资本主义对中国的经济侵略》,第107页。

④ [英]罗伯·布雷克著,张青译:《怡和洋行》,(台北)时报文化出版企业股份有限公司2001年版,第146—147页。

一旦他们结束"独资运作"的方式而扩大投资时,同华商的合作就成为势所必然的了。1867 年起,怡和的私人信件的主要内容就谈到需要同"本地商人"合作,并且提出今后的利润应该从中国人所不能胜任的领域中取得。从 19 世纪 70 年代一直延续至 80 年代初期,随着中国投资者在西方人控制的公司里的人数逐年增多,无论在合股经营中还是出口贸易中的专门性服务,依靠中国人帮助的外国企业也一年比一年多起来,还出现中外商人合资从事商品投机,以及合股经营"当铺、戏馆之类纯中国式店铺"的情况。到 1891 年,上海海关税务司曾在他的报告中提到:"中国的资本不但大量投资于上述那种纯属本国人的企业,而且也投资于由外国人建立和在外国董事会领导下的公司。我得知,有些外国企业的股份至少有 40%是由中国人持有。本地银行中相当大部分的存款——我不敢冒昧地猜测有多大比例——也属中国人所有。我已经说过,悬挂外国旗的轮船有中国资本的投资,当然中国资本也大量地投资于招商局的股份。总而言之,我认为上海的未来要靠中国、中国人和他们的利益,外国人跟着他们跑将是明智的。"①

而 20 世纪上海金融市场的发展又为更多的华商了解和参与投资外商企业提供了可能。华资银行相继设立并迅速崛起,形成与外商银行和钱庄的鼎立局面,由于金融机构的增加和市场的完善,上海吸纳全国资金的能力也日益增强。外商企业的股票和债券买卖异常活跃,对股份公司的大量出现起了极大的促进作用。尽管从 19 世纪 60 年代起上海就开始有股票的买卖交易活动,但没有正式的证券交易机构。直到 1891 年才出现具有交易所雏形的上海股份公所,1903 年改组为股份公司,名为上海众业公所,经营范围包括中国和远东各地的外商公司股票、债券,南洋各地的橡皮股票和中国政府的金币公债。据记载,先后进入这个市场开拍的外商企业股票有公和祥码头、耶松船厂、公益纱厂、杨树浦纱厂、上海纱厂、鸿源纱厂、老公茂纱厂、汇丰银行、扬子保险、业广地产、电车公司、蓝格志煤油、康沙来特橡皮、英古达徐橡皮、笔打晏拿橡皮、英楂桦橡皮、北起橡皮、上海钱利宾橡皮、地傍橡皮、少孟

---

① 裴式楷:《上海的未来》,见徐雪筠等编译:《上海近代社会经济发展概况(1882—1931)》,上海社会科学院出版社 1985 年版,第 35—36 页。

忌时橡皮、瑞镕船厂等。[①] 正是由于股票买卖的炒作,才使得1910年前后出现了华商对橡树种植公司的疯狂投资。

二、华商投资外商企业概况

华商在近代上海外商企业的投资随着行业发展的变化而亦步亦趋,最早分布于与贸易密切相关的航运业和保险业。华商对外商航运公司的最初投资首先源于对这一行业的接触和了解,早在19世纪50年代初期,外国帆船就参与了中国沿海的贸易,为中国商人在通商口岸之间运输他们的本国商品。上文已提及,华商拥有的轮船数量不少,而且多悬挂外国的旗帜以求享受特权和庇护。因此,一旦外商想通过募集资本成立航运公司,就比较容易获得华商的配合。当然这样的投资在最初阶段还是谨慎的。

从美商琼记洋行分布在中国沿海的各分支机构文件中,可以清楚地表明美国人参与这项轮运业务的情况,同时还可看到美国商人和雇佣或租赁他们船只的中国人关系十分密切。[②] 当时的其他一些洋行情况与此类似。商人李振玉和Kow Ku San在1860年就已和美国人花马太(M. G. Holmes)共同组织了一家清美洋行(Holmes and Co.),用63750两银子购置一艘轮船,航行上海——芝罘——天津一线。[③] 在旗昌洋行决定组织轮船公司时,就积极动员本地商人入股。在1861年4、5月间,招得的32万元股份中,17万元由上海方面认购。金能亨在1861年6月14日的一封信中指出,上海筹得的股份,大部分由"中国老朋友"认购,他本人只投资约2万元。[④] 曾任旗昌轮船公司早期主要职员与船长的伯尔(Thomas Francis Burr)声称:华人是这个企业的最大业主,旗昌洋行只拥有该公司"不到三分之一的股权"。[⑤] 1867年成立的公正轮船公司(The Union Steam Navigation Co.)由轧拉佛洋行

① 洪葭管、张继凤:《近代上海金融市场》,上海人民出版社1989年版,第136—139页。

② 《英美航运势力在华的竞争(1862—1874)》,《导言》,第3页。

③ 《北华捷报》1882年3月15日、1882年3月1日。

④ 《英美航运势力在华的竞争(1862—1874)》,第13页。

⑤ 《英美航运势力在华的竞争(1862—1874)》,第26页。

(Glover & Co.)组织并代理经营,开创资本实收 17 万两,拥有"惇信"号和"罗纳"号两艘轮船。据称"惇信"号"主要为华人"所有,拥有"惇信"号的华人也许是其中最大的股东。"罗纳"号轮的船东也是中国人。① 北清轮船公司(North China Steamer Co.)1868 年 8 月成立,该公司三分之一的股份为唐景星所认识的华人持有。② 1871 年,英国资本的马立师洋行(Morris Lewis & Co.),同样吸收了华商的资本,"洞庭"号和"汉阳"号的大部分所有权都属华人,唐景星在两艘轮船中都有经济利益。③ 怡和洋行驻香港大班惠代尔(James Whittall)在计划筹组轮船股份公司时,也打算"暗中争取那些对航业感兴趣的华人认购股份,比方说达到 10 万两的程度"。④ 1870 年 7 月,约翰逊(F. B. Johnson)鼓励买办唐景星和他的朋友们购买北清轮船公司的"南浔"号轮,并将其委托给怡和代理。早在 1872 年 1 月,约翰逊已经汇报中国人准备筹集资金购买两艘新船。"福州的一些中国商号准备投资 1.5 万至 2 万两现金和我们合伙购买一艘新船。"约翰逊还认为"从上海的有影响的华商那里,可以再筹集到同样金额,用以建造打算投入天津航线的轮船"。1872 年,约翰逊终于以开创资本 32.5 万两组成了一家新的股份公司,即华海轮船公司,12 月 12 日初次分派股权时,其中华商股份占 935 股:"南浔"号 400 股,唐景星招得华股 300 股,怡和洋行福州买办阿唯(Awei)招得 235 股。在分配的 4600 股中,怡和洋行占 64.2%,其他外商占 15.5%,中国人占 20.3%。⑤ 此外,唐景星还附股于美商琼记洋行经理的"苏晏拿打"号(Suwonada),该船于 1865 年购置,股东有美商 12 人、华商 10 人,唐景星初未入股,嗣后其友人 Echow 将所购股份转让给唐。⑥ 1881 年怡和轮船公司在合并华海、扬子两轮船公司的基础上成立,其中华股占有公司资本一半以上。G. C. Allen 在研究英国在远东的企业后指出:在中国,许多外国控制下的公司股份,大部

① 《英美航运势力在华的竞争(1862—1874)》,第 78—79、177 页。

② 《英美航运势力在华的竞争(1862—1874)》,第 94 页。

③ 《英美航运势力在华的竞争(1862—1874)》,第 88 页。

④ 《英美航运势力在华的竞争(1862—1874)》,第 89 页。

⑤ 《英美航运势力在华的竞争(1862—1874)》,第 173—174 页。

⑥ 刘广京:《唐廷枢之买办时代》,载《清华学报》新二卷第二期,1961 年 6 月,第 169 页。

分都握在中国人手里,其中最显著的例子就是怡和轮船公司。①

到了 1875 年,中国人要求将资本使用于外商经营的轮船公司、保险公司、船坞和仓库已经司空见惯。怡和洋行的报告多次谈到中国人也是"几家外商轮船公司的大股东"。② China and Manila Steamship Company, Limited 公司的总经理人旗昌洋行,1883 年股东大会上出席的华商股东代表有 Luk Sau Theeng, Ng Chow Fong。③ 1902 年 6 月 4 日,上海法商雷桑(Racine)及阿斯克曼(Ac Kermann)成立一家航运公司,定名为"东方航业公司"(Compagnie Asiatique de Navigation),资本 500 万法郎,专行上海、汉口两埠,并拟招华人股本三分之一开办。④ 华商在外商轮船公司的投资是如此普遍,以致在提及太古轮船公司成功地在英国筹足资本时,刘广京称"这是在上海的重要航运企业,破天荒第一次在外国筹足自己的大部分资本"。⑤ 20 世纪以后,华商在这些行业的投资有增无减。Cheang Mow Steamship Co., Ld.、公和祥码头公司(Shanghai & Hongkew Wharf Co.)、耶松船厂、Sino-French Navigation Co. 等公司都出现了华股董事代表。

与航运公司业务相关的保险、船坞、造船、仓库等企业也都吸引了华商的广泛投资。谏当保险行于 1836 年由怡和洋行在广州开设,最初有无吸收华商的投资尚不能确定,但在 1867 年,怡和洋行上海的大班约翰逊即请该行上海大班考虑将 10 股出让给上海,以开拓在上海的业务,并建议把其中的一股给唐景星。1868 年在怡和保险公司(Hongkong Fire Insurance)计划分配给华人 50 股股份时,唐景星一人就想认购 30 股。约翰逊在给总行的大班机昔(W. Keswick)的信件中,反复强调要将股份广泛分配给华人的商行和运输业行号以及唐景星对华人的影响,要求在分配股份多给他一些。⑥ 而在此后宣布发行

① G. C. Allen (1954), *Western Enterprise in Far Eastern Economic Development*, p. 132.

② 《怡和洋行——1842—1895 年在华活动概述》,第 49 页。

③ 《北华捷报》1883 年 2 月 21 日。

④ 聂宝璋、朱荫贵编:《中国近代航运史资料》第二辑(1895—1927)上册,中国社会科学出版社 2002 年版,第 166 页。

⑤ 《英美航运势力在华的竞争(1862—1874)》,第 136—137 页。

⑥ 刘广京:《唐廷枢之买办时代》,载《清华学报》新二卷第二期,1961 年 6 月,第 155—156 页。

新股100股中,规定留存三分之二而不是三分之一的利润,分配给有贡献的股东。这一举措立即吸引了上海7名"著名华人"的投资。1875年,该行在上海开设华人部,拉拢中国的客户。1882年该行改组为有限公司时,又吸收了大量的华商资本,华商的投资逐渐增加。扬子保险公司(Yangtsze Insurance Association)于1862年由旗昌轮船公司创办,一开始就有"中国资本的参加",1878年扩充后,附股的中国商人愈来愈多,在公司的股东代表名单中经常出现华股股东的代表。① 1862年,以祥泰、履泰、太平、沙逊、汇隆等五家洋行为主体的保家行(North China Insurance Co.)也在上海成立。在1865年的招股章程中写道:"华人如要搭股合做者,不论股份多寡,都可函商或面商。"它的实收资本不久就由12.5万两增加到25万两,接着在1869年续增至30万两,不久又增加到60万两。整个60年代,保家行都获得了巨额的利润,它的股东除每年得到10%的固定股息外,还可以得到60%—80%的额外红利。因为华商附股十分踊跃,使得保家行的老板在70年代初期竟提出一种限制的办法,规定对申请入股者分配股份的多寡,以申请人能给公司经手保运多少货物为转移。1865年琼记洋行创办的保宁保险公司,也有华商的资本。70年代中期以后,该公司中连续出现华商大股东,如Chung Hing Kee和Yee On。宝裕保险公司(China and Japan Marine Insurance Co.)于1875年公司改组时,原来的部分股东另建新宝裕公司,公开招收华商股份。从此以后,华商就逐渐成为这家保险公司的主要投资人。②

进入19世纪80年代,合股公司的出现以及华商的"附股"活动达到高峰,华商投资的领域也随之拓展。据报道:仅在1882年就有大量合股公司出现,有几家完全为外国人管理,其他的由外国人和中国人合组的董事会管理,有些纯粹是本地企业,对认购股份的需求是如此强烈,因此许多公司中的全部资本同时被个人认购了,而且主要是中国人。③ 怡和洋行在上海公开招股时就出现了认股数额为招股数额10倍

① 《怡和洋行——1842—1895年在华活动概述》,第129页;《十九世纪西方资本主义对中国的经济侵略》,第498—499页。在1910年的第20次股东大会上,华商股东有Chu Ching-shau、King Tse-kong、Chin Yit-chen。见《北华捷报》1910年4月22日。

② 《十九世纪西方资本主义对中国的经济侵略》,第498—501页。

③ 《北华捷报》1883年1月10日。

的局面。1881年12月20日怡和洋行出有告白,拟新设保险公司,专保海险,招集股份1万股,每股250元,本拟上海招集2000股,合计挂号付定金者有2万股之多,因此大部分人被退还定洋,不得入股。有人即在报纸上发布启事,称招股不公,可见踊跃附股者的急切心情。① 1882年开办的怡和丝厂(Ewo Silk Filature),截至1882年4月招集的40061.34两资本中,其中Nien How、Yang Wee Cha、Hung Wo、Te San、Koo Yung chang、Sun Kiew、Sow E. Kee等7名华商的投资额达29000两,占72.39%。② 1882年开办的上海电光公司(Shanghai Electric Company)的资本101000两,其中普通股1000股,优先股10股。③ 1882年8月,上海电光公司成功地募集了最初的资本5万两,有十分之九的请求入股者被拒绝,其中主要是中国人。④ 在未被拒绝的华人中,有大的华商股东李松筠和唐茂枝。1882年发起招股的华兴玻璃公司,资本为15万两,分1500股,由中国的发起股东招募966股。公开招股以后,挂股的人十分踊跃,截止到8月份,认股者已达8000余股,以致挂百股者只能派得14股。⑤ 大英自来火房(The Shanghai Gas Company)于1864年在公共租界成立,虽然还无法弄清华商在该公司的投资情况,但在1900年的股东大会上,出现了华股代表Chin Fo-kee的名字,证明该公司有华商投资。⑥ 在1882年的股东大会上,吕宋制糖公司(The Luzon Sugar Refining Company, Limited)的华股代表Luk San Sheen出席。⑦ Shanghai Sumatra Tobacco Company, Limited, 1891和1892年连续出席股东会的华商代表有Chang Yin-kuang。⑧ 1889年,美查有限公司(Major Brother's and Co., Ltd.)改组,资本定为30万两,

---

① 《招股不公》,《申报》1882年1月28日。

② "Ewo Steam Silk Filature Account Book", in Eiichi Motono (2000), *Conflict and Cooperation in Sino-British Business, 1860 - 1911: The impact of the Pro-British Commercial Network in Shanghai*, p. 71.

③ 《字林西报》1882年5月12日。

④ 《北华捷报》1882年9月1日。

⑤ 《华兴玻璃公司告白》,《申报》1882年9月5日。

⑥ 《北华捷报》1900年4月18日。

⑦ 《北华捷报》1882年8月4日。

⑧ 《北华捷报》1891年3月6日、1892年3月25日。Chang Yin-kuang在会议记录中的另一拼法为Chan Yin-koong。

计 6000 股,先发行 5500 股,其中除美查兄弟以财产作价得股 2000 份以外,其余 3500 股公开发行。认购的股份远远超过公司分配的数额。① 上海五彩画印有限公司是一个为招募中国股份而改组的公司。它的前身是一个名叫卢海灵的英国人所办的富文阁。1890 年改组以后,资本定为 5 万两,共分 2000 股,公司的董事签认 520 股,连同事先有人定买的 180 股,合计不过 700 股,其余 1300 股,则公开招募。② 中国制造熟皮公司(China Tannery Co.),1882 年由上海的几家大洋行纠合一批中国商人接办上海熟皮公司而更名,德国禅臣洋行是一个主角,担任公司的经理。中国方面的股东代表有曹子俊、李松筠、陈舜琴、严焕之、陈乐庭、姜美堂。③ 上海洗毛厂也出现过中国的股东,90 年代后期,华股力量还有所发展,1897 年曾有三个股东代表,出席了股东大会。增裕面粉有限公司(China Flour Mill Co.)从成立之日起,就吸收了大量的中国资本。④

进入 19 世纪 90 年代以后,德法两国资本家也参加到竞争的领域中来。90 年代上半期,上海又增加了四家外国丝厂,这就是 1891 年英国的纶昌丝厂(Lun Chong Silk Filature)、1892 年美国的乾康丝厂、1893 年法国的信昌丝厂(Sin Chong Silk Filature Co.)和 1894 年德国的瑞纶丝厂。这些丝厂很多都是中国买办的资本和外国洋行的资本相结合的产物。例如瑞纶丝厂是由丝商兼瑞记洋行买办吴少卿经手创办的,它后来实际成为吴少卿的企业。乾康丝厂由拔维晏洋行(Bavier & Company)和中国商人合资开办,后来也转卖给中国商人。其他两家丝厂,似乎也没有得到发展。⑤

外商银行中也同样出现华商投资的现象。1863 年,第一家法国在华银行——法兰西银行(Comptior d'Escompte de Paris)在上海开办,70 年代以后已有华商附股活动,80 年代以后华股进一步趋于活跃。⑥

---

① 《美查有限公司》,《申报》1889 年 9 月 16 日;《北华捷报》1890 年 1 月 17 日。
② 《五彩画印有限公司》,《申报》1890 年 8 月 3 日。
③ 《十九世纪西方资本主义对中国的经济侵略》,第 516—517 页。
④ 《中国近代工业史资料》第 2 辑,第 1065 页。
⑤ 《十九世纪西方资本主义对中国的经济侵略》,第 380—381 页。
⑥ 《十九世纪西方资本主义对中国的经济侵略》,第 504 页。

汇丰银行在筹集资本之始就特别着重所谓“华人股份”。[1] 郑观应在《盛世危言》“银行上”中即指出“昔年西商在香港、上海招集中外股本，创设汇丰银行”。[2] 汇丰银行的华商股东代表罗寿嵩就是该行的买办，另一大股东徐子静是聂缉椝的一名账房。鲁麟洋行、同孚洋行、复升洋行、立德洋行、元芳洋行、履泰洋行等共同发起创办华利银行时，登报募集中西各商股份，并且声明登记者已经不少，到期能否如愿派得股份若干，未可预定。[3] 1890 年在上海出现的惠通银行(The Trust and Loan Company of China, Japan and the Straits Ltd.)，[4]1891 年第一次增资的时候，发行的新股在上海一地很快就超额认足了。1893 年银行因亏损巨大要求再次加缴资本的时候，以李贯之(Lee Kwong-chee)和上海 8 万股股份的持有者拒绝续交股本，要求银行清算，并宣称该行的董事们只拥有极少的股份，上海和香港的华人却持有很多。但英国方面否定了上述说法，他们表示 Lee Kwong-chee 只持有 70 股份额，所有的上海股东持有的份额也不到 8 万股的一半，董事只有很少股份不正确，他们目前持有的股份比银行初建时大多了。[5] 从双方的争论中，我们可以看出华商持有的股份数量极大，银行成立之初华商投资所占比例更大。1892 年开办的中华汇理银行(The National Bank of China)的上海顾问部则全由中国委员组成，有许春荣、马建忠、刘镛、徐茗香、汤癸生。由此可见，华资显然不在少数。为了争取更多的“本地资本”，外国人对这件事竭力加以渲染，宣称这个银行的主要控制权由中国人和外国人共同操纵。[6] 1910 年，汇源银行(The Cathay Trust, Ld.)的股东大会上，出席的华商股东代表有 How Tsze-foong、Pow Kong、S. H. Yung，可见该行有华商投资。[7]

棉纺织业也是华商投资的主要行业。早在外商在华投资设厂取得

---

① 《上海新报》1864 年 9 月 6 日。

② 《银行上》,《郑观应集》上册，第 681 页。

③ 《华利银行告白》,《申报》同治壬申(1872 年)七月初二日，第五页。

④ 英文行名后改为“The Bank of China, Japan and The Straits, Ld.”。

⑤ 《北华捷报》1893 年 12 月 15 日。

⑥ 《字林西报》1891 年 10 月 21 日；《上海中华汇理银行告白》,《申报》1891 年 11 月 6 日。

⑦ 《北华捷报》1910 年 5 月 27 日。

合法化之前,就有人进行过投资的尝试,并且都得到华商的踊跃投资。1877 年 4 月,在上海做纱布生意的英国人施克士(C. T. Skeggs)成立了上海火轮机织本布公司,计划公开之后,一开始就得到很多本地富商的支持。公司的全部股本,在一个月之内,被中国商人认去了十分之三,这些搭股者的籍贯,遍布江苏、浙江、福建、广东和山东等省,其中有不少大棉花商和棉布商。据说有人甚至要求包认公司股份的四分之一,而以纱厂专买他的棉花并将布匹也交他贩卖为交换条件。中国商人投资的踊跃,使得施克士到处宣扬,外国人要搭股份,他都不答应。① 但该计划没有成功。美国人华地码(W. S. Wetmore)也曾计划在上海设立丰祥织洋棉纱线公司,并得到中国商人的大力支持,曾在丰泰洋行担任 20 余年买办的王克明不仅负责招股,而且自己也加入股份,并提供了纱厂的地基,此外还有俞少山、吴蟾卿等人。丰祥的资本额定为 30 万两,分 3000 股,在中国商人支持之下,招股工作非常顺利,据华地码说,股份很快挂足,而且已经收入的股本达到三分之一。但由于该计划触犯了洋务派官僚集团的利益而失败。②

《马关条约》的签订,使外商觊觎已久的投资设厂权获得了合法的地位。1895 年就有 4 家大的外商纱厂招股筹办,它们无一例外地公开向华人募股,也得到了华人的积极响应。怡和纱厂(The Ewo Cotton Spinning & Weaving Co., Ltd.)的资本 100 万两,分为 1 万股。筹备阶段先发行 7500 股,其中 5500 股已被发起人分配,剩余 2000 股公开招募。③ 怡和纱厂的董事会主席声称"这家公司比其他公司有更多的资本为本地提供,可能相当于其他两家公司加在一起的份额"。④ 老公茂纱厂(The Laou Kung Mow Cotton Spinning and Weaving Co., Ltd.)资本 80 万两,分为 8000 股。召开第一次大会时,6000 股股份中的 4200 股已被认购,剩余的 1050 股在上海招募,750 股在他们本国内招募。1050 股很快被认满,但在本国内的 750 股却远远超出他们的预期,本国的投资者没有对白银投资表现出特别

① 《上海新报》1877 年 8 月 10 日。
② 《十九世纪西方资本主义对中国的经济侵略》,第 398—402 页。
③ 《字林西报》1895 年 7 月 3 日。
④ 《北华捷报》1896 年 11 月 20 日。

的热情，只认购了 110 股。① 德商瑞记纱厂（The Soy Chee Cotton Spinning Co.，Ltd.）的资本 100 万两，分为 2000 股。1400 股已被认购，剩余 600 股公开招募。② 鸿源纱厂资本 100 万两，分为 1 万股。在最先招募的 8000 股股份中，4275 股已被认购，1000 股在伦敦和纽约招募，2725 股在中国、香港和日本招募。在已认购的股份中，大部分由对棉纱和棉纺织品贸易有兴趣的华商购买。③ 在此必须强调的是，华商认购的份额绝不止公开招募的部分，在已认购的股份中也有大部分被华商持有，否则就不能解释纱厂筹备之初的临时董事会中至少都有两名华商。

外商在开办纱厂的同时，还通过兼并华商纱厂的方式改组为外商纱厂，而且多保留了原来华商的投资份额。这一方式成为外商投资的捷径，日本即通过收买华商纱厂迅速在上海立足。1895—1927 年间被兼并的上海纱厂即有裕晋纱厂、兴泰纱厂、大纯纱厂、九成纱厂、裕源纱厂、公益纱厂、宝成一厂、宝成二厂、华丰纱厂、统益一厂、统益二厂等。1897 年，黄佐卿创办的裕晋纱厂因经营不善改组为英国公司，名为协隆纱厂，黄佐卿的股份依然保留并出任董事。协隆纱厂资金的周转一直不充足，1901 年因为欠华俄道胜银行的 38 万两透支不能按时归还，华俄道胜银行即拍卖了用以抵押的厂地、机器及厂房，该厂破产。④ 1902 年，上海华商兴泰纱厂被债主华俄道胜银行接管，三井洋行上海支店长山本条太郎趁机买去。1905 年，山本等又租办华商大纯纱厂，后来买去，改名三泰纱厂。1908 年，兴泰与三泰组成上海纺织株式会社（Shanghai Cotton Manufacturing Co.，Ltd.），资本 100 万两，因为这两家纱厂都购自华商，所以仍保有华人的投资和董事席位。⑤ 统益纱厂（Tung Yih Spinning & Weaving Co.，Ltd.）则改组为英商统益纺织有限公司，胡筠庵拥有该厂的 400 股股票，计 4000 元，到 1940 年

---

① 《字林西报》1895 年 8 月 5 日、1895 年 12 月 11 日。

② 《字林西报》1895 年 10 月 23 日。

③ 《字林西报》1895 年 8 月 1 日。

④ 《北华捷报》1901 年 11 月 20 日、1901 年 11 月 27 日、1902 年 1 月 8 日、1902 年 1 月 22 日。

⑤ 《中国近代工业史资料》第 2 辑，第 194—195 页。

清理遗产时,他拥有的红股已达 200 股,计 2000 元。另一华商胡耀庭拥有该厂的 1200 股股票。①

20 世纪初华商投资外商企业的一个突出现象是 1909—1910 年的投资外商橡皮股票的热潮,这次投资带有极大的投机成分,最终酿成严重的橡皮股票风潮。从 1909 年冬季到 1910 年夏季,上海橡胶公司的数量从原来的 5 家增加到 46 家。② 投入购买橡皮股票热潮中的,有商人、富有资财者、钱庄老板和经理,以及地方官吏,他们不仅用自有的资金,还借钱来购买。据东亚同文会的报告,橡胶股票的投资总额约为 6000 万两,其中 70%—80%的股票为中国人所有。据一般的估计,中国的橡胶股票投资,在上海投入的约为 2600—3000 万两,在伦敦市场投入约为 1400 万两。因此,中国人的投资总额约为 4000—4500 万两。③ 据已公布股东大会会议记录统计,华商投资的外商橡胶种植公司有康所利得迭植橡公司(The Consolidated Rubber Estates Ld.)、达昌橡皮有限公司(The Tebong Rubber & Tapioca Estate, Ld.)等 39 家橡树种植公司。④ 几乎每家都有华商的投资,而且从华股代表的人数及参与的主动性来看,华商投资所占比例很高。Sungala Rubber Estates, Ld. 公司初由华商拥有和经营,由席锡藩发起,主要投资者亦为洞庭山人,1910 年转由外商经营,但华商的投资依然保留,出席股东大会的华商仍很多。⑤ 在 Consolidated Rubber Estates Ld. 的股东大会上,因为众多出席的华商股东代表不懂英语,由何范之(F. T. Ho)将主席的报告译成汉语。⑥

房地产公司也是华商的投资热点。业广地产有限公司(Shanghai Land Investment Co., Ld.)成立于 1888 年,成立时注册资本上海规元 100 万两,分为 2 万股,每股 50 两,到 1930 年公司共有实收资本及债

---

① 上海市档案馆藏上海商业储蓄银行档案,档号 Q275-1-2096(12),第 13、63 页。

② 《北华捷报》1910 年 11 月 11 日。

③ 菊池贵晴:《清末经济恐慌与辛亥革命之联系》,载中国社会科学院近代史研究所编:《国外中国近代史研究》第 2 辑,中国社会科学出版社 1980 年版,第 72 页。

④ 参见历年《北华捷报》。

⑤ 《北华捷报》1910 年 7 月 29 日,第 261 页。

⑥ 《北华捷报》1910 年 8 月 19 日,第 428 页。

款 1800 万元，地产价值 2200 万元，成为上海的十大外商企业之一。① 英法产业有限公司（The Anglo-French Land Investment Co.，Ld.）于 1905 年底成立，1914 年由于法国政府的交涉，公司的资本从 250 万两（每股 100 两，共 25000 股）降为 180 万两，从此由英法两国共有的企业变为英国企业。② 美商中国营业公司（China Realty Co.，Federal, Inc. U. S. A.），原为华洋人寿保险公司附设的地产部，后在香港注册为公司，1925 年 7 月 27 日由美国人萨达利（F. W. Sutterle）注册为美国公司。新公司成立后，规定资本额为 100 万两，先筹 25 万两，由董事 5 人自己认足。③ 上述公司中都有华董，说明华股投资的比例较高。

1890 年后外商人寿保险公司兴起，因其将中国的商人和官员列入投保对象，所以在公司成立的宣传中即以有声望的华商担任董事以为号召。永明人寿保险公司（Sun Life Assurance Co. of China）成立之初在《申报》上大做广告，公布华董事的名单。永年人寿保险公司（China Mutual Life Insurance Co.，Ld.）是中国境内第一家人寿保险公司。自 1897 年开办之初，即聘请华商担任董事。而且在刊登的广告中都特别注明“华董事李云书”，“总董华商李云书、宋仲遴”，以争取中国人对该公司的信任。④ 华洋人寿保险公司（The Shanghai Life Insurance Co.，Ld.）在香港注册为英商，1920 年因注册问题宣告停办。此外还有美商公平人寿保险公司（Equitable Life Assurance Society of U. S. A.），叶明斋任该公司董事。⑤

除上述比较集中的企业，华商投资的企业门类分布很广泛。如西门子洋行、科发药房、立德机器榨油厂（The Lih Teh Oil Co.，Ld）、商文印刷有限公司（Mercantile Printing Co.，Ld.）、瑞和洋行（Noel,

---

① Arnold Wright and H. A. Cartwright (eds), *Twentieth Century Impressions of Hongkong, Shanghai, Etc.*, Lloyd's Greater Britain Publishing Company, Ltd., 1908, p. 444;《外人在华投资》，第 299 页。

② 《北华捷报》1914 年 4 月 18 日、1914 年 5 月 30 日。

③ 陆文达主编：《上海房地产志》，上海社会科学院出版社 1999 年版，第 149—153 页。

④ 《申报》1899 年 9 月 2 日，附张，第 13 页；1900 年 10 月 29 日，第 344 页。但在董事会会议记录中，董事名单中未见宋仲遴的名字。

⑤ *Twentieth Century Impressions of Hongkong, Shanghai, and other Treaty Ports of China: Their History, People, Commerce, Industries, and Resources*, p. 540.

Murray & Co.)、中国公共汽车公司(General Omnibus Co.)。还有基督教长老会主办的《通问报》(Chinese Christian Intelligencer)以及大陆报馆(The China Press)、(日商)上海取引所、中国垦殖公司(Shanghai Exploration & Development Co.)、(英商)福利有限公司(Hall & Holtz, Ld.)、汇中公司(Central Stores, Limited)、(英商)上海华洋德律风有限公司(Shanghai Mutual Telephone Co., Ld.)等。①

此外,从某些华商的个案来看,他们投资的外商企业领域也很广泛。曾任华商纱布交易所副理事长的胡筠庵,以其个人名义持有的即有英商统益纺织有限公司的股票 400 股和红股 200 股,票面价值共 6000 元,另有上海电力公司五厘半公司债券,票面价值共 13000 元。②曾任美大洋行和广昌洋行买办的旅沪粤商胡耀庭,持有的外商企业股票计有:(1)The Padang Rubber Co., Ltd. 5000 股;(2)The Bukit Toh Alang Rubber Estates, Ltd. 1020 股;(3)The Kota Bohroe Rubber Estates, Ltd. 315 股;(4)Repah Rubber & Tapioca Estates, Ltd. 1593 股;(5)The Shanghai-Malay Rubber Estates, Ltd. 100 股;(6)The Shanghai Loan & Investment Co., Ltd. 150 股;(7)The Shanghai Exploration & Investment Co., Ltd. 100 股;(8)The Shanghai-Sumatra Tobacco Co., Ltd. 40 股;(9)Ewo Cotton Mills, Ltd. 67 股;(10)Shanghai Power Co. 2 股;(11)The Gula-Kalumpang Rubber Estates, Ltd. 200 股;(12)Maatschappij tot Mijn,-Bosch-en-Landbonwexplitatie in Lankat. 50 股;(13)Tung Yih Spinning & Weaving Co., Ltd. 1200 股;(14)新闻报馆股票 60 股。③

三、结　语

华商在近代上海外商企业中的投资领域之广、热情之高已如上述,

---

① 《北华捷报》1928 年 6 月 2 日、1910 年 5 月 27 日、1910 年 3 月 18 日、1910 年 7 月 1 日、1910 年 2 月 18 日、1910 年 6 月 3 日、1910 年 4 月 8 日、1910 年 5 月 6 日、1910 年 1 月 14 日、1910 年 3 月 18 日、1928 年 2 月 25 日。

② 上海市档案馆藏上海商业储蓄银行档案,档号 Q275-1-2096(12),第 13 页。

③ 上海市档案馆藏上海商业储蓄银行档案,档号 Q275-1-2096(12),第 63 页。

以致在某些企业中出现了认股者有十分之九向隅的局面。对于投资者的这一心态，当时人曾将之总结为“非实业不足以动吾人之心，非外人不足以坚吾人之信”。华商对外商企业的投资，的确催生或助长了许多新式企业的发展，给了那些怀揣发财梦想却缺乏资本的外国冒险家以成功的机会，使近代上海成为“冒险家的乐园”。但另一方面这种对洋股的追逐又带有极大的盲目性和投机性，绝大部分投资者将自己的资金委托某位华商代为投资，对于企业经营的内容和状况则不闻不问。1910 年的抢购橡皮股票狂潮就是这一弊端的集中爆发，因为投资者对于橡树的种植和出胶时间、国际市场上的橡胶供给和需求之间的变动、公司前期投入与经营管理成本等问题一无所知，把对于实业的投资当作了立时可以致富的投机，在股票跌价以后，对于那些本身经营比较健全的橡皮公司也完全失去信心，对于这一新兴行业的发展前景根本不予理会。

这一投资特征也影响到新式民族企业的创办和经营。华商对外商企业的投资热情曾引发了 19 世纪 80 年代国人招股合办股份公司的高潮。由于公司众多，竟出现了专门以买卖股票为业者。但是这种一哄而上的局面，难免泥沙俱下，鱼龙混杂。单纯的形式模仿毕竟不能证明集股者有经营管理近代企业的能力，因此许多公司半途而废，甚至根本没有经办企业的举动。市面股票价格也忽如鹘落，到 1883 年股票无一不跌价。出现这种结果的原因，不是公司本身的弊端，其害在于创办公司者不善于办理，大部分公司还是按照中国旧有的惯例行事，收支账目除司事人外，股东都懵然不知。① 所以对大部分投资者而言，其意义仅在于个人从中获利，而那些参与外资企业经营的华商投资者在华人自办新式企业中则发挥了无可替代的作用，对于这一问题将另文展开研究。

对于华商的商业资本转化为工业资本的意义，吴承禧先生曾经指出：“一切商业资本在理论上是应当依附于工业资本的，只有在为工业资本服役的时候，商业资本才真正显出了它的合理的功能。但是，在这儿，有一点我们是要特别提出的，那便是商业资本所应去服役的工业资

① 《中西公司异同续说》，《申报》1883 年 12 月 31 日。

本应当主要的是民族的工业资本而不是外国的工业资本,否则商业资本便要很轻易的变为买办资本了。而当买办资本猖獗的时候,国民经济决不会有前途,商人亦不会有长远的出路。”①但是,在中国近代半殖民地的政治经济制度下,由商业资本到民族工业资本的转化却经历了一个曲折的过程,首先转化为为外商企业服务的买办资本,并在此结合中催生了中国民族工业资本。这一过程反映了中国近代化的根本特征。不能简单地将这一曲折归咎于这些投资于外商企业的华商,而应考量中国经济发展的制度环境。在当时的社会背景下,华商投资外商企业虽然在某种程度上助长了外商在华的不平等经贸关系,但是却直接推动了新式企业的兴办,并将西方近代企业经营方式引入中国自办的企业,在中国近代化的起步阶段发挥了无可替代的作用。

〔作者系上海社会科学院历史研究所助理研究员〕

① 《经济周报》第3卷第18期,1946年10月31日出版,第11页。

19 世纪末浦东避免沦为租界之始末

许洪新

鸦片战争后，英、美、法诸国凭借不平等条约，以供侨民造屋囤货为名，迫使清朝上海地方政府签订了《土地章程》，强行租建了居留地，又趁清政府镇压小刀会和防御太平军之机，夺取了所租区域的行政诸权，形成了“国中之国”的租界，渐而形成由合并起来的英美租界（后称国际公共租界）、[①]法国专管租界与华界并峙的“两界三方”格局。随着英法诸国远东政策的需要和租界经济发展及人口增长，又一再扩张租界，至 1900 年 1 月（光绪二十五年十二月），公共租界面积已从两租界刚合并时的 3650 亩，扩展到 33503 亩，法租界从最初的 986 亩扩展为 2135 亩。

就在 1899—1900 年相继实现的两租界扩展中，浦东曾经成为英法争夺的中心，险些被辟为租界。

一、租界提出扩展

虹口美租界的扩展帷幕落下才两年，1895 年 8 月 21 日，上海英美

① 自 1863 年 9 月英、美两租界合并后，一般称之为英美租界。1870 年 6 月 13 日董事会曾决议：“今后在所有的官方文件中，停止使用‘英美租界’这一名称，而可以用‘上海公共租界’这几个字来表明工部局管辖权范围内的整个租界。”见上海市档案馆编：《工部局董事会会议录》，上海古籍出版社 2001 年版，第 4 册，第 713 页。但“英美租界”名称实际上仍在使用，而且，在 1872 年至 1893 年 2 月 21 日间确定虹口北界的交涉中，始终采用“美租界”这一名称。可见“公共租界”之称那时并未真正确定。直到 1899 年 6 月 7 日董事会会议上再次决议“今后租界的名称，应该称之为‘公共租界’”后，“英美租界”之称才从正式文件中消失。见《工部局董事会会议录》，第 11 册，第 595 页。

租界工部局又致函各国驻沪领事团提出扩展要求。[①] 其实,英美租界当局一直在谋求扩展,早在1880年2月10日至22日间,工部局董事会《土地章程》修改委员会的一些委员,就致函董事会,建议趁虹口美租界北界尚未确定之机,将租界扩至静安寺和打靶场(今虹口公园),并说为实现这一目标,可放弃靠近杨树浦的某一地块为交换。[②] 董事会在讨论中,"普遍赞同"该计划,并即命捕房督察长就静安寺划入租界后,为维持该地区治安所需费用作了估算。[③] 只是,那次提出的扩界图谋中还未包含浦东。但当时各国正在谋求清政府批准1869年(同治八年)擅自修订的《土地章程》,故从策略上认为扩界不合时宜,所以没有进一步的行动。

这次领事团的态度可就大不相同了。1895年中日《马关条约》的签订,台湾、辽东半岛被割让,苏州、杭州、沙市、重庆等增辟为通商口岸,并在新辟和原设的那些口岸城市允准开辟日租界,如同血的腥味能激发鲨鱼的疯狂,日本的攫利极大地刺激了列强,一场以划分势力范围为主要内容的割地狂潮开始酝酿。领袖领事、德国总领事施妥博向总董施高塔表示:"非常赞同工部局要扩展租界边界的要求,一定想方设法取得中国当局的同意。"[④]鉴于上海道表示"无权就此事进行正式谈判",10月23日领事会议决定:"请北京的外交使团给以帮助。"[⑤]不到两个月,驻华外交使团团长、美国驻华公使田贝即回函告知"北京外交使团愿尽力帮助租界的边界得到扩展",并表示"为使活动有效","需要知道全面情况,诸如拟予扩展的确切界线"等等。[⑥]

施高塔获悉后,即与英国总领事哲美森进行了商议。施高塔提出的拟划界线为"从吴淞到极司非而(即梵王渡,今轻轨三号线吴淞江桥东侧)"。哲美森表示:"还是稍少些为好,因为要得过多也许就什么也得不到。"他建议以从周家嘴起,穿越吴淞江,到卡德路(今石门二路)或

---

① 1895年11月12日,《工部局董事会会议录》,第12册,第506页。
② 1880年2月23日,《工部局董事会会议录》,第7册,第699—700页。
③ 1880年3月1日,《工部局董事会会议录》,第7册,第700页。
④ 1895年10月22日,《工部局董事会会议录》,第12册,第503页。
⑤ 1895年11月12日,《工部局董事会会议录》,第12册,第506页。
⑥ 1895年12月10日,《工部局董事会会议录》,第12册,第510页。

者到静安寺为宜,他说:“这个扩展方案有一个很好的借口,就是在这里已修建起大量的棉纺厂。”①12月10日董事会上,施高塔宣读了田贝的回函并介绍了上述情况,董事们个个兴奋异常。克拉哈不赞同哲美森的意见,他说:“索取得越多,就可能获得越多。”他提议仍应将吴淞划入租界。在众说纷纭的意见中,普罗布斯特提出:“由于浦东和许多界外马路一样,已有许多西人的建筑物,因此也应该把浦东那边的土地划进租界之内。”②这是向浦东扩辟租界的最早提出。会后,在施高塔起草的给领袖领事的复信中,提出了经他与英国领事商讨的扩展界线,其中浦东部分是“港口线以内的土地”。③

1896年1月3日,工部局以已购置土地建立纱厂、油栈和码头等为由,再次致函领袖领事,要求扩展租界。领袖领事便将前后两份函件转呈外交使团。当时,法租界当局也提出了扩展要求。外交使团经研商后,于3月25日以照会形式向总理各国事务衙门(以下简称总理衙门)提交,④正式向清政府提出了向浦东扩展租界。

二、中国拒辟失败

总理衙门很快作出了不同意上海两租界扩展的回复,⑤但两租界当局志在必得。在华英侨协会上海分会会长泰普特明白宣布:“此事并未就此了结。”他表示该会“愿在工部局今后为此事采取的任何积极措施中效力”。⑥ 鉴于1893年为美租界北界扩展,工部局曾拨银5000两,由一名叫达拉斯的助理测量员,在中国官员与乡绅中成功地进行了非官方活动,达到了不错的疏通关节的作用,于是,工部局决定这次拨银1万两或再多些的经费,仍由达拉斯进行活动。⑦ 1896年11月12日,法租界公董局向署上海道吕海寰再次提出扩界要求。次年年初,工

---

① 1895年12月10日,《工部局董事会会议录》,第12册,第510页。
② 1895年12月10日,《工部局董事会会议录》,第12册,第510页。
③ 1895年12月17日,《工部局董事会会议录》,第12册,第512页。
④ 1896年4月7日,《工部局董事会会议录》,第12册,第531页。
⑤ 1896年7月14日,《工部局董事会会议录》,第12册,第548页。
⑥ 1896年11月10日,《工部局董事会会议录》,第12册,第568页。
⑦ 1896年7月14日,《工部局董事会会议录》,第12册,第548页。

部局也再次提出扩界,7月6日还附呈了一份界外外侨产业详图。①9月22日,工部局代总董威尔契致函施妥博,提出了更完整的扩界计划与附图。在工部局的这些扩界要求中都包括了浦东的部分地块,如威尔契的计划书中就写道:"浦东方面,情形亦然,该处船坞、油栈以及其它关于造船工业之迅疾发展,最堪注意。此两区(指浦东与杨树浦)非待划入工部局征税管理范围以内,即无一得享卫生、警卫或路灯之利。"②工部局还策动沪上外商总会(亦名和明商会)向外交使团写信,催促外交使团对工部局的扩界计划"迅予全部采用"。③ 1898年2月28日,施妥博以领袖领事身份致函上海道蔡钧,要求扩界。然而,中国政府依旧断然拒绝,3月4日,蔡钧拒绝法租界扩界要求;13日,拒绝英美租界的要求。蔡钧在给施妥博的回函中说:上海面积狭小,"实难于在租界以外,通融一尺一寸之地",租界"最好维持现状"。④

中国政府虽再次拒绝,两租界当局却顽强坚持。工部局继续策动各方面施加压力,6月17日,外商总会召开纳税人特别大会,议决由界内纳税人向各所在国公使写信,要求公使对中国加强施压;⑤7月初,总董费伦赴京,拜会各国公使,觅求支持。⑥ 于是,各国公使纷纷指令驻沪领事,向上海道交涉。⑦ 然而,两江总督刘坤一仍然表示"拒绝考虑扩界建议"。⑧

面对中国政府一再拒绝,法国率先逞强,早在5月份就背弃1874年所作"四明公所冢地不筑马路"的许诺,⑨以建医院、学校及辟路之名义,宣布征用四明公所全部土地。在遭四明公所反对后,7月16日、17

① 1897年7月6日,《工部局董事会会议录》,第13册,第513页。

② 《1897年工部局报告》,第268—270页,转引自《上海公共租界史稿》,上海人民出版社1980年版,第468页。

③ 1897年10月12日,和明商会致领袖公使函,转引自《上海公共租界史稿》,第469页。

④ 《1989年工部局报告》,第282页,转引自《上海公共租界史稿》,第470—471页。

⑤ 郭泰纳夫:《上海自治区与华人》(英文版),第32页,转引自《上海公共租界史稿》,第472页。

⑥ 《上海公共租界史稿》,第471页。

⑦ 《上海公共租界史稿》,第471页。

⑧ 1898年7月6日,《工部局董事会会议录》,第13册,第586页。

⑨ 《上海法总领事为四明公所冢地不筑马路公告碑》,见《上海碑刻资料选辑》,上海人民出版社1980年版,第427页。

日，公然强占公所，挑起流血事件，史称“第二次四明公所事件”。江苏布政使聂缉椝受命来沪处理该事，法国驻沪总领事白藻泰即趁机又一次提出扩界，该要求包括与法租界隔江相对的浦东部分，即今陆家嘴至东昌路沿江段。这时，欺软怕硬的清政府立即显现了软弱之本性，7月22日，刘坤一致总理衙门电中已透露：“扩界一层，现经总署斟为至当，可以应允。”表示了原则同意。① 中国的拒辟努力实际上已失败了。

三、英法相互争夺

消息传出，英法矛盾马上表面化。在浦东的问题上，英法一直有着利益冲突，还在1898年初上海英美租界当局提出向浦东扩展租界时，法国公使就提出过抗议，声称：所涉浦东部分的其中一块土地早在1896年2、3月间，就经各国驻华代表商定划归法租界扩展之用。② 此刻轮到英国作出强烈反应了。9月13日，英国公使麦克唐纳向法国公使提交了照会，照会提出：在法租界谋求扩展的范围中，“含有浦东一平方公里的土地，查此项土地是属于英人的所有权，英籍地主们很不喜欢受法公董局管辖”，如果法国固执地要求这块地皮，将来会发生许多纠纷。③ 17日，英国外交大臣索尔兹伯里向正在英国的清政府使臣罗丰禄提出了抗议，反对将英人产业所在的地块划入法租界。罗丰禄即致电上海，嘱蔡钧留心交涉。④ 27日，英国官方喉舌《泰晤士报》刊发《上海的扩展》一文，文曰：在上海“扩展租界是必要的”，但“应采取实际上具有国际性的英美租界扩大的方式”。文章既攻击法国“扩大租界的要求，是占有领土的野心和提出政治要求的愿望所驱使”，又警告清政府“这样的权力要求不符合中国政府不会将长江流域的任何地区让予另一国家的许诺”。⑤ 12月10日，外交大臣索尔兹伯里又训令驻华公使：

---

① 《清季外交史料》，台湾文海出版社1985年影印版，卷133，第4页下—5页上。

② 上海市档案馆编：《上海租界志》，上海社会科学院出版社2001年版，第98页。

③ 《上海租界志》，第100页。

④ 《近代上海大事记》，上海辞书出版社1989年版，第533—534页，1898年9月17日条。

⑤ 《上海租界志》，第100—101页。

不能允许法国在上海再得到划归法公董局专管的土地,并要该公使转告清政府,"若中国保持照顾英国利益的态度,英国自然也会表示援助"。①

英国公开反对法国向浦东扩张,既是咸丰、同治年间提出合并三界、合组公共租界时就表露的不让法国在华势力扩张坐大之意的延续,更是英国对在浦东既得利益的卫护和为日后扩张的铺垫。早从19世纪50年代初起,英商就将目光投向了浦东,开始违反约定在浦东沿江租地,1853年(咸丰三年),英商在塘桥建造了浦东第一座外商码头。接着一些洋行公司纷纷在浦东建码头、造仓栈。据《中日商埠志》记载:浦东"多年来只是一片平原,有几座旧式的中国船厂和纤夫拉纤的小路",但至1867年(同治六年),"外国人在沿江一带已购买了很多块地,建造起不少空敞的仓库、船坞和码头"。除浦东董家渡码头外,主要有1862年建的怡和码头、穆哈德码头和祥生船厂,1865年建的立德成仓栈,1866年建的和记码头,还有林赛码头、理南查码头、英国海军码头等等。主要集中在其昌栈到陆家嘴一线以及塘桥附近。这些码头仓栈,都拥有一定的规模,如立德成仓栈,其面积约有50亩。② 到1898年,庆宁寺至白莲泾沿江,码头船坞林立,工厂仓栈密布,已到了几无隙地的地步。如英商于1882年设华通码头(东昌路西),1889年设太古码头(东昌路东),1891年设公和祥码头(其昌栈),德商于1890年设瑞记洋油栈码头(陆家嘴南陆家渡),还有祥生基地(其昌栈东)、宝隆码头(杨家渡上游)和隆茂栈(陆家嘴东)等等。

然而,法国并不理会英国的反应,白藻泰径直赴南京找刘坤一谈判。英国见势不妙,干涉姿态也随之升级,12月21日,两艘军舰溯江而上,直驶南京,这既是向刘坤一施压,自然亦是向法国示威,③从口水仗层面升为摆开打仗的架势。同日,上海公共租界工部局董事会会议

① 《上海租界志》,第101页,但是该志将农历十月廿七日误为公历;《近代上海大事记》,第537页,1898年12月10日条。

② 《字林西报》1867年2月19日。

③ 《上海自治区与华人》,第31页,转引自《上海公共租界史稿》,第472页。一作"5艘",见《近代上海大事记》,第537页,1898年12月21日条。

上,董事伊休特也宣称:"设法把法租界对面的浦东港口扩展进来。"①

四、侥幸度过危机

正当剑拔弩张、冲突一触即发之际,法国及时提出了修正方案,即放弃争夺的焦点——浦东,而谋求向西即向徐家汇扩展。12月23日,总理衙门的官员会晤英国公使,以照会形式传递了这一信息,照会中询问:如果中国拒绝法国,在可能发生的冲突中,英国能否提供实力援助?英国能否接受法国的修正方案,或者按法国原方案,但将英人产权地块除外,并在法租界中实行英美租界的章程?26日,英国公使奉命回复:八仙桥至斜桥内有英侨地产40块;此外,尚有他国侨民之地产,断不允法管辖。中国政府无权再给法国人一块新的专管租界,而不给别国同样的专管租界;如果中法发生冲突,英国将"采用物质援助方法"支持中国。② 英国对"实力援助"不作正面表态,实际上是否定;对两种方案不作选择,实际是延宕时间,因为英法两国正在秘密接触。

几天后,一方面英、美、德三国总领事与蔡钧举行了一次会谈,三国最后提出的扩界要求中,已将浦东"除外"。③ 这一动向表明英国准备接受法国将浦东搁置起来的修正方案。另一方面,英国又于27日增派一艘军舰驶往南京,④进一步强化干涉,迫使法国就范。1899年初,中法也中止了扩界谈判。

经过了表面上平静的两个月,3月初,英美德三国总领事、工部局总董与蔡钧再次会商扩界事宜。因扩界建议中有"不可接受的条件",蔡钧愤而退席,三国领事遂分别向刘坤一告状。⑤ 24日,三国公使向总理衙门分别提交了内容同样的照会,强硬地要求清政府训令刘坤一同

---

① 1898年12月21日,《工部局董事会会议录》,第13册,第609页。

② 《清季外交史料》,卷136,第18页下;《近代上海大事记》,第538页,1898年12月25日条。

③ 1898年12月28日,《工部局董事会会议录》,第13册,第610页。

④ 《上海自治区与华人》,第31页,转引自《上海公共租界史稿》,第472页。一作"2艘",见《近代上海大事记》,第538页,1898年12月27日条。

⑤ 1899年3月8日,《工部局董事会会议录》,第14册,第474页。

意扩界。[①] 其时,英法的秘密接触也有了结果,3 月 22 日,英国公使奉令表示,"允许法人推广至徐家汇,以为和解"。[②] 27 日,白藻泰亦宣布正式放弃向浦东、十六铺以南和西门外的扩展,而只从八仙桥向西扩展,并表示支持英美租界的扩展。[③]

至此,两租界当局在向浦东扩展问题上的矛盾暂时缓解,各自扩展也就水到渠成。4 月 13 日,总理衙门告知英、美、德三国公使,已向刘坤一转达了同意扩界的训令。[④] 同日,曾在第二次四明公所事件和扩界谈判中颇为强硬的蔡钧,被免去上海道职务。[⑤] 与工部局及中国官方都有着良好关系的南洋公学监督、美国人福开森,先受请为工部局代表赴南京游说刘坤一,以消弭扩界中的一些细节性和技术性的分歧,旋又戏剧性地当上了刘坤一的代表,来沪与英、美、德国领事及总董进行扩界谈判。[⑥] 5 月 8 日,上海道李光久正式宣布英美租界的扩界范围。6 月底,白藻泰与刘坤一的代表余联沅签约,并于次年 1 月 27 日颁布告示,法租界也实现了第二次扩界。

历经三年多的交涉与波折,浦东总算度过了一次主权丢失的危机。

五、妥协内幕浅析

在这场租界扩展中,浦东和吴淞、极司非而等处虽都侥幸得免,但原因却并不相同,后两处因是军事要地而力拒得免,浦东则是英法制衡的结果。1898 年 12 月 25 日接到英国对 12 月 23 日照会的回复后,总理衙门一面"告英使电领事,与白领相商",一面电令罗丰禄向英国表示:有关法租界扩充之事,移归英、法两国政府,"直接交涉"。[⑦] 同时,

① 《上海自治区与华人》,第 32 页,转引自《上海公共租界史稿》,第 472 页。

② 《上海租界志》,第 101 页。

③ 《近代上海大事记》,第 541 页,1899 年 3 月 27 日条。

④ 《上海自治区与华人》,第 32 页,转引自《上海公共租界史稿》,第 472 页。

⑤ 《上海自治区与华人》,第 34 页,转引自《上海公共租界史稿》,第 473 页。其实,早在 1898 年 2 月,英、美、德国领事就"咸称不能与该道妥商",而要求"请另派妥员办理"。见《清季外交史料》,卷 129,第 19 页下。

⑥ 《上海公共租界史稿》,第 473 页;1899 年 4 月 5 日、12 日,《工部局董事会会议录》,第 14 册,第 479、480 页。

⑦ 《清季外交史料》,卷 136,第 18 页下。

又电令出使法国大臣庆常，“切告[法]外部，请饬法使，先与英商，勿为难中国”。① 清政府把浦东主权的命运交给英法去决定。

那么，英法缘何会在冲突即发之时相互妥协呢？这需要从当时国际关系大背景上加以考察。作为两个殖民大国，当时的英法不仅在浦东扩界上有利益冲突，在广州湾与九龙半岛，以及在整个长江流域也都存在着利益冲突。而且，除了在中国，在东南亚，在埃及与东非，在中非和西非各地，两国也都存在矛盾与冲突。然而，德国、美国的迅速崛起，德国在非洲、美国在菲律宾等处的扩张，却使这两个老牌殖民国家感到更大的威胁，遂又有捍卫既得利益的一致性。这种既冲突又一致的状况，决定了两国虽时而龃龉，甚至剑拔弩张，却终因大局的一致重于局部的矛盾，使两国能搁置矛盾作出妥协。就在 1895 年 12 月至 1899 年 3 月，英、法为调节矛盾先后签订了三次协议：1896 年 1 月 15 日第一次英法协议，以湄公河为界，以河之西东划定双方的势力范围，缓解了在东南亚的矛盾；1898 年 6 月 14 日第二次英法协议，调整了两国在尼日尔河和乍得湖地区的殖民地，缓解了在西非的矛盾；1899 年 3 月 21 日第三次英法协议，解决两国对尼罗河上游地区的争夺，缓解了在东非与中非的矛盾。② 其中，第三次英法协议最耐人寻味，正是在该协议签订后的第二天，即 3 月 22 日，英国驻华公使就奉训令表示同意法国由八仙桥向徐家汇方向扩展的修正方案。27 日，法国总领事也宣布放弃向浦东、十六铺以南和西门外三处的扩展，并支持英美租界的扩展。个中奥秘昭然矣。

六、一点历史启迪

然而英法间的妥协，只是使浦东暂时未划入租界。其夹处黄浦江、长江和大海之间的优越位置和远比上海城区辽阔的地域，决定了这是一块列强决不肯放弃的风水宝地。就在 1898 年 12 月下旬，英、美、德三国领事表示放弃向浦东扩张时，三国领事又曾私下达成一项谅解，即

① 《清季外交史料》，卷 136，第 18 页下。

② 《世界历史词典》，上海辞书出版社 1985 年版，第 385—386 页。

“浦东无论何时交付西人管辖,均应归西人租界”,[①]明白反映了列强夺浦东之心不死。所以,自此之后,由下游而上游,由沿江而腹地,各国对浦东加强了渗噬。如德商于1900年设美最时洋行码头(今老白渡上游张家浜),1901年设扬子码头礼和栈(今其昌栈东),英商于1903年设开平矿务局码头(今民生路江边),美商于1905年设美孚码头(今庆宁寺),日商设老白渡码头和法商设永兴码头等等。浦东的命运仍然悬着。

19世纪末的这场浦东主权危机充分表明了弱国无外交,依赖“以夷制夷”或可苟安一时,但往往成为强国交易的牺牲品;即得一时苟安,前途也是危险的。这场危机也极大地提高了社会先进分子的主权意识与自强意识,在一些有识之士的推动与领导下,20世纪初民族主义思潮迅速高涨,浦东也掀起了以维护土地主权为中心的卫乡护权运动。1902年,塘桥乡绅高守智率先发起状告英商怡和洋行蚕食公地、挤逼永济渡(今浦东塘桥)事,这场斗争,经官五任,历时十年,在同仁辅元堂与后来成立的浦东同人会、浦东塘工善后局等社团机构支持下,说动官府,组织了有华洋官民各方参加的按契清丈,终使怡和洋行退出所占公地,竖界结案。[②] 浦东民气为之一振。1905年秋,由爱国实业家、著名营造商杨斯盛发起不费官帑、不行摊收,辟筑大道,以阻洋商渗噬。这条大道,所费全由浦东籍营造业同仁和士绅捐输,西起陆家渡,东抵洋泾镇,并呈请官府“以路为界”,限制向洋商售让土地。同年,李平书等发起成立浦东同人会,所列要务首条即为“着眼于外力之抵御,禁止浦东地契转洋商道契”;[③]接着谢源深、朱日宣等又成立了一个专以“清理洋商噬占沿塘公地,巩固土权”为宗旨的民间机构浦东塘工善后局。就是这个机构,到1918年就清理议结了十多家洋商公司侵占公地的案件。[④] 还有一位后来成为沪上名医的著名小说家,在1910年(宣统二年)写了一部理想小说,描写了40年后的浦东,兴旺得与浦西差不多,

---

①. 1898年12月28日,《工部局董事会会议录》,第13册,第610页。

② 《浦东塘工善后局案件汇编·清理英商怡和契地,重建董家渡码头,辟筑塘桥路案》,上海图书馆藏。

③ 《浦东同乡会宣言》,《申报》1931年3月15日。

④ 《浦东塘工善后局案件汇编·民国七年奉大总统褒扬匾额案》,上海图书馆藏。

设立了国家银行分行，举办了国内博览会，浦江两岸横跨着大铁索桥，还有行驶着电车的越江隧道，而治外法权早已取消。小说充分表达了20世纪初社会先进分子维护主权、发展浦东、发展上海与中国的强烈愿望。①

综上所述，19世纪末浦东经历了一场险被辟为租界的主权危机，回顾其始末及个中因果，对于加强民族自强意识是很有启迪的；对于提高把握机遇，加快浦东和上海发展的自觉性，也有一定意义。

〔作者系上海市卢湾区地方志办公室编审〕

① 陆士谔：《新中国》，改良小说社1910年第二版。

上海道契中自然景观资料的提取和运用*

吴俊范

作为上海城市化研究可资运用的一种系统而完整的历史资料，上海道契的价值日益受到重视。然而就目前所见的研究成果来看，对该系列资料的开发仍然停留在社会经济的层面，例如关注其文本所代表的法理意义、政治意义，或者用于考查城市地产业发展的大致脉络等，而上海道契中蕴涵的大量的自然景观信息尚未引起研究者的足够重视。亦因此故，利用道契资料对上海城市化所做的研究，尚未从社会经济层面过渡到生态环境变迁的层面。本文主要从历史地理学的视角，阐述上海道契中的自然景观信息对于揭示上海地区从传统水乡演变为现代都市的资料价值，进而对上海城市化所引起的生态环境变迁机制进行深层剖析。

一、水乡塘路景观在道契中的体现

江南水乡的"塘路系统"，是笔者在总体把握太湖流域农田水利开发史与水环境演变史的基础上，从人地关系变迁的角度，对该区农业经济条件下土地利用特征进行抽象性概括而提出的概念。

太湖流域较大的河道多以"塘"、"浦"命名，考诸历史，"塘"包含两

* 本文为上海市高校人文社科重点研究基地上海师范大学中国近代社会研究中心(SJ0703)规划项目成果。

层意思，既指中间的水道，也包括河道两边的堤岸。秦汉以前太湖地区（主要指湖西及湖北区域）属于低湿的沼泽地带，人们通过开挖疏水通道，即渠化河道，逐渐将低洼处的积水排出，进而再将排干后的区域围垦成农田。在开挖河道时堆泥成堤，则自然形成人畜行走、拉纤或小型运输的道路。这种水道与堤岸的结合体最早被称为“塘”，体现了太湖低洼地区在早期开发中，两岸堤路夹河，外挡洪涝，中通排灌，也通航行的水陆兼通的特色。“凡名塘，皆以水左右通陆路也”，①这就是对“塘”初始含义的最佳概括。太湖以东地区开发较晚，其河网构筑是在唐中期之后，随着大型圩田的出现逐渐完善起来。圩田全赖圩岸，筑圩必须“相地势，度水势，划而为圩，高筑堤岸，令内足以围田，外足以御水。圩岸既固，不惟在圩之田无霖涝之旱，且湖水不得漫行，而归于塘浦。则塘浦之水自然满盈迅疾，虽高阜之地，亦因水势易达，可引以资灌溉”。② 当时自太湖至海边曲折一千多里，构成能灌、能排、能通船的河网体系，纵有浦，横有塘，岸上有路，水内有船，故交通十分便利。③

宋以后太湖地区又逐渐出现大圩分小圩的过程，分圩就是以不断开挖泾浜沟渠以及增修各类堤岸的方式，将大面积的农田单位分成小的单位。④ 在分圩过程中，广阔的水面受到愈来愈严重的分割，圩田与圩岸形成多种规模与等级。⑤ 经过明清时期农业的持续发展，太湖地区遍布大小圩田，堤岸与水道体系也越分越细，构成了复杂而完整的塘浦泾浜与圩田网络。因此，从区域经济开发与环境演化的关系来看，各级水道及其堤岸（同时也是陆上通道）所构成的地理系统，其实代表了太湖地区农业土地利用的一种特有方式，它既是传统农业经济持续发展的产物，也是自然条件制约性的具体体现。这个系统随着区域经济

---

① 《永乐大典》，卷 2276，“塘”引《吴兴志》原注。

② 《明经世文编》，卷 396，“与林侍郎论水利第二书”。

③ 《中国大百科全书》，中国大百科全书出版社 1990 年版，第 434 页，“农业”卷Ⅱ，“太湖水利史”。

④ 可参阅滨岛敦俊：《关于江南“圩”的若干考察》，载《历史地理》，第 7 辑，第 188—200 页。

⑤ 王建革：《水车与秧苗：清代江南稻田排涝与生产恢复场景》，载《清史研究》，2006 年第 2 期，第 1—11 页。

的发展处于动态的变化之中,同时也标志着自然环境在人力影响下不断发生着改变。处于这种系统中的河浜沟渠,相对于中国其他地区的河流来说,具有更高的人工化,且变化频繁;处于这种系统中的道路,随河而就,对河流具有相当高的依附性。

故"塘路系统"这一概念,可以用来专指江南水乡由各级水道与陆上通道、堤岸等共同构成的地理系统,它既代表该区特有的土地利用特征,也是该区自然环境演变的主要表现因子。其中"塘"的原意虽已包含道路,但按照现在的一般理解,主要偏重于河道之意,故在此处与"路"并列,以强调这种地理系统水陆兼具的含义。

上海地区在地理单元上从属于整个太湖流域,因而上述关于塘路系统的概念界定对于上海是同样适用的。上海地区虽然成陆较晚,但其农田水利开发与整体水环境演变的相互关系,与整个太湖地区存在较高的一体化特征,只不过在沟洫、圩岸的重要性及其农田水利功能上有一些差异。明人金藻说:"老农云:'种田先做岸,种地先做沟。'此两句切中连年之病。盖高乡花豆不收,为无沟故也;低乡稻禾不收,为无岸故也。是故高乡沟洫为急,而圩岸次之;低乡圩岸为急,而沟洫次之。"①可见,地处高乡的上海地区,其农田水利开发方式相对于整个太湖地区而言,是同中存异的关系。

直至 1843 年上海开埠前,由于农业经济条件下的塘路系统为农田水利、交通运输、社会民生所高度依赖,因此整体上处于完整统一的状态。虽然细分起来,上海开埠时的塘路景观实际上表现为两个层面,即乡村塘路景观与市镇塘路景观,二者也有一些区别,例如市镇内的道路较乡村为密集,河道的商业贸易功能也较为显著,但传统时代的江南市镇,主要是作为一定半径内数个村庄的物资集散中心地而存在,市镇与乡村之间依赖河道相互联通,因此,乡村与市镇在塘路景观上存在较高的一体化特征。

上海开埠后,城厢北面的一块乡村区域被划为租界,具有近现代色彩的城市空间就是从改变传统塘路系统开始滋长起来的。乡民将土地租给城市地产商,双方须签订土地交易契约,由于主权的关系,这种地

---

① 《天下郡国利病书》,原编第 4 册,苏上,金藻"三江水利书"。

契必须由地方行政长官道台签发,故称道契。开埠初期一段时间内以道契形式所交易的地块,基本都是原生态的农业用地,因而该时期的道契内容,蕴涵着十分重要的传统塘路景观资料,这正是笔者关注的焦点所在。

将交易地块的四个边界(四至)丈测准确,并用显著的标志物标明,以免发生产权上的纠纷或歧义,一向是地契必须包含的要素,道契自然也继承了这个传统。道契中用作地块边界的标志物,大体可以分为两类:一是以相邻的地块为界。例如:英册1号道契的南界为"第9分租地";英册21号道契的北界为"华民胡姓界"。相邻地块无论是标明其业主姓氏,还是以其地籍号码代替,一般都代表着明确的产权归属,不会因此而生歧义。另一种标识地块四至的方法,就是用道路或河浜这样的自然景物。例如:英册1号道契的北界、西界均为"公路",东界为"黄浦滩";英册7号道契的东、南、北三界均为"公路",西界为"半河"。道契中的河浜、道路景观信息,类型繁多,但可归纳为三个大类:

(一)道路堤岸类:公路、大路、官路、小路、石路、路、高路、全路、半路、私路、弄、小弄、街弄、半街、半弄、岸、高岸、小岸、浜岸、圩岸、田岸。

(二)河浜沟渠类:官塘、河塘、河、浜、小河、小浜、小沟、水沟、沟、全浜、半浜、半河、私浜。

(三)具名河道:黄浦江、吴淞江、闸港、凌家浜、洋泾浜、洋林浜、唐家浜、肇家浜、涌泉浜、虹口港、穿虹浜等。

这些名目繁多的河浜、道路等级,恰好体现了近代上海城市空间起步的地理基础——传统塘路系统的内在结构和外在特征。运用历史地理学方法收集和分析这些自然景观信息,可以更加清晰地了解开埠初期上海的水乡样貌及其后来的生态环境变动情况。

二、塘路景观信息的提取和分析

可以通过两种途径,对道契中的塘路景观信息加以提取和分析。一是景观复原法,也称倒推法。将领取道契的地块逐一定位在一张大比例尺的上海城区图上,把作为不同地块边界的自然景物用简单的符号分别标画出来,连成一片,即可观察到一幅水乡农村的图景。迄今为止可用于这项复原工作的最合适的地图,是英国人尤埃尔测绘的《1855年大上海外国租界规划图》。[①] 这幅图实际上是截至1855年租界内领取道契之土地的原始地籍图,图中所标识的地块号码,代表其地籍号。地籍号不等于道契编号,但却可从每份道契文本中查找到它所对应的地籍号。然后按照地块的地籍编号顺序,将其边界所对应的自然地物用简单的符号标画出来,当标画的自然景物达到一定数量时,河浜或者道路的形状和走向就会显现出来。例如,英册1号道契的地籍号为8,就先在图上找到第8分租地;道契中显示其四至分别是:北公路,南英册第9分租地,东黄浦滩,西公路,那么就在图上该地块的四个边界分别标上对应的自然地物符号。如此一直做下去,就会出现一幅河浜与道路相间的乡村塘路景观图像。1855年图显示的已经是西方人所建成的城市空间,此处的乡村景观已经消失殆尽,但用此倒推法复原出来的却是农业地块变成城市用地之前的自然特征。

通过景观复原法,可以观察到在上海开埠的起点时期,各种等级的道路与河浜在乡村的土地上错杂分布,正好以图像的方式阐释了本文所界定的水乡塘路景观。但这种方法的局限性也是明显存在的,因而不能就此认为,此法复原出来的景观准确地反映了乡村自然环境的实态。道契中对地块边界的描述,只能再现自然景观的一部分,那些与出租地块产权无关的自然景物,是不会出现在道契中的。这是因为,第一,许多地块的边界被标识为"公路"或"路",如果在复原时只画出一条道路,那就有可能忽略了沿路河浜的存在。这样的路,往往是河道的堤岸,而河与路并行,正是水乡特有的景观。第二,一些大地产商往往租得较大面积的地块,穿越这些地块中间的河浜与道路,由于不是地块边界,是不会被记载的。第三,江南地区有不少公荒地或者滩地、岸地等,为官方所掌控的公用土地或公益用地,一般不在出租给地产商的范围内,这些地块周边的自然景观也是不能根据道契复原的。由此看来,根据道契中的四至描述来复原上海乡村的自然景观,结果是不完整的,只能完成对塘路系统外在特征的抽象描述,至于其精确的内部结构,就不

① 原图参见:《老上海地图》,上海画报出版社2001年版,第36页。

易复原了。不过,这毕竟佐证了笔者关于江南塘路系统的概念认识,更加确认了研究塘路系统变迁对于研究上海城市化进程中自然环境变迁的重要性。

利用道契复原自然景观的另一个困难,是各个时期租界(或者华界)的原始地籍图不易找到,能够找到的少量地籍图,其编绘体例又多有变动,这给地块原始景观的定位造成了不便。就目前所拥有的研究条件,道契对于自然景观复原的价值,主要存在于上海开埠初期的一段时间内。其价值的实际表现,也主要在于对塘路景观抽象特征的再现,而不是精确的结构复原。

提取道契中塘路景观信息的另一种途径,是动态比较法。近代以来的上海城市空间,是在江南水乡的地基上逐步演变而成,这是显而易见的道理,然而,这种演变过程究竟是怎样的?传统的塘路系统与近现代的城市空间二者存在怎样的转承关系?要弄清楚这样的问题,仍然需要依赖道契中的自然景观资料。

通过观察领取道契的原始地块,在后期商业化地产开发过程中其边界地物的前后变化,就可以直观地说明传统塘路系统与城市空间的转承关系。将道契显示的地块四至景观,与后来城市地籍图上对应地块的四至景观进行对比,即可找出塘路系统在城市化驱动下的变迁规律。

表 1　1843—1855/1866 年间地产商租地之边界变化举例①

道契编号	最初租地时的地块边界景观	至 1855 年或 1866 年的地块边界景观
英册道契 1	西至:公路 北至:公路	西至:Bridge Street 北至:Ropewalk Road
英册道契 2	东至:公路 北至:公路 西至:半河	东至:Bridge Street 北至:Customhouse Road 西至:Church Street
英册道契 3	北至:公路 东至:黄浦滩	北至:Consulate Road 东至:黄浦滩路

① 将蔡育天主编《上海道契》卷 1 中 1—125 号英册道契的四至边界,与《1855 年大上海外国租界规划图》或《1866 年上海英租界图》中显示的地块边界进行逐一比对,得出该表。1855 年后开发的商业地块,只能同 1866 年图进行对比。

续 表

道契编号	最初租地时的地块边界景观	至1855年或1866年的地块边界景观
英册道契4	东至:黄浦滩	东至:黄浦滩路
英册道契6	南至:公路	南至:Park Lane
英册道契7	东至:公路 西至:半河 南至:公路 北至:公路	东至:Bridge Street 西至:Church Street 南至:Customhouse Road 北至:Ropewalk Road
英册道契13	东至:河浜 西至:公路 南至:公路 北至:公路	东至:河浜 西至:Bridge Street 南至:Consulate Road 北至:拟筑马路
英册道契14	西至:半河 北至:公路	西至:相邻地产 北至:Consulate Road
英册道契15	东至:公路 西至:公路 南至:半河 北至:公路	东至:Bridge Street 西至:相邻地产 南至:Kirks Avenue 北至:Consulate Road
英册道契18	东至:公路 西至:半河 南至:公路	东至:Bridge Street 西至:Church Street 南至:Ropewalk Street
英册道契24	东至:河浜 西至:公路 南至:河浜 北至:公路	东至:河浜 西至:Bridge Street 南至:断浜 北至:Consulate Street
英册道契43	东至:河浜 西至:公路 南至:河浜 北至:公路	东至:拟筑马路 西至:公路 南至:拟筑马路 北至:相邻地产、华人房屋
英册道契47	南至:公路 北至:河浜	南至:Northgate Street 北至:相邻地产
英册道契56	东至:公路 西至:公路 北至:河浜	东至:公路 西至:Barrier Street 北至:Park Lane

续表

道契编号	最初租地时的地块边界景观	至1855年或1866年的地块边界景观
英册道契57	东至:公路 北至:河浜、公路	东至:Church Road 北至:Park Lane
英册道契58	西至:河浜	西至:Bridge Street
英册道契62	北至:河浜	北至:断浜
英册道契73	西至:半河	西至:Church Street
英册道契75	西至:大路 南至:半河 北至:大路	西至:Barrier Road 南至:拟筑马路 北至:Mission Road
英册道契81	东至:大路 北至:半河	东至:Barrier Road 北至:拟筑马路
英册道契82	东至:半河 西至:公路 南至:半河 北至:半河	东至:地产通道 西至:江西路 南至:地产通道 北至:北京路
英册道契87	南至:公路 北至:半河	南至:宁波路 北至:地产通道
英册道契89	西至:公路 北至:小河	西至:Barrier Road 北至:相邻地产
英册道契90	南至:大路	南至:Northgate Road
英册道契94	南至:华民地产 北至:大路	南至:南京路 北至:地产通道
英册道契95	东至:公路	东至:地产通道
英册道契96	东至:大路	东至:Church Street
英册道契101	东至:半浜	东至:Church Street
英册道契102	东至:半河	东至:Bridge Street
英册道契106	东至:水沟、小路 西至:水沟	东至:相邻地产 西至:拟筑马路(江西路)
英册道契108	北至:半河	北至:华人地产

续 表

道契编号	最初租地时的地块边界景观	至1855年或1866年的地块边界景观
英册道契109	东至:半浜 北至:半河	东至:华人地产 北至:华人地产
英册道契110	东至:半河	东至:华人地产
英册道契118	东至:浜口 西至:浜 北至:全浜	东至:地产通道 西至:拟筑马路 北至:地产通道
英册道契120	北至:河	北至:广东路
英册道契121	东至:半河	东至:相邻地产
英册道契122	西至:浜	西至:相邻地产
英册道契125	西至:半河	西至:相邻地产

注:(1)本表样本代表几种主要的塘路系统变化类型,雷同的部分样本被舍弃;(2)边界为相邻地产且未发生变化的部分不作统计;(3)部分地块租出时间虽在1855年前,但1855年图缺载,故以1866年图作为参照;(4)部分地块边界的道路或河浜转化为其他城市建设用地,本表未做统计。

表1显示,租界内所建设的马路,一般是利用原来的乡间公路、小路、河浜、半浜等作为基础,再加以扩建而成。也有一部分河浜与道路,并未直接转化为公共马路,而是成为私人地产的通道或者被并入了私人地产。事实上,以马路网络为特征的近代上海城市道路系统,虽然不完全是由传统塘路演变而来,①但城市道路系统的形成和扩展,起码在整体上改变了原来的塘路系统格局,使塘路系统的完整状态出现了裂隙,且逐渐扩大,最终引起城市化区域内的生态系统的显著改变。后来逐渐兴起的华界城市空间,其马路网络的构建与塘路系统之间也存在着同样的转承关系。

可见,利用动态比较法来研究道契中的自然景观信息,可以很好地理解塘路系统在近现代城市化条件下的演变机理,这不失为区域环境研究的一个良好切入点。至少可以从城市马路网络的构筑过程和构建

① 填浜生成的土地不一定全用来筑路,部分转化为其他城市建设用地。其次,城市马路也不一定都是在沿浜道路的基础上拓宽而成,部分是利用别种形式的道路和土地筑成。

机制切入，来研究近代上海生态环境变迁。

三、塘路产权信息的提取和分析

道契文本中有关塘路景观的文字表述，还蕴涵着丰富的产权信息。

其一，作为地块边界的河浜、道路，虽然整体表述较为笼统，但也有着明确的分类取向，主要围绕“公”、“私”二字，被分为官浜、公浜、公路、私路、私浜等类型，有些甚至表述为“半浜”、“半河”、“半路”、“半弄”等。这种分类体系说明，传统塘路系统虽然整体上被视为国家控制的公共水利资源，但实际上也同一般意义上的农田一样，存在着公私产权的分异。塘路系统既然代表太湖地区特殊自然环境下典型的土地利用方式，那么对其产权结构与变化的研究就不可等闲视之。

其二，进入1870年后，中国官方在契尾的批注中，开始频频对各类河浜、道路的产权归属作出附加性的说明，以纠正正文中对地块边界的模糊界定。例如，正文中标识以“半浜”为界的，在契尾纠正为以“浜岸”、“浜边”为界；许多情况下还强制性地规定，地块边缘的公浜或者公路不许侵占。这说明在农业用地向城市商业用地转化的过程中，性质比较特殊的塘路系统在产权转让上出了问题。更进一步来讲，产权问题只是表象，由它引发的自然环境与社会经济问题才是实质，否则便不致引起官方的高度关注。

上述分析显示，塘路系统在社会转型期的产权过渡，恰恰是研究区域人地关系变迁的一个重要突破口。将道契中有关塘路产权的表述和注释收集起来，联系当时的社会经济背景，可以深刻透视塘路系统向城市道路系统转型过程中出现的机制问题。产权层面的研究更易于揭示社会驱动机制，比仅仅复原塘路景观的外在特征又深化了一步。

为了系统地收集道契中的塘路产权资料，笔者以地块四至（East BD，West BD，South BD，North BD①）和附注（Note）作为主要字段，从英册道契1—9卷中共提取2628条连续数据，设计并完成了“塘路系统统计及变化研究数据库”。East BD、West BD、South BD、North

---

① BD为英文border（边界）的缩写。

BD 各字段容纳了地块出租时标识其边界的河浜、道路的产权状态;Note 字段主要是从契尾中国官方的详细批注中提取,包含了官方对塘路利用的态度和产权问题的纠正。当然,地块交易的时间(Deal Time)和其所处的保图位置(District),也是必不可少的配合字段。按照这些字段的设置,对道契资料进行分类提取和输入,有助于对塘路系统产权问题进行条理化分析。

由于时间关系,笔者暂时难以完成全部道契资料的处理,本数据库目前的时间段限暂定为道光二十四年(1844 年)至光绪二十四年(1898 年)。数据库是开放性的资料管理系统,可以随时进行增补和完善,对于后期阶段的资料收集和相关研究,可在条件许可的时候继续进行。就上海公共租界而言,它在 1899 年前已经历了一轮完整的界内构建和界外扩张过程,相关的环境问题也已凸现,因此先对这一时段内塘路系统的产权变化及其驱动机制进行研究,相当程度上能够接近本文的主旨。

道契文本中对塘路产权的表述,实际上体现的是一种产权意识,并非是产权实态,不同时期表述方式的变化,反映了塘路利用中的实际问题。从数据库中提取出的表格和相关文字资料,可用来贴切地分析社会转型期塘路系统的利用方式变化与产权意识变动的互动关系。

表 2　1—100 号英册道契中出现的塘路类别及频次

类别	公路	大路	官路	半公路	私路	河	半河	小河	河十公路
频次	128	15	1	2	2	32	18	1	2

注:频次指各种类别的河浜/道路在所有样本边界中出现的总次数。
资料来源:蔡育天主编《上海道契》卷 1。

表 2 显示,在开埠的最早期阶段,道契文本中对土地边界的界定,主要强调各类官有、公有河流/道路,私浜/私路极少出现。这并非是因为产权为私有的塘路不存在,而是与土地交易双方对塘路产权的理解倾向有关系。由于人们一贯将河浜整体上理解为公有或集体的水利资源,在农业经济条件下总是设法保持其畅通,因此传统土地转让契约对其产权均不作细致的划分,这一习惯在开埠之初得到延续。纵然私浜也无处不在,但有可能仅仅被笼统地表达为“河”或者“浜”。至于半

路/半河,看似一种可以各得其半的私产,实则是一种特殊的集体财产,既使两岸的业主享有预期的一半产权,但也只有当其淤塞不通而失去存在价值时,才有可能真正进入私家的田产。在平时,两岸业主需要一同维护整条道路与河浜的完整性,勿论其公私。

但是农地租给地产商后,实际的土地使用人发生了变化,地产商对塘路系统的开发利用方式,是原来的农民业主所始料不及的,他们需要逐渐调整原有的产权意识,来适应现实的变化。例如前引1—100号道契的边界,分类非常简单,基本不能代表该区塘路系统的复杂等级与真实的地理结构,人们的产权意识与塘路产权的实际情况处于分离的状态;但开埠后随着各类土地的充分开发和商业价值的凸显,塘路系统模糊的公有概念和官方粗放型的管理方式已经不合时宜,各种等级河浜/道路的经济功能与实用价值在城市化条件下都逐渐显现出来。在100号之后的道契中,河浜、道路类型的表述变得多样而复杂,不再以笼统的公有性为主,而是以塘路系统各组成部分的实用经济价值为主,这说明随着塘路产权在商业地产开发过程中的分化,租受双方对其产权的划分已越来越重视,道契中对地产边界的表述也越来越趋向塘路产权的实态。

表3　101—500号英册道契地产边界的分类统计

类别	公路	大路	官路	小路	马路	石路	路	弄	小弄	街弄
频次	60	36	4	35	66	15	77	10	3	1
类别	半路	半街	半弄	全路	私路	出浦	出浜	高路	高岸	小岸
频次	14	4	3	2	2	32	4	1	4	10
类别	浜岸	圩岸	田岸	岸	官塘	河塘	河	浜	小河	小浜
频次	3	1	4	8	1	12	43	66	2	10
类别	小沟	水沟	沟	浜边	全浜	私浜	半浜	半河	闸港	闸江
频次	1	8	39	3	3	5	62	26	1	1
类别	凌家浜		洋泾浜		洋林浜		唐家浜		肇家浜	
频次	1		20		1		4		3	

资料来源:《上海道契》卷1—2。

表3中作为地产边界的道路与河浜类型,较表2细化了许多,而前后间隔的时间差并不大(介于1854年—1862年之间),这并非是因为样本分布的地理环境出现了大的差异,而是租受双方对塘路利用的价值观念逐步转变的外在体现。在土地出租的交易中,作为地产边界的各类河浜沟渠、道路实体都得到明确强调。表中显示,塘路系统的产权分化已经非常显著,尤其是出现了"全路"与"半路"、"全浜"与"半浜"之别,数量虽少,却是民间的塘路产权公有意识发生裂变的一个重要标志。塘路产权整体公有的意识形态格局被城市化的利用方式撕开了一个大大的缺口。

由于土地交易主要在私人协商的基础上进行,官方审批往往流于程序化,对于最初塘路产权意识在民间层面上的自由变动,官方并未清晰察觉。然而,随着塘路系统越来越多地演变为城市空间,河网体系被扰乱,逐渐妨碍了周边的农田水利环境,于是引起官方的干预。

进入1870年代以后,商业用地进一步向租界以外的农田地区扩张,官方注意到地产商根据西方城市化产权观念对塘路系统的较为自由的开发,给农田水利带来了不利影响,遂逐步对旧式的政策导向做了一些调整。例如光绪十三年八月,因出现界址争端,道台令上海知县与会丈局总办对已在光绪六年八月签发的英册1253号道契边界进行复查。会丈局查核的结论是,当初租地时对边界河浜的产权划分不当。报告内容如下:

> 黄巡检会同英总领事所派之员,前赴该地,按照原图,详细履勘。查该地北首有毗连水浜,据名南穿虹浜,该浜潮汐相通,应系公浜。奉发前号原勘绘图,其北至全浜高易地,系跨浜为界。现将该地断归原告(指租地洋商,笔者注)收管,如照前图地亩为准,将来倘被全浜填没,恐与农田水利攸关,若除去全浜,又与英公堂原断地亩不符。事关华洋商民抵欠断归之案,卑职等未便擅拟,究竟该洋商收管以后,能否将全浜让出,不致填没,应请宪台札饬英公堂饬传该洋商详询明确,以凭勘定。①

① 《上海道契》卷4。

可见，由于初期官方对土地交易中的塘路产权控制得不够细密，致使公浜随同田地一块出租，洋商按照西方产权观念去理解，认为自己有开发整个公浜河道的权利。原契只写明北界为“全浜”，仅从字面看不出该浜之等级高低，官方当时也未核实这就是该区干河穿虹浜的一段河道。作为出租方的乡民，只考虑局部利益，认为田地既已租出，河浜已经无甚价值，只要洋商愿意接受，将其量进地亩多得地价自然是便宜之事。后来官方意识到该浜与水利大有关碍，又欲收回其产权，但为时已晚，更改起来程序非常麻烦。这实际是产权管理制度的调控与现实经济需求相互偏离的个案。

官方为适应新的产业经济需求所作的政策导向性调整，还可通过以下例子进一步证明。光绪四年八月十六日道台在签发英册 1181 号道契时，在契尾批注如下：“东界半浜系祥茂洋商地内，西半浜仍应顾聚源完粮，此浜内通民田，关碍水利，洋商不得侵占填塞。”①这个例子说明，虽然按照惯例私人对半浜的支配权较大，但在出租给洋商时政府仍然作了统一调控，因为洋商一旦获得这部分产权，就有可能填浜开发，继而就有可能影响小区域的农田水利。但毕竟由于官方最初未对半浜的出租作出细化规定，只能在问题出现之后临时采取这样的补救措施，规定商人暂时不许填浜。官方所采取的另外一种补救办法，就是将道契中已经写明的“半浜”边界更改为“浜岸”或者“浜边”，更改的目的仍然是阻止河流被盲目开发，同时保障农田水利安全。例如，光绪十四年八月二十二日道台在签发英册 1754 号道契时，在契尾如是批注：“东西南至与契载相符，惟北至半浜。该浜系小闸港官浜，应以闸港南岸为界，官浜不得阻塞。”②浜岸是指以河边为界，半浜指以河道中线为界，道台作如此更改（由半浜改为浜岸），是用强制手段更正了租受双方的私人协议，也暂时避免了重要公浜被填、局部水利系统出现紊乱。

不过从以上案例也可看到，由于长期以来对塘路产权的模糊管理，以及农田水利结构的不断开发与变化，一些对区域水系有重要影响的公浜也存在半浜式的产权分割现象。这部分半浜产权对农民而言只是

---

① 《上海道契》卷 4。

② 《上海道契》卷 6。

潜在的土地权利,按照惯例在河浜淤废或改道的情况下才有可能归入私家地产;[①]但若在官方不加干预的情况下作为实际的产权直接转让给洋商,其利用方式将随近代城市地产业的开发需求而转变,或垫高成为商业用地,或填平筑成地产通道,这将对区域水系变化构成较大影响。这种事实的存在,也为后来上海城市化过程中局部水系发生显著变化埋下了伏笔。

官方不仅对半浜产权进行纠正,对塘路系统其他组成部分产权的规范也同样比较重视。中国政府对出租土地边界表述的更正,在光绪二年(1876年)以后的道契批注中开始出现,这除了表示由早期塘路系统产权的粗放型管理对区域环境和农田水利造成的扰乱在该时期已经凸现,也说明在社会经济转型时期,官方对塘路产权的管理在环境变化的事实面前发生了实质性的转变。

表4 光绪七年道契中官方对地产边界表述的纠正举例

道契编号	签发时间	契载地块边界	批注后地块边界
英册1304	光绪七年二月十一日	北至半浜	北至浜岸
英册1307	光绪七年二月二十四日	西至小路	西至小路西水沟
英册1311	光绪七年三月初二日	北至浜;南至黄浦;西至英副册193号地	北至小沟;南至浦岸;西至浦岸
英册1322	光绪七年四月十九日	北至半路	北至路边
英册1327	光绪七年五月十三日	北至浜	北至浜岸
英册1329	光绪七年五月十三日	南至浜	南至浜岸

① 据1920年1月19日沪南工巡捐局在裁判半浜产权时的批语"当查沪地虽有各得半浜习惯,今请入契,必须另缴地价,且水浜有关水利,不能阻塞",可知,半浜产权一般是虚拟的,只在无碍农田水利时方可兑现。另外,在传统农业经济时期的上海地区,半浜应为一种很常见的河浜产权类型。参见上海市档案馆藏沪南工巡捐局档案,档号Q205-1-238,"求新厂私填庙桥浜案"。

续　表

道契编号	签发时间	契载地块边界	批注后地块边界
英册 1331	光绪七年五月二十九日	南至半浜	南至浜岸
英册 1333	光绪七年六月二十三日	南至浜；西至虹口港	南至浜岸；西至虹口港滩岸
英册 1338	光绪七年七月初三日	北至浦滩	北至浦滩边岸
英册 1340	光绪七年契约十五日	北至路；南至吴淞江边路	北至路；南至吴淞江边路为界
英册 1351	光绪七年八月初七日	西至浜岸	西至烟业公所水沟
英册 1354	光绪七年八月十九日	东至半浜、林姓地	东至林姓地
英册 1361	光绪七年十月初一日	北至静安寺路；东至路；西至半浜	北至姚张田并静安寺老路；东至娄浦港岸；西至路
英册 1369	光绪七年十一月二十四日	南至吴淞江	南至吴淞江涨滩里面岸边为止
英册 1370	光绪七年十一月二十四日	北至浜、陆姓地；西至浜	西、北均至浜岸为止
英册 1371	光绪七年十二月初六日	西至吴淞江	西至吴淞江岸边路内
英册 1372	光绪七年十二月初六日	西至吴淞江	西至吴淞江岸边路内
英册 1373	光绪七年十二月初六日	北至路；西至吴淞江	北至路，路内立界，路北小浜；西至吴淞江岸边路内

资料来源：《上海道契》卷 1—9。

上引各例显示的共同点是，出租地块的边界由私人协议所定的半浜、浜，被官方限定为河浜岸边或者浜岸路，尽量避免商人对河道或公路的占用。此外，原来笼统的路、塘岸等也被分成了更细的等级，以便理顺其公私归属，也规范了民间对塘路系统的开发利用。官方通过对出租地产边界的审核与把关，使以往塘路产权的模糊概念，开始变得清晰，尤其是一些重要的河流，如虹口港、穿虹浜、长浜等，得到了有意识的保护，这对社会经济的正常运作和区域环境的维护都有正面的意义。

以上例子主要指官方在实际操作层面的调整,另在法规层面也有体现。1893年《新定虹口租界章程》第五条规定:“不论何条通潮之港,向来所有者,工部局愿不填塞,如用填塞,须先与地方官商议方可。”值得说明的是,当官方的产权管理导向作出调整时,地产商对塘路系统的开发改造正在农田与商业用地交错分布的城市扩展区愈演愈烈。1870年代以后,官方虽然对塘路系统的产权管理进行了政策方面的规范,纠正了早期粗放型的产权意识,但随后发生的事实却是,租界城市空间的快速扩张与道路系统的构建,使水网生态被扰乱,农业经济所依赖的农田水利系统,快速地走向瓦解。近代上海城市化过程中日趋严重的水环境问题是众所周知的事实,其深层的原因,除近代城市化对地理环境不可避免的改造作用外,更多地与城乡两种土地利用方式对塘路产权的不同需求以及产权意识调整、产权管理政策的滞后性有关。

当然,近代上海城市化以来的自然环境变迁,有着各种各样的驱动力,既包括西方人带来的公共卫生观念、市政建设模式等人文因素,也包括上海地区生态系统的脆弱性等自然因素,但开埠以后塘路系统的产权意识、产权管理等方面发生的转型以及体制上的内在矛盾,也是不可忽视的一个底层因素。而在这项研究中,道契资料的价值得到了充分体现。以此为契机,再对道契资料进行深度开发,以达到更新更广的结论也完全是有可能的。

总之,道契作为上海城市化研究的一种系统而完整的历史资料,其开发和利用仍然是一个有待深入的课题。本文运用道契中的自然景观资料,弥补了上海城市化中自然环境变迁方面研究的不足,解析了传统塘路系统向城市空间转变的内在机理和驱动机制,仅为从新视角运用道契资料的一个尝试。由于条件所限,本文对道契资料的运用,还仅限于上海城市化的早期时段,对后期阶段的研究尚需继续。不过,顺着现有的思路,还应在道契中发现更广阔的研究空间。

〔作者系上海师范大学中国近代社会研究中心研究员〕

丐与帮:透视民国时期上海乞丐的组织与结构

罗国辉

乞丐原本属于社会弱势群体,但丐亦有群,丐亦有道,群体性乞丐类似帮会,有领导,有部署,有分工,有合作,对社会影响也远比零散乞丐为巨。丐帮,即乞丐的行帮,是一种以民间职事集团面目出现的民间秘密社会组织形式。因为,以乞丐这种特殊职事为基础形成的团伙,一般多具有帮会团体的性质。有人戏称此类丐帮为乞丐公司。①

一

乞丐是人类进入私有制社会后所出现的一种现象,是社会贫富不均和阶级分化的产物。近代中国是一个乞丐众多的社会。“丐者行乞道路,舌敝口瘏,日不得一饱者常有之。”②乞丐最初是一群匿名性的伙众,他们的乞讨行为大多是以个人方式出现的,发展到后来,始出现了群讨群要、分工合作的集团形式。丐帮是乞丐的社会组合形式,它是以乞丐为主要成员,以特定的行为规范、组织原则、活动方式为纽带组合起来的一种社会群体或组织。③ 就总体特征而言,各类丐帮组织是大体同一的,仅有地域差异、称谓差异。

① 邵雍:《中国近代绿林史》,福建人民出版社 2004 年版,第 3 页。
② 徐珂:《清稗类钞》(第 11 册),中华书局 1986 年版,第 5492 页。
③ 周德钧:《乞丐的历史》,中国文史出版社 2005 年版,第 146 页。

1. 组织管理

民国时期乞丐增多,谋生日益困难,使得乞丐的组织化、专业化加强,逐渐成为一个有团体精神、严明纪律,有基本固定经济来源,按级别享受一定权利和义务的层次分明的社会边缘团体和组织。乞丐并不是一个简单纯一的群体,成员来源多途,身份、社会背景、人品各不相同,成员结构复杂,行为取向的轩轾而呈现出驳杂斑斓的面貌。上海是一座移民城市,各省的乞丐都汇集在城市中,"上海多丐,各省之丐皆有之。诚以贫贱之子,谋生于沪而不成,遂至流落行乞"。[①] 各省来沪的乞丐按照省籍成群活动,形成了内部的帮派和体系,大致可分为五大类:凤阳帮、淮阳帮、山东帮、江北帮、江湖帮和本土帮。帮中又以大小丐头所示"行乞之诀"而形成不同的门派,如钉靶派、训子派、硬趸派、唱春派、哀党派等等,都有相当"专业"训练。

中国各行各业都要来个"祖师爷",在乞丐一行中也不例外。据说乞丐的祖师是释迦牟尼佛,有"经"为证:"尔时进真食时,着衣持钵,入舍卫大域乞食于城中,次第乞已,还至本处,饮食乞,收衣钵。"[②]在上海,各门的"祖师"因"派"而异,如"硬趸派"以赵匡胤为祖师,"唱春派"以方卿(弹词《珍珠塔》的主人公之一)为祖师,还有以金松、朱元璋、百里奚之妻为祖师者,虽然荒诞不经,但各有所据。这就使乞丐行帮具有相当高的"专业化"程度。当时在上海的外国人描述上海的丐帮时,指出:"你决不能知道上海的叫化子是有组织的,是有专利权的,便是那些小叫化子也都是属于一位叫化子首领所管辖。你也决不能知道那些女叫化子特地用针去刺她手中所抱的小孩,使他哭泣。你决不能知道这位叫化皇帝是具有怎样大的势力。你不要看不起他,你有时还须求助于他哩!例如,你倘若遗落一包物件在你所坐的黄包车上,你只须去找到这位叫化皇帝便得了。他的部下曾留意你在南京路乘上车子,曾留意你这辆车子走过西藏路直到静安寺路,在跑马厅之前下车。他们早已留意这辆黄包车,并早已认清拉

① 《清稗类钞》(第11册),第5493页。

② 《金刚般若波罗蜜经法》,转引自陈冷僧:《上海乞丐问题的探讨》,《社会半月刊》第1卷第6期。

车的人。你只要捐出一笔小款给这位皇帝的国库,你的那包物件便能原物奉还。这些事情,你在把一个铜板掷给一个叫化子时,你当然是完全不晓得的。”①

“鱼有鱼头,蛇有蛇精,蚂蚁有主,蜜蜂有王,俺们这些人也得有个窠,有个头。”②民国时期,上海有陆、周、钟、王、二沈、二赵八个著名的丐头,这八人掌管着全上海的乞丐。丐头的产生,是由地方上管事地保推选,地方上地痞恶棍稍有办事能力者去充任,子孙相传,并无限制。丐头坐收渔利,调解争端,协调各帮及外界各方的关系,规范乞讨活动,平均利益,以严厉的帮规约束下属。丐帮中,丐头往往收入颇丰,“凡丐头各商铺有月规、年规等给发,生活颇为不恶”。③ 每个丐头部下,都有六个大头目,④有三十个小头目。乞丐中间,又有一种领袖,称“爷叔”,名称虽在小头目之下,实际上他的权力,只比丐头低一点。丐帮们把整个上海划分为东西南北四大区域,每两个丐头管理一个区域。丐帮采用的是丐头独裁统治,无所谓权力的分解与制约,所以在辖界内有很大的权力和很高的威望,可以自立法规;他的工作可分为两部分,一是管理乞丐,二是与界内的商店交涉接洽。除了那些各地进来的丐帮外,影响最大的是一派本乡本土的“老弟兄”丐帮。⑤ 整个“老弟兄”丐帮由无数个小集团组成。每个小集团都有一个颇有资历的“爷叔”为首领,下面管辖着十多个乞丐,占有一个大本营。“爷叔”收养的一些乞丐,大都是无家可归的流浪儿,人称“小鬼”。这些流浪儿一经由人担保,交给“爷叔”收养,从此就成为乞丐。他们五六个一帮,沿途乞讨,或是在桥头附近帮人推车,向客索讨,“白渡桥上之拉桥头者,骤行增多,总数约百余人,分立桥之南北,年龄均在十至二十岁之间,亦有组织,其组织法

---

① [美]霍塞:《出卖上海滩》,商务印书馆 1962 年版,第 172 页。

② 刘汉太:《中国的乞丐群落》,江苏文艺出版社 1987 年版,第 13 页。

③ 《争夺丐头之惨剧》,《申报》1930 年 2 月 3 日。

④ 上可享受天字辈的待遇,下可享受小辈的供养。

⑤ “老弟兄”丐帮产生于江南苏沪一带,历史较短。虽然上海丐帮众多复杂,但“老弟兄”的同帮兄弟都是本地人,先得地利优势,再加上乞讨方式别出心裁,使各派丐帮望尘莫及。“老弟兄”仗着上海商业繁荣、生活富裕、地域广大的优势,耍尽各种手段,势力逐渐扩展,最后终于占领了整个上海的乞丐领地。

即先至较大之乞丐处登记,以后即将乞求之钱以若干交与其首领(即爷叔)",[①]如有隐瞒,或是多得少报,将会遭到"爷叔"残酷的毒打。有些本性横暴的"爷叔"甚至规定,每天交账的数额,无论刮风下雨,都不得短少。有时童丐没完成一天的指标,知道回去"爷叔"是不会饶过的,只好偷偷地向同伙借贷填补,日后有余再还。"爷叔"为了防止童丐们隐瞒钱财的数额,每天交账时还得挨个搜身。童丐们白天外出行乞,晚上睡在弄堂里或是屋檐下,有时甚至于把棺材也当作床铺。只能等若干年后,有自立的能力,方才摆脱"爷叔"的控制,也可自领"小鬼",登上"爷叔"的地位,享受众丐的供奉。[②]

丐帮有种种帮规、准则、条令、禁忌等行为规范,这种规范明确规定行乞地域、方式,用以强化帮内群体成员的和睦稳定,禁止其成员的偷窃、抢劫等越轨行为。上海丐帮的法规极其严厉,赏罚分明,倘若在一年内,不违反法规,除二、八两月的津贴外,另外再加发一个月的津贴,以示鼓励。如有与法规相违背的行为,将招致严酷私刑的拷打。各种私刑,名目繁多:有捆绑手脚,不给饭吃的"扎馄饨";用板子插入背骨的"板抽背";板子刺额头的"板入额"等,甚至还有毒打致死的死刑,所以每个乞丐在丐头的控制下,只能是惟命是从。但是,由于有些乞丐来自不同的地方,内部的冲突也时有发生,如"恶丐李梅花,前晚纠同徐嘉生等,在武昌路仁智里,将同类小苏州徐顺生蜂殴成伤",[③]"湖北人鲁少峰、吴五金同为江湖流丐,以飞刀、唱歌等技沿门求乞。前日在王家宅地方乞得铜元数十枚,因分派不均大起冲突"。[④]

丐帮是一种以乞丐间首属关系为约束而组合起来的初级社会群体,它是乞丐在长期的同质活动中自发形成的,它传载着乞丐亚文化,表现了乞丐的基本行为特征,它既具有帮会式的社团功能,又具有行业

① 上海市警察局行政处关于取缔苏州河桥上乞丐案,上海市档案馆藏档,档号 Q131-4-795。

② 如果生性老实,不善要手段,单凭伸手乞讨,就很难享受到"爷叔"的待遇,只能介于"爷叔"与"小鬼"之间,这种乞丐被称为"连堂码子"。另有些人到中年才落魄的乞丐,被"爷叔"收养,虽未经"小鬼"阶段,但也没有成"爷叔"的资格,人称"洋抢码子"。这类中年乞丐,不像"小鬼"那样一切都由"爷叔"支配,但对于收养他们的"爷叔",也是惟命是从的。

③ 《恶丐殴伤同类》,《申报》1915 年 1 月 20 日。

④ 《江湖丐分钱冲突》,《申报》1916 年 11 月 18 日。

协会的功能。丐帮的入帮仪规与若干帮规，虽然零芜杂沓，但也大多体现了封建行帮中的家长式管制原则，强调帮主丐头的权威，强调帮群的团聚意识，有时也借助传统"义"文化中的某些内容，鼓吹"金兰结义"以团聚丐群。

2. 收入来源

民国时期乞丐的增多，谋生日益困难，使得乞丐的组织化、专业化程度加强，逐渐成为一个有团体精神、严明纪律，有基本固定经济来源，按级别享受一定权利和义务的层次分明的社会边缘团体和组织。在这种非血缘关系构成的"家长式"统治模式中，其经济关系是丐头占有制，丐头之下即实行赤裸裸的"大鱼吃小鱼，小鱼吃虾子"的弱肉强食型的"分配"方式。如此，从某种意义上来讲，丐帮组织的经济来源也就是丐头的经济来源，丐头仅是通过丐帮来实现自己的经济"乞讨"。

店铺的收入

每年的二、八两个月的初一和十五，丐头就派人到各店铺收费。按照商店的规模以及经营范围的大小，收取乞丐费。每天由丐头指挥，属下的乞丐均向周围的地段开始行动。先是向这些地段的店家老板和摊贩，打拱作揖，赔笑脸，向他们暗示，意思是说："我是派来管辖本地段的，一切请多关照。"每逢年节，丐头出面向这些店家和摊贩讨赏钱，不能如愿，丐头将会指挥手下终日登门，强索硬要，使店家摊贩做不成生意，久久不得安宁，直至丐头满意为止。① 每个乞丐每日所得钱财如数上缴丐头，再由丐头分发给每个人，当然是少数的，大部分由丐头积存起来。

徒弟的敬奉

乞丐行乞需要拜丐头为师傅，拜师要收费用。小乞丐们自愿要拜某某为师傅，必须要送他三百六十个大饼，为进见礼，逢年过节，还得要送礼物孝敬师傅。丐头们一般收徒三五十人，有时多达一百多人，由此可见拜师费的可观。丐头属下不但有众多的徒弟，而且还收养了一大批童丐，这些童丐是丐头们的"摇钱树"，童丐每天讨要来的钱物，必须如数地上交丐头，如果乞讨不到每天所规定的数目，那就会被丐头毒

① 赵凯：《民国帮会：秘闻与纪实》，团结出版社 1994 年版，第 30 页。

打。另外,一些"爷叔"自己并不出去行乞,靠小乞丐们为生。如"山东经营的人,要在码头上设立一个豆腐摊,必须纳一些'丐税'给'爷叔'们。否则必受界内小乞丐们的欺侮,非但白吃食物,而且收碗或食物遗弃于黄浦江里。"①小乞丐们每日要孝敬"爷叔"二三百文,倘若无理由不敬,那就要受到"爷叔"的私刑。

富贵人家赏钱

富贵人家婚丧喜庆的赏钱等也是丐头经济的主要来源。在青浦,"一个丐头靠人们的婚丧喜庆付给的谢仪,积累了不少钱财。他不仅娶了一妻纳了妾,而且每日要吸食一两鸦片。同时,对于家人的衣着打扮,也不吝金钱。他的女儿在节日出外游玩,竟然衣着绸缎,珠翠琳琅,不知底细的人,还以为她是位大家淑媛。"②

就大多数乞丐而言,除了向店老板、摊贩们索讨外,他们主要的生活也依靠"抢冷饭"。上海的店家吃包饭的很多,一日三餐都由饭店包送,那些吃剩下的冷饭,就成了乞丐们的佳肴了。在内地,乞丐都是向住户人家讨饭的,在上海一般有钱人家都有保姆、车夫,剩余的东西都归他们所有,因此乞丐是捞不到什么东西的,只能在店家的包饭上打主意,但他们的方式不是讨而是抢。③ 乞丐们抢到残羹剩饭,首先得上交一份给丐头,然后才能受用剩下的那部分。"抢饭也不是一件容易的事,乞丐不管如何强硬,毕竟是社会最低阶层,一旦送饭的伙计被围困,他们就拿起挑饭的扁担来殴打那些乞丐。抢饭的小鬼们,常被打得头破血流,但毫不在乎地忍受着无情的毒打,依然拼命地抢,直到抢光为止。"丐帮也有他们抢饭的"理论":"你们作包饭生意,已经赚足了钱票,剩下的冷饭已不是属于你们的了,是留下来养活穷人的。"④乞丐拦路抢冷饭已成为包饭业的一个祸害,于是老板们就把包饭的需要量尽可能地算得精确一点,伙计送饭归来时两桶空空,也免遭乞丐的围抢。这种做法对乞丐来说无疑是个沉重的打击,等于是扼断了他们的生命线。

---

① 吴元淑、蒋思壹:《上海七百个乞丐的社会调查》(稿本),1933年,上海图书馆藏。

② 蒋伟国:《民国三教九流》,安徽人民出版社1993年版,第275页。

③ 店家的每日二餐,都由伙计挑担包送,吃剩下来的残汤剩饭由伙计再挑回去,乞丐们事先守候在送饭伙计的必经路上,阻拦那些送饭的伙计,强迫其停下,然后将剩饭一抢而光。

④ 沈寂等:《中国秘密社会》,上海书店出版社1993年版,第174页。

为了生活,乞丐也不得不改变方式,拿钱来贿赂饭店伙计,让他们把包饭数尽量提高一点,这样剩余也就多一点。这笔贿赂钱都由丐头支付。可以看出,丐头一般还负责调解与各帮及外界各方的关系。

丐帮无所谓有一个固定的经济储备,以作为服务于组织宗旨的活动经费的需要。但丐帮毕竟是一个集聚一定数量的成员,并形成有一定相互关系的"组织",尽管它可以没有一个服务于组织宗旨的活动经费的需要,却不可缺少一个维持组织成员生存与消费的生计经济的需要,丐头豪侈的生活也需要一个经济来源。因此,丐帮既作为一种"组织"的存在,就有其一定形式的组织经济来源的需要。

二

每一个团体或个人都生活在社会网络中,都会形成关系网络,只不过关系网络的大小不一样而已。丐帮作为一个社会群体,不可能不和外界发生任何联系而孤立地存在。这种关系网络也是丐帮得以存在的社会基础。

1. 内部关系

乞丐对于地盘,划分得十分清楚。乞丐在开始求乞时认得地方,以后便得死守在那里,偶有越过界限,是要受处罚的。譬如"在中央大戏院那一段,一个乞丐跟着乞讨,起点从中央起,终点到爱多亚路终止,行人只要走过了中央大戏院,或是爱多亚路,那个乞丐,便不会烦你了"。① 所以,上海虽乞丐繁多,但各有各的行乞区域,"分门别类,各有派头,各守门户,不相侵犯"。② 在其管辖下的乞丐,如逾越乞丐一行的"不成文约法",这是要"吃生活的"。③

在热闹马路上的钉靶乞丐,"除了钉行人,讨布施之外,是不许作第二种讨钱行径的,而且所钉的地段,除了甲马路至乙马路中间一段的某一面人行道之外,是不许越出范围的",④其活动区域和势力范围泾渭分

① 《乞丐》,《大晚报》1931 年 2 月 20 日。

② 《上海的乞丐》,《申报》1934 年 5 月 29 日。

③ 《上海乞丐问题的探讨》,《社会半月刊》第 1 卷第 6 期。

④ 《上海的乞丐》,《申报》1934 年 5 月 29 日。

明。但为了争夺地盘,冲突也时有发生。在上海,这样的丐帮小集团多如牛毛,争抢地盘就成了每个丐帮小集团成立之前的首要任务。上海人口稠密,里弄鳞次栉比,每条里弄中,前后总有空余之地,这些地方都成"老弟兄"们争夺的根据地,①但这些都是露天之地,每逢刮风下雨,就不得不转移别处。因此里弄内过街楼下的地方,更受乞丐们的青睐,成为拼命争抢的黄金地盘。丐帮小集团不断地增加,里弄数量有限,粥少僧多,无济于事。而且里弄为了保持清洁,禁止乞丐在里弄中建立"桶子",派置警察看守。这样一来,一些后起的丐帮小集团,因无"桶"谋生,不得不发动"侵略战争",向一些有桶子的丐帮提出无理的要求,对方无法接受,于是双方调集兵力,大打出手,谁夺得"桶子"谁就胜利。失掉的一方岂肯罢休,重整旗鼓,再度侵占。有时为了本方的利益,流血惨剧也时有发生,如"前充丐头之周益生(即周益官)被江湖流丐俞阿宝(即赖皮阿宝)等,向索漏规不遂,将周殴打越时毙命",②反映了丐头被乞丐毙命的情况。

乞丐原本是社会发展过程中的"赘生"现象,不事生业而坐食社会,其产生也有不得已的原因,也有自甘沉沦乐处其间的,作为一种个体的现象也未曾对社会造成多大的危害。然而,一旦乞丐的自发性组织——丐帮出现之后,情况就发生了很大的变化。丐帮产生之后,乞丐间凭借"组织"的纽带作用建立一种较稳定的相互联系,帮规帮俗与世俗共同意识又不同程度地强化了这种联系。乞丐正是用这样的组织来保护他们的利益。

2. 外部关系

民国以来,青红帮因曾参加辛亥革命有过贡献,红极一时,后官与帮勾结利用,成为近代中国猖獗一时的一股黑社会势力,为患颇重,这其中,即与各地丐帮纠结到一起。在社会生活中,乞丐团伙往往为官府利用,亦常与其他黑社会团伙互相勾结,狼狈为奸,危害社会。上海乞丐的"老头子",又大多是黑社会中的骨干人物。也就是说,乞丐团伙始终与各种黑社会有联系。③ 对内实行强权统治,对外为非作歹,这是江

---

① 这种被占领地盘,丐帮称其为"桶子"。

② 《诘讯丐头被殴毙命案》,《申报》1915年5月17日。

③ 《上海七百个乞丐的社会调查》(稿本)。

湖诸流氓无赖团伙的共同特点。

由于官方的政策和措施往往是临时和肤浅的，在大部分时间里政府对乞丐而言是天高皇帝远，而真正起点实际作用的倒是得到官方的默许的生命力颇为顽强的丐帮组织。就像历史学家包德威(David Buck)指出的那样："有一个由头目带领的乞丐队伍是中国城市的普遍特点。"①上海的乞丐不但有着大量的帮派组织，而且还常常与社会上的流氓、警察互相勾结，形成了一个庞大的黑社会网络。为了能够在上海滩立足，上海的乞丐常常拉一些流氓头子来当靠山，拜他们作"老头子"。② 乞丐与警察，既是冤家又是亲家。乞丐常常买通一些地方上的警察和巡捕，使那些警察和巡捕对他们的乞讨行为不予干涉，不多过问，如"垃圾桥、河南路桥、乍浦路桥等桥面上有一般乞丐群鹄，守桥之两端，见有车辆上桥时，代为挽推□上桥中，将下驶时，向乘坐者乞钱，不给，动辄以谩骂或投掷污物，为乘客困扰，警察见之若无睹也"。③ 在很大程度上，乞丐的组织与官方想要控制流民的意图或目标不谋而合，但却基本上无需政府花费，或花费不多。丐帮的效力在各地不尽相同，但对其成员都有一种可称是"控制"和"关心"并用的二元法。④ 丐帮把其属下的乞丐限制在它所控制的地盘内，用帮规帮法来管理他们，同时用集体和组织的力量来保护他们的利益。

租界当局对乞丐群体既禁止又怂恿。禁止只是租界治安条例上的用语，以不妨碍租界当局及其母国的利益为限。而采取以华治华、以毒攻毒的措施，客观上给了乞丐群体以合法地位。被誉为"租界治安的长城"的黄金荣曾是郑家木桥小瘪三，荣任为法租界捕房的督察长，其办案的"社会基础"即为乞丐、流氓、地痞无赖。巡捕房政治处主任程子卿亦曾是郑家木桥小瘪三头目。乞丐们当然是大树底下好乘凉了，⑤租

---

① David Buck, *Urban China: Politics and Development in Tsinan, Shantung, 1890–1949*, Madison: University of Wisconsin Press, 1978, p. 37.

② 蔡丰明:《上海都市民俗》，学林出版社 2001 年版，第 334 页。

③ 上海市警察局行政处关于取缔苏州河桥上乞丐案，上海市档案馆藏档，档号 Q131-4-795。

④ 卢汉超:《时空上下:关于中国乞丐文化史问题的若干探讨》，"现代中国都市大众文化与社会变迁"国际研讨会，2005 年 12 月。

⑤ 郭绪印主编:《旧上海黑社会秘史》，河南人民出版社 1991 年版，第 6—7 页。

界里的乞丐也逐渐多了起来。法租界在磨坊街、菜市街一带行乞的很多,尤其是在八仙桥、大世界那一个区域内,真是罪恶的渊薮。公共租界在西藏路、海宁路、大沽路、六马路、梧州路、嘉兴桥一带,乞丐也很多。乞丐群体内部森严的等级制、帮规与互相关联的浓重的封建色彩,与上海帮会黑社会组织结构与控制方式如出一辙,因此,乞丐向流氓的转化、乞丐群体与黑社会势力结合是顺理成章的。[①] 乞丐与黑社会往往互为交叉,互为渗透。两大社会边缘群体的合流,不仅使其能量以几何级数增长,也使之成为破坏上海都市秩序不可忽视的一支重要力量。

三

丐帮,以乞讨者共同的生存方式为基础,将乞丐笼聚一起,建立了一个非血缘关系的"家"。丐头是"家"长,具有最高权威,丐民经济、人身裁于一手;丐民的生老病死,冬雪无讨之日的"抚恤"、"安置",也体现着丐帮之"家"对丐民的"养济"、"送终"职能;丐民外出结势强乞硬丐,也体现着丐帮之"家"那种独特的"互助生产"的职能;丐帮中习见的祖师崇拜也不仅仅是一种攀附争脸的行为,其幻构的目的还在于为来自五湖四海的各方乞丐,提供一个可供共同皈依的"先祖";入帮必不可少的拜师仪式,则更直接表现为一种对"师生如父子"观念的转译,从而灌输丐帮即"家",丐头、丐民关系如父子的思想。此外,如严禁与自己本家(帮内)女性通奸,帮内特有的隐语及衣着习惯等等帮规帮俗,都从不同的角度在做着确认丐帮为"家"的观念潜移默化的工作。[②] 应该指出的是,丐帮组织对中国传统社会宗法制文化的移植,在很大程度上,是一种非自觉的行为,是一种潜在意识支配下的行为。

〔作者系上海师范大学人文与传播学院中国近现代史博士研究生〕

① 田骅:《开埠以后上海乞丐群体成因初探》,《上海研究论丛》第九辑,第 57 页。

② 王光照:《中国古代乞丐风俗》,陕西人民出版社 2004 年版,第 150 页。

上海华商证券市场研究
（1927—1945年）

朱荫贵

1927—1945年的上海华商证券市场，[1]在近代中国的证券史上，是非常特殊而又重要的一段时期：南京国民政府成立后，近代中国最大的证券市场上海证券市场上的交易标的物，从股票证券并重演变成了为政府财政服务的“单一债券市场”。1937年抗日战争爆发后，上海证券市场上“债券市场”彻底解体，出现了“产业证券”一统天下的局面，华商企业股票演变成了证券市场上唯一的标的物。资本市场与产业资本出现了近代中国少见的紧密结合：多家企业因此得以成立，众多企业得以增资扩展规模。更值得注意的是，在此过程中，相当大的范围和相当长的时期内完全是市场在发挥主导作用。本文认为，1927—1945年上海证券市场的这种变化，虽然有战争时期的多种因素影响，但从某种意义上来说，也是近代上海社会经济逐渐成熟并出现转型的一种体现。

本文就这个问题，谈谈自己的一点看法，以就教于学界。

---

① 对于上海证券市场的研究，目前仍然是一个相当薄弱的领域。专著方面除了有刘志英《近代上海华商证券市场研究》（学林出版社2004年版）外，无其他著作。专题论文数量也很少，拙文《抗战时期的上海华商证券市场》（《社会科学》2005年第2期），重点在于对抗战时期上海华商证券市场的兴起、发展阶段和投机严重等进行研究，对该时期证券市场的特点、对产业发展的促进和抗战爆发前后的对比研究方面，着墨不多。截至目前，学界对抗战爆发前后上海证券市场进行对比研究的成果，笔者还没有发现。

一、抗战前上海证券市场的"财政市场"性质

抗战爆发前上海证券市场的主旋律,或者说证券交易所的主要功能,是为政府的财政服务,这一特点,到30年代抗战爆发前越来越明显。也因此,30年代的上海证券市场,其性质被当时人定性为政府的"公债市场"或"财政市场"。

抗战爆发前中国证券市场为政府财政服务的功能,溯其根源,是从近代中国证券交易所诞生时的母体中就带出来的,可以说是先天的基因所致。例如,1918年最早获得北洋政府批准的北京证券交易所,它的诞生就并非因应近代中国产业发达的需要,而是适应北洋政府大量发行债券这一形势的产物。当时的背景是,"北洋政府的财政是破落户的财政",它"除了仰海关总税务司的鼻息,分润一点关余和盐余来维持开销外","完全靠借债过日子"。据统计,"自1912年到1926年,北洋政府总共发行了27种内债,发行总额达876792228元","其中绝大多数是在1914年以后发行的",特别是1918、1920、1921年三年发行最多。①

北洋政府发行的国内公债一般由银行承销,但需要通过证券市场进行流通。北京证券交易所向北洋政府农商部申请开业的呈文,就清楚地证明了这一点。该呈文强调指出成立北京证券交易所的根本理由和原因,是北京"所有公债及一切有价证券之买卖渐见增多,但无统一机关为之评定,价值涨落毫无一定标准;且无稳固机关为之担保,故买卖通常只可为现货买卖,而不能为定期买卖,以是关于证券之流转不无窒滞之处"。② 可见,解决证券特别是公债"流转不无窒滞之处"的问题,是北京证券交易所成立的根本原因。也因此,"政府公债和国库券发行最多、最滥的时期,便是北京证券交易所最繁荣、最兴旺的时期"。③

---

① 参见千家驹编:《旧中国公债史资料》,财政经济出版社1955年版,第10、11页。

② 《北京筹设证券交易所》,《银行周报》第2卷第11号(通卷第42期),1918年3月26日出版。

③ 中国人民银行总行金融研究所金融历史研究室编:《近代中国的金融市场》,中国金融出版社1989年版,第166页。

此后,1921 年发生的“信交风潮”,对证券市场演变为“财政市场”更是起到了火上浇油的作用。它不仅使诞生不久的幼弱中国证券市场横遭摧折,更从根本上动摇了一般社会大众对股票交易和证券交易所的认识及信心。直到 1936 年,穆藕初创办的《交易所周刊》上仍然留有“交易所经此次风潮后,一般社会人士,即莫不认为赌博场所,积习相沿,至今未改”①的总结,可见其负面影响之长久和深远。

但是,“信交风潮”带来的后果之一,却是直接促进了证券市场的债券性质。因为信交风潮时,“本所股停拍了,其他股票,交易甚少”,社会民众对投资股票的信心受到极大打击,股票交易几乎断绝。但是这时的华商证券交易所,却依靠买卖公债券而获得生机,公债券也因此成了证券交易所的“意外的救星”,特别是袁世凯时期所发的六厘公债,及北洋军阀政府所发的各种公债,更是成了买卖的热门货。因为当时战争不断,市场波动很大,使得公债成为一种很好的投机品,“买卖频繁,居然维持了(交易所)所用”。②

此后,南京国民政府成立时期大量发行的内债,进一步支撑了近代中国证券市场上证券交易所的营业和发展,也使其“公债市场”和“财政市场”的色彩性质更为浓厚。

1927—1937 年的十年间,南京国民政府除了在 1933 年向美国借到 5000 万美元的棉麦借款外(实际只用了 3000 多万元),无法借到其他更多的外债。为支付日益增加的内战军政费用和弥补财政赤字,南京政府继承了北洋政府时期的做法,继续采取大量发行内债的方式来解决财政困难,而且发行的数量比北京政府时期更为巨大。据统计,在 1927—1931 年的 5 年间,南京国民政府发行的内债,债额已达 10 亿 5800 万元,远超北洋政府 16 年内发行的公债额。而在 1927—1936 年这 10 年之内,“南京政府发行了 26 亿元以上的内债”。③

公债发行额的扩大,导致证券市场上债券交易进一步活跃和兴旺。

---

① 《本刊一年来工作之检讨》,《交易所周刊》第 1 卷第 50 期,1936 年 1 月 18 日出版,第 1 页。

② 朱斯煌主编:《民国经济史》,台湾 1970 年影印本,第 143 页。

③ 《旧中国公债史资料》,第 19、23 页。

这一点,正如当时人评论:“国民政府北伐成功,发行公债愈多,证券交易所成了政府推销公债的大市场。靠了公债,华商证券颇有蓬勃的气象。”“设置完备之证券市场,交易数字日益增加。此时上海之剩余资金,群以证券市场为尾闾。所做交易,百分之九十八为公债,故该所亦有公债市场之称。”①

当时上海证券市场上证券交易的情况,在现有留存下来的史料里,记载较为分散,特别是有完整和明确记载的并不多。这里借助当时日本人调查的资料,对南京国民政府时期证券市场上债券和股票的交易量情况,分别列表进行对比:

表1 内债债券交易指数及交易量统计表(1926—1937年) (单位:千元)

年代	债券指数	证券交易所交易量	证券物品交易所交易量
1926		450738	
1927		238169	
1928		370487	
1929		1320555	97703
1930		2341820	90615
1931	85.62	3362540	555022
1932	60.86	901710	303939
1934	78.48	3182685	230090
1935	97.94	4773410	
1936	98.25	4909980	
1937年1月	93.94	146365	
1937年2月	94.91	118360	
1937年3月	97.28	197600	
1937年4月	102.12	296035	
1937年5月	103.02	231325	

① 《民国经济史》,第143、152页。

续 表

年 代	债券指数	证券交易所交易量	证券物品交易所交易量
1937年6月	110.35	485815	
1937年7月	106.91	604260	
1937年8月	101.73	328210	

说明:(1)表中出现的“证券交易所交易量”栏目,是指上海华商证券交易所的交易量。“证券物品交易所交易量”栏目,是指上海证券物品交易所的交易量。1934年的交易数字是两所合并后的数字,是财政会计的计算年度,表示的是1933年1—5月的交易量。(2)债券指数以1931年7月的市价为100。(3)1931年的债券指数是下半年的平均数。(4)1932年的债券指数是1月及4至12月的平均数。

资料来源:中支那振兴株式会社调查课编:“振兴调查资料第二十八号”,《上海华商证券业概况》,昭和16年(1941年)版,第12—13页。

关于这时期股票和公司债券交易的记载,留存下来的史料更少。表2统计了这期间股票和公司债交易的数量情况:

表2 股票指数、股票及公司债交易量统计(1931—1937年8月)

年 代	股票指数	股票交易量统计(千股)	公司债交易量统计(千元)
1931	99.76	7269	
1932	80.28	4338	20299
1933	71.36	8534	51422
1934	65.29	18453	44059
1935	57.11	898	12437
1936	57.66	9685	16413
1937年1月	48.30	3135	1068
1937年2月	46.72	3684	1956
1937年3月	48.50	4271	965
1937年4月	48.60	3692	1045
1937年5月	47.10	1229	1493
1937年6月	46.67	1389	2235

续 表

年 代	股票指数	股票交易量统计(千股)	公司债交易量统计(千元)
1937年7月	46.22	542	2167
1937年8月	44.33	177	181

说明:(1)股票指数以1931年7月的市价为100。(2)1931年的数字为下半年的平均数。(3)1932年的证券指数数字是1月、4—12月的平均数。

资料来源:据中国经济统计研究所编制发行《经济统计月志》第4卷第10期(1937年10月出版)第20页表5和第22页表8编制。

对上述两个统计表中的数字进行分析比较,值得注意的有以下几点:首先是指数的比较。债券的指数1932年最低,这明显是因"一·二八"淞沪战争的影响,但还有根本的原因是南京政府提出公债延期还本、降低利息等丧失债信的措施而使其落到谷底,但经过债券整理后1934年逐步恢复,1935年就超过前期高点,到1937年3月后更是稳步攀升,创下新的纪录。而股票的指数则正好相反,从1931年后就呈持续的降低,1935、1936年在低位维持了一段时间后,1937年后进一步降低。这两个指数的不同变化趋势反映出的是债券市场的红火和股票市场的低迷。其次再从交易量观察。债券的交易量因上面说到的原因,即1932年是一个低谷,此后迅速递增,1935年已增加到47亿元以上,1936年甚至达到49亿元以上(1937年前8个月的交易量也有24亿元)。而股票交易的情况给人的印象是起伏很大,最高的1934年有18453千股,而第二年1935年全年的交易量就只有898千股。另外,公司债的交易量同样十分稀少,最多的年份不过5000余万元,最少的年份只有十几万元,但趋势是同样出现日益低落的下降状况。

这里还需要说明一点,表2的股票和公司债交易数量与实际交易情况已经脱节,仅是一种"挂牌市价"下的交易量,实际交易远比这个数字为低。此时的证券市场,"自民十六至二十六抗战发生止,证券交易差不多全部是公债","股票不过应应卯,拍拍空板而已"。① 例如,1937年3月中国经济统计研究所编制发行的《经济统计月志》,在"上海内国

① 《民元来我国之证券交易》,《民国经济史》,第143页。

债券折扣与指数及证券指数”①一栏的内容中作出说明：“自二十四年四月至去年十二月之时期中，各类证券之实际交易实均全然无有，有之仅始于本月份”。“在本月份以前，不过指空虚之挂牌市价而言”，“进一步言之，即本月以前两年中之证券市场已了无生气，彼时真正有交易之证券之与本项指数有关系者，仅不过六七种”。②

也就是说，这时上海的证券市场上，股票和公司债等“证券”的地位，无非是“应应卯，拍拍空板”而已，证券市场上的大势所趋和主流动向，是“专注重国内公债之买卖”。究其原因，一是因为“信交风潮”留下的恶劣影响仍未消退，风潮时股票价格“狂升疾退，瞬息千变，倾家荡产于旦夕之间者，不计其数”，加上此后出现的国民制糖公司招股开办，但“开幕不久，即行倒闭，益使投资于股票者，大失信仰，望而生畏”，使得股票市场的交易大受打击。二是由于国民政府源源不断发行的内债，给证券市场提供了收益良好的交易标的物。加上投资者认为公债具有“担保确实，信用稳固，利息优厚，买卖便利”的特点，因此“皆以中国股票于不顾”，而证券交易所和经纪人则“乐享现成，习于简易，对于股票交易，完全放弃，任其由少数掮客、小钱庄等代理经手”。也因此，此时中国证券市场上股票的交易情况，“已开倒车数十年，每日成交，不过一二笔，甚至数日方始成交一笔”，买卖之时，“双方均须事先限价，经过短时期或相当时期，方能觅得对手，根本无所谓单位”，“成交数额，均属琐屑零星，其交易之形成，大致卖者需要现款，愿将股票脱手，买者则多数与公司直接间接有关之人物，熟悉公司内容，获知公司有发息分红消息，从事搜罗，故交易之发生，往往在公司决算之后，开股东会分红派息以前，较为活跃”。

1935 年起，上海证券交易所开拍了包括金融业和工商企业的部分股票，“但以各方不感兴趣，成交数量之少，几不及当时公债成交数之千分之一”。“不但证券业视公债为利薮，即银行业投资项目中，益以公债为首位，而经济学者则称证交为公债交易所。要之，在此阶段，形成公

① 这里的“证券”专指股票和公司债，与专指政府公债券和国库券的“债券”相对应。参见中国经济统计研究所发行：《经济统计月志》第 4 卷第 3 期，1937 年 3 月出版，第 3 页。

② 《经济统计月志》第 4 卷第 3 期，第 3 页。

债独占证券市场之局面,中国股票之冷落,恰与公债成为对照”。①

这种红火的公债买卖,给当时的上海证券交易所带来了意想不到的优厚收益:“该所初设时营业不佳,于民国十六年后,营业始渐见起色,及至民国二十三年后,营业更见旺盛,平均每日公债成交额约达二千余万元,每日经手费收入,平均约达七八千元,而每日开支平均仅约二千元左右,故每日除去开支外,盈余颇为可观。”“估计自民国二十三年至二十五年中,每年约可盈余一百数十万元。”上海证券交易所的股东们于“营业鼎盛时,每年每股可得官红利十一二元,约合周息五六分”。②

对于公债买卖如此红火而公司股票买卖不发达的现象,当时有人从“我国公司组织尚未发达”,“公司营业发达者,股票恒在巨额股东手中。公司营业衰败者,虽贬价亦无人承受”的角度进行解释。又说,“其私人经营公司商号所发行之股票,概不入市场买卖”,因此,“我国证券市场,可谓清一色之公债市场”。③

当时的日本研究者则认为,除去导致华商股票不发达的种种原因外,仅从公债的角度看,这期间证券市场上公债买卖兴旺的原因主要有三点:“1. 由于北京政府时代政治腐败,公债信用扫地,而南京政府对公债进行了整理,统一了公债制度。1936 年 2 月将旧债三十三种进行整理之后,公债的信用获得了提高,再加上公债是以国家作为担保,与其它的投资相比被看成是一种基础扎实的选择。2. 公债可以自由买卖和作为担保可以自由借入资金,在需要的时候又可以根据情况回收债权,与其它投资相比有着更大的自由度。3. 公债在发行的时候有折扣,市场上买卖时折扣都在票面金额以下,但在偿还时却是按照票面金额偿还。如果能够算好直接抽签的情况买入,能够获得非常好的收益。”因此,“公债市场上自民国二十五年二月公债制度统一后出现了非常活跃的局面”,特别是民国二十六年五月后“达到了顶点,出现了有史以来最高的价格”。④

---

① 上引均见吴毅堂编著:《中国股票年鉴》,中国股票年鉴社 1947 年版,第 3 页。

② 王相秦:《华商股票提要》,兴业股票公司 1942 年版,第 2 页。

③ 财政部财政科学研究所、中国第二历史档案馆编:《国民政府财政金融税收档案史料(1927—1937 年)》,中国财政经济出版社 1997 年版,第 709 页。

④ 中支那振兴株式会社调查课编:“振兴调查资料第二十八号”,《上海华商证券业概况》,昭和 16 年(1941 年)版,第 7 页。

尽管形成这种现象的原因有多种，但这种种因素导致的一个直接后果，就是南京国民政府时期的证券市场，是一个以解决政府财政困难为中心的公债买卖市场。

对于这一点，当时人总结回顾上海证券交易所的历史时指出："上海华商证券交易所发端于民国初年，最初所做之交易，却仅限于中国、交通、通商等银行及招商局、汉冶萍、汉口既济水电、粤汉铁路等公司之股票。自民国五六年后，政府公债发行渐多，于是公债交易逐渐繁盛，而股票交易反无所闻矣。虽于数年前曾经一度提倡中国公司股票之拍板买卖，所选股票有二十余种，然卒因交易稀少，无形停顿。在交易所中拍板买卖之证券，实际上只有政府之公债。"①经济学家章乃器在分析这一点时也指出："上海原来也有中国人办理的证券市场，就是华商证券交易所；然而，它所买卖的，却只有政府债券——它是财政证券市场，而不是产业证券市场。在资本主义先进国家里，政府债券自然也在证券市场上买卖，不过在地位上，产业证券是主，而政府债券是宾。现在我们是反过来，政府债券是主，产业证券连宾位都排不上。"又说，中国人设立的华商证券交易所，已"变成一个专做公债买卖的'财政市场'"，"因为事实上市面上没有可供买卖的股票和公司债票"了。②

二、抗战期间上海证券市场产业证券"一统天下"

抗战爆发前上海证券市场上让经济学家叹息的"主宾异位"现象，抗战爆发后却得到了彻底的改变。

抗战爆发后，随着国民党军队从上海撤退，原上海华商证券交易所奉命停业，国民政府债券和华商股票的交易都宣告停顿。此后，随着上海租界成为"孤岛"，上海原由外国人开办的西商众业公所在停业四个月后复业，一些过去经营证券的华商经纪人也随之在华商证券交易所大楼走廊上组织过小规模的证券现货交易，买卖国民政府发行的公债。但在

① 朱斯煌：《信托业与中国股票》，《信托季刊》第5卷第3、4期合刊，1940年12月31日发行。

② 章乃器："中国货币金融问题"，章立凡选编：《章乃器文集》，华夏出版社1997年版，第425、438页。

1938年3月国民政府实行外汇审核办法后,法币对外汇价难以维持,黑市外汇出现,黄金和外股价格迅速上升,国民政府发行的公债已难以成为交易对象。1940年12月16日,一些此前中国信托业和银行业人士为导引汇聚上海的大量华商游资,①抵制投机西商众业公所洋商股票,曾成立过"中国股票推进会",以提倡推进中国企业股票交易为己任,经该会推出的华商股票数量续有增加,最多时达到88种。②

1941年12月8日,太平洋战争爆发,日军进占租界,上海的经济局势由此一变进入另一阶段,此时西商众业公所被命令停业,直接后果是"外汇冻结,外股外币群在禁止买卖之列",大量游资为求得归宿,群向中国股票集中,使得"从来未曾受人青睐之中国股票,至此始告勃兴"。③ 另一方面,1942年上半年,汪伪政权财政部公布所谓新旧法币脱离政策,伪中储币对法币之比率,"由77、74、70、66、60、53,而降为50,币值日低,一般人均求资金安全之道,中国股票乃受第一次普遍欢迎,盛况空前"。吴毅堂在《中国股票年鉴》一书中将当时的盛况描述为:"其时因无法令束缚,发展颇为迅速,企业界之增资,固能顺利进行,新公司之设立,新股票之发行,亦得美满结果,亦是你仿我效,一窝蜂地皆在股票投机园地上寻求出路。同时以利之所在,群趋若鹜,参加者日

---

① 游资这时汇聚上海是一个十分引人注目的现象。1940年5月出版的《经济统计月志》(第7卷第5期)认为,"上海之游资……至少在三十万万元以上"。中国学者根据"最近各日报所载消息",认为1940年12月时上海的游资数量,"仍在二十万万元以上。"(《游资的出路及其安全》,美商环球信托公司经济研究部主编:《日用经济月刊》,第2卷第12期,1940年出版)南京《中报》1940年6月28日刊载文章指出:"(1937年)事变以来,沪市已无形成为一般富有者避难之乐园,资金麇集,金融活动,各项事业均呈畸形之繁荣。迨欧战爆发,南洋、香港各地之华侨,复以大批资金向沪市逃避,至去年底止,据估计竟达30万万元之巨。最近两周间,欧战局势急转直下,华商各大小银行活期存款骤增,其存户以外商银行转入华商银行者居多,约其有60万万元之巨。而各华商银行,均因存款过巨,拒收新户存款。"(《战后沪市金融概况》,南京《中报》1940年6月28日,第三版,转引自《天津商会资料汇编》1937—1945年卷,天津人民出版社1997年版,第328页)日本调查者则认为,抗战爆发时华人出逃的资金约有2亿美元,"其中约有一半即1亿美元自9月以降已渐次回流上海",又认为,"无论这个数字正确与否,总有二十亿乃至四五十亿的游资汇聚上海","这一点是十分明白的"。参见松本信次:《中国の证券市场》,日本《经济志林》第15卷第2号,1942年版,第51页;及川朝雄:《上海外商株式市场论》,上海三通书局1941年版,第25页。

② 《中国股票年鉴》,第7页。关于"中国股票推进会"的成立和活动,可参见拙文:《抗战时期的上海中国股票推进会》,《中国经济史研究》2006年第4期。

③ 《中国股票年鉴》,第8页。

众，上至有产阶级，下至贩夫走卒，无不兼营中国股票，而风声所播，外埠游资，亦赶向上海，从事股票买卖，一时中国股票之盛况，驾乎黄金之上，而有领导市场之势。”①

也因此，1942 年成为上海证券市场的转折年，这一年中国股票的价格都有大幅的上涨，如以 6 月为基期，“则至少有半数左右的老股，均涨至一倍以上，此外亦大多涨起七八成，仅有十分之一二所涨不过一二成”。对于这种变化，当时人评论说，1942 年“在上海产业历史上，不能不说是一个值得重视的新阶段。在这个阶段中，我们看见了许多工厂的复活，也看到了无数工厂的新生。这一方面表现了民族的更生能力，一方面也预示了企业前途的希望。三十一年的上海，在经济上可说是一个产业年，在市场上可说是一个华股年。老工厂的扩大与新工厂的勃兴，造成了无数的企业家——同时，也造成了许多的投机家。这些投机家靠了办工厂投机发财；也靠了做股票投机发财。到后来简直是泾渭不分，真实企业家与投机企业家混淆在一起，而投机企业家与股票投机家更是一而二、二而一。这就是躲在所谓产业景气——其实应该称为物价景气——背后的庞大黑暗面”。②

由于战时物资艰难，原料限制，也由于物资求过于供，以及生产的供不应求，因此，这时“凡是拥有制成品和原料者当然都有因增值而赚钱的把握”。③ 也因此，在大量游资追逐华商股票的狂热气氛中，这期间除了老公司和老工厂复业复工外，新成立的公司工厂迅速增加，仅仅在 1942 年下半年，新增加的公司工厂就有 208 家，具体情况如下表：

表 3　1942 年下半年新设公司工厂统计表

类　别	1942 年 6 至 11 月	1942 年 12 月	合　计
纺织业	47	1	48
企业公司	28	12	40

① 《中国股票年鉴》，第 8 页。

② “华股一年”，江川主编：《华股指南》，转引自《旧中国交易所股票金融市场资料汇编》，书目文献出版社 1995 年版，下册，第 1724 页。

③ “华股一年”，江川主编：《华股指南》，转引自《旧中国交易所股票金融市场资料汇编》，下册，第 1725 页。

续表

类　别	1942年6至11月	1942年12月	合　计
银　行	21	30	51
电力机器	11		11
交通车辆	10	2	12
新药业	6	1	7
化工业	6		6
出版业	5	1	6
造纸业	5		5
食品业	4		4
饮食业	3	2	5
地产业	3	1	4
农植业	3		3
百货业	2	1	3
钟表业	2		2
电影业	1		1
总　计	157	51	208

说明:"总计"栏为笔者增加及计算。

资料来源:江川:"上海企业之综合观",引自江川主编:《华股指南》,转引自《旧中国交易所股票金融市场资料汇编》,书目文献出版社1995年版,下册,第1727页。

上表有两点值得注意,一是6—11月这六个月中,上海新设的公司工厂为157家,而12月一个月就新设51家,速度明显加快;二是前6个月新设公司工厂中以纺织业最多,其次是企业公司,再其次是银行业,到12月时此项顺序发生变化,银行业新设30家排在第一,纺织业新设只有一家,但因此前基数较大,仍然排在第二,企业公司新设12家,仍然排在第三,而银行业、纺织业加上企业公司,这三类企业合计139家,占总数67%。

下面,我们再通过几个统计表,看看1945年抗战结束前上海证券市场上华商企业股票的演变情况:

统计表4显示的是截至1944年10月31日为止,上海165家上市企业的种类分布。这个统计表同时证明上海新设和此前已经存在的企业并非都在证券市场上进行交易。①

表4　上海1944年10月31日上市企业分类及资金概括表

股票种类	家数	资金(万元)	占总额比例(%)
金融投资股	32	214950	31.19
化学工业股	27	94150	13.66
文化股	10	29400	4.27
百货股	9	46300	6.72
纺织股	60	245700	35.66
其他实业股	27	58575	8.50
总　计	165	689075	100.00

资料来源:上海华商证券交易所编印:《证交》杂志第4期,1944年11月17日出版,第2页。

统计表5显示的是1943年11月和12月以及1944年前十个月上海143家华商股票的资本总额和时价变动情况。

表5　1943年和1944年上海华股时价总值统计表

年　月	公司家数	资本总额(万元)	时价总值(万元)	时价总值与资本总额之比(%)
1943年11月	100	241675	1478580	611.81
12月	102	268575	1953110	727.21
1944年1月	108	339025	1966506	580.05
2月	106	390425	1873895	479.96
3月	102	414575	1486907	358.66
4月	108	478975	1600331	334.12
5月	111	490975	1620850	330.13

① 仅在1942年下半年新设的银行类企业,如表3所示就有51家,而表4显示的金融投资类上市公司一共只有32家,由此可知1944年10月31日之前存在的企业并非都在证券市场上进行交易。

续 表

年 月	公司家数	资本总额(万元)	时价总值(万元)	时价总值与资本总额之比(%)
6月	110	487975	1253721	256.92
7月	108	486975	2384373	489.63
8月	129	567825	3307651	582.51
9月	135	586225	3311954	564.96
10月	143	662925	3027737	456.72

说明:(1)原表有说明为:"本表所列时价总值,系将各种上市股票每月最后一次收盘市价,乘以各该公司所发行之股份总数而得。如某种股票在一个月内全无成交者,则剔除不计。"(2)原表单位为元,这里改为"万元",其中"时价总值"按四舍五入方式作了省略。

资料来源:上海华商证券交易所编印:《证交》杂志第5期,1944年12月2日出版,第29页。

从统计表5显示的上海这一年华商股票的统计数字看,上市公司股票时价总值与华商股票的资本总额相比,最低时股票时价总值是资本总额的2倍多,最高时达到7倍多,仅从这个数字,也可看出当时上海证券市场上股票买卖的红火和价格的高涨,这种股市的"牛气",使得不少企业采取了增资扩大企业规模的做法。

表6 1943—1944年上海上市公司增资情况统计表 (单位:万元)

上市股票类别	1943年11—12月增资企业数	1944年1—10月增资企业数	增资企业数合计	增资总额
金融投资类21家	1	9	10	59500
化学工业类16家	1	11	12	21550
文化类企业9家		1	1	6000
百货类企业6家		3	3	15800
纺织类企业43家		18	18	42300
其他类别企业13家	1	14	15	30150
合计108家	3	56	59	175300

资料来源:根据上海华商证券交易所编印《证交》杂志第5期(1944年12月2日出版)第28页统计表制作。

如表6所示,在1943—1944年的一年时间内,所统计的108家上市公司中,就有超过一半的59家公司增资,增资总额达到17亿元以上,这些数字,都从不同角度证实了这期间上海股市确实处于相当的景气之中。

对于那些历史比较长、规模比较大的企业来说,利用这种机会寻求发展和进一步扩大自身规模实力,更是一种普遍现象,而且,对这些企业进行投资的股东,在此背景下,得到的回报也相当可观。表7就是对一些企业历年增资和分红状况进行的统计:

表7　抗战时期上海部分上市公司增资和分红状况统计表

企业名称	增资时间及数量	增资方式	分红状况
永安纺织股份有限公司(每股10元)	资本600万元,1930年增为1200万元,1943年增为12000万元。	每次增资均为赠股。	1938年股息5元;1939、1940、1942年股息红利各5元;1941年股息5元红利15元。
美亚织绸股份有限公司(每股10元)	资本200万元,1941年11月增资为400万元;1943年1月增资为1000万元;1943年8月增资为4000万元。		1939年股红利共1.2元;1940年股红利1.25元,1941年股红利1.25元另赠4.5元;1942年股红利1.3元另赠20元;1943年老股0.8元新股0.3元。
康元制罐股份有限公司(每股10元)	1933年资本100万元;1936年增为200万元;1942年增为1000万元;1943年增为4000万元。	1942年增资为每一老股升一股认2股;同时发行溢价股20万股,其中10万股由老股2股认1股,其余公开招募。	1939、1940、1941年均为10%;1942年为70%;1943年股红利1分,赠品代金1分。
新新百货股份有限公司(每股10元)	1926年成立时资本320万元;1934年增为352万元;1943年8月增为4000万元。		1938年4元;1939年0.4元;1940年1.6元;1941年3元;1942年4元。

续 表

企业名称	增资时间及数量	增资方式	分红状况
同丰印染股份有限公司(每股10元)	1936年成立时资本6万元;1937年增为15万元;1940年增为40万元;1942年11月增为1200万元;1944年增为6000万元。	增资升股方式。	1939年股息1分红利1分;1940年股息1分红利3厘;1941年股息1分;1942年、1943年增资升股。
中国火柴厂股份有限公司(每股20元)	1932年创设时资本12万元;1941年增为24万元;1943年3月增为72万元;同年9月增为600万元;1944年5月增为1500万元。		1940年股息红利4元;1941年股息红利4元,升股20元;1942年股息红利4元;1943年升股40元,又升股60元。
信义机器厂股份有限公司(每股10元)	1938年成立时资本120万元;1942年8月增为500万元;1943年8月增为2000万元。	1943年增资时老股1股可照面值认购1股外,并可认购溢价股1股(每股溢价20元,连票面共30元)。	1939年股息红利1.8分;1940年股息8厘红利1分6厘;1941年股息8厘红利1分2厘;1942年股息8厘红利7厘;1943年股息8厘红利7厘。
中国国货股份有限公司(每股30元)	1933年成立时资本10万元;此后历经8次增资增为600万元;1943年第9次增资增为4800万元。		股红利1938年2元;1939年4元;1940年4.4元;1941年3.8元;1942年3.6元。
中国内衣股份有限公司(每股10元)	创办于1920年。1943年增资为1000万元;1943年8月增为3000万元;1944年2月增为1亿元。		1938、1939、1940年股息1分;1941年股息1分红利8厘;1942年股息1分红利1分;1943年股息1分。

续 表

企业名称	增资时间及数量	增资方式	分红状况
中原染织厂股份有限公司(每股10元)	1940年10月创立时资本10万元;1941年6月增为20万元;1942年7月增为50万元;同年12月增为200万元;1943年8月增为1000万元;1944年2月增为3400万元。	第1次增资实收现款,第2、3、4次增资均由公司增值项下每一老股增一新股,余额由新旧股东以现金收足。	1941年股红利1分4厘;1942年股红利连同增资共计百分之五百〇二分四厘。
五和织造厂股份有限公司(每股10元)	1928年成立时资本10万两;1931年增为15万两;1933年改为25万元;1937年增为40万元;1940年增为60万元;1941年增为100万元;1942年增为300万元;同年增为800万元;1943年增为2400万元。	1941年、1943年均为增一赠一。	股红利1938年5元;1939年9元;1940年12.5元;1941年8元;1942年6元;1943年1.2元。
祥生汽车股份有限公司(每股10元)	1931年成立。1942年11月资本增为500万元;1943年6月、9月两次增资,增为1200万元;1944年4月增为3000万元。		股红利1937年1分3厘;1938年2分4厘;1939年4分5厘;1940年5分;1943年股息8厘;1944年股息8厘之外赠代价券。
景纶衫袜厂有限公司(每股10元)	1896年成立时资本12万两;1917年改为股份有限公司时资本16.8万元;1935年6月增为24万元;1942年9月增为200万元;同年11月增为1200万元;1943年9月增为2400万元,同年12月又增为5000万元。		股红利1938年8厘;1939年7厘半;1940年1分3厘;1941年1分5厘;1942年6厘(每股赠1.25股);1943年股息0.2元。

续 表

企业名称	增资时间及数量	增资方式	分红状况
中国萃众制造股份有限公司(每股100元)	1931年成立时资本2.5万元;1939年1月增为12万元;1940年3月增为40万元;1941年3月增为60万元,6月增为80万元;1942年3月增为100万元,同年6月增为200万元;1943年11月增为800万元。		股红利1939年1分2厘;1940年1分6厘;1941年2分3厘;1942年1分2厘;1943年股息8厘。

资料来源:根据上海华商证券交易所编印《证交》杂志(1944年12月2日出版)第1—12期内容制作。

上表是根据1943年11月汪伪政权时期复业的上海证券交易所编印的杂志《证交》各期所刊载上市企业的内容所作。《证交》杂志从1944年9月16日到1945年3月17日止,共编印发行了12期,每一期中都有企业内容介绍。其所介绍的所有企业都有增资记录,也都有股息红利分配的记录。这里随机选取的14家企业与该杂志刊载的其他企业一样,共同的特点是抗战期内增资次数多、数额大,特别是1941年以后,多数企业年年增资,有的甚至一年内增资不止一次,例如景纶衫袜厂有限公司在1942—1943年的两年中增资4次,资本金从抗战前1935年的24万元迅速增为1943年的5000万元。同丰印染股份有限公司1936年成立时资本仅为6万元;1937年增为15万元;此后历经1940、1942、1944年的增资,到1944年时已成为资本金6000万元的企业。成立于1931年的中国萃众制造股份有限公司,开始时资本金只有微不足道的2.5万元,但从1939年开始每年增资,有时一年增资两次,到1943年时历经7次增资,资本金已增为800万元。而在这期间,如表7所示,这些企业都还有不低的股红利可分,有的还有赠金赠股等等好处。

这些事例,都显示出当时的华商企业处于相当明显的景气之中。也因此,通过证券市场进行的这些活动能够大见成效。就在这短短的几年期间内,中国企业历史上出现了前所未有的产业与金融业结合的巨大企业集团——企业公司，而且不止一个集团一个行业。据统计，这期间出现的企业集团，有所谓五大集团六大体系之说。① 其中，五大集团之首的新亚集团，在抗战爆发之前，尚不过是“资本仅有数十万元之组织”的一般企业，“初不料十年发展，形成范围最庞大，机构最复杂体系。依当时情形，隶属于新亚财团下之公司厂商，有三十六家之多，各公司资本总额在十万万元以上。从体系言，可分为新亚系、新亚副系及新中系三大系统”。② 其他的各大企业集团和体系除了规模略小外，情况也大体类似。这些企业集团“内部构成分子有企业地产一类公司为之扩大范围，擘划经营；有银行信托一类公司为之周转资金，予以支援；一方面从事基本事业之积极推展，以巩固集团之基础；一方面运用种种方法，向外扩展。总之，集团之内，枝连气通，一方稍受波折，可以群力挽救……”③

可以说，在中国近代的企业发展史上，通过证券市场这个平台的资本运动，无论在企业集团的扩展规模还是在扩张的速度上，以及通过这种资本运动所创造出来的新型企业财团的特色上，抗战时期的上海证券市场都创造了新的纪录。

三、抗战爆发前后上海证券市场之比较

如拿抗战爆发前后上海证券市场进行一下比较，应该说变化相当大，变化的内容也相当多。例如抗战前上海证券物品交易所的证券部分与上海华商证券交易所合并，新的《证券交易所法》颁布，抗战爆发后在中国存在历史最长的西商众业公所停业，中国证券市场上外国证券交易所从此绝迹等等，都是大事情大变化。但证券市场交易物发生实质性改变，从为政府财政服务的“公债市场”、“债券市场”一变而为与产业紧密联系的“产业证券市场”这一点，应该说是最大的变化。也就是说，抗战爆发前后上海证券市场比较，其具有的第一个也可以说是最大的变化，是改变了此前中国证券市场的性质，出现了一个完全以华商公

---

① 关于这五大集团六大体系的情况，吴毅堂在《中国股票年鉴》(第44—50页)有所介绍。

② 《中国股票年鉴》，第44页。

③ 陈禾章：《上海之企业公司》，王季深等编：《战时上海经济》第一辑，1945年10月版，第88页。

司企业股票为标的物的证券市场。

关于这方面的内容,这里不妨再进行一下小结。前面已经提到,1940年12月16日成立的"中国股票推进会",是以提倡推进中国企业股票交易为己任,其"介绍买卖之股票,尽为中国股票,且以正式注册之股份有限公司为限"。经该会首批推出的中国企业股票有78家。此后经该会推出的华商股票数量续有增加,"当时经该会先后决议准予买卖之中国股票,凡88种"。①

太平洋战争爆发后,"中国股票推进会"停止活动,这期间上海证券市场上交易的华商企业股票种类有以下两种资料可供参考:中国征信所1940年12月出版的《华商股票手册》,分16大类,收录了上市企业共159家;1942年底出版由江川主编的《华股指南》一书,分21大类,收录的上市企业种类达224种。②

此后,1943年10月底汪伪政府上海证券交易所成立,到1945年8月结束为止不到二年的期间内,经其审查核准上市的华商企业股票共分三批。"第一批核准上市之股票,达一百零八种之多;第二批(三十三年度)上市者达六十一家;第三批(三十四年度)上市者达三十家","计共上市股票一百九十九家"。③

在上海证券市场上交易的证券种类只有中国企业股票,没有政府债券和外国企业股票,以及中国上市企业股票种类如此之多,通过证券市场增资扩股发展企业规模和实力,产业证券与中国资本市场结合如此紧密的状况,是近代中国证券市场自诞生以来从未有过的现象。以至于当时的学者对此评论说,"上海证券交易所恢复营业后,目前专拍产业证券,将吾国最称发达之证券交易所由财政市场变质为资本市场,实为吾国长期投资机构奠定重要之基础"。④ 此评论尽管针对的是汪

① 《中国股票年鉴》,第7页。

② "华商股票手册"和"华股指南"二书分别见《旧中国交易所股票金融市场资料汇编》下册,第1093—1266、1721—1962页。

③ 刘恒之:《抗战期中之上海证券市场》,杨荫溥主编:《金融》第23期,转引自上海社科院经济所中国企业史资料研究中心收藏"经济类剪报资料汇集",卷号:10—007,编号:000110;《中国股票年鉴》,第52页。

④ 怀方:《吾国证券交易所之简史与股票市场之演进》,《中国工业月刊》第1卷第10号,1943年11月15日出版。

伪时期上海证券交易所复业以后的活动,但从上面所引多个统计表和整个上海证券市场的演变来说,这个断语应该说也不无道理。

近代中国的证券市场,诞生于19世纪80年代初。当时中国证券市场出现,以洋务企业兴办热潮的出现为依托,但为时短暂,企业股票种类和数量也不多。此后直到抗战爆发之前的半个多世纪,其间虽也曾出现过1910年的“橡胶股票热潮”,以及1921年买卖证券交易所及信托公司股票的“信交风潮”,但一来买卖的标的物是外国橡胶公司和交易所信托公司滥设的股票,与中国产业证券相去甚远;二是存在时间都不长,一般都在半年左右。① 南京政府时期证券市场性质改变,被称为“财政市场”,政府发行的债券成为交易所买卖主要标的物的情况,本文第一部分更是作了论证。真正以华商企业股票为标的物,且发展到只有中国企业的股票上市,是在抗战爆发后这个特殊时期的上海证券市场上实现的。可以说,在抗战时期上海的证券市场上,所拍卖的上市企业股票国籍之单纯和企业股票种类之丰富,都开创了近代中国证券市场有史以来的纪录。②

抗战爆发前后上海证券市场相比较具有的第二大变化,是此前的上海证券市场是政府干预色彩极浓的市场,而此后则基本上是一个处于自发自由状态下的由市场经济规律进行主导的市场。

抗战前南京政府下令合并上海的两个证券交易所,颁发新的交易所法以及大量发行债券,将上海证券市场的交易标的物逐步改变为债券占98%以上等等,背后都可以看到政府强力干预证券市场的身影,这一点实际上已经不再需要证明。需要注意的反而是抗战爆发后上海证券市场显现出来的没有政府强力干预后的变化:在八年抗战期间,1940年12月到1941年12月存在的中国股票推进会,以民间团体的身份对上海证券市场进行了一年的规范和导引。此后,1943年10月

---

① 关于这三次股票买卖热,可参见拙文:《近代中国证券市场上股票买卖的三次高潮》,《中国经济史研究》1998年第3期。据笔者根据《申报》资料统计,1882—1887年第一次股票买卖热潮中先后上市的中国企业股票累计共有37家。

② 在1941年太平洋战争爆发前,中国证券市场上不仅始终存在外国股票的买卖,而且还出现过西商证券交易所和日本取引所(即交易所),这种状况直到1941年后才完全得到改变。

到1945年8月汪伪政府时期将上海证券交易所复业,上海证券市场又有了不到两年的证券交易所时期。中国股票推进会和复业的汪伪上海证券交易所合起来的这三年,可以说是上海证券市场有一定的外在上层约束。除此之外,八年抗战中还有一半多的时期上海证券市场并没有任何来自上层或政府的干预,基本处于自发自由状态。而且可以说,上海证券市场上交易最活跃、上市股票数量最多和企业增资扩股最集中的时期,都处于1941年底到1943年伪证券交易所复业前,都是在上海证券市场处于自发自由期间出现的。这种现象说明了什么?尽管我们可以指出这期间上海市场上游资数量巨大、投资渠道不多、战时经济时期上海地区特殊等种种理由来解释这种现象,也可以指出这期间上海证券市场上投机严重花样翻新、华商证券市场发展是在通货膨胀日益严重的情况下出现等种种负面现象,但无论如何我们都无法回避且颇具讽刺意味的是,中国证券市场的真正统一是在这期间实现的,证券市场真正与产业资本结合,并促进产业发展是在这期间做到的,市场经济发挥自身规律力量对证券市场进行调节和引导也是在这期间出现的。

这种种现象的出现虽然最主要依托的是战争时期的特殊背景,但不可否认和显露出来的是,此期间的上海社会经济历经近代以来的发展,已经进入了一种新的阶段,也可以说是市场经济的因素已经得到了相当的发展,即使是在自发自由的特殊环境中,也可以解决自身的问题而展露出令人意想不到的一面来。笔者认为,这是抗战爆发前后上海证券市场进行比较后最令人难忘和最值得回味的一点。

〔作者系复旦大学历史系教授〕

1945—1949 年上海米业的内部纷争

马 军

抗战胜利以后的数年中，由于恶性通货膨胀扰乱了正常的粮食运销机制，再加上有关当局应对措施严重有误，结果导致上海地区频频出现粮食危机。[①] 其间，沪上米业不仅受到来自政府和民众层面的外部压力，其内部也是屡有纷争，以致雪上加霜，使得食米流通更趋阻滞。本文选取三个有代表性的案例，试图以点成线、由线及面地勾勒出这些业内斗争的概貌。

一、新闸桥码头卸米之争

苏州河新闸桥码头临近上海米市北市场（又称闸北米市），是北帮米的主要卸货点，从江阴、常州、武进、丹阳、常熟、无锡、金坛、宜兴、苏州、吴江、昆山等处采办而来的食米，经民船运输取道内河后进入苏州河，行至此处即可上岸入市交易，故此处有“米码头”之称。然而，由岸至市尚有一段里程，围绕着这份卸米和运米工作，1946 年夏秋，米车工人和码头工人之间曾展开过一场激烈的争夺。而各自背后的同业组织，以及社会局、市政府也均介入其事。

---

① 2006 年上海古籍出版社出版了拙著《国民党政权在沪粮政的演变及后果（1945 年 8 月至 1949 年 5 月）》，该书将研究重点置于粮食危机下的政府举措。目前，笔者已将关注点转移至米商和米业，本文是其中的阶段性成果。有关该时期上海米业的专门研究，似未见有他人涉足，仅可参见拙文：《筱快乐事件——1947 年 5 月上海米潮中的一段插曲》，《社会科学研究》（四川）2005 年第 4 期；《1945 至 1949 年上海米商研究（为免征粮食营业税而斗争——1945 至 1949 年以上海米商为中心的考察）》，《史林》（上海）2007 年第 6 期。

闸北米市形成于清末民初,米车工人亦随之应运而生,故有数十年的历史。工人分别受雇于各家米行,工作程序是:先从米船肩米上岸,然后装入米车,再送至米行或指定之米号,掣取回单后返行交账。各米行派出领班对米车工人加以领导,工人负有运米短少的赔偿责任,其所获车资按运米重量(石)及路程(里)计算,肩资则按重量(石)算给。1932年经上海市社会局核准备案,米车工人的同业组织——上海市米车业职业工会成立,两年后更名为上海市米车肩运业职业工会。"八·一三"事变后,因接近战区,闸北米市停闭(后南北米市均移至四马路青莲阁),米船亦告绝迹,生意断绝之下,该职业工会即自动停止活动。抗战胜利后不久,米车工人代表李国柱等人向社会局申请复员,获准后经整理于1946年4月13日召开第一届代表大会,宣布恢复成立上海市米车肩运业职业工会,计有会员1579人,分79个小组,李国柱任理事长,另设理事九人、候补理事四人、监事三人、候补监事一人,会址设在闸北国庆路272号。① 这一时期,根据国府通令,苏州河沿岸各码头业务正在逐步复员之中,新闸桥米码头亦在其列。随着米船循旧路而来,以及1946年7月1日闸北米市正式恢复,米车工人的复工似乎一切顺理成章,但就在此时却遭到了该地码头工人(肩运夫)的挑战。

事实上早在抗战以前,新闸桥一带的米车工人和码头工人就曾为争夺工作酿成过重大的流血事件。1933年底,该地码头工人工头史登福曾组织鸿泰玉记肩运公司(领有市公安局所颁执照),以肩米属码头工人专门业务为由,试图强行夺去米车工人及米厂所雇汽车工人的生计。双方遂发生械斗,结果导致死亡1人、重伤18人。当局派员弹压,并于次年1月由社会局、公安局和市党部联合议定解决办法四项,大旨内容是:吊销鸿泰玉记肩运公司执照;米车业职业工会改名为米车肩运业工会;米车工人专载散舱米,码头工人载整包米。其基本点是承认米

---

① 上海市档案馆藏档,档号Q6-6-634,"上海市米车肩运业工会整理委员会组织简则、章程、宣誓书、理监事履历表、大会记录、会员代表名册、请示发给肩运夫头许可证呈、浦东白莲泾港竹枝肩运工会呈请组织工会等",第177页;《上海市米车肩运业职业工会启事》,《新闻报》1946年10月23日,第15版。

车工人除运输外,继续保有肩运的业务。①

有鉴于此,复员的米车工人对码头工人可能的攫夺甚为警惕。当1946年6月间社会局以市社(35)组2字第9459号指令,要求上海市米车肩运业职业工会去掉“肩运”两字,改名为“米车业职业工会”时,该工会即迅速呈文当局,认为此举有可能给码头工人留下口实,引起觊觎之心,导致战前血案的重演,因为“前曾参加抢夺肩米工作之余孽,现又混入码头部分,竟图死灰复燃,据闻以发展码头工作为名,向工人抽取工资提成,作为活动费用……而其阴谋计划,该部分工人已微有透露,致引起本会会员之重视。加以过去流血之惨案印象,已深入大众脑海,所以有一触即发之势”。② 该呈文还重申了米车工人的工作程序,并特别强调肩运和车运的不可分割性。于是,7月22日社会局派属员徐霖前往苏州河各码头实地调查,结果查实:“(一)米车肩运部分之肩运工人,约一千人以上,在各码头肩运斛米上车,送至各米行,其组织颇为严密,且有悠久历史。(二)码头运输部分之运米工人,约二百余人,专运大包(即一石以上之原包米粮)米粮进米栈、米厂、米行及驳船等工作。”③由此,社会局同意米车肩运业职业工会维持现名,并随后对双方工人的业务进行了明确划分,即“仍照历年旧例”,米车工人“应限于由码头肩运斛米及扎袋口米(即吴淞江散舱米船由米行用斛量入、小麻袋扎口袋之米)上车送至各米号事宜,不能与码头运输部分之专运大包(即一石以上之原包)米粮进米栈、米厂、米行及驳船等工作相混淆,以免纠纷”。④ 尽管如此,纠纷终究没能避免。

抗战胜利之初,新闸桥一带的码头工人大约有40多名,在领班郭汉亭、周鸿海、马世根的领导之下,主要为各米厂服务,起初与米车工人并无冲突。但不久之后,以黄柏生为首的100多名原日商面粉厂失业工人逐步侵入,用武力喧宾夺主,占据了码头工人的主导权。黄依托于

① 上海市档案馆藏档,档号Q6-8-2437,“上海市社会局关于苏州河区码头运输工会与米车雇运工人争夺工作纠纷文件”,第5—7页;上海市档案馆藏档,档号Q6-6-634,第33—36页。

② 上海市档案馆藏档,档号Q6-6-634,第33—34页。

③ 上海市档案馆藏档,档号Q6-6-634,第46页。

④ 《上海市米车肩运业职业工会启事》,《新闻报》1946年10月23日,第15版。

新成立的上海市码头运输业职业工会苏州河区分会筹备会,对内压榨原有工人,对外则觊觎米车肩运业务,因此对社会局的上述划分并不甘服。8月19日,黄柏生等以码头工人代表身份,藉苏州河区分会筹备会主任唐靠山之呈文向社会局表示:社会局的划分听信了一面之词,并未征得双方同意,有犯码头运输工人之权益。其理由如次:

> 查米车在十余年前乃一独轮车装载,不过四五石,而今战后之米车实乃塌车,能载二十余石。以比昔日,则彼营业扩大,近同霄壤,何苦欲心难餍,又欲侵夺码头工人运米工作。既言旧例,该米车肩运工人并无肩运斛米及扎口袋米上车工作之成例在先,而旧例情形正参码头工人之旧例也。且码头运输惟肩与扛米粮为肩运主要部分,自应归码头工人肩运……彼米车肩运工人亦安可涉足码头下河肩运米粮上车,彼之所谓米车肩运者实指米车运至各米号后卸车之肩运耳,何可牵强至码头肩运……该"米车肩运"四字是有意混淆工作界限,希图攫夺码头工人利益……①

9月12日和9月18日,码头工人方面又接连向社会局送上了内容相似的两份呈文。10月7日,上海市南市区码头运输业职业工会、虹口区码头运输业职业工会、苏州河区码头运输业职业工会、外滩区码头运输业职业工会更是联名呈文社会局,要求确认上述组织为"现时码头运输工唯一合法组织",并将割裂码头业务的重叠组织"上海米车肩运业职业工会"、"上海市驳船肩运业职业工会"予以撤销。②

进入9月以后,随着新谷收获,各地开到新闸桥一带的米船逐渐增多,"双方工人迭起争执,互抢肩运,枝节横生",③以致卸米工作屡屡阻滞,影响到了整个米业的流通和经营过程。9月13日,米车肩运业职业工会理事长李国柱呈文请求市社会局长吴开先:"派员莅临闸北光复路米市码头,坐镇监视,暨迅令苏州河区码头运输工会,制止该部分新

---

① 上海市档案馆藏档,档号Q1-12-930,"上海市社会局关于米车工人与码头工人工作界限问题与苏州河区码头运输工会的来往文书",第5页。

② 上海市档案馆藏档,档号Q6-6-634,第145—147页。

③ 上海市档案馆藏档,档号Q6-8-2437,第3页。

码头工人轨外行动，并请先予通知闸北警察分局，于是日开斛时，提早加派长警，在光复路一带各卸货米码头维持秩序。”[①]10月8日凌晨，两帮工人终于大动干戈，闸北警分局紧急派出大批警察前往弹压，结果以咎在码头帮为由，逮捕了30多名码头工人。次日，其余的码头工人以社会局“处置失当”，到市政府请愿，并提出行政诉讼。市长吴国桢出面接见，同意给予合理解决，保证不使码头工人失业，但提出当前应暂照社会局裁定办理。[②]

然而，码头工人并不愿意坐等当局的新方案出台，而是不断地向有关方面提出诉求。10月14日、17日、18日、20日，码头运输业工会苏州河区分会连续向社会局长吴开先和市长吴国桢呈文，声称因工作无着，生计均告断绝，家属均嗷嗷待毙，相对而言，米车工人另有其分内车运，工作生活裕如，因此请求在争议期间，让码头工人先行工作。[③] 10月18日，《新闻报》第5版还刊发了一封黄柏生等人致该报的公开信，除指责米车工人攫夺他人饭碗、蒙蔽社会局外，又称“工作被夺多日，生计告绝，希望市政府和社会局迅订有效的救济办法”。与此同时，米车工人也试图通过新闻媒介宣示自己的主张。10月23日《新闻报》第15版刊发了“上海市米车肩运业职业工会启事”，除回顾此次冲突的历史由来外，表示将“极力劝导会员万分忍耐，一切遵守法令，静候政府合法解决”。

由于米商方面历来与米车工人存在着雇佣关系，所以在此次纠纷中基本站在了后者一边。而且他们更担心的是，随着纠纷日长，会恶化上海粮情。于是在10月23日，上海四大米业公会——豆米业同业公会、经售业同业公会、米号业同业公会、碾米工业同业公会联合致信社会局长吴开先，请求尽快解决问题。内开：

> 四五日来码头工人仍不遵功令，妄冀独霸，米车工人亦逡巡怠歇，殊属非分。但此案持久不决，则米船泊沪一日，即阻

---

① 上海市档案馆藏档，档号Q1－12－930，第8页。

② 上海市档案馆藏档，档号Q6－8－2437，第17页；《苏州河卸米之争，两帮工人几械斗》，《新闻报》1946年10月27日，第4版。

③ 上海市档案馆藏档，档号Q6－8－2437，第17页。

> 滞一日之到源。本市仓存未丰,产区闻此消息,均将视上海为畏途,群相裹足,前途可虞。值兹新货上市,米身干潮不一,容易腐蚀,尤觉暴殄天物。且客货到申,欲卸不能,行方无业可营,形同停顿,米店无米应市,断炊可忧。凡上种种,决非危言耸听……①

这一时期,社会局会同市总工会也曾数度召集双方协调和解方案。社会局向米车工人提议,将卸散装米之事让与码头工人,由后者从卸米每石所得中让出100元贴补前者。但米车工人以千余人员生活所迫,历史悠久,不愿放弃,反过来提出愿将卸米所得每石让出100元补贴码头工人,以换得其退出。但码头工人则认为目前整包米极少,故态度强硬,非要包办全部卸米不可。此外,亦有人提出过双方平分散装米的设想,但终无结果。② 谈判期间,由于一切暂照原裁定办理,故米车工人仍有工做,而码头工人则闲置一旁,所以后者常常前往挑衅。10月26日上午,双方再度大打出手,武装警察赶到后又捕去码头工人30余人。

11月4日参与调解的社会局第八科科长樊振邦在致吴开先的签呈中,汇报了新闸桥米码头到货之中整包米少而散米多的原因:"苏州河沿河一带米行仓库,抗战以后破坏殆尽,所到米船无行可进,加以过去米行直接采办之米到货皆系包装,使用衡器。现在此业并无直接采办包装之米,到货皆系散仓,一律使用量器。其他包装杂粮复因时事变迁或由陆路运输,或在某地码头卸货,按照码头习惯划分界限,不能自由进入其他码头侵夺他人工作。如依前令办理,则苏州河码头工人在现实情形之下,势将无工可作,是以此次纠纷其理由固为欠缺,而生活所迫,则其情亦无不可原。"樊氏因此认为,对码头工人"似应法外施仁,用示政府体恤之意"。③

有鉴于此,吴国桢市长于11月9日召集争议双方在市政府再开调解会议,当即提出折衷办法,即"散仓之米从船上肩至码头上工作,三分

① 上海市档案馆藏档,档号Q6-8-2437,第3页。

② 《苏州河卸米之争,两帮工人几械斗》,《新闻报》1946年10月27日,第4版。

③ 上海市档案馆藏档,档号Q6-8-2437,第27—28页。

之二归米车工人，三分之一归码头工人”，[①]双方终于表示接受。15日，社会局又约请双方确定具体办法，决定：“十六日起由码头工人工作，十七日、十八日由米车工人工作，依此顺延，即三日之中成为二与一之比。至于到货多寡，各听天命，业务损害，各负责任。”[②]至此，这场持续了三个月的卸米之争终于告一段落。

然而，米车工人和码头工人的纠纷并未就此终结。一年以后，黄柏生为首的码头帮又在光复路华盛路西米行老码头一带挑起事端，他们自设跳板，拦船卸载，强占所有肩运工作，不准原有米车工人参与分做。社会局调停后，码头帮置若罔闻，坚持己见，结果又引起了一场殴斗事件……[③]

事实上，这一时期，围绕着码头而展开的纠纷和械斗并不鲜见，不仅仅是米码头，也不仅仅限于苏州河两岸，即使是黄浦江沿线亦莫不如此。特别是黄浦江新开河一带的太古码头曾数度发生大规模械斗，惊动全市，上海市长吴国桢也不得不亲往调解。究其原因，这些均与帮会、职工组织、同乡团体乃至黑恶势力在幕后操纵，以期扩展势力和争夺地盘有关。

二、斛司业与量、衡之争

任何商品的交易都存在着计量问题。近代上海，隶属于米行，在米船（米客）和米行之间，或在米行和米号之间，从事食米计量工作的行业就是斛司业。斛司的工具是斛，这是一种量器（测量体积），方形，口小底大，容量为10斗，亦有5斗。斛司过斛之后，买卖双方即可依照体积单位——“石”，进行食米交易。

抗战以前，大多数运沪之米均为船只散舱，在出卖时由斛司过斛，斛费则由行客双方支付。少数通过车运用麻袋装载而来的米粮（因已标明重量，故可直接按官方规定换算成体积单位，通常是156斤折合

---

① 上海市档案馆藏档，档号Q6-8-2437，第26页。

② 上海市档案馆藏档，档号Q6-8-2437，第26页。

③ 上海市档案馆藏档，档号Q6-8-2324，“上海市社会局关于米车肩运行争夺业务、工资等问题文件”，第18—19页。

1石),虽无须过斛,但亦由行客按量付给佣金。1931年上海斛司业曾成立职业工会,并经社会局备案,会址设于新闸路大有恒米行楼上,有会员数百人。八年沦陷期间,沪地来米多由陆路运输,计量工具亦改为衡器(测重量),以致斛司无形之中失去业务,工会亦告解散。抗战胜利以后,上海米源恢复水陆并运,斛司又重新聚集,试图寻回生计。于是,重建工会便是他们的第一步骤。

1945年12月10日,斛司代表杨福祥等人向市社会局呈文,请求筹组斛司工会。社会局遂允准其人筹备。次年3月22日,"上海市米粮斛司业职业工会"宣告成立,以民国路377号为会址(1947年5月迁至大东门老白渡街149号),设南北市两个办事处,并通过章程选举理监事,杨福祥等七人当选理事,共有会员200余人。4月8日杨氏被选为常务理事,9月间又当选为理事长。① 为了迅速恢复业务,该工会在筹备及成立初期主要做了如下几项工作:其一,要求当局尽快校斛,即对各米行所属之斛进行鉴定校准,以便公平交易。在校斛之前,则请求当局借给公斛(公家之斛)便于斛司尽快执业。② 其二,与各米业同业公会洽商斛费,从4月间确定的每石法币80元,随生活指数变化,提升至7月间的200元。③ 其三,请求恢复旧制,由米行代向米客酌收照料过秤等手续费,计每石米国币20元,暂充失业斛司等的生活费。④ 其四,与豆米行业谈判,恢复斛司工人与米行的雇佣关系。⑤

在斛司业的一再请求之下,也由于粮情的紧张,从1946年6月15日起,上海市度量衡检定所采用中央颁发的标准器,对全市米号业和豆

① 上海市档案馆藏档,档号Q6-6-789,"上海市米粮斛司业黄色工会第一、二届理监事履历表、会员、整理委员名册",第1、33页。

② 上海市档案馆藏档,档号S397-1-19,"米粮斛司职工会要求调整斛费及上海市豆米行商业同业公会报请社会局调解达成协议的笔录等有关的来往文书",第1—3页。

③ 上海市档案馆藏档,档号S397-1-19,第5、9页。

④ 上海市档案馆藏档,档号Q6-6-789,第15页。

⑤ 1946年8月30日,上海米粮斛司业和豆米行业双方代表在社会局签订四项协议,即:(一)本市斛司员工,于敌伪期间生活艰苦,无法维持,致告失业,现商得双方同意,一律恢复雇佣关系。(二)斛司员工复职后,膳宿均由资方供给,其待遇由征收千分之三斛费作酬偿。(三)斛司征收千分之三斛费外,不得再有其他要求,资方亦不得藉故克扣分文。(四)经双方同意斛费所收而不足维持生计时,当请资方斟酌实际情形设法补助。上海市档案馆藏档,档号S397-1-19,第15页。

米行业的量器及衡器进行了历时两个多月的校准和检查。8月26日，上海市度量衡检定所、豆米行业同业公会、米号业同业公会、经售米粮业同业公会以及社会局和斛司业职业工会六方人员，又专门就启用米斛问题展开谈话会。米商代表们一方面认为"水路方面若用衡器过量，既费手续，又难察勘米质之优劣，故往往包内夹杂其他杂质，使商家受无名损失，故仍主改用米斛"，但另一方面却又对战前使用米斛计量时所屡屡出现的诸种弊端表示担忧，要求将"过去种种弊病一律革除，而过量时所受损失亦应考虑补救"。斛司业工会代表遂表示："过去种种弊端之起因，甚为复杂，斛司本身亦大多出于被动，今既各方均愿革除此种陋习，一切损失无须斛司赔偿，则斛司自应一律平斛光挡，绝不舞弊，如有违法者，本工会当立即检举，永远开除其会员资格。"①会议最后议定从9月15日起，上海全面恢复米斛制度，即以量器作为主要的食米计量工作。然而，由于没有明令禁止以衡计量，这便为以后的纠纷埋下了伏笔。

从历史上看，斛司被交易中的某一方所收买，用重斛(容量大的斛)或轻斛(容量小的斛)来作弊的例子确实不乏其例，即便是使用校准后容量标准的平斛，②也可以通过用力大小、倒泻轻重等手法，来增减其分量，从而为卖方或买方牟取不义之利。③ 此次，斛司业试图以"一律平斛光挡"的承诺，赢得米商的信任，以此换来米斛制度的恢复，重拾自己的工作和饭碗。但是，问题远没有那么简单，首先遇到的阻力便是要求维持衡器计量的呼声。

9月8日，浙江嘉善县米商业同业公会致函上海市豆米行同业公会和经售米粮业同业公会，宣称"敝地运销米粮，向用船只装载，贴斤包

---

① 上海市档案馆藏档，档号S397-1-20，"上海市豆米行商业同业公会革除甩斛留搅陋习实施平斛光挡办法呈文社会局报备并向外地同业解释有关的来往文书"，第8—9页。

② 根据1933年4月18日上海市政府核准的《上海市取缔斛司办法》规定：斛司斛米应用平斛，以度量衡检定所漏斗斛米方法为较斛之标准，每米五斗溢出四合至九合者为平斛，多于九合者为重斛，少于四合者为轻斛。《上海市政府公报》第132期，1933年。

③ 当然，米斛制度也为卖方(主要是米客和船户)提供了两个自身作弊的方法，其一是可以通过掺水显著加大米粒的体积，因为既然以体积作价，则将因此多获利。反之，若采用衡器，虽然也可以用掺水谋私，但其效果却远不如前者明显。其二是故意使食米发热，因为米粒受热后体积也会显著增大。

卸”,“(上海)恢复量器,则过去掺水之弊,势必复萌,不但运销者因途耗增高激动成本,而米质受潮变色妨害于仓储者甚大,良以掺水之于衡器并不加重,若使用于量器差额立显”,因而主张“外来运销米粮似仍应以衡器为标准,俾运销仓储两受其益”。[①] 10月9日,无锡县驳运业商业同业公会亦公函上海市豆米行业同业公会,称其会员等“以前至沪卸货均以市秤计算,每市秤一百五十六斤白米壹石,公平无欺,习以为例,买卖双方均称妥善。不意近忽变更,市秤改用米斛,其情形因之突变而纠纷亦以此迭起。查米斛之制流弊滋多,斛司既多,要挟亏耗,更难避免,会员等枉受无形损失,不若市秤之公平,而无弊窦”。[②] 此外,吴县、嘉兴、常熟等地亦发来要求恢复原有磅记的声音。[③]

有鉴于此,上海市社会局一方面“婉词驳复”,另一方面则一再申告上海市斛司业职业工会,要求“一以平斛光挡为准,毋得轻率将事,免遭究刑”。[④] 尽管如此,各地对斛司技术的不信任及对其舞弊的责难却屡屡不绝。1946年10月23日,吴江县芦墟区粮食商业同业公会理事长费益麟向上海市社会局呈文,诉说米斛制度恢复一月以来,“斛司不能恪遵规定使用,以致船家每向客家要求增加让合数量,初自一升起,尚属合情,但船家因斛司有弊,致让合数量不够消抵,现欲要求客家增至三升,始无亏蚀,如此情形,对于内地粮商营业妨碍非浅”。[⑤] 11月6日,常熟县商会也致函上海市商会,告知“自十月份起,沪行上货忽改斛制,致由常熟运沪之货较磅见亏耗为多,而难定数,甚至每石短少一二升至三四升不等,内中斛手工人不免发生流弊,因之粜米船两方时有争执,长此以往流弊日深,船户势必裹足,影响粮运至大”。[⑥] 稍后,嘉善等县米业同业公会均纷纷向上海市社会局呈文,指责沪上斛司业在过斛时重现“重斛留挡”等恶习。[⑦]

---

① 上海市档案馆藏档,档号S397-1-20,第17页。

② 上海市档案馆藏档,档号S397-1-20,第19页。

③ 上海市档案馆藏档,档号S397-1-20,第23—25页。

④ 上海市档案馆藏档,档号S397-1-20,第23页。

⑤ 上海市档案馆藏档,档号Q6-16-553,“上海市社会局关于市府指令检查米号业量器及衡器办法”,第19页。

⑥ 上海市档案馆藏档,档号S397-1-20,第25页。

⑦ 上海市档案馆藏档,档号S397-1-20,第28页。

与此同时,上海市内米行业和米号业之间,因过斛问题而产生的纠纷亦时有发生。1946 年 12 月 31 日,戴恒昌米号向达亨米行买进食米 20 石,由达亨米行斛司张林林、山根发、王根林等过斛送至戴恒昌米号。买主认为斤两不足,遂不愿支付车力(运费)。于是双方发生冲突,米号内伙计五六人冲出,将斛司殴打致伤。① 1947 年 3 月 24 日,上海市米号业公会致函豆米业公会,告知 3 月 4 日惠昌米号向协兴成米行买进无锡白粳 20 石,在复斛时竟发现短少一至两斗,双方磋商后决定由斛司赔偿一斗了事,并宣称近来因斛司轻斛,“各米号所受之损失殊巨,以致群情愤激”。② 对此,米斛业工会则辩解称:“本会在较斛前,因新斛子板木之紧缩,米质之缺乏,出晒碾工之低劣,故过斛后送达号方衡量竟有标准之下,致套斛赔米时有发生,并非职工之手续之不合,实以上各情所造成。”③事实上,初斛和复斛之所以有差异恐怕还另有原因,正如上海市度量衡检定所所称,“客户运沪之米,多系开储舱内,均发高热,斛后运店,再行复斛,则因米温降低及水分蒸发,斛量亏短甚多”。④

这一时期,上海斛司业受到的另一阻力便是业务量的明显缩减。原来,战前来沪食米多为散舱,而战后则以麻袋包装居多,因易于用衡器计量,再以 156 斤折合成一石,故米商方面颇好以衡代量,即另雇他人过秤,而不愿交由斛司过斛。1947 年 7 月 23 日,上海斛司业职工工会北市场办事处致函上海市米商业同业公会,声称:近来各地来米十分之一是散舱,而十分之九是包装,包装是“敌伪旧制”,应予铲除,否则斛司工人因业务锐减,将难以维持基本生计,因此要求“拆包过斛”。⑤ 对这一要求,米商业同业公会在 8 月 7 日的回复中予以拒绝,理由是:“近来本市米业情形衰疲异常”,产地与上海米价之差已极小,运米商人“往往感受亏折”,“如再拆包过斛,即须增加费用,在现状之委实无法应

① 上海市档案馆藏档,档号 S397-1-20,第 33—34 页。
② 上海市档案馆藏档,档号 S397-1-20,第 30 页。
③ 上海市档案馆藏档,档号 S397-1-20,第 30 页。
④ 上海市档案馆藏档,档号 Q6-16-553,第 22 页。
⑤ 上海市档案馆藏档,档号 S395-1-84,“上海市米商业同业公会关于斛司工人意图改衡为量及强设斛司征收手续费、经社会局调解有关的文书”,第 4 页。

命”。[①] 接信后,斛司业工会并不罢休,于次日向上海市政府呈文,指责米商“自己雇人过秤,无形中废除斛司工作,希图造成二百余斛司失业”,并要求转饬其“如遇包装之米”,应折合斛量发给斛司工资以作补偿。[②] 接呈后,市政府即通过社会局向米商业同业公会征询意见,后者在8月21日的答复中依然表示对斛司的要求“爱莫能助”,除以前申述的理由外,尤其强调“量器、衡器均系法定制度,货主来货既用包装,是否必要改衡为量,货主是否愿意再出斛资加重负担,故成问题”。[③] 9月24日,市社会局长吴开先在致市长吴国桢的呈文中,就此事表态:“米商使用衡器,纯为简化手续,减轻开支,考其措施并无不当。且是项衡器,系政府法令所规定,更不能谓为非法,本局为体念米粮斛司工人失业痛苦起见,除已令饬米商业同业公会从速设法,务将该业斛司工人予以转业安插,以免失业……”[④]实际上,当时上海的经济形势已极度恶化,失业工人已达数十万,所谓的让斛司工人转业安插,只是徒托空言,并未真正执行。

当米船抵埠起卸时,斛司工会坚持“一律使用量器,不得用衡器,否则不为起卸”,而米商方面则认为“用量用衡,悉符国家法令”,反对斛业垄断,主张应听从“米商自由选择,任何人不得代为主张”。[⑤] 双方的这一争执直至1948年5月15日才有了一个阶段性的措置。是日,社会局召集上海市度量衡检定所暨斛司工会、米商业公会三方代表开会,最后议决“依照习惯,包装米仍用衡器,散舱米仍用量器”。[⑥]

在上述阶段的量、衡之争中,西南郊的漕河泾镇成为矛盾的焦点。其间,斛司业工会力图在该地推行过斛业务,但却遭到了当地米商的强烈抵拒。事情的起因是这样的:1947年8月2日,斛司业工会会员张六宝到漕河泾镇恒泰行号斛散舱白米,开斛不久即有多人前来阻止,激烈争执之下,张六宝及其量器被押至该镇警察厅。后经交涉,人虽获

---

① 上海市档案馆藏档,档号S395-1-84,第6页。

② 上海市档案馆藏档,档号Q1-12-1438,“上海市政府关于米粮业职业公会”,第2—3页。

③ 上海市档案馆藏档,档号S395-1-84,第7页。

④ 上海市档案馆藏档,档号Q1-12-1438,第5页。

⑤ 上海市档案馆藏档,档号S395-1-84,第51页。

⑥ 上海市档案馆藏档,档号S395-1-84,第53页。

释,但业务却没有推行。原来该镇的18家米号自行组织了一个米业联谊会筹备处,虽新近加入上海市米商业公会,却不愿接受斛司业前来过斛,认为其影响了自身业务。而斛司业则坚称:食米起货时,使用量器是法律规定,漕河泾一镇不能独加反对,且该镇每月到有米船甚多,应在其业务范围之内。① 9月初,镇上18家米号联名致函上海市米商业同业公会第二事务所,一方面诉说自身的业务不过是往产区采购少数米粮以维门售,生意也甚为清淡,另一方面则指责斛司业工会"屡次来漕强欲设立斛司事宜,各号进出之米均须征收每石一千五百元之手续费",并辩称"本镇战前历来并无斛司设立,进出素以磅秤为标准,对斛司之设立实无需要"。② 市社会局获悉此事后,于10月3日以劳36字第29682号训令米粮斛司业职业工会,要求其在漕河泾镇停止设斛,并停止征收手续费。③

然而,斛司业并不愿就此收手。11月19日,该业代表张利生等与米商业同业公会代表徐颂仁等,竟在社会局签订了一个明显有违上述训令的和解笔录,规定:"关于漕河泾区斛司纠纷,经双方议定,以后该区业务与上海本市同样办理,相互遵守,不得有越轨行动。"④对此,漕河泾镇米商表示强烈反对。12月1日,该镇18家米号在致市米商业同业公会理事长万墨林的联名信中指出:本镇并无代表出席11月19日的调解会,而徐颂仁等人既非当地居民,也非当地米商代表,因而无权签署让斛司重来漕镇过斛的和解协议。信里还再次申明:"斛司历来由米行雇用,本镇向来无米行之创设,无需斛司之设立",如果硬是让斛司介入收取手续费,则不仅"扰乱本镇同业营业",亦会"刺激粮价,无形增加升斗小民之负担"。⑤

此后的半年中,双方的冲突和纠葛不断,米商方面"接受过斛缴费者有之,拒绝过斛者亦有之",⑥一旦拒绝过斛,则又会出现斛司前来阻

---

① 上海市档案馆藏档,档号S395-1-84,第21、22页。

② 上海市档案馆藏档,档号S395-1-84,第13页。

③ 上海市档案馆藏档,档号Q109-1-319,"上海市参议会请市府取缔斛司职业公会在漕河泾镇强设斛司非法收费的文件",第4页。

④ 上海市档案馆藏档,档号Q109-1-319,第9页。

⑤ 上海市档案馆藏档,档号S395-1-84,第39页。

⑥ 上海市档案馆藏档,档号S395-1-84,第69页。

止起卸,或强行过斛乃至僵持不下的局面。1948年7月初,漕河泾镇全体米商终于向正在召开的上海第一届参议会第六次大会提出请愿书,要求"从严取缔斛司职业公会在漕河泾镇强设斛司,非法收费,以免扰乱米店营业"。经讨论后,大会议决:"函请市政府会同警察局对该非法斛司从严取缔,以杜滋扰。"①

8月初,漕河泾镇18家米号再次致函米商业同业公会理事长万墨林,要求取消去年11月19日的和解笔录,并系统地重申了拒绝斛司的理由,内开:

> 查漕河泾镇向无斛司,盖米店交易不用斛司过斛,按之习惯,到处皆然,漕河泾镇何能破例独异。此不应设斛司之理由一也。
>
> 方今米价上涨,当局调配民食……斛司过斛,收取费用,徒增食户负担。原有斛司之处,一旦裁撤,尚可谓为攸关少数人之生计问题。乃本无斛司之处,何必定欲多此一举。此不应强设斛司之理由二也。
>
> 且斛司者等于公证行之公证人,必于买卖交易,双方合意雇用,或发生争议时,则自以由第三者出为公证,比较易得其平。若交易双方未得同意,亦无争议,则根本无需第三者之公证,普天下之任何交易,皆系如是,斛司工作岂容背此原则。此不应强设斛司之理由三也。
>
> 又况现代衡器进步,废斛改磅决非违法,美米运沪为数至巨,俱未经斛司之过斛,事实俱在。此不应强设斛司之理由四也。②

有鉴于此,市社会局于8月18日再次召集上海市米粮斛司业职业工会和漕河泾镇米商同业代表前来接受调解,经劝说双方各做让步后,终于达成了如下协议:(一)凡漕河泾镇上米商自运上店门销者,概不经过斛司过斛收费。(二)凡镇上米商向市场售出或批销与市区同业直接

---

① 秘书处编印:《上海市第一届参议会第六次大会会刊》,1948年7月印,决议案,第24页。

② 上海市档案馆藏档,档号S395-1-84,第61页。

上车之船货均须经斛司过斛收费。(依照市场按次调整之斛费)(三)凡漕河泾镇上米商既经上店之货,间有再向市场售出或批销与市区同业者酌收贴补斛费,每石依照原有斛费十分之三计算收费,直接售与吃户者不在此限。① 由此,双方的争执总算是暂时告一段落。

事实上,在龙华和浦东等地也曾出现过类似的现象,斛司业一直试图将市区过斛的办法同样推行至郊区,但也屡屡遭到当地米商的抵拒。② 于是,为了寻找更多的过斛业务,斛司业工会还常常采用向当局密告走私米船(通常逃脱登记和过斛,且不在规定地点卸货),③或要求允许其会员参与政府配米业务(如过磅过斛负责车送)的办法。④ 其间,还曾不断地向米商业公会接洽,要求随物价的上涨而增加斛费。⑤

上述措施毕竟收效甚微,难以改变斛司业因业务萎缩而导致的生活困境。于是,斛司业职业工会终于不耐,于1949年1月26日在上海各大报刊登通告:"查食米以石计数,为量政统一规定,近有少数米商不依向例,以磅见交易,不仅对于斛米工作增加困难,且于职工生活大受损害,兹敝会为增进斛米工作效能及便于负责起见,经议决自二月二日(新春开市)起所有到沪米粮一例用斛为准。"⑥米商业公会获讯后,即向社会局呈文请求制止,理由是斛司业单方面违背了1948年5月15日各方确认的衡量并用的原议,因而属于"擅革政制,实属有违法令"。⑦ 社会局遂向上海市度量衡检定所征询解决,后者于2月25日

---

① 上海市档案馆藏档,档号S395-1-84,第61页。

② 参见上海市档案馆藏档,档号S398-1-39,"上海市米号商业同业公会关于社会局对启用米斛过量手续令饬平斛光挡浦东同业联组否定斛司工会直接收取斛费以及车工斛司调整运粮车资和斛费有关的来往文书",第16页;上海市档案馆藏档,档号S395-1-84,第2页;上海市档案馆藏档,档号Q6-4-488,"上海市社会局关于龙华区米商拒绝斛司过斛禁止预买稻谷青苗森泰米号配米舞弊",第1页;上海市档案馆藏档,档号Q6-16-553,第61页。

③ 上海市档案馆藏档,档号Q6-4-442,"上海市临时参议会组织上海市食粮价格审议会事与社会局的来往文书",第90页。

④ 上海市档案馆藏档,档号Q6-4-552,"上海市社会局关于豆米业启用米解事及取缔米船停于非码头起卸等",第11页。

⑤ 上海市档案馆藏档,档号S395-1-85,"斛司工会调整斛力及扣取斛样与上海市米商业同业公会来往的文书",第20页。

⑥ 《上海市米粮斛司业职业工会通告》,《新闻报》1949年1月26日,第1版。

⑦ 上海市档案馆藏档,档号Q6-4-255,"上海市社会局关于米业使用度量衡问题",第2页。

答复如下:"治标方法,拟由局通令有关各业公会,用衡用量应由买卖双方同意决定,第三者不得从中干涉。治本方法,拟请钧局参酌粮政有关法令,订定本市米粮用衡用量范围,统一办法。"①事实上,早在1948年4月6日度量衡检定所所长徐子范在致社会局长吴开先的呈文中,曾就沪上米业的量衡之争做过较为详细的研析,内开:

> 查度量衡法规对于米粮进出究应用量用衡,并无明文规定,只须所用器具检定合格均可应用。本市米业用器,向采量衡并用(大抵陆路来米多用包装,便于用衡;水路来米均系散装,便于用量;米号业门市零售则又以量器为便),至于售米价格则以市石计算。若用衡器时,其计算方法,依照习惯以壹百五十六市斤折合壹市石,相沿迄今。纠纷时起,症结所在即因米质有优劣之分,水分有多少之别。在潮热之天,米粮因热而胀,加之含水较多,遂至密度减少,一市石之米不足一百五十六斤,故买主争用衡器。在秋冬干燥之时,水分既少,米质又因冷收缩,一市石之米超出一百五十六斤,买主又争用量器。即使同一时期,上等米性重,下等米性轻,用量用衡,亦时有争执。窃以就学理而论,其交易价格若以市担(100市斤)计价,则自应采用衡器为合理,若以市石(100市升)计价,则自当以量器为准。但就事实而论,大量进出,宜用衡器较为敏捷,零星进出,以用量器为便利,若两器同时并用,则纠纷颇难避免。为杜绝流弊,免除纠纷计,似应于衡量两器中,采用其一。惟此举影响极巨,若废量用衡,则数百斛司生活将生问题,水运散舱之米起卸亦不甚便利。若废衡用量,则陆路包装之米过斛亦多周折麻烦。欲求一兼得并顾之法,似非易事……②

无论是行业习惯,还是制度缺陷,或是由此而来的不同交易方的利益纠葛,乃至战后上海斛司业在整个粮食流通中的尴尬处境,该呈文已表述得非常清楚了。近代以来的量衡之争,实际上直到1949年政权易手之后才得到解决。1953年政府对粮食实行统购统销,统一用重量法

---

① 上海市档案馆藏档,档号Q6-4-255,第7页。

② 上海市档案馆藏档,档号Q6-16-553,第70—71页。

计量米粮，如"石"、"升"、"斗"等，整个斛司业由此退出了历史舞台。

三、1946年：米号业劳资纠纷

米号业是整个粮食流通中的最后一环，简单地说就是先从米行（批发商）进货——食米、面粉、杂粮等，然后在固定场所（米店）将其零售给一般民众，以获取其中的差价。该业的资方即米店老板，劳方则为受其雇佣的工人、店员，由此构成了劳资关系。上海米号业资方的同业组织久已有之，前清时即有嘉谷堂公墅、公所，入民国后则先后为商民协会米业分会和米号业同业公会，但劳方直至抗战胜利之际尚未出现过全市性的行业团体，故而此前的劳资纠纷多属零星性质，并未出现过双方整体的碰撞。1946年夏秋，随着劳方职业工会的出现，双方团体主要围绕着工资待遇问题，引发纠纷，继而谈判，乃至因接洽不利，导致了一场全市性的米号业劳方罢工。尽管其为时仅一日，但民以食为天，数百万人的大城市因此颇受震动。从历史上看，沪上米号业的罢市行为虽不乏其例，但多为资方同业公会围绕着滥征捐税等问题，针对政府当局的抗议之举。此次由劳资纠纷而引发的全行业营运停顿，可以说是首例。事情的缘由是这样的：

从1946年年初起，上海米号业的一些店员便在分头酝酿成立职业工会性质的组织。3月23日，以德丰恒米行跑街蔡厂鼎为首的30多名米业职工联名向市社会局局长吴开先呈文，以"为谋福利事业之举办，安定从业员生活"为由，要求筹组"上海市米粮业从业员协会"。[①] 两天后，以鸿泰源米号黄林福、曹永熹等人为首的另一批米号职工，鉴于"米号业职员过去因无相当组织，形同散沙，以致精神涣散，各不相谋"，亦向社会局要求发起组织"上海市米号业职业工会"。[②] 社会局获悉后，认为两方人员均系米号业店员，为免分歧，遂于5月24日指令双方共同筹组"上海市米粮业从业员协会"，并核定蔡厂鼎、金燮源、蔡荷

① 上海市档案馆藏档，档号Q6-5-279，"上海市社会局关于上海市米粮业从业员协会申请登记的文件"，第6—7页。

② 上海市档案馆藏档，档号Q6-5-279，第3—4页。

生、黄佩才、陆永嘉、张柏鸿、成有钢、黄林福、曹永熹等九人为筹备员,指定蔡厂鼎为召集人。[①] 经5月29日和6月16日两次筹备会议之后,上海市米粮业从业员协会于6月23日在广西路66号格致公学大礼堂举行成立大会。大会主席蔡厂鼎在开场白中表示:

> 在目前上海最关系民生的是我们米粮业,对社会有极大影响的亦是我们米粮业,我们既占有如此重要的地位,自应树立一个坚强的组织,一方面谋取本身利益,一方面为国家社会服务,但目前各同业公会所组织的,都仅是代表资方的,我们从业员大众的利益被忽略了,而所遭遇的困难亦无法解决,今天这个大会的成立,就是这个意义,在于促进从业员间之互相团结,争取大众福利……[②]

与会的市总工会、市党部和社会局代表也先后发言。大会通过了会章及选举理监事,蔡厂鼎等九人为理事,吴希元等四人为候补理事,陆永嘉等三人为监事,金新德为候补监事。次日召开第一次理监事联席会议,公推蔡厂鼎为理事长,共有会员1723人,会址设于威海卫路357弄83号(7月间迁至新昌路539弄22号,9月间又迁至富民路43号)。[③]

米粮业从业员协会成立伊始的"第一把火",便是向资方提出改善待遇的要求,理由是抗战胜利后各业待遇均有提高,惟"米粮业职员待遇素低,平均月入仅四万余元"。[④] 一定意义上,此举亦旨在凝聚会员,强化其存在的合理性和合法性。7月间,该会第二次和第三次理监事联席会议即分别拟具出《劳资协约细则》[⑤]和《劳资简约条例》,[⑥]先后送交上海市米号业同业公会共同核议,并同时转呈社会局备案。对米粮从业员协会的"要价",米号业同业公会起初似乎并未表现出明显的反

① 上海市档案馆藏档,档号Q6-5-279,第9、19页。

② 上海市档案馆藏档,档号Q6-5-279,第111页。

③ 《上海市米粮业从业员协会通告粮字第一号》,《新闻报》1946年7月2日,第9版;上海市档案馆藏档,档号Q6-5-279,第23、85页。

④ 《米号职员罢工》,《申报》1946年9月6日,第4版。

⑤ 详见上海市档案馆藏档,档号S398-1-43,"上海市米号商业同业公会关于米粮从业员协会要求改善待遇、订立劳资协定,同时杂粮业职业工会提出异议争论、酿成纠纷案件,上海市米号商业同业公会呈报社会局请示适从轻调解达成协议有关的来往文书",第4页。

⑥ 详见上海市档案馆藏档,档号S398-1-43,第7页。

感，该会常务理事瞿振华(公大米号业主)甚至还示意"热烈赞助"，并允诺在理监事会议时提出讨论。① 7月22日，米号业同业公会正式答复从业员协会，宣称"示商订协约，深表赞同，为谋劳资协调起见，自属需要"，但又推说当前粮情极度紧张，希望待市面稳定后再从缓讨论各项事宜。至于职工当前困境，则表示"即日通告各会员，自动酌增月薪，俾得安心工作"。② 此后，社会局第五科葛梦松出面调解，并于8月上旬数度约谈双方洽商，同业公会方面曾表示对"细则"和"条例"，有的会予以接受，有的则希望修正字义，还有的将进一步考虑。③ 最后双方初步约定，将从业员待遇每月一至五斗者升为九斗，六至七斗者增加四斗，并定于8月16日正式签订调解笔录。④

然而到了8月16日那一天，米号业同业公会并没有派员前往，爽约的主要原因似乎是斜刺里杀出了一个"程咬金"，即所谓"上海市豆米杂粮业职业工会"的出现。早在1946年6月19日，该会筹备会即在《新闻报》第12版上发布通告，宣称奉"上海市社会局市社(35)组二字第九四七三号批令准予组织上海市豆米杂粮业职业工会"，呼吁豆米杂粮行业从业职工及失业职工等前来办理入会登记。其筹备主任是大昌成米行职工刘锦豪，其余人等亦系米业之职员，分为杂粮、粮食、行号等组。8月14日，刘锦豪致函米号业同业公会理事长万墨林(万昌米行、米号业主)，要求同业公会暂缓与米粮从业员协会签订协约。其理由如次：

> 查从业员协会与本会立场根本不同，本会系根据工会法之立场，并可代表劳方一切权益和保障，早有明文规定。惟从业员协会，不知依何法据及何立场，能代表劳方签订条约，实属不解。察其性质，等于俱乐部之社团，依法的立场，明无法文规定，及毫无资格代表劳方而向资方有所要求。倘若贵会有意接受签订简约，实属于法不合。况本会绝对不能承认，必

---

① 上海市档案馆藏档，档号S398-1-43，第2页。

② 上海市档案馆藏档，档号S398-1-43，第2页。

③ 上海市档案馆藏档，档号S398-1-13，"上海市米号业同业公会理监事会议录"，第65页。

④ 上海市档案馆藏档，档号S398-1-43，第30页。

要时本会当代表全体劳方依法将改善福利条约，提向各商业公会……[1]

接函后，米号业同业公会即于8月16日向市社会局呈文，声称鉴于豆米杂粮业职业工会和米粮从业员协会“皆称业奉钧局核准成立”，因此请求社会局确认同业公会“究以何方为职工代表团体，以为互相讨论之对象”。[2] 社会局遂在稍后的第18270号训令中指出：“凡店员应加入米粮从业员协会，工人应加入杂粮职业工会，双方均不得逾此范围。”[3]实际上认可了两会均有合法性，并各自代表一部分劳方，因此都可以和代表资方的同业公会订立协约。

这一时期，为了争夺劳方的代表权，米粮从业员协会与杂粮业工会可谓龃龉不断。前者指责后者“招摇撞骗，欺夺属会会员，移花接木，盗窃工运”，[4]“有杂粮油饼同业公会之对象，与我米粮业绝无利害冲突”；[5]后者则反诘前者欺骗工友、滥收会费、舞弊无能……[6]双方可能都别有一定背景，力图独占米号业劳方的领导地位。

8月20日米粮业从业员协会致函米号业同业公会，要求后者勿横生枝节，以豆米杂粮业职业工会的介入为借口而拖延签约，否则“会员恐有轻率举动”。[7] 基于从业员协会的威胁之语，米号业同业公会在8月25日的理监事、区组代表联欢会上决定采纳劳方要求，允予酌加待遇，其标准为从业员薪给五斗以上加四斗，五斗以下加为九斗，但又议决要等待同业公会第二次全体大会通过后再正式通知从业员协会。[8] 次日，尚不知情的米粮从业员协会30多名会员前往社会局请愿，要求敦促同业公会迅速签约，其间曾发生手持标语、高喊口号等行动。[9] 此

---

① 上海市档案馆藏档，档号S398-1-43，第13、14页。

② 上海市档案馆藏档，档号S398-1-43，第17页。

③ 上海市档案馆藏档，档号S398-1-43，第33页。

④ 上海市档案馆藏档，档号Q6-5-279，第58页。

⑤ 上海市档案馆藏档，档号S398-1-43，第21页。

⑥ 上海市档案馆藏档，档号S398-1-43，第28页。

⑦ 上海市档案馆藏档，档号S398-1-43，第20页。

⑧ 上海市档案馆藏档，档号S398-1-14，“上海市米号业同业公会理监事区组代表联欢会议记录”，第12页。

⑨ 上海市档案馆藏档，档号S398-1-43，第36页。

后，社会局不知何故，竟做出了莫名其妙的举动，一方面于 8 月 28 日以第 17849 号指令告知米号业同业公会，称“从业员协会，系社会团体，不得依据工会法代表劳方签订团体协约”，[1]另一方面又先后三次约请双方前来签约，约定时间是 8 月 31 日、9 月 2 日和 9 月 3 日。但这三次米号业同业公会依旧失约，其借口是已奉得社会局第 17849 号指令。于是，社会局调解科最后宣布调解失败。

这下子终于惹怒了米粮业从业员协会。该会于 9 月 5 日策动全市 700 余家米号职工罢工，仅南市、闸北 300 余家未及参加。该会还特地向上海市警察局长宣铁吾呈文，指责资方“一味利用狡猾手段，敷衍拖延”，“任意欺凌剥削从业员生活于不顾”，因此“向社会作正义呼吁，希资方速作合理之调整”。[2] 粮食供应事关整个城市的大局，市民购米无着，确实非同小可。上海市长吴国桢获知罢工消息后极为震惊，一面敦促从业员协会令会员于次日复工，一面与社会局局长吴开先即刻安排双方签约。

一日罢工终于起到了“警示”的作用，9 月 6 日上午在社会局代表葛梦松的主持下，劳方代表孙礼昆、吴浩明、孙德表等人，与资方代表瞿振华等签订了市社会局第 467 号和解笔录，其中规定：

> 1. 米号雇用店员应尽先录用该业失业人员。
> 2. 职员工作时间暂依原有习惯而定。
> 3. 职员不得无故外出，如因事或事出急迫得向店主或经理请假或补假，但不满一日者免扣薪金，如有婚丧喜庆不在此限，且亦不得扣除薪金。
> 4. 职员如遇疾病或因公受伤之意外不幸等情，由资方酌给适当之抚恤或补助。
> 5. 职员如有不良行为与嗜好，情节重大者，资方得自由解雇，亦不发津贴，但不得无故解雇，如年迈退休者或有功于店务者，资方应酌给酬偿，自退者不在此限。

---

① 上海市档案馆藏档，档号 S398－1－43，第 40 页。

② 上海市档案馆藏档，档号 Q131－4－3641，“上海市警察局行政处处理粮食、面粉业工人罢工案”，第 15 页。

6. 关于调整薪给，系以米计算，以前每人所获一斗至五斗者，一律加为九斗，其六斗以上者一律按原支斗数另加四斗，自七月十五日起发给。

7. 职员增发工资每月增五日，每年增一月，其年终红利仍照旧有习惯分配。

8. 劳资双方如有纠纷，先由双方公会先行调解，并依据本协约解决。

9. 本协约仅以米号从业员为限。①

上述条款虽与米粮业从业员协会最初提出的要求有不小落差，但毕竟比店员们原先的待遇有了明显提高，尤其是继续保持以米计工资的做法，更是避免了以后恶性通胀的干扰，得以维持基本的生活水准，因而总算取得了较为圆满的成果。然而，劳资双方的交涉并未就此告终，另一个劳方组织——上海市豆米杂粮业职业工会也竭力试图与米号业同业公会订立改善待遇的协议。

早在8月31日，该职工工会即拟订出《协订改善职工待遇条约草案》②送交米号业同业公会，其主旨与7月间米粮业从业员协会提交的"细则"和"条例"大致相仿，强调提高劳方的经济收入，并强化该职业工会对劳方的领导，以及与同业公会的对等地位。9月5日同业公会方面复函，宣称"贵会为杂粮业职工会，与敝会米号业性质不同，未便协订"。③ 被打了回票后，职业工会于10月4日将前述"草案"上呈市社会局请求调解，并以可能组织罢工相威胁。社会局唯恐生事，于是在此后的两个月中，派调解科顾若峰出面，共召集双方代表六次会面，但双方争执激烈，终未达成协议。同业公会方面始终坚持，本业劳方已全体加入米粮业从业员协会，该公会既与从业员协会订约，则无必要再与不相关之杂粮业职业工会订约。④ 1947年1月28日，米号业同业公会在致市社会局劳资评断委员会的信函中，又援引社会

① 上海市档案馆藏档，档号S398-1-43，第40页。

② 全文见上海市档案馆藏档，档号S398-1-43，第46—47页。

③ 上海市档案馆藏档，档号S398-1-43，第49页。

④ 上海市档案馆藏档，档号S398-1-43，第59、66—67页。

部的文件,①声称:米号业劳方属于商业从业人员,与工会从业人员性质不同,既已加入从业员协会,似无再加入职工会之必要。② 换句话说,就是再次否定了杂粮业职业工会与米号业同业公会的劳资对等性。

见同业公会方面不肯就范,杂粮业职业工会曾向上海市参议会请求"妥为协调",但收效甚微。从 1947 年 3 月起,遵照社会局的指示,米号业同业公会开始了与豆米行业同业公会和经售业同业公会合并为上海市米商业同业公会的改组工作,许多事务因此暂时停止处理。社会局遂批示"俟同业公会改组竣事,职工会恢复活动,续请到会时再行核办"。③

1947 年 4 月以后,因国民政府的限价政策,导致了上海地区出现米荒,米业与政府当局和普通市民间的冲突呈现出白热化的状态,资方经营大受亏损,处境异常艰难。由此,米业内部的纠纷大多被搁置起来,此事亦未见下文,可谓不了了之。之后的两年中,沪上米业虽频遭打击,但没有再发生过全行业的劳资纠纷。

总之,1946 年米号业的劳资纠纷,可谓是当时此起彼伏的全市职工斗争大潮的一页,但与纺织、机器、百货等业不同,它基本上限于经济性质,尽管一些劳方组织可能有某种政治背景,试图掌控一部分的职工力量。当时,沪上米业内部的其他纷争也基本属于这一情况。

四、结　语

毫无疑问,作为一场浩劫,持续八年的中日战争打乱、中断乃至破坏了上海城市原有的诸多秩序。战后,沪上百废待兴,无论是政治、经济和社会的各个层面及各个角落,都面临着复员和重建的问题。从这个意义上说,上述三项个案,无论是新闸桥米码头两帮工人的业务争

---

① 即 1946 年 11 月 14 日社会部京组 2 字第 013124 号代电答复江苏省社会处代表,内开:"查店员为商业从业人,与工会从业人(即工会法第十三条所称之被雇员役)性质有异,依现行法,店员得充任同业公会会员代表,自未便视同工厂职工,准其加入工会。"上海市档案馆藏档,档号 S398-1-43,第 69 页。

② 上海市档案馆藏档,档号 S398-1-43,第 69 页。

③ 上海市档案馆藏档,档号 Q109-1-1651,"上海市参议会关于粮食业劳资纠纷的文件",第 8 页。

夺,还是斛司业的困境及量衡制度之异,以及米号业的劳资纠纷和两个劳方组织的龃龉,归根结底,都属于划分势力范围和分割利益的范畴。只是在粮食危机的大背景下,这一重构米业运作秩序的过程变得令人更觉敏感。此外,同业组织和职业工会在维系业内人士、申诉会员主张方面,显然起到了有力的作用。但政府当局在上下协调中,却因行政能力和社会掌控力的局限,并未实现令人满意的效率。

〔作者系上海社会科学院历史研究所研究员〕

口述历史

上海美术专科学校口述史(上)

樊　琳　整理

整理者按:1912 年,刘海粟等人创办了上海美术院,它是中国第一所近代美术专门学校。该校校名屡有变更,1915 年改称上海图画美术院,1916 年改称上海图画美术学校,1920 年改称上海美术学校,1921 年又更名为上海美术专门学校,上海美专的简称由此而来,至 1930 年始定名为上海美术专科学校。其校址也不断迁移,最初在乍浦路 7 号,其后曾迁于爱而近路(今安庆路)、北四川路横浜桥、海宁路启秀女校旧址、西门外白云观务本女校旧址、林荫路神州法专旧址、斜桥南洋女子师范旧址,至 1925 年迁定于菜市路(今顺昌路)560 号。

该校最初仅设绘画科,专攻西洋画,后改为西洋画科,并陆续增设中国画、工艺图案画、师范、音乐、劳作等专业科系。该校于 1914 年开始采用人体写生,后因以裸体女性作模特儿,在社会上引起轩然大波,并导致 1926 年著名的“模特儿事件”的发生。

1952 年全国高等学校院系调整,上海美术专科学校与苏州美术专科学校、山东大学艺术系合并成立华东艺术专科学校,并迁离上海,定址无锡,后又迁至南京,改名为南京艺术学院。

为累积口述史料,2007—2008 年间,笔者采访了十几位上海美术专科学校的毕业生或短期授课教师,他们已过耄耋之年,大多长期从事美术工作,有的转岗他业,却对老美专感情日炽,桑榆晚景,老而弥坚,甚或退休后又提起画笔,挥洒春秋。

现将其中几位老人的口述回忆整理成文发表。此口述史料均经其本人审阅校改,但有些事历时已久,讹误之处或许难免,敬请识者教正。

一

李成勋,男,浙江温州人,1916年11月生,现年93岁。笔名曼庄,号“双屿山民”、“瓯江钓叟”。1933年进美专国画系学习,师从黄宾虹、汪声远等。自己比较满意的五部连环画作品:《春香传》、《彩楼配》、《元春省亲》(合作)、《十五贯》(合作)、《春草闹堂》。现为上海市文史研究馆馆员。

我1916年生于浙江温州,八岁时我进入温州市城南小学读书,生性特别欢喜画画,学着香烟牌子上的样子画关公、张飞,没有纸就在地上画,记得小学念书时学校美术布置都是我做的。我曾师从当地的国画名师苏昧朔先生,学费是每月5块银洋。我的父亲是当铺店员,当时月薪只有银洋20块,家里负担不起,两个月后无奈辞师。其实先生也不大教,晚上要搓麻将的,并没学到多少。

随后我奉父命,到一家染料店去当学徒,老板让我写对联呀什么的,有时晚上写到眼皮都抬不起来。我自己凑钱买了一套《芥子园画谱》,夜里灯下临摹,又被老板娘斥为“浪费”,收了油灯。我痴迷画画,父亲并不赞赏,曾对友人大叹“只知道画画”,友人说画两张来看看。看过后,对我父亲赞叹:“还学什么生意,你儿子的水平可以赚钱了。”于是推荐我进温州最大的务本印刷厂去设计印刷稿和石印修版改版,当时还没有网纹版,我直接用毛笔在石头上点网点,大家看了都很诧异。老板很赏识我,给我一个月工资银洋8块,厂里还包吃饭。

上海美专是我国最早的西洋美术学校之一,名气很大,当时我们温州有不少人在上海美专求学,这让年少的我动了心。我和同乡叶曼济商量,决定用两年时间进修中学文化课程,然后就去报考上海美专。

那是1933年,我17岁,我与叶曼济两人怀揣着工作的积蓄,悄悄去上海报考美专。交了1元报名费,还拍了报名照。那是我第一次拍照,拍照倒还用了2块钱。我们住在四马路最便宜的旅店,一毛钱一天。可看到考生们都是阔家子弟，西装革履，就我们两人着蓝布长衫，觉得这上海美专有些高不可攀，顿生自卑之心。可是考试一开始，情况完全变化。我们考了“三民主义”和画画，我各门功课都是第一个交卷。考画画，我画了个古代仕女，后面画了杨柳树，大概尺半长。应考三天后去看榜，榜首赫然三字：李成勋。我与叶曼济都被录取在了春季班的国画系。那时学费贵，好在我在上学前就工作了，于是我向在沪工作的表叔又借了20元作学费，开始在上海美专求学了。

记得第一年的学费交了16元，我读书很节俭，一元钱我可以吃十一顿中饭，剃个头一角钱。上美专的第二年我的父亲就离世了，学校对我很照顾，后来几年的学费都免了。很多同学读书就是来镀金的，有个音乐系学小提琴的蔡姓同学，南洋来的，他家里寄来500块银洋一个礼拜就被他上舞厅花光了。我们班上只有两名女同学，都是富贵人家。

国画系分山水组和花卉组，我在山水组，我的毕业作品画的是山水。陈大羽是我同学，在花卉组。那时没有老师教人物画，我学人物画全都靠自己。上午上正课，下午就去选课。上学的第二年，开始画模特儿。模特儿有一男一女，年纪二三十岁。那个女的我们还问过她，她是浙江台州县人，做舞女的。做模特儿，一个下午工资20至30元银洋钱，晚上还去做舞女(舞女月收入大概250元左右)。我那时对女性还懵懵懂懂，一开始都不好意思看。就这样画模特儿画了快两年。

我上学时，刘校长1933年11月第二次赴欧，在德国主持《中国现代绘画展览会》。到1935年6月才回国，王济远是代理校长，汪声远是副校长，刘云熙是校务，刘校长弟弟刘海若是总务主任，1935年后教务主任是谢海燕，训导主任是莫运选。老师有黄宾虹、潘天寿、汪声远等等。

那时国画系主任是诸闻韵(字汶隐)，他曾到吴昌硕家任家庭教师，并从吴昌硕学书画篆刻。他弟弟诸乐山是教我刻图章的老师。有次诸闻韵在画室看我画图，看我没样稿在默画，画仕女和风景，不打草稿，一气呵成，老师在我后面直点头赞叹：这个孩子不简单。黄宾虹总是要求我们画画用中锋；汪声远老师教课很得法，因材施教，构图法、创作法教得最好；教花卉的吴福之老师也教得很好。

我的领悟力高，老师比较器重。毕业时，刘校长的叔父刘镛熙老师要我留在上海，到成美中学去任教，如果薪水不够用还可兼美专的助教。

然而我因父亲去世,作为家中独子,母亲希望我回温州,还给我订了亲。家庭压力大,只得回乡尽孝,负担家庭生活。我的同学米谷(原名朱吾石),他是浙江海宁人,他原本于1934年考入国立杭州艺专,同年转学到上海美专西画系,毕业后留在了上海,他1936年起就在《时代漫画》上发表漫画。

回乡后,我在温州教书谋生。还曾与同仁陈振龙、黄振填、陈光宗、金狮子先后创办过"温州美术学社"、"温州美术公司"、"龙门画室"。但做教员薪水微薄,家庭重担难以为继,于是教课之余,在商务印书馆下属的务本印刷厂搞设计,生活有了好转。我样样做,包装设计、舞台美术、服装设计,连建筑设计也做的,人家叫我"万能美术老师",万籁鸣叫我"万能专家"。抗战爆发后,温州与上海交通切断,很多高档印刷品只得在当地付印,原来的印刷厂又想到了我,让我帮忙。临近解放,印刷厂的老板逃跑了。厂里工人敬重我,要求我出面主持厂里业务,情面难却,也就应承下来,做了经理,其实现在就叫老板了。凡有业务上门,我都仔细过目、亲自设计,主动为客户节省成本,客户因此越来越多。印刷厂流动资金匮乏时,我都主动不拿工资,要先保证工人的工资。

抗战期间,我们爱国爱乡,就以画笔从事宣传抗日救亡运动。温州美术工作者向来较为团结,在漫画救亡上更拧成一股绳,以文化为武器来配合前线战士浴血奋战。我的老师苏昧朔(有个笔名阿嬴,有打嬴日本之意)善绘人物,我也就跟着老师一起用漫画的犀笔戳向敌人。戏剧是与群众的抗战活动紧密结合的,温州的抗战戏剧,以永嘉战时青年服务团在1937年9月街头演出《放下你的鞭子》为先声,演员从舞台纷纷走向街头、乡镇、农村、山区、海隅,蓬勃活跃在抗日救亡战线上。我和叶曼济为这出剧画舞台美术,还兼化妆。当时,温州地下党成立了一个抗敌后援会,经常进行一些宣传与演出活动,我虽然不是党员,但总是义务为他们做美术设计。

建国前夕,那时温州仅有两家印刷所了。地下党要秘密印刷迎接解放军进城的宣传品《告全市人民书》,尽管要冒着生命危险,也没有经费,但那时我年轻,胆大,地下党找到我时,我觉得义不容辞,一口应承下来。我们还秘密绘制国旗、毛主席像,我第一个出城迎接解放军进城。

解放初期,我在温州师范学校任教,温州美协成立时被推选为常务理事，并成为首批中苏友好协会会员，还主持着印刷厂的工作。党提出文艺为人民服务、为社会主义服务，“百花齐放、百家争鸣”、“推陈出新”的方针，艺术家都希望干一番事业。1954年初，我携全家迁居上海。

作为职业画家，我为全国多家美术出版社创作连环画与年画，到1966年的13年中，共画了5000多幅作品。我那时的稿酬一张要到15元，我的连环画与年画，《春香传》、《彩楼记》、《春草闹堂》等作品广获赞誉。“文革”开始，我受到冲击，大量作品被毁，连作品样书都不能留。正常的绘画创作停止了，被下放到上海益民食品厂劳动。这期间，上海、温州文化界很多人被打成“走资派”、“反动学术权威”、“牛鬼蛇神”，经常有人到我这做“外调”，我总是顶着压力，实事求是以对，从来不诬陷一个好人。“文革”后期，我被安排到上海书画出版社工作，主要从事书法、水印木刻的创作，1979年退休。当然退而不休，创作了大量的山水画，1983年被聘为上海市文史研究馆馆员。

纵观七十多年的艺术生涯，我认为是把握了两个转折点：一是1933年考取上海美专，得到黄宾虹、汪声远等名师教诲，奠定了作为艺术家的良好素质；二是1954年迁居沪上，几十年的创作锻炼，加上上海浓郁的学术氛围，使我的绘画技巧、艺术思想达到了一个新的高度。

二

周楚江，男，江苏省青浦县朱家角镇人，1921年生，现年88岁。1938年考入美专西画系，1941年毕业。师从陈士文、关良、倪贻德等。解放后，长期从事舞台美术设计。现为中国戏剧家协会会员、中国舞台美术学会会员、上海市文史研究馆馆员。

我的父亲一生经商，历年积余陆续购置了房产、田地，因此我的童年时期，家境宽裕。父母生我兄弟两人，兄长曾在上海民立中学念书，后弃学帮助父亲经商。我16岁那年，日寇侵华，我不得不中断了中学学业达两年。接着，母亲在淞沪战争时不幸染上霍乱而亡故，全家人暂避乡下。这时上海已成孤岛，但为了我的学业，父亲将我送到上海亲戚处。

上海美专地处法租界，市面相对平稳，又有校舍提供住宿，而那时大多数学校是没有校舍可供学生住读的。我从小喜爱美术,随即报考了上海美专。当时美专已没有30年代初那么红火,三进的房子,第一栋是教学楼和女生宿舍,当中一栋原是教学楼,因学生减少就租给上海中学,后面一栋则是我们男生宿舍。教学主要在前一栋,是教学楼,三楼有4间教室,有素描教室和人体教室,还有图案系教室及数间小提琴室。素描教室上午大专班上,下午则中专学生上;二楼有一间教室,另一半是女生宿舍;一楼一间教室上文化课的,一部分是校长室、教务室、图书馆,还有对外开放的卖颜料的小卖部。

我进校时学校有师范、中专,大专有西洋画、中国画、图案画、音乐系四个系,我录取到西画系住读,读的是三年专科。西画系学生最多,有20来人。第一学期我们一个年级在一起上课,上午上半天素描课,下午上英语课、艺术理论、国文等其他课,教素描的是留法7年回国的陈士文先生。第二学期受业于当时系主任关良先生,一年后,关良先生去了西南后方。接下来由画家兼艺术理论家倪贻德先生接管教学。第二、三年就几个年级的同学同班上课。第一、二年画素描人体,第三年画油画人体,老师改改画,但不和我们一起画。那时候外面乱,我们也不出外写生了,但还有人像、人体模特写生,只是人体模特形体条件一般。上海美专西画系任教老师大都是留学归来的,老师的薪水都不高,但还是有老师来教,大概觉得受聘上海美专在社会上更有地位和知名度,也就不计较,像刘开渠也来上过课。

西画系任教老师在国外留学时,大多学的是印象派和现代派等新兴画派,同学们也受其影响,我亦如此。那时西画系与国画系教室同在三楼,由于自己有兴趣,就常抽空去听课、看改画。记得当时国画系主任是王个簃先生,王个簃先生教画花卉,著名画家谢公展先生则每星期安排三个上午来上课,汪声远先生则教山水。那时唐云、陆抑非先生都还年轻,也就30岁左右,下午来校上中专班的课,我也不时去听课。学习揣摩技巧、临摹名家画作,日积月累倒也获益匪浅。

毕业考试就是画一张自画像。从宿舍到教室有一条通道,毕业前每位学生开个小型展览,也就12张画左右,将自己的所学汇报一下。那时因抗战时期上海的新华艺专、苏州美专均停办,杭州西湖美专也迁往西南,因此较多的学生都转入上海美专,其中就有现在法籍的知名画家赵无极，他在美专读过一年，他走前也开了个展览，他的家庭条件算很好的，颜料用的都是进口的，学的马蒂斯风格。

大概1939年，有时刘校长在学校组织一批中国画家吃螃蟹开笔会，画一些画带去国外开画展。那时大家都称呼刘校长“大师”，好像那时也只有他被称为“大师”的。我在学校见过刘校长，但他没上过课也没同我说过话，没什么印象。只是高年级同学会议论刘校长从法国带回来放在校图书馆的一些油画到底是他自己临摹的还是买来的，或者谈论刘校长的几次婚变。

美专寝室是不分系别同住一起的，我也时常跟室友相互切磋、学习国画，也就了解到一些中国画的绘画知识。我们那间宿舍学生像程十发等，大多来自松江、青浦，属于江苏省，我们也都是同乡。程十发读书时叫程潼，他人极聪明。他当时只画山水，专学的石涛风格，花鸟也不肯画的。读书时程十发在班上成绩总是名列前茅，毕业展时作品倒是融各流派于一炉，作品给我留下深刻印象。

那年代，除图案画系和艺术教育系外，学美术的学生毕业后要在社会上求得一职谋生是相当困难的。而选择学西洋画的多半是为了以后出去留学，而随着太平洋战争的爆发，许多同学家境中落，留洋当然作罢，而且那时因为战争一些南洋或广东等外地来的同学，失去了和家里的联系，生活都没有来源，还发生过学生跳楼自杀的事。

1941年我从美专毕业，经亲戚介绍，到振亚商业银行营业部做办事员，接着组建家庭结婚生子，所学专业特长根本无法发挥。不久振亚商业银行在嘉兴设立办事处，要派我去，我不愿意离开家庭，不得已辞去工作。为了解决失业问题，又经亲戚介绍进民国日报社营业部当会计，不想一年未到却患上肺结核，父亲得知后嘱我辞职，回乡长期疗养才逐渐好转。其时，上海圣约翰大学毕业的几位同乡在朱家角开办约光中学，聘请我教美术课。1949年后，我先参加过编绘血吸虫病危害性防治的图画及模型制作工作，这些图画及模型后送到苏南行署在无锡举办的展览会展出。1952年，华东行政委员会宣传部成立华东戏曲研究院，将我从江苏调到该院艺术室美术组担任舞台美术设计，从此舞台美术设计成为我的终身职业。

我从事舞台美术设计数十年，探索了舞美的多种表现形式。我在华东戏曲研究院期间，设计的《打金枝》，获得华东区戏曲会演舞台美术设计奖，当时由宣传部长夏衍颁发奖状。后在上海京剧院工作期间，先后为周信芳、童芷苓、李玉茹、张美娟、言慧珠、童祥苓等人主演的《文天祥》、《十五贯》、《猎虎记》、《梅妃》、《宏碧缘》、《木兰从军》、《武则天》及现代戏《红色风暴》、《智取威虎山》等10余个剧目担任舞台美术设计。一段时间还调到昆剧团工作。1977年我重回上海京剧院工作，先后为《十三妹》、《王熙凤》、《梅妃》等戏做舞台美术设计。

在上海京剧院工作期间，我就利用业余时间与郑慕康合作，为上海人民美术出版社以国画形式编绘《天仙配》、《荔枝换樱桃》、《四进士》等戏曲题材的连环年画。特别是50年代中期画的《天仙配》曾三次再版。我长期接触绘画艺术，意识到京剧的这门表演艺术与中国画的写意画都是中国传统艺术，形式上不同，但本质上异曲同工。于是我常刻意在京剧舞台美术上运用国画艺术形式，有西画功底，中西技法糅合来画国画，也使我对国画产生了日益深厚的感情。1983年我退休后，更是挥写不辍，专攻花鸟，画风追求秀逸温婉、淳雅娟秀。

三

马承镳，男，1922年生，现年87岁。1941年考入美专西画系，1947年毕业。师从陈士文、关良、倪贻德等。解放前，在电影制片厂从事舞台美术设计。解放后，任教于上海美专，后到无锡华东艺专，1980年由南京艺术学院调入上海城建学院。

我的父亲是老上海的著名电影导演马徐维邦，他也毕业于上海美专，大概是在1919年"五四"时期就读的，算是上海美专早期的毕业生，我小的时候就喜欢站在他的画架前看他画画，也许受他影响，我自小就爱涂鸦，家里墙壁上给我画得一塌糊涂，家人拿我也没办法。

1941年，我初中毕业后就进校，学的是五年制西画，入学考试也就走个过场。当时学校人数还蛮多，班次也不少。一进是大楼，中间有几间平房，那是音乐系、雕塑系等，二进、三进已租给上海中学。太平洋战争后，华侨、广东等外地学生都不来了，人数急剧下降。

我的老师有两位是留学日本的:陈盛铎、倪贻德。倪贻德教素描,后来留法的唐蕴玉等老师,教的路子是学院派的,非常严谨。我五年级时是陈士文老师教,我很崇拜他。他看到我的素描严谨过头,而艺术感觉欠缺,他就教导我还应学些中国传统文化,他的教学给我带来思想意识上的提升,一个阶段我的绘画基础提高很快。这位老师后来去了香港大学。

还有两位白俄老师,他们真是老师中的模范,上课总是提前 5 分钟到,上课很仔细地教授;有时下午还不计酬劳地上解剖课,他们画了不少的人体解剖图,叫模特儿到台前示范,一部分一部分讲解。而且他们对学生很关心,很爱护,我受益良多。他们对我影响深刻,那时我就想如果要做老师就要以他们为典范。

我在校时,学习非常刻苦,老师、同学对我比较推崇。我上课都早到,俄国老师也很器重我。但那时学费也贵,一边学一边我还在外面兼些工作或教课,学费时交时停,所以到 1947 年才毕业。我对母校感情很深,毕业后仍时不时回去看看,这样也就好像一直在校,甚至大家以为我是那几年唯一留校任教的青年教师。

其实,毕业后我进国泰电影制片厂做美工,那时候拍电影大多靠设计装置,美工工作是很忙的。美工不少,但我工作努力,老板赏识,很快就提升为美工科副科长。搞美工,跟学校擅长工艺美术的图案系的留法青年教师洪青蛮投机,他在外面开了间咖啡馆,我经常下班后去坐坐。在那里,洪青老师告诉我,美专的刘狮老师开了个晚上的训练班,但刘狮自己没心思也没时间管教学,找了我的一位同学当助手,但能力有限吧,教不好,维系不下去,想找我去夜校帮忙。

刘狮是刘海粟的侄子,这人很聪明也很浪漫,身份又很特殊。抗战胜利后,刘狮回校,把学校权力握在自己手中,副校长谢海燕也不得势。美专对教师的待遇很苛刻,时有老师离开,陈正铎、倪贻德老师都相继离校。

说是在美专夜校当老师,但根本不发薪水。1949 年春节,我去刘狮家拜年,他从口袋里掏出个打火机,说最近手头紧,你帮我去把它卖了调调头寸,那个打火机其实是把微型手枪,我只好装糊涂,赶紧退避。不久,刘狮也就离开学校去台湾了。

太平洋战争后,学校要维持很不容易,学校学生少,但基本的教学还是正常进行。抗战胜利后,学生又多起来。学校要维持,三个人功不可没,我们都看在眼里。一位是老会计黄启元,一位是教务主任宋寿昌,负责教务和请老师等;一位是校务叶耀奎,管学校的一切杂务。解放后,三反五反运动时要老会计黄启元揭发刘校长如何压榨教师等等,黄启元被排挤,年纪也大了就退休了,三校合并时没有跟去无锡。

1949年5月初,解放前夕电影厂已没有什么工作做了,5月24日下午我很早就下班了,回家路上就听见稀稀啦啦的枪声,还能看见三三两两的国民党溃兵。一夜也没睡好,担心学校的情况,第二天一早大概5点钟我就来到学校。一看,学校很热闹,许多进步学生在忙于迎接解放的事,看来他们一宿没睡的样子。学生们一看见我,就喊:老马来了,快来帮我们画领袖像。组织这事的应该是上海美专地下党,他们拿来从各个大祥布店募捐来的白布,缝接起来,请木工赶紧钉大画框,一位女同学拿来解放区一本宣传读物的封面,那是一张木刻,问我看行不行。我一看可以,当下就用钢皮尺把像量好比例,用木炭在几位同学在大教室地上铺好的白布上勾了轮廓,然而油画颜料不够,另加些募捐来的油漆调和后就画,把那个木刻像变成了一个油画像。下午一两点时巨幅画像才画好,这时木框也钉好了,大家一起将布绷上画框。由美专学生会的负责同学抬上卢湾区电车公司的大卡车上。可我不让去,学生们要我再为电车公司画张小一点的领袖像,我只好留下。听同学说下午两点钟时,上海美专师生汇合在交通、同济、复旦、暨南等大专院校的师生行列中,出现在街头,张贴欢庆上海解放的标语和漫画,扭秧歌,向解放军献花。当时上海美专是第一个上街的有组织的宣传队,上海巨幅毛主席画像运到上海最热闹的大世界门口高挂起来。

1984年我已调回上海,在城建学院建筑系任教,一天校党支部书记见到《文汇报》上有报道这件事,我们院校领导才知道。当时迎接解放,学校运动很多,我们也都热情高涨,我还参与许多解放初期的大型宣传工作,像当时在复兴公园办园游会,我与电影厂的美工共同设计了几个大门头上的装饰。上海美协成立前,我也画过领袖像,还有抗美援朝开始时,在瑞金路上搭了两个大牌坊,电线杆做成了四米多高的抗美援朝的大宣传柱,人像都是几米高的,是洪青老师设计,我来绘画完成的。

那之后，学校邀请我去当教师，我也觉得教师的职业比较端庄，就辞掉电影制片厂的工作，把我的老同学介绍过去，而我正式回到学校。解放后，学校老师不多，刘校长开始上课，我当他的助教。刘校长每周二、五上午10点来看看，当然他主要是讲，偶有兴趣画两笔。陈盛铎老师去了同济大学，我就顶上去教素描。

1952年全国高等学校院系调整，上海美专、苏州美专与山东大学艺术系合并成立华东艺专，迁移到无锡，我也随着到了无锡。当时强调上海没有地方建学校，但也许是南北宗派观念，要把上海的根拔掉。迁无锡原本是征用无锡社教大学在太湖边的校舍，但当时政府领导把它作为迎接国外贵宾的国际招待所，因此我们迁到无锡初期也没有校址，师生停留在南门的一个仓库，后来无锡东站西面寿桥，那里曾做过日本兵的兵营，社教学院都是榻榻米，学校马上把它改成了大教室，华东艺专很多年都在该处。

在华东艺专，三所学校教师相遇，大家来自四面八方，都是为了一个共同的目标走到了一起，大家热情高涨都很兴奋。但接下来运动多，搞思想改造、肃反、反右、反胡风等等。当时教学以苏联教学体系开始了，我们以前的教学体系与习惯时常遭到批判；政治上山东大学占主导，业务上也是以苏联教学体系为主。但几个学校的老师一上课，业务上的高下就比出来了，学生还是蛮喜欢上我们上海美专老师的课。在华东艺专，我还是致力于基础课教育，探索素描教学以及基础素描与创作相结合，西洋素描与中国传统绘画相结合，一改学院陈旧的教学模式，建立了合乎实际和行之有效的素描教学体系，为师生推崇而担任素描教研组组长。

1958年，华东艺专西迁南京，改名南京艺术学院。几十年间一直主持美术基础教育，经验还是比较丰富的。1980年我调回上海，任教于上海城市建设学院（同济大学分校）建筑系，仍然主持美术基础教育。城市建设学院第一学年学生开专业成绩展览会，本部和分校的学生作品一比较，校长自有定论："分校的作品比较突出。"我听了也是一笑了之。我对教学对学生的态度，几十年一以贯之，甚至退休后到浦东杉达大学发挥余热也是如此。

我的一些毕业于上世纪50年代的学生，好几位都颇有成就，对我感情很深,他们有机会就来探望我,还帮我出作品选集,可惜很多画作都毁于"文革",所剩无几。在教职上我一直干到79岁,我给自己的定位就是美术教育工作者,年轻时做画家的梦就随风而去吧。

四

曹铭,别名铭孙、之明,别号梅居士。男,汉族,江西新建人。1926年5月生,现年83岁。1942年入美专学国画专业,1947年毕业。得到于希宁、陈大羽等国画家的启蒙,在美专得到唐云、汪声远、朱文侯、来楚生和刘海粟的指点。现为高级美术师、上海市文史馆馆员、上海交通大学东方艺术交流中心顾问。出版有《曹铭作品选集》、《曹铭百梅艺术天地》等。

我出生于济南,3岁时就一家迁到了青岛。我是在青岛长大,青岛可以说是我的故乡。

我的母亲孙毅,毕业于济南女子师范,她是个爱国主义者,参加过五四运动。我母亲酷爱绘画,就是在结婚后还参加北京艺专的函授班,学工笔画。后来还跟陈师曾学过国画兰花。在青岛时她担任过小学校长、中学美术教师。

我的父亲曹竞欧,毕业于南京的两江优级师范学堂(现南京师范大学),他后来也是上海文史馆馆员。但我父亲是读理科出身,后来他抱着实业救国的理想留学日本,学习地质采矿。可回国后赶上军阀混战时期,可惜他的愿望一生也没实现。我出生时,父亲在山东矿业厅任职。后受聘到青岛社会局担任社会局秘书长。

1937年,我读小学四年级。抗战爆发时,日本军舰就停泊在青岛前海,随时可能登陆。我父母就带着我们兄弟姐妹4个舟车劳顿地逃到了上海,暂住大伯父家。可伯父家不大,住进我们一家就很狭促了。于是我们几次迁居,可身上现金不多。随后日本人也开进上海,我们感到上海也非久居之地,几个孩子也处于失学状态,又举家迁回了青岛。

回青岛后,我父亲帮朋友办厂,我们几个小孩也继续读书。在青岛我读江苏路小学,后转入崇德中学,学校里以学日文为主,当时无论小学、中学都有日本教官,我们都深深感到在日本人统治下日子难过。学校操场对面有所学校是日本孩子念的,一年冬天,日本孩子将石头包在雪球中扔过来挑衅,我们同学立即应战,结果参战的 20 多位同学被日本教官抓过去用枪托打。我还亲眼看到日本鬼子把车夫给杀死,我家附近有个鬼子的军营,半夜老是传出凄厉的惨叫声,据说日本人杀中国人,就是让狗把中国人活活咬死。有时我们学生被逼去参加庆祝日本胜利的游行,我们心里恨,但又不得不喊,要我们喊日本话的"万岁",我们就喊成音差不多的"半岁"。

我 14 岁时,在青岛的一些画家于希宁、陈大羽、吕品、赫保真、张文汉等办起了"琴岛画社",我自幼受母亲熏陶就喜爱绘画,家里来客也常是论艺谈画。再一个感觉那是中国文化,要多吸收中国文化,抱着爱国的情感,我就进"琴岛画社"学画。我学得很用心,每当得到老师的画稿我总要临摹再三,家里的藏画像齐白石、王雪涛的我都是反复揣摩。加之母亲指点、督促,励志我学画,我那时就非常投入地画梅花。

到 1942 年,青岛社会局局长死了,因我父亲是留日学生,外面有传闻要我父亲去顶这个职位。我父母一商量,坚决不能当汉奸,我父亲马上就带我大姐先来了上海,就落脚在我住到现在的长乐路的房子。不久我们几个孩子也跟母亲来到上海,定居了下来。那时我还读着初中,初中没毕业呢。我父亲的朋友杨津生,他是北京艺专的教授,在我小时候他来青岛开画展时,就住在我家里。他认识刘海粟,对刘海粟很欣赏。他时常会和我们讲起上海美专,那时候我就很敬仰刘校长了。等第二次到上海,别人告诉我可以以同等学历考上海美专,我就马上去报考了。

考试很简单,写篇作文算考国文,考画就是大写意地画了一张荷花一张梅花。我读的是五年制国画专业。

走进美专,一进校就听到钢琴声和学生的练唱声。以前在日本人的统治下很压抑,视学校为牢笼,进到美专感觉一下子从地狱到了天堂,我觉得这是我人生的最大转折。现在想起来,上海美专能办起来真不容易,实际上是新文化运动的产物,过去学中国画都是拜一位师傅,而进上海美专可以跟很多的老师学,是真正的"兼收并蓄",学校能办起来也是对新文化运动的促进。

我记得国画教室在三楼右转最后一间,隔壁是素描室,画模特儿的,素描我也去画过,但模特儿我就没画。国画教室放着一张张大桌,桌子都是布面的,刚进学校时各个年级同学在一间教室上课。同学间年龄差距也很大,抗战胜利后还有外籍女学生入学。

画国画除学画花鸟、山水外,还学国文、学写诗,书法之外还学篆刻。另外还要学很多学科:中国画史、色彩学、透视学,记得 1946 年左右还学过英语。国画系系主任是汪声远,他一直是系主任。其他老师一直换,刘校长用教师是不拘一格的。唐云、朱文侯、江寒汀、来楚生、高尚之、汪声远、顾坤伯等,还有北京艺专来的周少熙。俞剑华、陈秋水、罗君惕都教过美术史课,陈秋水、罗君惕老师还教国文和写诗。

我上学和别的学生不一样,我上课不临画,而是请老师给我看画、改画,这样得益颇多。现在遇见当时同校的范韧庵,他说那时看见我来学校,总是穿着长衫,腋下夹着一卷画。我那时画画很刻苦,那时就很爱画梅花,给自己定下目标,每天要创作十余幅梅花,所以我去上课时总是有一卷画要请老师指点,老师边改边讲解,我可以很快懂很多道理。

老师们因材施教,教法也不尽相同,各有所长,让我各有得益。汪声远、朱文侯两位老师教我们时间最长,得益也最多。汪声远老师是理论指导实践,他能讲出很多章法道理,鼓励我们不要拘泥于章法,要多写生、创作。后来我走上教学岗位,也能说出很多技法和道理,学生都喜欢上我的课。花鸟老师朱文侯,他花卉、走兽、蔬果、翎毛无一不精,而且他特别懂色彩,一看画马上盖棺定论,他告诉你缺墨了,缺红了,缺蓝了。唐云不说什么,提笔就改,加枝添叶,教我构图的章法。江寒汀教我笔法,他落笔很快,利用笔锋画出质感,画松画鹰都很有特色。我吸收各人所长,在老师的严格训练下,讲究形象的生动传神,色彩笔墨的和谐雅韵,布局构图的新颖别致,写意花卉戒甜俗与程式化。而且那时对山水、花鸟画的创作热情都很高,巨幅、长卷也都敢于尝试,毕业时能现场作诗,即兴创作了。

美专的学费很贵,而当时社会不稳定,生活艰难,就学的后面两年我不得不半工半读。当时我在享有盛名的世界学校兼课,学校的创办人就是开国元老李石曾先生和蔡元培先生。在那我收下了异常勤奋的少年杨之光为徒,并许他每个周六的下午可登门求教,我和母亲都非常喜欢他。记得他登门第一天,见到我的家中既有油画,也有国画,我呢既画山水，又画花鸟，既写字，也刻图章，笔墨淋漓，满室生香。他一下瞪大了眼睛，执拗地大声说："我样样都要学！"把我和母亲都逗乐了。我母亲非常喜爱杨之光，除了将家中唯一的一幅油画藏品赠送给他，还画过数幅兰花图给他留念。他后来做了广州美院副院长、广东省文史馆馆员。到现在，他每出一本书都会给我送来。

我的毕业作品画的山水画足有八尺长，系主任汪声远对我很赞赏，推荐我留校。我也曾因此事到刘校长家，他在客厅里拿出很多古画给我看，暗示我跟古人还有很大的距离呀。我在家是"孙"字辈，进校时名曹铭孙，1947 年毕业时就改名曹铭了。那时全系各年级同学加起来也就十几人，包括我的妹妹她也读美专。毕业前，我们这届就剩我一名学生了，全系同学陪我一个毕业生拍毕业照。毕业照上的我则穿着西服。在美专的五年，是我绘画艺术突进的时光，我对美专非常有感情，对同学们也非常有感情，毕业前我画了 40 多幅梅花，一一赠送同学。

毕业后我与同学创办鼎镕书画社，广交艺友研讨国画。1949 年后我从事美术教学工作，还担任行政工作。到 50 年代中期，在母亲的帮助下，我得以拜师在花鸟画大师王雪涛的门下。

1978 年，我和美专老同学谢开甲、范韧庵、赵德华、朱一石等人发起组织了"观海阁艺友会"，包括陈椿年、李善静、李成勋、张锦培等三四十位美专老同学，差不多每周日下午来我家聚会雅集，切磋画技。70 年代末到 80 年代初活动频繁，连续举办了 9 次还是 10 次展览会，"观海阁艺友书画展览会"还是刘老题字的，我们还到常州、杭州、南通、扬州、无锡、日本都办过展览，总计 400 多人次画家参展。赵丹也参加过两次画展，他的松鼠画得很好的。著名画家程十发、黄若舟、张金锜、唐云、孙悟音、王个簃也多次参展。

上海美专培养了不少优秀人才，像画"开国大典"的董希文，第一个到延安画毛主席、周恩来的速写的沈逸仙等等，都很杰出。1982 年，上海美专成立七十周年时，选举了全国范围的上海美专校友会，林野是秘书长，我是副秘书长。并举办了"上海美专成立七十周年纪念画展"。1992 年，"京都上海美专校友会"也成立了，上海则办了"上海美专成立八十周年纪念画展"，我有参展，但没有参加什么活动。1995 年还参加了在刘海粟纪念馆举办的"上海美专师生 21 人联展"。

后来规定校友会成员要平均年龄达65岁以上,还要交年费,逐渐条件不许可,大家年龄也老了,经费也成问题,现在基本上没活动,联系也少了。但我非常希望现在属卢湾区的老校址能够成为我们的校史陈列室,为此我做卢湾区的政协委员时还写过提议。我希望能看到上海美专成立100周年有纪念活动,我要等到那一天。

我还主办了老师汪声远的展览,我是怎么办到的呢?那时他的儿子被打成了右派,大家都躲着。我是找到派出所,他拿着户口簿来见我的。跟他一说,他顾虑很大,只说考虑但不答应。我就发动同学找来40多张汪老师的画,看到这种情形,汪老师才拿出两幅画。一幅长卷刘老还题字"天下第一快手",一幅就是四条屏八幅画的《流民图》,这幅画在《美术》杂志创刊号上就登过,一下子就压住了阵脚。展览在文史馆办的,展厅不是很大,但参观的人非常多,倒蛮有影响的。

以前我总是热心张罗,有活动总是走在前面。近年来由于年事已高,平日各种活动和邀请较多,则能推就推了。不过,有一种活动我不但不推脱,甚至还主动请缨,那便是公益活动。宇航员杨利伟驾"神舟六号"上天后,我主动画梅画《飞天》相赠;刘翔获得金牌凯旋归来,我也赠以精心创作的《腾飞》;2006年中国共产党诞生85周年,我向上海一大纪念馆赠《国魂》一幅以抒胸臆。至于为慈善基金会、抗洪救灾、扶贫帮困所捐赠的作品,那就更没法计算了。我觉得人是要有点奉献精神的。我不单纯把艺术和艺术品视作自己的私有财产,而要奉献给社会,奉献到老。我的所作多为花鸟,以画白梅、白牡丹见长。60年来以梅为一生知己,尤喜画风中白梅、彩霞梅。我的作品讲求意境,或精微清丽,或恣意奔放,或清新淡雅而富有诗情画意。我画梅,落笔果敢、迅疾,一笔之中分出渴、润、浓、淡,发枝劲健,遒润雅逸。趋向简、拙、生、辣、劲、健,融精、气、韵、趣、境于一体。我也爱作长卷,1994年所绘白梅《雪海飘香》10米长,1995年绘的《百梅集》、1997年绘的《凝香披霞》都是8米长卷。去年一个暑假,我画了一幅长卷《雪海香涛透国魂》,要15米长的呢。

我认为上海美专的各位老师给了我技艺、技法,刘老则给我的一生指引了方向。

〔整理者系上海市档案馆副研究馆员〕

解放上海的回忆

罗维道　口述　罗　愤　整理

1949年5月，我任中国人民解放军第三野战军九纵27军81师政委，直接参加了解放大上海的战斗。我军从黑沙洲胜利渡过长江后，迅速解放了宣城、宜兴、长兴、广德、郎溪，直插上海外围，在松江稍事休整，于5月24日向市区发起了进攻。

当时敌人号称有8个军26个师外加特种兵16个团，还有交警和保警8个总队几十万人，他们在上海外围修筑了大量的碉堡和工事，企图步步为营，负隅顽抗。考虑到上海市人口众多，建筑密集，为了贯彻陈毅同志提出的“瓷器店里打老鼠”的方针，我们采取了快速跃进、勇猛穿插、迂回包围的战术，不与敌人作一街一弄逐楼逐房的争夺，尽快地甩开敌人，直插到市中心，不给敌人喘息之机。

我们军的任务就是穿插，国民党守军被我们搞得晕头转向，极度混乱，无法进行有组织的抵抗。虹桥镇、七宝镇、虹桥机场、中山公园、西站等很快被我们攻克了，师长孙端夫带一个团留守中山公园，我带另两个团于25日清晨占领了静安寺。为了减少战争对城市的破坏，减少部队和上海人民的伤亡，我们一鼓作气沿着江宁路打到了苏州河边。

河的北面是造币厂，厂房比较高，被敌51军占领着，我们想过江宁路桥十分困难，几次冲锋都被制高点的火力压了下来，牺牲了不少战友。我刚把指挥部安在第二劳工医院，地下党就派中共地下党员、上海策反委员会的田云樵同志来和我们联系了，商量用什么办法能尽快打过苏州河去。我说：“中央指示我们，要‘解放上海，保卫上海，建设上海，不能破坏上海，不能在市区使用重炮和炸药’，既要打军事仗，又要打政治仗，最好能用政治攻势解决对面顽固的敌人。”田云樵同志马上想到了一个联系人王中民,现在海关工作,说他曾任过国民党少将部员,与对岸51军的高层较熟,可以利用他到对岸去活动一下。我马上向军长聂凤智作了请示,得到同意后随即安排参谋送王中民过了河。

对于国民党来说,半壁江山已失,我军大兵压境,连续的失败导致他们内部早已乱了阵脚。国民党京沪杭警备总司令汤恩伯虽然故作镇定地守在上海,背地里却早已备好了逃往台湾的军舰,并安排了留下为他卖命的替死鬼。5月23日下午,在淞沪警备司令部司令陈大庆家里,陈大庆代表汤恩伯宣布,时任国民党第一绥靖区副司令的刘昌义任淞沪警备司令部副司令、上海北兵团司令,指挥51军、123军和21军,负责上海市区的防务。陈大庆称自己第二天要到吴淞防守司令部去和淞沪防卫司令石觉住在一起,实际上是为乘军舰逃跑做准备。这样一来,我们策反的目标就是刘昌义了。

通过地下党的努力,王中民经过他的同乡兼同学、刘昌义的亲信、51军副官处长刘凤德和刘昌义取得了联系。25日上午,在地下党的安排下,我和刘凤德通了电话,他表示刘昌义愿意谈判。按照约定,刘昌义带着刘凤德、王中民、军法处长魏震亚等人乘坐吉普车到了苏州河边,我马上命令部队让开一个口子,让他们过了河,中午前就到了第二劳工医院。我和田云樵同志一起同刘昌义进行了谈判。我对他谈了上海必将解放的趋势和国民党大势已去的现状,让他马上率部投降。他说汤恩伯已带着陈大庆等人乘军舰跑了,让他当炮灰留下来送死,他早就对国民党心灰意冷了,然后把桥北的兵力部署情况作了介绍。但是在改编、投诚还是起义的问题上,他向我讨价还价了几个小时,还要保留原来的编制和武器,我说绝不可能,如果不马上放下武器,用不了一个小时,你们全部要被消灭光,只有放下武器,才能算他起义。他见我态度坚决,也就不再坚持了。然后我们双方在起草的协议书上用毛笔签了字,对协议中“暂保留原来的编制、番号”一句,我毫不客气地划掉了。

签好字后,气氛就比较轻松了,正好午饭也送到了,我就请刘昌义和田云樵同志一起吃饭。那天是四菜一汤:青菜,豆腐,萝卜和一点小虾米,还有一碗清汤。刘昌义怀疑地看着我问:“你平时也吃这些菜吗?”我说:“今天算好的了,平时还没这么好。”虽然他嫌差不想吃,但也只能将就和我们一起吃了。饭后,刘昌义提出要见陈毅司令员,我说找不到(其实当时陈司令已到了中山公园,我不能告诉他),但你可以同聂凤智军长谈谈,他当时略有不满,后来还是听从了我的安排。于是我带着刘昌义、王中民等坐车前往虹桥路的 27 军军部。为确保安全,我还派了一辆架着机枪的卡车在前面开道。在军部,聂军长热情地接待了我们一行,刘昌义表示了起义的决心,聂军长笑着说:"我听罗政委在电话里谈起,已向陈毅司令员作了汇报。"并说,对刘的安全,解放军绝对予以保证。至于待遇问题,对刘昌义等贡献较大的国民党人将给予特别优待。刘听了连说"谢谢"。刘昌义等人返回北岸时,特地把军法处长魏震亚留在我们师部,负责双方的联络。

由于刘昌义的起义,我们减少了很多的伤亡,也确保了上海城市建筑的安全。26 日凌晨,我们 81 师顺利地通过江宁路桥过了苏州河,接管了 51 军的所有防地,解放了包括真如镇在内的整个沪西地区,并有力地支援了我军对外白渡桥的攻势。外白渡桥的争夺战在解放上海市区的全过程中算是激烈的,敌人在桥边的上海大厦布置了一个营的兵力,我军冲了许多次,伤亡很大,就是冲不过去。如果能用重炮和炸药的话,几个上海大厦都不在话下,早攻破了,现在难就难在不能用重型武器,所以,当我们师一过了苏州河,我马上就派了一部分兵力从背后去攻上海大厦,在前后夹击中,外白渡桥很快就被我们拿下了。顺着四川北路冲到底,在虹口公园的南面,就是海港司令部,也就是汤恩伯的大本营,转眼也被我们占领了。当我后来进入他的办公室时,他匆忙逃跑的景象一目了然。外套、手杖、望远镜等都没来得及带走,整个办公室里是一片狼藉。

我们师的主力从江宁路桥直接向江湾进发,扫清残敌。越靠近江湾机场,沿途的国民党残兵败将、太太小姐们肩扛手提大包小包的越来越多,人山人海,前拥后挤,他们都是想赶到机场去坐飞机逃命的。等我们赶到机场时,天刚刚亮,国民党的三架飞机也到了机场上空。我们的战士一看,纷纷对着它们开枪,敌飞行员看到机场已被我们占领,知道大势已去,不敢落地,扔下那些逃命的人,一溜烟飞走了。然后,我带着一个团赶到江湾体育场接受了刘昌义率领的数万国民党残部的投降。另外,我们在火车站也接受了四五个团两万多国民党部队的投降。

5月27日,上海全部解放。从24日到27日,我们经历了与以往任何战役不同的洗礼。我是第一次进上海,战士们更是以农村穷苦人居多,从来没进过城,更不用说上海这个大城市了。他们连电灯都没见过,更不懂电的知识。激战中路边的电线被打断了,我们的一个战士触电倒下,其余的战士马上冲上去救他,一个拉一个,一连倒下了七八个战士,大家都不明白是怎么回事,多亏地下党的同志找来电工师傅剪断电线才算完事,但我们已伤亡了好几个战士。24日开始向市区进攻前,我们宣布了进城的注意事项,其中包括不得进入老百姓家里,不得随地大小便,这样,在解放上海市区的三四天里,我们的部队不仅在马路上睡觉休息,而且不敢多喝水和吃饱饭,因为没地方解决大小便问题。当胜利后处理烈士们的遗体时,人们闻到了臭味,他们这才发现,我们的战士宁愿把大小便拉在自己的身上也绝不违反纪律。有了这样的战士,才组成了我们这支攻无不克的军队,而没有上海地下党的援助,我们也不可能在短短的三四天里就解放了全上海。在松江休整时,地下党就派人来向我们介绍上海地形,并派了向导。在中山公园我们又见到了地下党上海市委书记刘晓同志,他问我们还有什么困难需要地下党帮助,我们提出缺少向导,路线不熟会影响速度,后来他安排沪西区委王关昶、施惠珍等同志来和我们接头了,并为我们找来了30名向导,以帮助我们用最快的速度赶到江湾机场。虽然刚见到穿着西装的地下党同志时并不信任他们,印象中有钱人才穿西装,而且他们都没有介绍信,后来我们才明白,在上海还没有解放时,社会环境十分复杂,地下党同志的身份还不便公开,他们不可能带着介绍信在街上露面。但是经过自我介绍和交谈,我们马上就互相信任了,因为我们的心是相通的。

上海解放距今已60年了,我无时无刻不在思念着那些先烈们,还有先我而去的老战友们,他们为了我们今天的幸福生活,献出了自己的一切,乃至生命。每当我看到外滩陈毅广场上的陈老总雕塑时,总忍不住要掉下热泪。陈司令啊,您带领我们解放了大上海,保卫了大上海,又建设了大上海。如今,您还要站在黄浦江边日夜为上海人民站岗,您真是太操劳了。放心吧,上海昨天和今天的成就,全世界是有目共睹的;上海的明天,将会在我们的后辈手中,更加灿烂辉煌!

档案指南

上海图书馆盛宣怀档案中的轮船招商局*

陈 绛

创办和经管轮船招商局在盛宣怀一生事业中居于重要的地位，招商局档案是上海图书馆庋藏盛宣怀档案的一个重要组成部分。

上海图书馆所藏盛宣怀档案，起自 1856 年（清咸丰六年），迄于 1936 年（民国二十五年），时间跨度前后八十年；前十余年主要是盛宣怀父亲盛康的纪事，后二十年是盛宣怀去世后有关盛氏家族的史料。全部档案共约 17.8 万件，1 亿多字。所含文本类别有谕旨、奏稿、公牍、信函、电报、章程、合同、谈话记录、会议记要、账册、日记、剪报，甚至广告、请柬、讣告等，其内容大至谕旨奏章，小至盛宣怀避居日本旅馆时的洗衣发票，多种多样，不一而足；还有不少照片和地图。文种除主要为中文外，有英、日、德、法文，个别为葡萄牙文和荷兰文。多数是原件，或当时留底抄本。其数量之庞大，内容之丰富，品类之繁杂，涉及面之广泛，在近代中国私人藏档中罕有其匹，文献价值之珍贵固不待言。

这批档案原存上海盛氏祠堂，上世纪 30 年代末因市政建设筑路需要，祠堂将被拆除，盛氏后人乃将其捐献给盛宣怀生前友好张元济创办之上海合众图书馆，上海解放后合众并入上海图书馆，便成为上图诸多珍贵馆藏的一部分。十余年前上图成立整理小组，进行编目，历时八年，2005 年始告蒇事。鉴于许多档案纸页已经发黄、变脆，在编目的同

---

* 本文曾提交“招商局与中国现代化——纪念招商局成立 135 周年学术研讨会”（蛇口，1997 年 11 月），并收入该研讨会论文集，其时上图盛档的扫描和数据库建设尚未完成，本文现经修改补充，重新发表。

时,对若干严重破损的档案先加以修复装裱,然后扫描。目前全文扫描工作已经完成,并制成可供检索的数据库,以利保护原档,并便利用。计划按原样影印,编纂出版。在这项整理工作之前,早在上世纪70年代末,上海人民出版社曾开始陆续按专题出版《盛宣怀档案资料选辑》,共计8种、11册,其中,按重大历史事件编辑的,有《辛亥革命前后》、《中日甲午战争》(2册)和《义和团》3种;按企业编辑的,除《湖北开采煤铁总局·荆门矿务总局》、《汉冶萍公司》(3册)、《中国通商银行》和《上海机器织布局》4种外,最后一种《轮船招商局》于2002年招商局成立120周年时出版,共选收档案1300余件。由于当时档案尚未全部整理编目完竣,已出版各辑所收档案难免有遗珠之憾。

上图所藏盛宣怀档案17万余件中,招商局部分有15062件,以盛宣怀为责任人(作者)者计27322件,涉及招商局者有3231件。

这些档案最早当推1870年代初期该局筹建时期的文献,其后一直延续到1916年盛宣怀去世前后。中国第一家官督商办企业——轮船招商局的早期资本主义经营活动及其特点,它同以旗昌、太古、怡和洋行为代表的外国资本妥协和竞争,同开平煤矿、漠河金矿、上海机器织布局等洋务企业的关系,以及局内外商股和官方的纠结、纷争等等,在档案中均有生动的体现。

"盛档"中数量最多的是来往信函,计有90342件,约占全部盛档17万余件一半以上,它构成了"盛档"的主体。上世纪30年代末刊刻的《愚斋存稿》只收1895—1911年(光绪二十一年至宣统三年)奏稿、电奏和朋僚电稿三类,"盛档"中的来往函稿,不但弥补了《愚斋存稿》这方面的缺陷,而且对《存稿》已收上述三类也有大量补充。它们极大地丰富了这个企业早期历史的信息。来往函电中,盛宣怀与郑观应、严潆、马建忠、沈能虎等人的通信,不少是按年逐件编号,从中更可见所涉事情的来龙去脉。档案中还有原已编订成册的来往电报和历年账册,也为考察招商局的活动和经营状况提供了重要的依据。

"盛宣怀档案"中有少数史料曾见于其他史料集,如1872年《轮船招商公局规条》,1877年朱其昂、唐廷枢等关于收并旗昌轮船公司的禀文,台北中央研究院近代史研究所《海防档》和聂宝璋《中国近代航运史资料》均有收录,有一些奏稿已见李鸿章《李文忠公全集》,但彼此文字略有歧异,可资考订比较。而更多的档案则是未曾面世的第一手史料,则可补历史记载的缺失或不足。

例如,关于招商局同旗昌、太古、怡和三家洋行订立齐价合同,涉及招商局早期同外国航运资本关系的重大问题,笔者闻见所及,目前除一些根据“盛档”撰述的论著外,尚未见到系统全面的记载,而“盛档”却保存了144件有关齐价合同的档案,其中既有合同原件,也有不少订立齐价合同的谈判记录和中方内部商讨的函电,它们为深入研究这个问题提供了第一手资料。这些资料有说服力地表明,招商局对三家洋行虽然有退让妥协,但是彼此之间不是完全没有斗争;齐价合同是各方经过激烈斗争后互相让步的结果,而不是招商局对西方资本一味单方面做出退让牺牲。正如盛宣怀所说,“与洋商明与为缘,暗与为敌,渐收群力,日有起色”(盛宣怀等复李鸿章禀,1889年11月)。“盛档”还表明,太古和怡和不但在齐价合同订立之前,以减低运费打压招商局,而且在合同生效期间,便已趁机违约破坏。如1883年5月,太古以成人乘客冒充幼孩票价减半计算运费,盛宣怀于同月27日致函唐德熙、陈猷指出:“太古如此减脚,显系暗中兜揽,舞弊取巧,似此合同虽有若无,成何事体。”1886年3月订立第三次齐价合同,应在1889年底到期,但在1888年3月21日,盛宣怀便函告马建忠,怡、太“乘我不备”,有意提早营运天津头批轮船,而以往人们认为,三家是在合同到期后始重起竞争。招商局是在齐价合同的保护下,得以维持比较稳定的收入,它的营运效益优于未定合同或合同受到破坏的年份,亦即前引盛宣怀所说,“渐收群力,日有起色”。“盛档”有关资料说明了这一点。

轮船招商局是作为西方侵华航运资本的对立物而出现在近代中国历史舞台上的。它“无事可运官粮客货”,具有“稍分洋商之利”的经济意义;“有事时装载援兵军火”,含有巩固海防的军事目的。盛档存有一份“同治十三年(1874)局船装运淮军去台湾清单”,局船包括海镜、伊敦、永清、利运、福星、和众等多艘,表明招商局参加了这一年抗击日本侵略台湾的斗争。从甲午七月初二日(1894年8月2日)招商局会办沈能虎、郑观应致盛宣怀的一封信中可知,招商局不但承担了“光绪元年台湾之役(1875年日本侵略台湾)、光绪十年法越之役(1884年法国侵略越南)”的“装兵”任务,而且在写信当年“装兵赴韩”,亦即投入中日甲午战争中拨运轮船援朝抗击日本侵略的积极行动。在盛档中可以不止一次读到有关“承平”、“永平”、“广济”、“美富”、“海定”、“图南”等轮船装运士兵、粮米、军械、马匹支前而给盛宣怀的报告以及北洋水师总兵卫汝贵与盛宣怀的通信。

作为官督商办的大型企业，招商局存在着官与商、官与官以及商股之间种种矛盾，这些矛盾在官方公布的文件中，虽然有所揭露，但是内部详情往往难以得到深刻的展示。“盛档”资料淋漓尽致地反映了在招商局早期历史上，作为官方代表的盛宣怀，同作为商股代表的唐廷枢和徐润，彼此互相依存，但又每有芥蒂。尽管1873年秋唐廷枢得悉盛宣怀受委入局，“不禁喜出望外”（唐廷枢致盛宣怀函，1873年8月29日），但是官商对立此时已露端倪，以致徐润一再表示“凡事以和为贵”，“弟于和衷共济一层，无刻不三复斯言也”（徐润致盛宣怀函，日期同上引函）。企业内部矛盾的发展，终于导致1883－1884年的人事改组。有人这样言简意赅地总结局内官商关系：“官样足，则商人离；官气少，则商情洽。”（谢家福致盛宣怀函，1891年9月27日）

进入20世纪，招商局成为盛宣怀和袁世凯争夺的对象。1901年袁世凯出任直隶总督兼北洋大臣，次年盛宣怀以丁忧开缺，“盛档”存有当年12月11、16、17日袁致盛三份咨文，除要求招商局继续报效银两，核实分解外，并“饬各商董恪守定章，认真经理”。1903年袁世凯派亲信杨士琦担任招商局总理，12月5日袁世凯将这一任命的咨文和抄片寄给盛宣怀，杨士琦也向盛具文申报到局视事；久已离局的徐润则在此时受委重新出任会办。对于杨士琦打算将招商局收归官办，盛宣怀以股商名义向袁世凯表示，股商对此“签名不及四分之一，其中愿领回股者居多”，指责此举无异“以石压卵”（盛宣怀致袁世凯函，1903年12月27日）。郑观应则致函盛宣怀，为盛的遭际深表不平。他在信中写道：“溯我宫保为轮、电惨淡经营三十年，不知尽多少心力，终有今日，……当此竞争之世，小人道长之时，有强权而无公理，全讲私情，商务何能振兴？”（郑观应致盛宣怀函，1903年12月19日）1908年盛宣怀任邮传部右侍郎，次年招商局归邮传部管辖，盛宣怀通过股东大会和董事会当选为董事长，夺回了招商局的领导权。“盛档”中不但有隶部章程和邮传部对章程的批示与签驳意见，而且还保存多份股东公启以及来往信函，强调招商局“股本全系商股，现无丝毫官款在内”；“官夺商权，会办日多，糜费日巨，局事日坏，亟应及早挽救”（省港澳轮船招商局股东启事，1909 年 1 月 30 日）。

辛亥革命后，招商局由官督商办转为完全商办。袁世凯北洋政府力图加紧控制招商局，恢复官督商办，袁、盛之间展开对招商局新一轮的争夺。“盛档”显示，盛宣怀此时虽然一度蛰居日本，表面上表示“不愿再闻故国兴亡事”（盛宣怀致郑观应函，1912 年 5 月 20 日），实际上却仍然通过信函往来掌握招商局的情况，试图遥控。但时过境迁，他只能以商股的面目，依靠商股力量，与袁世凯抗衡，终于 1913 年 6 月在新组成的董事会上当选为副会长。

中国早期民族资本曲折的发展，同样反映在 1912 年夏招商局酝酿成立新公司一事上。成立新公司接办招商局，其间经过激烈的磋商辩驳，甚至出现动武殴打的场面。“盛档”不但存有 1912 年 7—8 月历次会议条款，而且还有不少反映粤籍与江浙籍股商内讧的信函、节略、启事等等。一份《粤籍董事温宗尧关于本局内讧报告》（1912 年 8 月），斥责盛宣怀“把持局务”，“招商局虽股东血本所构造，而自来认招商局为一己独有之私产者，则盛宣怀也”。盛宣怀则致函郑观应，希望他“会合各省股东，为阋墙御侮之计，万勿坐视不救”（盛宣怀复郑观应函，1912 年 8 月 16 日）。一位与盛宣怀关系密切的“凌云居士”（实名未详）告诉盛宣怀，“粤人声势汹汹，谁敢批其逆鳞”，“四百万之血本，遂由粤董二人独断之矣”（凌云居士致盛宣怀函，1912 年 6 月 18 日）。由组织新公司而引起的这一场风波，以往招商局史研究触及不多，更少有深入系统的探讨，“盛档”提供有关资料，结合当时报刊记述，当可描画出这一段历史的真相。

较之已经公布的有关招商局的文件，“盛档”还告诉我们更多的历史细节。大的事件如 1880 年代中期招商局向旗昌洋行购回局产、换旗过户，“盛档”所藏盛宣怀和士米德谈话记录，马建忠有关此事上李鸿章禀文和李批示，详细揭示了其间经过和结果。个别事件如 1887 年局船“保大”号失事，《盛宣怀行述》只是简要提及盛派员带兵前往查办，“事下东抚，复查不实”，而“盛档”中则有外籍船主报告、当地首犯口供、登莱青道（盛宣怀）告示、盛上李鸿章密禀以及有关奏折等，互相佐证，详细记录了轮船沉没和打捞情况以及事后的处理结果。此外，非招商局本身历史，但与招商局有关的，如 1870 年代以后沙船商人“因折本而负累,因负累而弃船”,到了 1880 年代中期,“浦江商船仅存昔日十分之一,盛衰殊辙,言之伤心”(光绪十一年江苏沙船号商顺祥源等上李鸿章禀),沙船运漕的这些困难情况,在“盛档”中也有所反映。

账目财务是企业经营状况最直接也最可靠的记录。虽然招商局自第一届(1873 年 7 月至 1874 年 6 月)起“账略”历年均在《申报》公布,英文《北华捷报》亦有刊载,而盛档中保藏有招商局“结账”自第十三届至十九届(1886—1892 年)、第二十三届至四十届(1896—1913 年)。以第十三届为例,其中包括综结提纲、股份资本、官款存本、官款续存、仁济和保险股款、贵池股本、贵池股息、各轮船成本、各码头栈房及各局生财成本、漕米麻袋成本等项,远较“账略”详尽翔实。除招商局自身账册外,盛档所藏仁济和历年结账,也是与招商局有关的重要经济资料。

“盛档”不少史料,特别是私人间来往函件,具有很高的私密性,在招商局内部高层人事关系方面,尤其如此。信函中有以隐称指代实际人物。如以“三藏”指唐廷枢(唐僧三藏法师);以“城北”指徐润(《孟子·齐策》:“城北徐公”);以“扶风”或“白眉”指马建忠(汉马融扶风人,三国马良眉有白毛);以“康节”指邵友濂(北宋邵雍谥“康节”);以“长康”指顾肇熙(晋顾恺之字“长康”);以“太原”指王存善(太原为王氏郡望);以“水心”指叶廷眷(南宋学者叶适,人称“水心先生”);以“辋川”指参劾招商局弊案的王先谦(唐王维有《辋川集》);以“两赤”指赫德(“赫”字为两“赤”)。又如以《毛诗》暗喻银三百两(以《诗经》三百篇故)。如此等等。这些无疑增加了阅读和理解的难度,需要联系上下文和当时背景,辨别考订。还有一些信末嘱收信人“阅后付丙”,表明作信者认为内容机密,不宜向外人透露。档案高度的私密性将吸引研究者作深入的探究。

“盛宣怀档案”将所涉时期的轮船招商局以更鲜活的形象呈现在我们面前。正如有人指出,这批档案将能“补史之缺、纠史之偏、正史之误”。即就招商局相关部分而言,也完全如是。充分利用和研究它们,将十分有益于对中国这个创办最早、历时最久的现代民用企业历史的进一步认识,从而加深对中国近代经济史的研究。上海图书馆的盛宣怀档案,是一座亟待研究者挖掘的宝藏。

〔作者系复旦大学历史系教授、上海市文史研究馆馆员〕

上海市档案馆馆藏四行二局在沪档案

倪　红

一

1843年上海开埠后，外国银行资本大量涌入上海，从1847年至1922年的75年中，上海共有外资银行（包括中外合资银行）30余家，外国银行带来的现代金融管理体制和竞争机制，直接刺激了上海华资银行的诞生和发展，使上海的经济生活有了深刻变化。在1927年以前，北京凭借其为前清及北洋政府首都的优势，国家财政收支聚散于此，而有财政金融中心的地位，中国银行、交通银行都是成立在北京的国家银行。但是随着政府对经济生活的失控和金融业的独立，北京的重要华资银行及相关金融机构纷纷在上海设立分支机构，或者直接将总部迁往上海，这样上海的金融中心地位不断得到加强。1927年南京国民政府建立后更是将国家金融体系建立在上海，并逐步形成以中央银行、中国银行、交通银行、中国农民银行、邮政储金汇业局、中央信托局这一官办四行两局的国家金融体系。据1936年的统计，在全国2500多家银行中，中、中、交、农四行的资本占全国银行资本的42%，资产总额的59%，存款的59%，发行钞票的78%，纯收益的44%。其实力已经发展到可以通过金融手段左右全国的金融局面，控制整个金融市场的程度。

中央银行于1927年11月1日在上海成立，是南京国民政府的“国家银行”。享有发行钞票、铸造硬币、代理国库收支、经办公债发行和还本付息、经营外汇业务,以及领导和管理所有的商业银行等特权,是“银行的银行”。中央银行上海分行于1937年10月成立,1937年7月央行总行迁南京后,许多重大金融业务由该分行办理,或代转总行。

中国银行的前身是大清户部银行,1912年2月改组为中国银行,属官商合办性质。1927年国民政府成立,指定该行为特许国际汇兑银行,并将总管理处移驻上海,且由财政部指派董事长,1935年政府占有50%的股份,该行所发行的货币定为政府法定货币之一。中国银行是国民政府所控制的金融机构。

交通银行成立于1908年(清光绪三十四年),1912年为北洋政府所控制,1928年成为国民政府特许的全国实业银行,同年将总管理处迁往上海。1935年交通银行收归政府所有,政府在其中占有55%的官股。该行所发行的货币定为政府法定货币之一。从此,交通银行成为国民政府重要金融机构之一。

中国农民银行成立于1933年,其前身为豫鄂皖赣四省农民银行。蒋介石自任董事长,国民政府特许该行发行的货币为法币。1935年12月在上海成立分行,主要负责上海地区的存放款和农贷业务。

邮政储金汇业局成立于1929年3月,于1930年在上海设立分局。主要经办上海地区华侨汇款、国内汇兑、储蓄、公债买卖、抵押放款、人寿保险及仓库等业务。1937年11月因日军侵占上海而停业,1945年10月1日正式复业。

中央信托局于1935年10月1日由中央银行拨款1000万元成立,总部设在上海,其业务范围十分广泛,涉及信托、储蓄、保险、收购出口物资、采购军火等,由中央银行直接领导,在资本运作上可以随时向中央银行透资。

1937年8月,中央、中国、交通、中国农民银行在上海组成四行联合办事处,其职责是对四行联合经营的业务进行监督。1938年11月该处在汉口改为四联总处,后迁往重庆,成为国家金融领导机构。1939年10月改组设理事会,由蒋介石兼任理事会主席,孔祥熙、宋子文、钱新之任常务理事,负责拟订战时金融政策及办理有关特种业务,督促中、中、交、农四行的总行移设重庆,布置西南、西北金融网,集中外汇审核,统筹钞券印制,军政款项的调拨,核办生产事业贷款及投资等。

1942 年中央信托局、邮政储金汇业局也受该处监管，1943 年该处又设联合征信所。抗战胜利后该处于 1945 年 12 月将总处迁南京，业务收缩，仅办理放款业务，1948 年成为负责设计、联系、考核、审核合乎国家贷款的机构，至同年 11 月撤销。

抗战期间，四行二局迁往重庆，抗战胜利后返回上海。1949 年5 月后被人民政府接收。

二

上海市档案馆收藏的四行二局在沪档案多达 10590 卷，从来源看主要分布于下列全宗：Q53 中央银行上海分行，Q54 中国银行上海分行，Q55 交通银行上海分行，Q56 中国农民银行上海分行，Q71 邮政储金汇业局，Q72 中央信托局，Q322 四联总处，Q323 四行二局等。

馆藏中央银行上海分行档案 253 卷，起止时间是 1908 年至 1949 年。该全宗包括中央银行及上海分行两个部分。主要内容有：中央银行法草案；中央银行分行一览表；第 121 至 123 次理监事会议记录，第三届行务会议提案汇编，1945 年工作报告；央行和业务局概况调查资料，《十年来中国金融史略》，实行废两改元剪报；发行局清理工作报告；财政部派席德懋为中国银行、交通银行官股董事和中央造币厂审查委员会委员的聘书；央行成立 15 周年纪念专辑，1945 年央行在沪复业纪念照片；央行开幕典礼，大元帅莅临训辞的照片等。上海分行 1937 年至 1939 年为发行辅币事与香港分行、重庆分行、汉口分行及财政部的往来文书；1938 年为中国红十字会购买药品、拨上海难民所难民救济款文件；办理借款、存款、还款、抵押业务的文件；为收兑金银与重庆、香港等地分行往来函；金银货币总表，1937 年至 1939 年损益表，外汇报表及资产负债明细表和账册等。

此外，该全宗还有四联总处上海分处章程、办事细则、负责人名册，第 1 至第 214 次、217 次至 242 次会议记录等档案。

馆藏中国银行上海分行全宗档案共 4084 卷，起止时间是 1915 年至 1949 年。主要内容有：《大清银行始末记》、第一次官商会议摄影；中国银行沿革、大事记、行务会议记录、工作报告、章程、行员手册，发行各种钞票的通告,有关改革币制、发行金融券文件,就以法币收购的银币运美折存美元事与中央银行等有关文件;上海分行与第一区区域行会议记录,上海分行在港设驻港办事处的有关文件;1936年《全国银行年鉴》样本及财政部关于废两设元的通知等。总行和上海、桂林、昆明、南昌分行、第一区区域行业务报告;中行和中行上海分行有关存放款、押汇、拨缴军费、调拨头寸、运钞、处理呆账、代理国库业务等有关文件;中行盐贷审核委员会会议录,中、中、交、农四行联合办事处总处放款会议录;何应钦以"松月记"户在中行存款并在渝处取现有关文书等。中国银行对企业进行投资的决议;中行投资的淮南矿路股份有限公司、扬子电气股份有限公司、广西合山煤矿公司、中国炼糖公司、甘肃水利林牧公司、京沪实业公司、锡沪长途汽车公司、雍兴实业公司、中国纺织公司、上海纸厂股份有限公司、晶华玻璃公司章程,广西合山煤矿公司董事会会议录,中国炼糖公司发起成立会议录,中国油脂公司股东会会议录,中国物产公司股东会、董事会会议录,中国国货联营公司股东会会议录,江西兴业公司常董会记录,中国标准铅笔公司董监联席会议事录,中国桥梁工程公司创立会记录,中国纺织公司发起人会议事录、董事会议事录,雍兴实业公司创立会议事录、营业报告,中国木业公司业务报告书等,以及中行董监事、股东名册,贝祖诒聘书、委任状。

此外,还有东方经济研究所组织章程、筹备情况文件;中行同仁互助会议事录、会员名册;上海区食盐贷款银团成立和结束文件,会议录、团员行庄名单等。

馆藏交通银行上海分行档案共2408卷,起止时间为1916年至1949年。主要内容有:钱新之与陶百川、顾维钧等人的往来函件;钱新之与上海市政府及各机关的往来函;与四联总处、浙江兴业、浙江实业、中国通商、新华、中汇等银行的往来文件等。交行发展史调查文件;抗战财产损失报告;太平洋战争爆发后应变纪要;董事会会议记录;行务会会议记录;业务报告(1943年至1946年);历年损益情况报告;房地产统计表,租房契约等文件。章程、条例、规则;组织系统表,机构一览表,各分支机构开业、复业、停业、改组及撤退情况报告;重要职员一览表,行员名册及调查表等文件。交行投资交通业、纺织业、电器业、日用百货业、新闻业、保险业、化工业等业的文件,这些企事业填报的投资调查表；所投资的企事业报送的章程、组织大纲、负责人名单、工作计划及会议记录等文件。交行生产事业贷款合作大纲，代理收付款项合作办法，中、交两行工厂放款计划书；押放、押透计划书及明细表；汇兑管理规则；发放陇海铁路债券、湘桂路工程押款文件；经办正太铁路、京沪、沪杭甬铁路局收付、1911 年湖广铁路公债还本付息、锡沪公司借款等文件；上海工商业贷款审查委员会记录；各分支机构放款业务通函等文件。交行关于订印钞券、印价结算、发行新钞等文件；发行法币、银币、银块、铜元的文件等。关于上海主要商品时价表；对上海卷烟业、染织业、搪瓷业、制革业、面粉业、造币业、公用事业的调查文件；有关东北水泥业、煤业、中国航空业的概况调查表等文件。

馆藏中国农民银行上海分行全宗档案共 211 卷，起止时间是 1934 年至 1949 年。主要内容有：该行简史，机构筹设、改组、迁移等文件，各项规章及办法；1937 年董监事联席会议记录；抗战时期财产损失表；经理朱闰生、协理王伯天、德纳罗私人函件等。农贷计划及会议记录；1933 年至 1943 年业务报告；1946 年、1947 年棉花、蔗糖贷款报告；杭州、新嵊、嘉兴、武进、无锡、苏州等地茧贷报告；屯溪茶贷，川陕、川湘、浙赣、京赣铁路借款文件；物价调查及代兑金银、外币等文件；对厂商保证人的调查报告以及中国农业机械公司调查报告等。

馆藏邮政储金汇业局上海分局全宗档案共 2557 卷，起止时间是 1930 年至 1949 年。主要内容有：局务概况及简史，局务会议事录；各处室组织系统表；总局各项训令、局谕；各区局复业、开设、撤销分支机构的有关文件等。邮汇局组织法、法规汇编及邮政章程；放款法令汇编，会计规程、营业规章、放款规则。巴黎国际邮政公约，包裹协定、汇兑协定、保价信函、箱匣协定、代收货价邮件协定等；该分局放款审核委员会议事录，盐贷审核会议录，放款小组会议记录；储金概况月报表，汇兑概况月报，头寸概况表，各种存款分析表，军政汇款，印制定额汇票等方面的文件等。

馆藏中央信托局全宗档案共 413 卷，起止时间为 1941 年至 1949 年。主要内容有：该局 1948 年行政会议记录，各处组织规程，移交清册。1934 年至 1936 年营业报告，苏浙皖区敌伪产业处理局工作纲要，汉奸财产名册，有关处理敌伪汽车的往来函。易货处对日输出入货品签证记账规则，出口物资市况调查报告，对美销售桐油函件，信托处放款调查，购料处与美国史坦煤油公司、中华煤油公司签订的购买煤油合约。储运处接管上海仓储信托公司的文件，各码头仓库图纸，第一仓库管理所规则，库存棉纱、棉布、丝、茶、纸等货物堆存和标售的函件，第二、第四、第十一、第十二、新怡和、平和、隆茂、大建等仓库进出库报告、保险申请单等。易货处对日、对俄易货的各种账册等。

馆藏四联总处全宗档案共178卷，档案起止时间1919年至1948年。主要内容有：四行二局条例章程；1942—1948年理事会议程及会议记录；上海分处委员会会议记录；1940年总处工作报告摘要；四行联合董事会工作情况报告；总处文献选辑等；组织章程；四联总处缩编经过；四行联合董事会组织情况文件；管理外汇机构组织及职掌演进概况等文件；银行人员手册，包括存款、征信、承兑、出纳、外汇、人事、会计制度、注意事项等文件。总处处理伪钞办法；统一发行实施办法；四行易燃物划分及考核办法；金圆券发行准备、移交保管办法等文件；总处业务计划(如国内汇兑及金融工作三年计划)；修正1943年度推行储蓄业务计划纲要；改善华侨汇兑措施；关于平抑后方市场利润的补充意见；伪中储券收换经过情况文件；有关银行业务文件；永利制碱公司等企业借款合约；国内汇兑问题节略；金圆券发行准备移交保管办法等文件；淮南路矿公司、扬子电气公司章程；长江煤矿股东临时会议记录；世界书局董监事一览表；中国建设银行公司股东名册；沪杭甬铁路借款协定，董事会记录及创设缘起；汉冶萍公司与安川合办九州制钢公司合同章程等文件。抗战以来该处业务统计表；历年收支概况；四行历年放款统计表、通汇处统计表；总处金融统计年报；核定专款放款资料及统计表；成都、昆明等地票据交换逐月比较表；央行业务局各项简明统计表等。

馆藏四行二局全宗是一个零散档案全宗群，全部档案都是关于四行二局的零散文件。全宗档案共440卷，档案起止时间1931—1956年。主要内容有：央行行务委员会会议记录，央行上海金融界星期五座谈会会议记录；四行二局员工座谈会会议录；四联总处及四行二局地下工作史；央行关于严禁公职人员参加帮会的规定；央行、中行、农行、四联总处、中信局、江苏地方银行、上海市银行、江苏省农民银行等机构历史考证；央行来沪复员纪念照片、央行成立30周年纪念照片；中国农民银行《本行通讯》；1939年国民党党报评论集等资料；1941年汪伪76号特工逮捕央行工作人员档案等文件。农行关于知识青年从军征集委员会组织办法及组成名单；解放初接管中央银行的办法及处理文件；反映央行、农行、中信局、邮汇局、上海市银行人事情况的文件；仁社、文社社友录；1941年铨选部职员录等文件。四联总处业务章程汇编；四联总处与各银行、中央合作金库等机构业务来往文件；四联总处、中央银行、交通银行、中信局、上海市银行、江苏省农民银行等机构业务档案摘录；中央合作金库购粮舞弊报告。上海四行二局金融机构的工人运动文件；邮汇局邮务工会会务通讯；四行二局员工联谊会等文件。

馆藏四行二局在沪档案有以下特点：第一，四行二局是国民党政府直接控制的金融机构，因而对中国近代经济的发展产生过比较重要的作用。该部分档案对研究抗日战争史、国民党官僚资本发展史、中国近代经济史、西北西南地区开发史、中国经济史上的著名人物(宋子文、孔祥熙、孙科、张嘉璈、贝祖诒、钱新之、席德懋等)有一定的参考价值。第二，由于馆藏四行二局档案并不完整，使价值受到一定影响。比如中央银行、中央信托局案卷很少，四行二局早期的档案很少；近代经济史上的著名人物的函件不全，一般都只有这些人物后期的文件，如钱新之私人文件都是抗战中及抗战胜利后的，没有早期档案，这些都对档案的价值产生一定的影响。

〔作者系上海市档案馆副研究馆员〕

上海市档案馆第二十批开放档案内容简介

张　新　王慧青

2008年12月25日，上海市档案馆向社会开放了第20批档案。这批开放档案数量共计近万卷，涉及上海市交通运输局(B154)、上海市机电工业管理局(B173)、上海市人民政府知识青年上山下乡办公室(B228)、上海市园林管理局(B326)、中国福利会(C45)、上海市艺术师范学校(G89)、上海市半农半读师范学校(G90)、上海市第一速成师范学校(G91)、上海市初等学校教师业余进修学校(G92)、中华职业教育社(Q548)等10个机关和事业单位的档案，以及部分历史书籍(D4、D41)和刊物(D21)。主要内容可以分为以下四个方面：

一、市政建设档案

这次开放的市政建设档案主要集中在上海市交通运输局和上海市园林管理局等机关的档案中，时间跨度为上世纪50年代至70年代，内容包括：上海市交通运输局基层单位公私合营材料，汽车修理业支援甘肃、北京、安徽等地建设的材料，新建人民公园工程计划任务书，中苏友好大厦绿化验收报告、竣工图和植物清单以及绿化工程总结，新建和扩建西郊公园的报告、预算书及批准书，1957年上海市人民委员会园林管理处、市民政局等单位关于建立"上海市烈士陵园"的报告、函、设计任务书，关于建立上海植物园的意见、报告、计划任务书等。其中重要的有：

1. 苏联专家对上海港建设的远景规划

1957年,上海港年吞吐量达1649.4万吨,超过解放前的最高纪录。当年5月,苏联港口专家阿尼金来沪对上海港作了考察,并就考察所得对上海港口的发展提出了11点建议:

(1) 必须规定港内对全部货运作业逐渐实现先进的工艺,所有这些作业首先是很费力的工作,要最大限度的机械化。

(2) 同时,必须逐渐消除历史上构成的港内布置的杂乱无章的现象和分割成小块地段的现象,这些情况是阻碍实现先进工艺的。

(3) 考虑到中国的现实条件和经济的可能性,实现上述新技术的问题应该逐步和分期进行,但是主要的技术决定(特别是有关水工建筑物的技术决定)应该保证逐步实现新技术。

(4) 在改建和发展港口时,完全有责任要在最大程度上利用现有的港口设备和所有目前还比较完整的建筑物和房屋。

(5) 必须尽最大努力,尽可能缩减外加的从右岸(浦东)到左岸(浦西)的转驳作业量,这种转驳对港内货运作业的成本影响很大。

(6) 必须考虑在港内建立专业区或者专业段,特别是散货(煤、散装粮)和木材。同时在各区里应该有机械化的作业段,在机械化的作业段里必须有万能机械化的设备(例如用门式起重机)。

(7) 在确定港口专业区的划分时,必须十分仔细地使港口的业务和与港口有关的城市工业布置以及城市交通相协调,并且还要与上海市的发展规划和铁路的发展规划互相协调。

(8) 规划的编制和以后作业之初步设计的编制(或者至少首先要编制各作业的初步设计总平面图),应该保证消除在港内无计划地建造永久性的建筑物和房屋。

(9) 必须为直接在黄浦江两岸的货主创造有利条件,使他们大多数货物都在自己的码头上用自己的劳动力来装卸,为其他的货主也要创造有利条件(例如在新装卸区的后方划出一些地段让货主建造基地仓库),以保证进一步吸引货源到水运上来。

(10) 在规划中必须考虑在计划期限以后港口发展的可能性。

(11) 必须十分谨慎地对待确定港口逐步改建和发展的分期工程,

尽可能使港口改建和发展的分期工程与港口的分期需要结合起来。

由于时代的局限,阿尼金的建议今天看来已大大落后于上海港的发展现实,但正如他所指出的,上海不但是中国最大港口之一,也是全球最大港口之一。上海港所具有的这一意义不但要永远存在着,而且还要发扬光大。

2. 西郊动物园建设档案

1954 年,国务院办公厅通告上海市人民政府,将云南西双版纳傣族人民献给毛泽东主席的一头大象交给上海饲养展出。上海市人民政府决定建造一个规模比较大的动物园,并倾向于建在西郊公园(原外侨高尔夫球场,1953 年辟为文化休息型公园)。适逢苏联莫斯科动物园主任萨斯诺夫斯基和该园专家奥丽安得诺娃在北京讲学,市工务局园场管理处得知后,将苏联专家邀请到上海,进行了为期六天的考察。苏联专家参观了中山公园、复兴公园的小型动物园,又实地踏勘了西郊公园、华泾长桥镇附近农地、龙华苗圃等三个动物园候选地点。苏联专家指出,以建造动物园的条件来说,三地中西郊公园比较理想,一是离市区比较近,二是已形成公园环境,交通较方便,而其他二地建造的话要比西郊公园花更多的钱。由此市政府决定把西郊公园扩建成动物园。

1955 年 7 月 9 日,取名为“南娇”的大象正式展出。至 1965 年,西郊动物园经过对鸣禽笼、鹿苑、天鹅湖等的兴建、改建和扩建,逐步完善,成为百姓喜爱的游憩场所。本次开放的上海市园林管理局档案,详细记载了当年西郊动物园选址经过以及建成后至上世纪 60 年代该园的多次改扩建过程。

二、上海市知识青年上山下乡档案

本次开放档案中有关上海市知识青年上山下乡的档案主要集中在上海市革命委员会知识青年上山下乡办公室的档案中,时间为上世纪 70 年代。1973 年 11 月 2 日,上海市知识青年上山下乡领导小组成立,由王一平任组长,黄克、吕美英、张芳信任副组长。1974 年 1 月 14 日,原市革委会下乡上山办公室更名为市革委知识青年上山下乡办公室

（市知青办）。开放档案的主要内容有：1973年中共上海市委关于建立上海市知识青年上山下乡领导小组的通知及机构变更的文件，市知青办给国家计委劳动局的上海市1972年、1974年知识青年上山下乡人数报告，1974年市知青办欢送七四届知识青年上山下乡誓师大会材料，上海市1968—1975年知青安排情况表，市知青办支援下乡知青安置地区药品等文件以及该办组织的慰问团活动材料，上海市1955—1966年知识青年上山下乡情况表，上海市1955—1971年闲散居民上山下乡情况表等。

这些档案特别是统计资料比较详尽，如在给国家计委劳动局的上海市1972年知识青年上山下乡人数报告中，不仅有安置总人数，还具体到国营农场、插队落户、社来社去人员的具体人数以及本市各区县知青下乡的分配名额。虽不涉及具体人名，但对于研究上山下乡运动的总体情况有一定的参考价值。

三、文化教育机构档案

1. 师范类学校档案

本次开放的师范类学校档案有四个全宗，分别是上海市艺术师范学校、上海市半农半读师范学校、上海市第一速成师范学校和上海市初等学校教师业余进修学校的档案。主要内容有：上海市安亭师范学校、市半农半读师范学院关于筹建半农半读师院工作、机构设置、干部配备、启用印章及第一学期的情况汇报，上海市半农半读师范学院关于成立革命委员会、启用印章的通知、贺信，上海市第一速成师范学校各教研组的工作计划、总结等，上海市初等学校教师业余进修学校校史概况（1953年11月—1958年9月），上海市初等学校教师业余进修学校第一届各科（区）学员结业成绩名册、总表，上海市初等学校教师业余进修学校1955—1957年学员结业成绩、证书名册等。

其中上海市艺术师范学校的档案较为完整，该校由上海市私立育才学校、行知艺术学校演变而来。育才学校由人民教育家陶行知先生于1939年7月20日创办于重庆北碚，旨在选拔、培养出身贫苦而具有特殊才干的难童。抗战胜利后校址迁至重庆化龙桥红岩村。1947 年 4 月间,觅定沪郊大场区余庆桥赵家花园为校址,并得中国福利基金会及国内外热心人士的赞助与支持,当年夏天,学校大部分迁沪,仍有一部分留红岩村作为西南校分部。1951 年 2 月 21 日,上海市人民政府教育局发布训令,将育才学校上海市总校与陶行知先生创办的山海工学团改归市立,更名为"上海市行知艺术学校",受上海市人民政府教育局直接领导。一是为纪念陶行知校长终生从事人民教育、热心民主事业的功绩,二是为明确原育才学校与同时存在的上海市立育才中学、私立育材中学的区别,该校学制为五年一贯制,任务是培养大众干部。1953 年夏天,行知艺术学校更名为上海市艺术师范学校,设音乐科、美术科二科,成为培养小学音乐教师及美术教师的专门学校。

本次开放的艺术师范学校概况、简史,更改校名、启用印鉴的通知,上海市私立育才学校 1941 年、1942 年大事记,上海市私立育才学校关于陶行知先生追悼会材料,上海市私立育才学校关于学生自治会会刊、简章,上海市私立育才学校 1947—1949 年教职员工、学生名册等档案材料中,清楚地记载了学校发展和变化的过程。

2. 中华职业教育社档案

中华职业教育社是中国近代教育史上第一个研究、倡导、实施职业教育的全国性教育团体,由著名爱国民主人士黄炎培联合教育界、实业界及政界知名人士蔡元培、梁启超、蒋梦麟、张謇、宋汉章等 48 人于 1917 年 5 月 6 日在上海创立。新中国成立后,该社成为新中国统一战线的人民教育团体,至今仍活跃于职业教育领域。

本次开放的中华职业教育社档案时间为 1922 年至 1965 年。主要内容有:该社的章程、概况、大事年表、历年理监事名单、职员名录;抗战期间职教社内迁广西、四川,抗战胜利后迁回上海以及解放后职教社总社迁往北京的有关档案;黄炎培撰写的"今后五年间建设计划大纲草案"及"中华职业教育社八十年来概况"等;黄炎培、蔡元培、杨卫玉、江问渔等人关于职教社社务的来往函件;职教社创办的《中华职业学校校友会季刊》、《中华职业学校职业市市刊》等介绍职业教育、校友交流的刊物。

四、馆藏珍贵资料

本次开放的历史期刊和书籍共1552卷(册),时间跨度上及辛亥革命、新文化运动,下至解放前夕。

其中公义社1919年6月25日出版、海上闲人编的《上海罢市实录》和1919年9月出版的蔡晓舟、杨量工著的《五四》是较早出版的反映上海地区五四运动情况的出版物。其他如毛泽东著《论知识分子》(1949年3月版),刘少奇等著《到自由幸福之路》(1941年7月版),匡亚民著《血祭》(1932年8月版),舒宗侨、魏守忠合编《二次大战照片精华》(1948年3月版),三闲书屋出版的许广平编印影印本《鲁迅书简》(1937年6月版),风雨书屋出版的《西行漫画》(1938年版)均较为珍贵。

〔作者系上海市档案馆副研究馆员〕

档案架

中国旧式广告之探讨

庄志龄　宣　刚　整理

整理者按：上海开埠以后，伴随着近代工商业的迅猛发展，近代广告业也开始出现在上海，并且日益发达，其所采用的各种广告手段、营销策略日渐为沪人所熟悉。进入20世纪以后，广告业借助现代技术，呈现出日新月异的新变化。相比之下，传统的中国商业营销模式，则显得笨拙落后，许多旧式广告方式逐渐消亡。该史料系一篇作于1934年的大学生论文，选自上海市档案馆收藏的沪江大学档案，档号Q242－1－828。作者吴铁三凭借对传统商业营销方式的热爱，收集摹绘了大量有关的广告图画，分门别类，系统地整理分析了旧式广告的类别、特点、作用等，主张发扬中国传统文化，借鉴新式广告术的有益成分，推广中式广告等。文中所配的手绘插图及另收集的各类广告样图共二百余幅，其所摹绘的旧式广告样式许多已经消失，这些材料对于研究传统商业具有一定的参考价值。因限于篇幅，只能选取少量图画，供读者参阅。原文标点大体保留，目次略。

中国旧式广告之探讨

第一章　绪论

第一节　定义

（甲）何谓广告

“广告”二字，在字面看来，是非常明显的了，似乎无须再多一翻

〔番〕手续,加以定义;然而我们若仔细一想,这"广告"二字的意义,可以分为广义的和狭义的两方面来说。

从广义的广告立场上,我们可以下一个简洁的定义说:"以其事布告于大众。"或者,我们再可以取美国著名广告学者 Frank Leroy Blanchard 的定义说:"凡用以深切地感化人的,均谓之广告。"这个范围,可就大了,例如历代的誓、诰、谟、谍、榜、表、碑,而至喜讣闻、出卖、重伤风、招租、寻人、禁止小便等等,都应是广告。

但是,我们平常一般人心目中所指认的广告,并非是广义的,而乃是狭义的。这狭义的广告的意思,是指在商业范围所用的而言,故亦可称之为"商业广告"。因之,我们可以下一个定义说:"凡能惹人注意,引起兴趣,使之牢记不忘而生信仰及购买行为者。"

(乙)解题

中国旧式广告,是指我国未受西洋广告学的影响之前的,我国商业习俗上所固有的而言。一眼看去,好像是替中国旧式广告作史了,其实不然。

中国旧式广告,向来是无人注意,而且人人都以为不值得去注意,但是,经历多少时日的结晶品,我们应当来探讨一翻〔番〕:即是〔使〕无价值,我们亦应当知道为什么无价值;因其无人注意,我们应以研究的态度,去注意他。所以,我们若拿了这个题目,偏重于他的史方面来写,则非但是他的史料缺乏,作史无法,即使可能,亦可只成了一篇中国旧式广告的记录,而他的记录,又是和国家政事的史地的性质不同,则将与一部数千百年来酒家饭店的流水账一样,存之无用,弃之可惜;如今,我们是要从横的方面,来探讨他,丢开了纵的史的观念,单将今日所能耳闻目见的,而尚未受过西洋广告术洗礼的旧式广告,加以详细分析,批评,比较。

第二节　中华民族与广告[略]

第三节　旧式广告在社会上的地位

中国的广告,素未有广告之名,直到西洋广告术输入,始有广告的称呼;原来只有市招等的名词而已。在社会上,并无地位可言,因为商人的地位尚且如此之卑低,广告术则何足道了。

不过,在过往的历史看来,中国的广告,惟有和文人有关的,才略露头角。例如：酒家的旗，因为酒和文人有关，故酒旗亦身价十倍；长见于诗文之中，而尤其是诗中，盖诗人离不了酒。好像白居易的诗中，有"酒旗摇水风"之句。

除此之外，极少见有记载了，即是记极琐碎的笔谈等小品杂缀的书籍，亦是甚少有记载关于广告的文字，这都是因为轻商之故。

但是，难道真的中国广告在社会一点没有地位吗？中国广告是没有价值吗？这也未必尽然。

我们常看见有已经日晒雨打，剥尽朱漆的了，破旧招牌而竟有人出重价肯买，而竟有不肯卖的主人。这个招牌的价值在哪里？不是因为他有信用吗？不是因为他有西洋所谓的 Good Will① 吗？不是因为他有吸引顾客的广告力量吗？

只是因为卑贱商人的缘故，而没杀了中国广告的价值，而埋没了他的在社会上的地位。我们，应该知道中国广告的价值是在一个"信"字上，那末，虽然过来的历史社会上，没有他的地位，我们也就可以幻像〔想〕他的高矮了。

第二章　今日之旧式广告学（上）

第一节　市招

（甲）总论

市招，我们平常称之为招牌的即是，又名"幌子"。起于什么时候，也无从确实的考查，只是在庄子书中见有："自虞氏招仁义，以挠天下也，天下莫不奔命于仁义。"林希逸注云："招，犹今人言招牌。"可是，我们哪能因了这一点而即说市招之始呢。

照我们的意象，市招之始，最早是实物，因为做买卖的，他欲人家知道他的生意是什么，最简单的表示方法是拿实物给人家看，看见的人也是一目瞭然他是在卖什么，例如：肉店门前，他就挂羊头，卖羊肉，挂猪头，卖猪肉，豆腐店门前，他就摆了豆腐，摊了豆腐皮，堆了豆腐干，等等；其次，则便是图形的市招了，或者是图画，或者是旗灯等物形，因为人事繁复，有不可以以实物作市招的，且技艺文化都【改】进，觉得有的

① 善意。

实物市招太笨,能有代替方法,即代替了,所以市招也随文化而改进;复次,乃有以信用为市招的,如个人的名字,或店号等,这个是在文字的发明之后了,如今要推居为市招的首席。在我们中国,自原始至文明的各种市招,一应俱全,而且很普遍,非但是市招如此,一切都是如此,随便举个例子,就可知道,比如说交通吧,在上海一隅,即能见最新式的飞机、汽车、火车、大轮船,而同时你能看见,人力车、帆船、犹〔独〕轮的羊角车。

用文字来作市招,总算是世界各文明国家是一列的,然而,其式样之不同,千变万化,也可谓登峰造极了,在此地,我们单探讨一下现在和过去的一部分,至于将来如何,暂且不瞎说,虽然,照目前的趋势看来,是有混合市招的现象,但是毕竟无把握。

(乙)种类

市招的种类,据我收得的可分十大类来说,分法是依其形式性质而定的。自然,其未尽然处是很多的,还望海内君子,不惜雅教,赐加匡正!

一、金漆

金漆招牌,凡在都市繁华之区,触目皆是,有横的,有竖的;有装置不可移动的,有可以挂上除下的,等等;其大致是木质长方形的板块,光光的黑漆底子,再堆上隆起的金字,字体在近代所见,都是楷书,隶书篆书间或有之,但是很少。

讲到式样,也有不少,兹一一地图画说明于后:①

[第一图至第七图略]

[第九图略]

第八图　裁缝铺幌子

(1) 字号:这是店铺的名字,大都是横排

① 整理者注:本文中的插图共有270余幅,其形式有图片、报刊广告、传单,以及大量作者手绘的广告图案,由于篇幅所限,这里只能选取少量手绘插图,以飨读者。

的。如第一图的“永新泰号”,第二图的“明声弦索庄”、“宜兰室”,第三图的“鸿运昌票行”等,但是亦有竖挂的,如第二图的“明声字号”,第三图的“怡丰布号”、“元和钱庄”、“盛泰面坊”。

(2) 标语:在广告学中,这类的标语,谓之 Slogan;我们中国,早有这类的招牌了。标语市招,什九是竖挂的,且多挂在门前,可以早晨挂上,晚间除下;例如第一图的“南北杂货”,第二图的“太古琴弦”、“杜打弓弦”、“苏杭雅扇”、“进呈贡笺”,第三图的“秋庄夏布”、“青蓝布匹”、“鸿运昌吕宋票”,第六图的“局缎花素名鞋”、“来顺号京靴”、“时款各式镶鞋”,第九图的“里阳花糕”、“玉面蒸食”、“提浆月饼”等。

(3) 柜招:就是在柜台末端竖立的一块招牌;大多是写上一句商业的格言,或仍是店铺的字号。如第二图的“明声弦索庄”和眉额上横写着“信义通商”的四个篆字,第三图的“怡丰布号”、“国宝流通”,第五图的“吴越名酒”,第六图的“来顺字号”和在其上的“万商云集”。

(4) 启事:这可算是合乎近代广告学原理的广告,我们亦可名之为纯粹的广告,在前面的图中,好像第二图的“不二价”,第四图之“神袍戏衣不当”、“旗锣伞扇不当”、“低潮首饰不当”、“古董字画不当”、“皮货无袄不当”,第六图之“划一不多”、“童叟无欺”、“四远驰名”、“本号专办贡缎朝靴,……凡仕商赐顾者须认明本号招牌庶不致误”、“诸亲好友概赊不欠”等。

(附) 典当:此种市招,并非金漆,都是白底黑字,如第四图,置于当门,兼作屏风;典当乃是接济贫民的所在,不是专以谋利为目的,故招牌不用金漆,其所以为屏风者,盖可以藉之掩耻遮羞的缘故。

二、名家书字

市招除金漆者外,更有白底黑字,白底红字,白底蓝字,白底金字等;字除漆写者外,更有名人的书法。

这是利用名人的心理,来吸引主顾的一种广告术,亦很合乎现代的广告学。其利用之点有二:一是名人的名誉,一是名人的书法。前者,不论其字的好坏,只是取其人的名字;后者,名字及书法兼取。

前者是非常普遍的,不论你什么铺子,只要有介绍,便能得到,例如现代的党国要人,即是和蟹一样的字,也替人写招牌的。后者则大多是裱画店、吃食店、古董店等等,对于书家略有切身关系的,好像北平的都一处菜馆的招牌,是董明昌所书,同仁堂的三字是严嵩所书,上海福煦路斋古董铺是章炳麟所书,等是。

[第十图略]

三、墙漆砖字

墙漆砖字的铺子,各处大致相同,最多是酱园,其次是当铺,再其次是药材店,复次是南货店,其他也有很多。总之,凡是墙门的铺子,乃是墙漆砖字的铺子。

[第十一图略]

墙漆的字样,是楷书,其地位,在石库门的两边。中国人天生喜欢均衡(Balance),所以门总是正中开,墙漆的字数,平均地分漆在两边,因之,字数总是成双成对的,例如“酱园”二字,便一边是“酱”,那边是“园”;药材店则一边是“高丽人参”,那边是“道地药材”;南货店则一边是“山珍海味”,那边是“闽广南货”等等。

砖字的字体,大多也是楷书,但是也有例外的名家书法;其地位是在石库门的上端,灰色的底匡〔框〕子,雕琢出的砖字,还涂上金色。见第十一图的“分和酱园”便知道了。

四、旗

旗的市招,在文字中最易看见,而尤其是酒家特殊的标帜〔识〕,《容斋随笔》云:“凡鬻酒之家,皆揭大帘于外,以青白布为之。”白居易诗中有:“酒旗摇水风……”句。

旗的应用,取它的能飘摇,去吸动主顾,是它的好处;更有它的制作简单,经济而便当。

讲到质料,什九是布的,绸的也很多,席的也有,致〔至〕于其他材料,如镂绢等,都是例外了。

致〔至〕于其式样,大概可分为三种;一是长方形,这也是最普遍的一样,我们又可分它为两类,横的和直的,直的大多是字号,横的大多是标语,然而并非一定如律,我们看第三图的“怡丰号秋庄夏布”横旗,第十二图的“大放盘”、“大减价”直旗;二是三角形,用的也很多,不过总是绣上一些花样,拿图形作招牌的,很少在三角旗上写着字号的,见十三图就知道了。北平官车铺的幌子,单绣上一条青龙,和红蓝的云彩,再加边缘,更装旗杆旗顶,非常美丽;三是正方形,这个比较少见了,一则因为正方形的本身不甚雅观,二则因为正方形上挂写字号,标语,或图画,很难美观,不过,我们仍能找得出正方形的,如第十四图的北平“卢恒兴”,它下面整齐的安排着八个“毡毯线货麻袋发客”,并无其他点缀,看来,亦不怎样十分刺目,这或许是我们中国唯一的形式,叫世人所希望的。

[第十二图至第十四图略]

五、图形

图形的市招,我们可分两方面来说。一是图,二是形,三是字和形混合的。

图的市招是很简单的,在一块招牌上,画上些图画,表示他是卖的什么东西,例如下面各图的样子:

[第十五图至第十九图略]

[第二十一图至第二十三图略]

第二十图　红铜铺幌子

形的市招,是十分抽象地以一种形状来代表他的买卖;有的竟毫无意义地用一种形式来作招牌,但是,因为有了悠久的历史,习惯告诉我们说,某种形式的市招,是做某种买卖的。看了下面的例子,就能知道:

[第二十四图至第五十图略]

字和图形的混合,大多是标论招牌的特形,间或有字号市招的,但是,差不多总是连带了标语的。

[第五十一图至第六十五图略]

六、实物

实物的市招,前面已经说过,可为最早的市招,西洋的新式广告术,也有点复古了,如橱窗的摆设等,不过加上了美艺的成分而已。

我国的实物市招,至今还是随处可见,而更可笑的,在上海一隅,能够见得最初的实物市招,同时又能见现代化的实物广告呢!

讲到实物广告的美艺,现代化的果然是令人啧啧称羡,可是我国随处的实物市招,也富含有美的成分,只是不去加以艺术的眼光欣赏

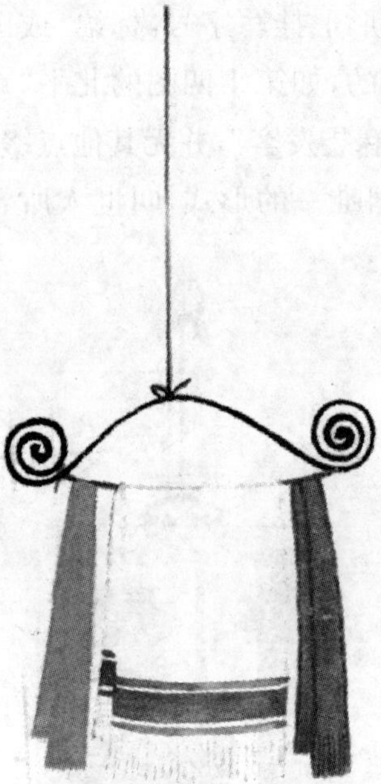

第六十九图　手巾幌子

罢了;使看下面的几幅实物的市招,我们用艺术的立场去看它们,是多么美丽啊,但有多少人曾想到它们是如是的?

[第六十六图至第六十八图略]

实物市招的分类,可依其性质别而为三:一是用的,二是吃的,三是玩的。

自然是以用的最多,而其用的,又大多是日常的东西。此地收集的,虽然不能说是完全,但亦不少了,作者有收集齐全的决心,如有同志赐示此类图影,不胜感激!

[第七十图至第九十八图略]

吃的也很多,而这种实物市招,可谓真正的实物市招,因为他们的做招牌的实物是卖的,有时一天换上几次呢。

[第九十九图至第一百零一图略]

玩的实物市招,要算最少了,我们能见的没有几样东西,此地的三样,恐怕已可算齐全了。

[第一百零二图至第一百零四图略]

七、象形

象形市招,看来与实物市招没有什么分别,但是若仔细的一分析,就觉不能混合了。象形的市招并非是实物,乃是一个模型,来代表实物;有的是特别大,有的是特别的装置过,有的是即如原来实物的大小,但是并非是实物。

象形市招,差不多是不〔布〕制的,饰上了颜色,和真的形状一模一样。所以挂象形市招的铺子,都是买卖“一种”实物的铺子;这一种实物,或因太小,或因不可悬挂,或因其他缘故,不能作实物市招的。

这类的市招,西洋较我国为多,但我国也有,不过是不甚普遍罢了,除了几处大都市中,能有看见,内地的城市中,就少了。在北平,我们可以看见下面的几种:

[第一百零五图至第一百零九图略]

[第一一一图至第一二五图略]

八、刺绣

刺绣的市招，是非常稀少，估衣店有刺绣的衣服挂出，如第七十一图（在前），其余则在旗的市招上，可以见到，如第十三图的北平官车铺幌子。

刺绣的市招，大多是旗形，惟一以刺绣为招牌的，乃是出品刺绣物品的刺绣店铺，其他，简直可说是没有刺绣市招的了。

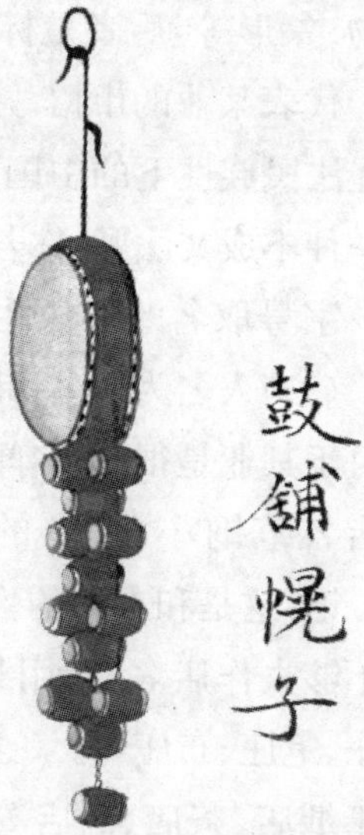

第一一〇图　鼓铺幌子

九、灯光

利用灯光来作市招的，在现代的新广告术中，是占了重要的地位，因为如今是城开不夜，晚上更是广告的好机会，而尤其是大都市中，如上海、天津等处。我国所用的灯光市招，大概是与夜间营业有些关系的；如澡堂，洗澡平常总是等工作完了，没事的时候去洗的，这时候总是在晚上；又如妓院，这当然是晚上的去处，所以也用灯光，来作市招，例如上海会乐里一带的夜景；更有戏院，亦是如此；饭菜馆也有用灯光的，不过并不专用灯光；还有是寺庙，因为从前演戏是在寺庙中的，所以遇到敬神演戏之夜，便也高高地点起了灯光。

灯光市招之在我国，早先并不重视，因为这种用灯光的去处，都是谣乱之所，安可与仁义礼智等大道，同日而语啊！？何况就是商业本身，也不重视呢。故不发达。

[第一二六图至第一二九图略]

十、其他

依着作者所收集的，及看见过的，大概可于上面的九类中包括了，但是，恐怕有所未尽，特以其他一类，作将来伸缩之余地；并有不能归类的，或是上面的分类未能尽善，要改动的，待将来再行更改了，今暂立此节如是。

（丙）结论

照形式来分，市招归为十大类，前面已详细表明了；但是若依性质来分，我们可说有代表某业的市招，宣传其业的市招二种，前者是字号、实物、象形等,后者是标语、柜招、启事等。

代表某业的市招,并无一定之规则,说是板〔偏〕要如何如何,但在墨守绳法民族性下的中国商场中,数千年来,字号图形等,不期然而然的,有一种不成文法了,你若不如是,便是出了常轨了,定被人唾骂嘲笑。

字号取名的特殊性质,今述之如次:

(一)人名为店名:此类颇为普遍,且不限其业是什么都可用,因为其人对于其业是很精,名闻迩遐的缘故。(二)号:某某号的店名,比较人名作店名范围小些,有的店铺,不可称号了,例如茶店、书店、酒店等。(三)记:这是和人名的性质相仿,范围也大,大概是取不出店名,而人名又不够去作店名,乃用某某记了。(四)庄:用于扇庄、钱庄、饭庄、帽庄、鞋庄、笔庄、布庄等。(五)室:用于雅人所用之店铺,范围极狭。(六)轩:用于纸店、茶店、酒店等。(七)楼:茶楼、酒楼、银楼等。(八)家:酒家等。(九)局:书局、药局等。(十)堂:纸店、药店等。(十一)园:茶园、戏园等。(十二)馆:饭馆等。(十三)行:批发店家。(十四)房:香烛店、小食店等。(十五)斋:古董店、小食店等。(十六)村:酒菜店、小食店。(十七)池:澡堂。(十八)更有取字义的佳好,来做字号的,如昌、兴、昇、泰、康、安、新、永等等。

图形的市招,也似和字号的市招,有同样的一种习惯上的定性,大有羊头不能装在狗身上的情形,其严格则有过之而无不及,我们可在前面的各图中见到,不在此多述。

宣传其业的市招,可谓千篇一律,张三李四,王五赵六,都可任意移用,没有多大个别的独立性,如此的宣传市招,能有多少的效用?不但此也,而且有许多与事实不符,更觉其毫无意义了。

总之,市招之于广告,占有极重大的地位,昭信明意,都赖于此;欧美视为"无形的资产"Intangible Asset,其价值之大小,与其营业成正比例呢!但是,我国对此,转辗继承,依样画葫芦,并不半点改进,表现一种个别的独立性,而致失了其在广告上的价值,还要抄袭他人的成功市招,假冒己有,如是的开倒车,实在危险太多!照上面的看来,并非吾国的广告术之不行,乃是不去培植罢,不去研究罢了。摆在我们眼前的例子,都是精妙的广告,惜乎只是因循自误了啊!欧美的研究精神,我们不可不学,吾国的固有文化,亦不可不启而发之,单说欧美好,中国毕竟还是中国,我们岂可以取欧美而代之吗!?既是我们不应专崇尚欧美,但是吾国旧式的广告又不能用，然则怎办呢？我们于是应起而以欧美之研究试验等精神，来改良吾国旧式广告，具体方针，容在第二节“今后中国广告之应取方针”中详论之，此地不多赘言了。

第二节 商标

（甲）总论

商标（Trade mark）一词，我国本无，但在近年来欧美广告学输入以后，这二个字已是烂熟的名词了，到处能听得，人人皆知道；而我国政府，也规定了商标注册的法律，以避假冒的纠葛。

依广告学上的解释，商标是给画图样，作商品的标帜〔识〕。其实，商标的定义，不是如此狭小，单限于“给画图样”上；广义的我们可说是：“一种特殊的标帜〔识〕，不限是什么，以代表他所经营的商业的个别独立性。”

吾国旧式广告中，虽有商标之意，而无商标之名，地方政府，亦不管这些细事，故其假冒顶替的事件，处处皆有，商人无法抵制，政府不加保护，乃致一样新的东西出来，群起而仿之，结果，弄得一败涂地，不但无利益，反而有损害，因之，旧式广告中的商标，实不足论之呢。然而，我们亦不妨谈谈，因为从此我们亦可得到许多他的短处，以作我们前车之之鉴，后来者有所凭藉。

（乙）种类

吾国旧式商店，本来没有一定的商标，但是我们依前面广义的定义看来，约略可拿旧式商店的口号或字号等归为四类，分述如下：

一、以年代之远为标

吾国人民，最喜观是古旧苍老，这或许是因为历史攸〔悠〕久的关系；而更有凡是古的老的都是好的盲从观念。所以，有许多的商店，遂以年代的久远为标的很多；不过，都是一列的腔调，分四种式样：

（1）“百年老店”：这是最易遇见的，一家不过三五十年的铺子，他便加上这老气横秋的标帜〔识〕了；而更有可笑的是有许多毫无根据地也称为“百年老店”，以为荣耀！

（2）“古……”：例如杭州有朱养心药室者，已入地方志书，于是在市招上加一古字，以为标帜〔识〕；而竟有古有其店，早已倒闭，后人借名设肆，乃曰“古……”者，殊觉令人捧腹。

（3）祖传：此等标帜〔识〕，往往附有一金漆的启事招牌，上书“十四世祖讳某传十五世祖讳某传十六世祖讳某传……”,以至永远;然而,有谁去翻查他们的家谱?他说得那样千真万确,究竟如此否,也无人敢说是非。

(4)朝代:如“明万历年间首创”,“道光二年初创”,“创自明嘉靖十三年”等,皆系朝代为标的,致〔至〕于可靠不可靠,那是须待查考了,若是果有攸攸〔悠悠〕的历史,那末,地方志中,定有记载的,如北平的同仁堂、王麻子、都一处,确系明代老店,同仁堂为药家所设,市招的字,系为严嵩的手笔,王麻子老店,系在彰仪门中,都一处的流水账,明朝的尚是存在,且其市招,乃是董其昌的字迹。

二、以特殊实物为标

特殊实物为标的,可分三方面说:一是地位,二是建筑,三是实物。

(1)地位:店铺开设的地点,如山麓、河下、十字街口、门外、桥边等等。借了地方的名字来做店铺的标帜〔识〕;这种商标,在吾国也有人冒假,其冒假的方法,就是在你店铺的右近,同样同名的开设一爿,叫主顾目珠难分。

(2)建筑:例如“石库墙门坐北朝南”,“自筑广厦楼屋”,“两进大厦”,“三间门面”,等等。这个因建筑的特殊,来号召众人,但是现在是不行了,你会造,我也会造;在旧时要建筑如上面所说的建筑,正如我们看二十七层楼一样呢。

(3)实物:这大概是如现在的实物商标相仿,不过是用的实物吧〔罢〕了;这大多是手工业商人用的多,因为拿他个人的独到本领,示众以为标。

[第一三〇图略]

三、以人名店号为标

人名店号为标的缘故,乃是因为其人有独到的本领,其店有特长的商品,一地方大家相信爱戴,而至迩遐风行,于是其人其店,自然地成了某种商品的特殊标帜〔识〕了。

吾国的民族性,更有一种惰性,深深地潜伏在一般人的心里,这种惰性,乃不喜擅自发明、改良、模仿等,而专喜抄袭人家的成功处,很巧妙地取为已有,贻害那些辛苦而得名利的人和店。其最普遍的方法,是取其名而代之,例如下述的数家,其伪混者之多,无出其右的了:

(1)北平:“同仁堂”药铺

“王麻子”剪刀铺

"都一处"酒菜馆

（2）上海："老大房"茶食店

"陆稿荐"猪肉铺

（3）杭州："张小泉"剪刀店

（4）常州："王老娘"木梳店

（5）苏州："采芝斋"茶食店

"稻香村"茶食店

四、以图形字记为标

因为有人假冒的缘故，所以有图形字记的产生；这是一方面别真伪，而同时一方面也是冒牌的好方法，例如，上面的张小泉，如"近记"是真的，其他"永记"、"淥记"、"发记"等等都是冒牌，因其有什么记什么记的，连法律上也不能指为冒牌呢。

甄别的方法就是图形和字记二种，字记比较图形普遍些，但是目前的趋势，则图形又比字记普及了，这大概是因为图形艺术发达的原因。

就图形而言，其所取的，不一定有多大意义含蓄在里面，单取个简而易记忆的就是了，所以以"旭日"、"松鹤"、"万年青"、"兰竹"、"麟象"、"天马"等等的最多，其余都是象形图形了。

［第一三一图略］

以字为标的呢，大多是以"发"、"万"、"祥"等吉利的字眼，其余则都是店主名字的第二字为记，例如：张小泉近记、胡庆堂雪记等。一三二图的万记刀铺即以"万字为记"，也是有差不多的意思，惟是以店号为记罢了。

［第一三二图略］

（丙）结论

旧式广告中之商标，实在没有可取之处，上面的四类，有弊而无利，不及西洋的商标规律太远了，这种商标其性质不但不能表示其特殊性，而且人人得取而代之，岂可谓之商标。

商标在我国固无所谓地位，因为商业的本身并不如别的国家那们〔么〕注意，而有激烈的商战。所以，才会十分简陋地有上面的四类。

现在对于这方面的改进，非常适当，虽然是抄袭西洋，但是抄袭得不能算错，盖如今的商业也繁盛了，旧有的商标不能成立，即是全盘抄来，也不以为不然。

第三节　包装

(甲) 总论

包装在广告上,也是可注意的而极有关系的件事,故在谈中国旧式广告中,亦来约略说说。

精致的包装,在无形中就是一种有力的广告;而若有他一定的式样,叫看见的人,一望即知这是什么东西,是哪家卖的,但是在中国旧式的包装广告中,只做到包装的式样,可叫看见的人,能知道是哪一类的东西,还未至可以说出是谁家的东西,除了看包装上的招头纸或仿单外。

我国的包装,最早是用植物的叶皮,较精致的则以作编的筐篮;进而有用陶器的罐瓶;再进而用纸,纸是粗纸,是草类制成的,因纸的应用,乃有纸盒的产生;细纸也有用之,但是很少,大多是贵重的物品,才用细纸,如金银首饰、药材、补品等。

可是,包装在我国的商业习惯上,但知师承传授,不知改进究良,故至今还是那们〔么〕一式无二,不肯迎合人家心理,而不能迎合大众之愿;西洋的包装是多们〔么〕令人可爱,纸张、瓶罐、盒子,样【样】有叫人看了不忍释之的心理,这是多么有力的广告啊。

近来,虽亦在改进,可是还是太幼稚,不能尽心的研究和改良,不过是比较昔日,确是进步了而已!这个改进法,我们在后面第五章第二节"今后中国广告的应取方针"中再详细的讨论。

(乙) 种类

包装的种类,各地大略相同,惟形式方面稍有大小长短的分别而已,而其大小长短之中,可见其地的民风是厚实,是伶巧,是鲁笨,是狡猾……

今暂依其性质分六类如次:

一、纸包

纸包为最普通的一种包装,他所用的纸张,看地方的供给与生活程度高低为标准。低的地方,大多用粗糟〔糙〕不堪的草纸,厚得像硬纸板一般,约莫可两分许,粗得像锯刀一般,可以擦破公子哥儿的手;这类的粗草纸,内地最多,我们通商大埠中,是万不会看见,也决不会想到的。我们平常能见到在包装的草纸,已经是很细的了,这一种在内地是见不到的。用草纸包装的店家,大多是杂食、南货等等的干燥性的食品。

[第一三三图略]

更有贵重的物品,则不是用草纸来包装了,乃是用更精细的桑皮纸、尺白纸、竹纸等上等料子了,例如我国如今已被香烟打倒的"皮丝"(水烟)、"一品香"(旱烟)、药材、茶叶、人参、针线、布绸、文具等等。

包装的形式大小,各地是大同小异,其同点乃是在将一张正方的纸(大都是正方形的,很少有长方的包纸),对角的裹包,不像如今欧化的包法——对边。

二、篮装

篮装的东西,泰半是因为要易于转运和作赠馈的礼物。其最普遍的是水果了。

篮子的式样,大致可说有圆扁的横篮,其直径约八九寸,用一个作底,一个作盖,再用绳子一扎,即成扁圆的一筐了;有圆柱形的篓子,高矮大小看物品的多少大小而定;有口小底大上面有环的篮子,俗名枇杷篮,等等。其质料普通以竹编制,也有用藤的。

三、叶包

植物叶的包装,要算包装品中最古的了,有许多的植物叶,非但是我们不能批评它不行,而有很好的用处呢;例如荷叶,包过的东西,就有一股清香的气味,虽然干了荷叶黄得可怜,这清香我们可不能因之而不爱啊。

普通所用的植物叶,有箬叶、芋叶、芭蕉叶、荷叶及蕨、稻草等,而以荷叶最多最佳。

用植物叶来包装的物品,则有水果、海货、腌肉,及有酒的、有腥的、有水的等等物品。

其包装的方法,通常是叠叶作漏斗形,装入物品,然后折叠其口,用绳或芦叶草绳,大半是草绳,扎缚成包,状如尖角粽子;或用来垫盖篮筐;或即一裹就系之以绳索。

四、罐装

罐装的东西,以食品最多,而定是炮制过的食品,装封防腐。例如:腐乳、果浆、酒酿、酸菜等等。

差不多的罐是陶器,俗称紫砂器,瓷制的很少,其形式圆柱形的最多,但是很矮,有的竟是扁的,不过口是和底一样大。

五、盒装

盒装除了十分贵重的东西之外,极少用的,即有,其目的完全是为广告了,近来虽已很普遍,可是旧式的商店中是甚稀见的。

其质料有纸盒及木盒两种,木盒更是凤毛麟角了。用纸盒的店家,如首饰铺、人参铺、膏药铺等;用木盒的店家,如书铺等。

六、其他

其他的包装,不能归入上面五类的,都归在此,将来有能另立一类的发见〔现〕时,再行伸缩。

丙、附属品

在包装的广告中,我们也有两种纯粹的广告品,一是仿单(说明书),一是标签(招头纸)。仿单这类的广告品,西洋的广告学中也有,而标签一类,又是我国旧式广告中的有物了。如今先来谈仿单:

仿单用得最多的,还是药店,请看下面的例子,就很容易知道了,而其式样,有如公文程式,外面已有一个轮廓,单只内容稍微不同而已。

[第一三四图至第一四四图略]

第一四六图　药店仿单

［第一四六图至第一六〇图略］

一、标签

标签即是我们平常叫招头纸的印刷品，依其形式性质，可分长方形和正方形，长方形的大多用在纸包上、篮盒上，正方形的大多用在罐瓶上；更有文字和图画两种，下面的例子，都是分归了类的：

有边

［第一六一图至第一六四图略］

无边

［第一六五图至第一七二图略］

双行

［第一七三图至第一八〇图略］

正方形

［第一八一图至第一八五图略］

（丁）结论

标签的没落，似是一定趋势，试观新起的商店，还有哪一家尚用这标签——招头纸——的呢？这是适用于包纸没有发达之先，草纸、植物叶上不能印刷的时候，现在包纸是十分的进展了，纸料也很精致，可以印刷，自然地草纸、植物叶将淘汰了，同时标签则不打自倒了。

仿单的太单调，也是旧式广告中的大缺点，极有改良的余地。

包装的种类，自欧化以来，已引入马口铁的罐盒等等，但是我们不应专向外人所有过的，我们呆抄，我们应能应用我们固有的艺术来改良包装，如瓶罐大可用江西的瓷来制造，非但不比外国的玻璃坏，恐怕只有过之而无不及呢！

第四节　传单

传单的应用于商业，并非有攸攸〔悠悠〕的历史，乃是近数十年来的新广告术；但是，因其在其他的目的上，如感谢良医、分发传单等，仍不失为广告的意思，故在论我国旧式广告时，亦略一述之。

传单大多是印成简单的文字，派人在通衢闹市，分发给来往的行人，以致将目的广传开去。其要广传的材料，总是消息方面的多，例如上海老万祥烛号大廉价（见一八六图），某某字号开张，某某山人到埠酬世论相，某某铺子新到大批广闽海货等等。

这一种广告法,效力太小,因为决不能引起在匆忙去路的行人,而去看讨厌的传单的。

第三章　今日之旧式广告(下)

第一节　摊

(甲)总论

自神农立日中为市以来,摊,就有了它的地位,日中为市是否始自神农,这且不论,总之,一有交易——以货交易(Barter)——,即有摊的发现,所以摊是最古的买卖形式,也就是最早的广告了。

摊的广告术是简单到极顶的一种,直接的以他所有的货物陈诸顾客之前,这个,因为根本没有多少货物,才可以最做得到,若是货物多的大商店,就难办了,但是如今的百货商店,也是尽量地陈列他们所有的货色。

摊的本身,并没有什么进化,而其买卖方法,略随时而有改革处,如最初是以物易物,现在是以弊〔币〕易物,间或也讲信用,能允挂欠。

摊之史可谓长了;而将来,还是会不灭地继续存在,因为,这是商业的最基本,世界上只要有买卖的地方,就有摊的存在;即使如资本发达到登峰造极的美国,纽约街头亦有不少摊头也;这是商业的雏形。果然,有许多创始便是高楼广厦的大商店,但是摊的雏形,早蕴〔酝〕酿在其中了,更有许多大商店的当初,是一个小小的摊头呢。

中国的摊头地位很高。一则是因为屯兵不动,进步不如东西洋各国之速;二则是经济不裕,不能有许多的巨货经营,所以摊头的小本生意独发达,故其地位就抬高了。

(乙)形式

摊的形式,各各不同,但是亦可分为两大类,一类是卖货的,一类是卖技术的,兹分而述之:

先说卖货物的罢,最多的是小菜场的菜摊,桶也有,篮也有,筐也有,各色俱全;有在独轮车上的摊(见一八九图),有以担作摊的摊,好像卖水果等的;有地摊、架摊等等。货物摊头的货物,大多是日常需要的东西,但也有消费的东西,不过,亦不会到怎样精致的。总之,货物摊并无一定之形式,随己欲变,要怎样就怎样,其有否吸引力,全赖摊主之有否聪明,而有时竟因习惯相传,其摊成了一定的形式如烤山芋(见一九四图)，但是很少如是有定形的。然而，其大致的形式，亦非笔墨所能形容，观下列各图，即知其一般，可以心领神会了。

[第一八七图至第一九八图略]

讲到卖技术的摊头，马上就会想测字摊，大街小巷，每能见得，他在测字问卦之外，还替人家代笔书信，做状立契约写春联等等，他的摊上，十分简单，只笔墨纸砚、封筒字签，行头多一点的，则有一二张挂图和招牌；其次是行医的药摊，卖膏药、拔牙齿等；更有如补鞋匠(见二〇二图)、看相、批命等。卖技术的摊头，总要比卖货物的进步些，因为卖技术的，大多是所谓走江湖的人，他们，对人情世故很熟，心理学很精。

[第一九九图至第二〇二图略]

(丙) 性质

摊的性质，大多是专卖一类或竟一种货物的，所以也可说是专门家；这大概是因为一是人力的有限，不能繁复，且摊既不能有多少货物可有，不如只限一类或一种了；一是因为经济的不许，和市场的不熟。

确实，我们中国有一句普通的谚语，叫做“行行出状元”，意思就是专了一行，只要精专，不怕不是状元，单是怕入行不精，三脚猫似的样样懂得，无一其精！但是中国人民教育程度太低，摊头的人们，虽大多是专一行的，而所谓状元也者，稀乎其稀，真是可惜！

摊本身的性质既如此，而摊的全体性质，又有另一方向。其全体而论，乃是集市，上海等通商码头，已早不见了，但在内地，到处可以见到，有的地方，天天有市，有的地方，隔一天一市日，更有的地方，每五天一市日的，这个集市，就是摊的合作，一个市，就是一爿百货商店。

所以摊有两个性质，个别是一类或一种货物技能的摊，联合——内地及通商口也如此，摊总是合作的——是百货商店的摊了。

(丁) 广告术

摊的广告术，前而〔面〕已经提及过，是最简单的以所有的货物全部陈列在主顾之前，但这不过是原则而已，方法，我们可分三方面来述之：

第一是摊的地位。摊的地位，大多是在通衢街口，人们经过最多的地方，或在空场，或在街旁，我们平常卖菜大多有小菜场，不然即在大街上了，或是在香市时，摊多设在寺庙的左近，总之，是以人的热闹为转移，更有一种摊头，是付〔附〕于大商店的门口，依了大商店而寄生的，但亦是因为大商店进出的人多,他可拾其齿余。

第二是货物新鲜,这在商业上名曰 turnover,①大商店的 turnover 快是不容易,因为存货多,而摊头的 turnover,则因为货色不多,非常之快,turnover 快,其货物自然新鲜,货物新鲜,亦是摊头无形广告之一。

第三是叫喊。摊的叫喊,正如有些店家用锣鼓洋号的音乐,引诱行人,他们都是在口中唱的,也有音韵,虽然有时并不觉其有价值,兹录一首上海卖袜子的歌如次:

卖袜歌

袜子要买刮刮叫,价钿要买来公道。

买过人家遂(都也)说好,着过人家遂说牢。

要买里来就要早,勿要买来勿要跑!

跳舞袜来中山袜,小人袜来大人袜,方格袜来条子袜,圆脚袜来尖头袜,各式袜子都有卖!

买仔两双替换着,一双着来一双滌(音 Dah)。

三角小洋两双买,着仔六年还勿坏。

着勒脚浪样子真吪啥,走起路来还比摩托(汽车)快!

龙华来去十八趟(音 Dah),看看里格袜子还勿坏!

(戊) 结论

摊的好处,是在资本不大,行业专一,随处可移;它的坏处,是在没有形式,太简陋,受人卑视。

在如今的中国,经济恐慌万分,摊的设使,我们到〔倒〕应当鼓励,然而,我们不能单鼓励那些相传旧有的摊头,我们应鼓励改良的摊头;摊的坏处,我们应首先除之,如形式有一定的格式,不使十分简陋,务须趋于精巧、清洁,而更应注意的就是讨虚价的玩意儿,非革除不可。

虚价,就是故意将物价讨得奇昂,让主顾还价打折扣,几次三翻〔番〕,始得双方将价讲定,这种习惯,对于老于斯道者,大有便宜可取,但妇人小子,则被愚而骗去多少冤枉钱,实是有阻商业道德!若是摊上亦有定价,克己赚钱,则摊的发达,恐怕还要很〔狠〕些,奈习俗如是,总以摊上买物,须有讨厌还价的玩意儿的呢!

---

① 周转。

第二节　担

（甲）总论

担在摊之后，因为市上摊与摊若是同行，其竞争必烈，自分强弱，弱者趋于淘汰，然而生计所逼，遂不得不另觅新途，于是荷担而行，随处买卖，以迎人家之便利，此其始也。故其始，亦不在近代，虽然后于摊，而距今亦远了呢。

担的始动在此，而亦不全在此，顾有一部分卖买，是不能于市中交易，不愿于市中交易，不足于市中交易者，所以，担的产生，是因需要，是因不得已两方面来。

担的 turnover，平常以一日为单位，但也看货物的，有的有鸡毛帚、篮篓等等，其 turnover 比较长些，而又如卖花、卖臭豆腐干等等，一早晨或一傍晚为一单位了。大致的讲，担的 turnover，总比摊要快，而其本钱亦轻于摊，不过，担的虚价没有摊那们〔么〕有极大的伸缩性，其原因是要迎人家买的心理，第一是要价钱便宜，虽然当时是少赚，可是 turnover 快了，也是一样。

担亦和摊一样的可分货物的和技能的两种，但是，我们更可分依下面的分法分得细一点，所以不取摊的分法了。

（乙）种类

担的种类，可依其广告方法来分类，而它的广告方法，可谓是偏重于声音方面的，这是因为他们要生生地从高墙深院中，吸引出他们的主顾来啊；更有用颜色、赌博等去号召的，这亦是利用了人们的心理作用。音是刺激耳的，色是刺激目的，赌是刺激侥幸心，总之是在拨动人们的好奇，而被吸引到他们的面前。

一、叫歌招买

叫歌招买，随处可见，大街小巷，各种声调都有，随喊随走，但是走得很慢，有时也停下来，故意朗呼的。有的有歌调，有的不是一种特殊的喊法，都是天籁。通常，无形中担子有他们的固定街地，因为他们熟了。

［第二〇三图至第二〇六图略］

二、击声招买

击声招买，大多是利用竹筒的，而也有用竹片的，金属的如铃，木制的如铎，等等，但以竹制的筒片等最多，击实物作声的也有，如卖缽缸的,当当当地鼓着瓦盆儿。例如卖鸡毛帚的,大多带卖帐钩门铃,所以以铃作声,如换旧货的,则以铁板相击;卖浆儿、冷面,则是打竹杠击竹片的了。

[第二〇七图至第二一一图略]

三、赌博招买

赌博招买的担子很少,大多是专为赌博的了,而以买卖作了他的幌子,其赌博的方法,可分三种,一是如卖酒酿的等打牌九的赌,二是摸奖,三是转轮盘。第一种是正式的赌,第二种是撞运气的赌,第三种是好玩的赌,其赌都是好玩,不过第三种完全是好玩罢了。大多第一种是好人才会,故输赢颇大,第二、三种是孩子玩的。

[第二〇九图[1]略]

四、其他

更有不能列入上面三类的,今总括列曰其他。其他类中,有如夏日之买草虫者、剃头担、修雨伞担等,今分图如后:

[第二一〇图略]

第二一一图

[第二一二图略]

(丙)结论

担的得失,很难一下断语,不过约莫算来,其得是要比失多些。

---

① 作者以下所编的图录目次出现错误。

其最大益处，在前面已说过，就是 turnover 快，和便利人家。我们若能抓住这两个优点，再在形式、方法、手段方面加以改良，则担的将来，自然会更发达的。

如今的百货商店等大店家，也有送货的一部，其目的是在便利顾客，凡能便利顾客的，总是受顾客的欢迎，所以担在这点上，尚有改进的余地。

担的广告，是随处表现的，故其方音方面，大可研究改良，其观瞻方面，亦应首尾注意，若能至精致美感，其动力自比商店之广告要大呢。

第三节　掮及其他

更有一种背着做买卖的生意经，既不能列之于摊，更不能归之于担，故另节论之。

这类的生意的资本，更小于担了，这才真真可谓之“小生意”或“小本生意”呢。大多是口喊的，这是他的广告方法，较好点的，便有歌词，如卖花等，此等生意人，大多是穷人。

[第二一三图至第二二二图略]

第四节　其他

除摊担掮者，是正式的商业外，还有一些杂碎的生意，可不能谓之商业的，如卖技、讨饭等等，但他们在广告上，仍有一些地位，故略述之。

这类杂货，也大多是用声色来作广告。但完全是江湖的人事罢了。不过他们的声，含有哀的成分；他们的色，含有悲的意味而已。总之，这类的广告的背后，深深埋伏着我们老大中国的经济，下级人的天资，及其情形啊！请看上面的图及后面列的图就知道了。

[第二二三图至第二三四图略]

第四章　西洋广告术之影响

第一节　形式的改进

（甲）文字方面

近三十年来，我国各方面，都受东洋学术之影响，而且是十分深；在前几年吧，几乎恨不得把中国变成不是中国，留学法国赞成法国，留学英国想变英国，留学德国的口口声声说德国最好，留学美国的愿中国学美国，而日本留学生愿意日本式来统治中国，幸而我国各国留学生都有,势均力敌,不曾将中国完全纯粹的变成外国,但是也五花八门,活〔囫囵〕吞枣地成了一个国际小菜场!

中国受教育的人的百分比,已经不多,而学者中,道地国货,完全研究国粹的更少,大家只为其所留学之国家,广作义务宣传,于是,有的就固而不化的拜洋主义,有的就不三不四的洋化实行家,弄成一团糟,拿广告而言,亦是如此。

自九一八、一二八两个转变以后,一切盲从西洋的心,比较清醒了一些,但是终未能达到运用其理论而创造事实的地步。

就广告文字而言,仍是趋于两方面的,一是中式,一是西式,而更有一种中西合壁〔璧〕,我们不能承认它是有独立性的。总之,还是不能到创造的阶段!

即是文字的内容,中式的固千篇一律,其没有价值,无可违〔讳〕言;西式的虽比较好些,但也未免太抄袭西式了,连口气语句都抄了来了,这是似乎过火了些。

但是,我们亦不能一笔抹煞,抄得却〔确〕当的也有,改得合度亦不少,不过大体而论,它们的百分比少了一些。

抄得好的方面,有标题(headline)的醒目,标语(slogan)的短小精干,本文(copy)的简洁,及有散文式、对语式等等。排列方面,亦非常合乎美术的原则,如不整齐美(not Symmetrical)、均衡美(balance)等等。而更有字体美术化;字体之美,是我国独有的,但是,在今日受了西洋广告术影响之后,我国的字体又转了一个方向,本来是灵魂的美,现在多添了机械的美了,这两种字体美,现在都用,这一点似乎比较是有创造性的。空隙(space)的道理,原先并不注重而不注意,如今亦在运用了,这亦是一种进步。阴阳色彩(contrast)亦引用了,如黑白等色,非常的令人注目,有时,还用黑底白字等等呢。总之,进步是有的,还须加以改良,而使有独立的创造性才是。

[第二三五图至第二四三图略]

(乙) 图画方面

广告画,在西洋本来也是一种异于美术画的,它有它特殊的性格,它有它一定方式;我国的国画,少有以为广告,因为它是美术画,若要合乎我国的脾胃,亦非另创一种能合我国国情的广告画不可。

现在我国的广告画，全是抄袭西洋的，至今，连抄袭都尚未达到完美，致〔至〕于创造，恐怕还有难色呢。

广告画的特性，是在有中心思想（coherence）及色调和谐（harmony），它的方式是要和文字同情（sympathy），但是有画为主文为副，有文为主画为副，有画文并重三种。

广告画，可分三类，一是静的，二是动的，三是虚无的而又飘渺的。静的是货物的（commodity）图画，动的（action）如小说的插画一般的图画，虚无飘渺的（Good-will）是表明货真价实的图画，但最近的趋势，广告画是倾向于小说或故事一类的了。

近来摄影发达，广告画中，就有一部是照片了，这个更比画要有“动的”成分，而且可以引起一般人对于真的好奇心。

图案，亦是广告画中的重要成分，它能以简单的线条，表示意思。

致〔至〕于颜色，不论是三色数色，总以一眼望去，尽能收入眼帘为目标，故大多的颜色画，是非常和谐的，是联一的，是有中心的。

惜乎我国尚未能有特创的广告画，在目前摩〔模〕仿、抄袭之中，下面的例子中很能见到。

下面的例子，取今日的所有的了，我们可以见到它是以西洋的广告画来合中国的情形，不是以中国的情形西洋的广告画，两者溶合的。更可以见到社会的背景，人心的一般，经济的末〔没〕落，及其他，电影的广告是以肉欲去吸引观众，用品亦以女色引诱，银行则以致富为号召……

如二四四图的，太少了，一则是不精致，二则是不合心理，三是违背潮流；然而，它却有它的好处，就是能从中国情形上着手，惜乎没有学识而已。

［第二四四图至第二四七图略］

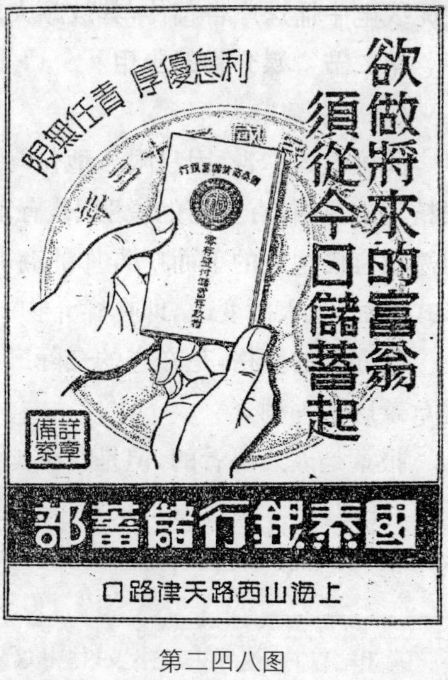

第二四八图

［第二四九图至第三五八图①略］

（丙）音乐方面

音乐的改进，在前几年，就是用洋鼓洋号，吹吹打打的去引诱顾客，上海虽然还有几处可以见到，但是很少很少的了，在内地还是最时髦的广告法呢。

讲到音乐的广告，店家大多是在减价或新开张的时候用的，有两种音乐值得我们注意的，一是广东音乐，一是江南的丝竹。这两种，要比洋鼓洋号旧式，而比最早时的吹鼓手式的什么“金玉堂”、“大庆堂”堂民，要好得多了。现在，在上海最易听得的到〔倒〕不是洋鼓洋号，而是广东音乐，可知广东音乐是要比洋鼓洋号较有创造性些。

致〔至〕于小贩的音乐广告，亦较前有进步，最先的叫卖，都是不堪入耳或是单调的歌词，如今则有非常动人的词句，和十分简洁轻隽的曲子呢；即如他们用以号召的乐器，从前初受西洋学术影响的时候，不是摇铃，便是用手提洋琴，现在可很少见小贩们用乐器了，除出内地间或见之。

最近的影响，是无线电(radio)了，各处大城市的大商店的门口，总装挂了一只放声筒，什么音乐都大声地放送到街上去，让过路由是而驻足，店门前丛〔聚〕满了一大堆人，无形中在广告该店的货品；更有直接在无线电中播送广告宣传，其效颇大。

第二节　媒介物的应用

（甲）报章杂志

我国旧式广告，因只限于地位与范围的关系，其效力极微，虽然有很精致的市招，有美丽的说明书，有动人的音乐，以及装潢、传单等等，但总没有借他人的手而广告你的商品的；如今，西洋广告学入，不但在形式方面，大大的变改，即在媒介物一项，也是极力摹仿采效。

媒介物的资格，是在它的交际广，愈能和人们多接触的愈好；所以，报章杂志是一种。

报章是人人要看的，但是在中国并不如欧美各国的那们〔么〕发达，不过，在通商口岸，皆有日报发行，而差不多的识字者亦都看，所以广告效力很大。我国最大的是上海的《申报》、《新闻报》、《时事新报》等，天

① 作者以下所编的图录目次又出现错误。

津的《大公报》、《庸报》等，每天的销路，约在十数万份，分发不止本地一埠，内地海外，亦是去的，故其范围极广，与人接触甚快，是广告媒介中之最好者。兹举《申报》、《时事新报》、《大公报》为例：

[第三六五图至第三六七图略]

杂志则比报章要专门化及销路少，但是有持久性，不如报章之看后即用以包物或弃去了；而且，杂志的性质，各有不同，有合乎科学家，有合于儿童妇女，有合于政治家，等等，故广告须择其性相近者。

[第三六八图略]

(乙) 路牌

路牌是最近的改进，昔日是没有的，凡是沿路的地方，人马往来容易看见的位子，用长方形的木架子，或是横的，或是直的，架上钉了马口铁，再漆上广告画，或将印就的广告画纸贴上，晚上，还装了灯。

最近年红〔霓虹〕(neon light)灯发达，上海、广州、天津等处，都在高处装置了红光的广告，俾在晚上，可以吸引一般游人的注意。

但是，路牌最早的雏形，乃是路招，写成广告，后来印成广告，去张贴在大街、闹巷、城门口等处，见下图即知。这种路招，如今还是应用，因为比较经济而方便，内地这尚是最好的广告法呢。

[第三六九图至第三七一图略]

(丙) 交通机关

交通发达，于是便又成了广告的媒介点。

最早的是航船，遂〔随〕后是轮船，再进而至火车，如今则电车、公共汽车、长途汽车等等，都是广告的媒介物了。

车站、轮埠，也是广告的地方，故路牌的设置是很多的。

在电车、公共汽车上的广告，大多是有时间性的广告，如“江湾今日赛马”、“永安公司大减价三天”等；在长途汽车、火车、轮船等上的广告，则比较要有永久性，而在车站、轮船埠的，大多是永久性的广告。

而广告物的贵贱，对于车舟的等级，亦有关系，贵昂的物品的广告，大多在头等舱或头等车，便宜的物品，大多它们的广告是张贴的统舱或三等车中。

(丁) 刊物

这出刊专门印刷品，外国是非常普遍而平常的事，但在我国则不然了。一则经费关系,二则其广告效力,没有其他的大。

其出专刊的,大多是药品、机械、化妆品、照相机等等,但是在我国分〔发〕行的,并非国人的,大多是外人的,由洋行制刊分送。

我国自己所有的商品刊物,只有书局的录样本,其录的太少了。

这种刊物,差不多是专门化的,所以非得教育程度普及的国家行之,始有效力,我国专门人才太少,教育不普及,刊物也就不能发达。

第三节　窗饰的模仿

窗饰(window display),我国素来没有的,因为根本一家商店只有柜台,而无窗橱。自欧美建筑输入我国后,商店房屋略有变动,乃有橱窗之介入。

最早之橱窗,是在柜内沿壁装置,其中陈列,也是十分的呆板,毫无美感之可言,如扇子,则在橱窗内挂了或搁了许多扇子,一样地排列着,非常单调;更有比较进步一点的陈列法,但亦不脱我国人民一致喜欢的均衡(symmetrical)。

再进,乃有玻璃柜的运用,其中摆设,亦是杂乱无章。至今仍存在应用,不过柜中陈列是大不相同了。

至于今日,如各大百货公司的窗饰,是完全仿照欧美各国的了,故其装置陈设,极合心理学,见者驻呈〔足〕,吸引力颇大。上海,如三大公司——先施、永安、新新——的橱窗,可以代表。

窗饰的优点,是在提高货物的价值,比一件极平凡的东西,若将它极美术化的在橱窗中陈列起来,令见者生一种美感,立即为〔会〕增加许多买主顾客的,这并非是顾客们需要,这实在是窗饰的美,提高了货物的价值,抓住了人们的心理。

西洋广告学的最大好处,就是在利用心理学,故其收效甚大;其次是美术,利用着去感化人;更会利用社会现象,如帆船利用风一般。

我们应抓住欧美的广告学的灵魂,穿上我们自己的衣服才是,所以窗饰一节,大有改进的余地。

第四节　赠奖

这又是利用心理的一点,其效力非常之大,它是向人们含〔贪〕小的弱点进攻。

方法很多,如悬赏、赠送。悬赏:有猜的、经验的等等,然而他的条件是你要买他的货品为证明或资格；赠送：有条件、有无条件的等等，总之，使你知道他是在销卖什么货品。

[第三七二图至第三七六图略]

第五章 结论

第一节 新旧广告之比较

(甲) 心理方面

从心理方面而论，我国旧式广告，除店铺幌子，间或有一二下意识的合乎心理者外，其余则无一可言，这是最大的缺点。

而新式广告，则无处不以心理为原则，随机变化，应用之妙，无微不至。

心理之应用，其效果自然很大，但是不十分容易适合，这是需要专门的人才了。

运用心理学来作的广告，这广告是有生气的(life)、有动力的(action)、有魔力的(power)等等，因之，可以拨动人们的好奇心，挑起人们的需要欲，而使下意识的去购买广告的货物。

如今新式广告的心理运用，可分三点来说，一是连续的印象(repeated impression)，二是舒适的感觉(comfortable feeling)，三是贪小的心理(psychology of covetousness)。

连续的印像〔象〕，即是使人们常常看见某种货物的广告，在阅书报的时候，走路的时候，旅行的时候等等，乃致〔至〕熟识而永远难忘；若其人一旦需要某种货物，不期然的会去购要他所印像〔象〕最深广告的货物的。

美，是舒适的感觉的主要点，所以美的广告画，精致的样品，巧妙的陈设，都是招徕顾客的重要点。

可说人人是贪小的，所以最近要推行一种货品，便利用这点心理，而广告于大众，例如征求物品的名字，或悬赏猜打物品的名字等都是。

(乙) 美术方面

讲到美术方面，中国有东方的美，外国有西方的美，孰好孰坏，不能说了，各有其特长；但是我国的广告固有美的成分在其中，惜乎永远不变，千篇一律，不肯推陈出新，是个大缺点，所以不如西洋广告日新月异,层出不穷,千变万化的就有趣味了。

据实,我国的美术高于西洋,若能好好利用到广告上去,则其趣味定比其要浓厚呢。只是一人创之,万人抄之,抄者日众,创者日稀,于是各地同样,千年一律,单调乏味之至,而今为西洋广告打倒了。

西洋广告画,其美在颜色、位置、线条等等,兹略述之如次:

颜色之和谐(harmony of color),处处随其色值(value)而走,夏日用冷色(coolness)如绿白淡黄等,冬日用热色(warmness)如红褐黄黑蓝等,更有藉以表示拉力(pulling power)、显鲜(contrast)、重力(heaviness)等等,令阅者见之生羡,如入其中也。

位置之安置,我国总是均衬的(symmetrical),虽有其堂皇之美,但太少变化,不如西洋之讲均衡(balance)来得范围广大,而均衬也变为了均衡之一种了。例如秤杆物重,秤钟就远在杆端,物轻则钟近于绳纽了,但求均衡,不论其均衬的那们〔么〕呆板啊。

线条方面,可分三类述之,一是大刀阔斧,一是细致工笔,更有是象征的直线条。

其余如角度、光线、背景、取材等等,都是十分精尝〔当〕,不如我国之拖泥带水啊。

(丙) 效用方面

新式广告的效用,和旧式的不同,他是趋向于创造的,趋向于新局面的。取的是攻势。

吾国旧式广告的效用,也有他独到之处,是专在信用日众工夫,但求其“货真价实,老少无欺”就是了。这是取的守势。

专取守势,果然亦能因之而得胜,但总不如能取攻势的好。因取攻势亦未必是定可得胜,不过总得量力而行,攻修胜于守也。

所以新式广告出而旧式广告日趋没落。细述之可分如下列四点:

第一是向新主顾进攻:新式广告藉了种种的媒介方法,向不是他的主顾们引诱;从色、情、德等等方面的下种子,而使滋长,去依倒于他。

第二是向老主顾拉拢:一方面开辟新的地盘,一方面同时不使失了旧有的范围,所以对老主顾的拉拢,也是新式广告的最效用,他们以旧物新用(new use for old products)等的方法,去向老主顾们宣传,以及特别的以示优待等。

第三是公开货物的优劣:这是最应该的事,但是我国素来以秘而不宣为习惯,故往往引起主顾之失望,而新式广告则适适相反,非但不隐蔽了,而且坦白的布告大众,大众自然乐闻,此所谓"知己知彼,百战百胜"!

第四是向社会征求意见:这亦是虚心下处的好现象,旧式广告中绝无有见的。其实,虽为谦卑,而正是探听社会之所需,能投所好,万无失利的了。

(丁)经济方面

"广告的经济负担人是谁?"这个问题,很容易误答的,平常我们总会说:这当然是商人负担啊,有什么疑义呢!?然而不然。广告的经费,在手续上看,果然是商人出的钱,其实,是社会全体(Society as a whole)所出的钱!

我们再详细来说一遍罢:比如一家公司,他的广告账,是列入成本项目内去的,广告的多少,和成本便是正比例,广告多成本便增高,物价便贵,买主便负了一部分广告的费用去,货物是买〔卖〕到社会中去的,于是广告的经济,遂成了社会全体的一种负担了。旧式广告的所以不发达,就是因为误解了广告的经济负担责任,固尚有其原由,而不得不说这是最大的一个。新式广告之所以与日月俱进,也就是明瞭了这一点理由。

但是,我们亦不能因了反正广告的经济负担者是社会全体,就此而拚命广告。其理由是如此:

一、若有人向你购买,购买者即担负了你的广告费用;若无人顾问时,货物全存,其广告费用,亦全由你自己担负了!

二、广告须据实而言,你有多少生意,便有一定的广告范围,无可苟且,如若拚命滥作,信用遂失。

三、广告太大,成本提高,购买者负担加重,不能与他人相竞争,是致败之大因。

第二节　今后中国广告的应取方针

(甲)东方化

不论什么东西,有个性方有独立的可能,有创造才有与人相竞争的可能,否则,可以不必言希望!

广告亦是一样,西洋的广告果住〔佳〕,但是我不能因之而抄袭之,自作聪明的人,以为这是最省力而收效最大的事了,实则适得其反,到头来一败涂地——理由是等你抄来,已是人家的过时货了,你费了九牛二虎之力,始终追在人家脚后,万无抄袭人家而追到人家前面去的,能够抄袭得像,已是最好的了呢!

我们要和人家比肩、竞争,则非得努力于培养我们固有的个性,发挥我们蕴藏着的创造力,不然,决无追求光明者的影子到他的前面去的!

我们东亚,有我们东亚的精神,我们中华,有我们中华的特性,在历史上讲,我们是最古的国家,在地理上讲,我们是最大的最富的国家,在文化上讲,我们是最多贡献的国家,我们哪一处落了伍了,要去追随人家?我们,我们应为追求光明的引导者,作世界各国的先锋才是!

东方古国的柔和、纹彩、雄健、清脆、秀丽、自由等等的美化,我们岂置之不问,而去盲目全抄西洋的东西?我们现在从这广告一端而论,亦应提倡东方化!

一、图画

广告术中之最要部分,莫如图画,但是今日之广告在图画方面,尽量采取西洋方式,似觉大过,欲改良中国广告,提高中国广告地位,须注意东方化!

第一采取中国旧有之雕镂图案:我国在建筑上,自唐以还,雕镂异常发达,近来在内地尚能见得画梁雕阁之类,其纹精细,其彩美丽,广告中大可运用之;此不但代表我国之特性,且创广告术之新局面,于是我国货品,自不难与人相较量也。

第二采取中国旧式之工笔画:此种画法,与西洋之黑白线画相仿,但我国之工笔画远胜之,因为我国的工笔画,仍有象征的含意也,不是如黑白线画那样也是写实的!

第三采取象征的写意画:如一个老人,单勾了两三笔,不在画形,而在画神的美术画。美术画,亦可用到广告中去,若能利用它,其效必是很大。

第四创造东方化的写实画:东方作画的方法,早比西洋进化了,多重神的方面;但是写实的也有写实的好处,因为可使大众明瞭,所以在画一方面,有了前面三种还不够,尚得有东方化的写实画!

二、词句

词句也是重要,但比图画已差了一等,因为没有图画那样显而易见的能普及于任何人!

广告的目的是在告得愈广愈妙,所以第一是注意图画,第二是注意文字,我们往往把文字图画凑在一起的。图画是人人易知,文字则比较在所限制,故不得不做成十分低的标准,和十分容易的程度。

文字,不但容易普通而已,还得有力。什么是有力呢?就是要有一种暗示的心理含在其中,要有很深的刺激蓄在里面,使人见了同情,使人见了难忘,使人见了生好奇心,使人见了有见故人,使人见了有美感,等等。

西洋广告学的文字,非常老练,有种种的规则,这些,我们也可采取,然而,也不能全采取,其取舍的标准,乃是要合我们中国人的心理不合为前提。

其最大的要素,不外是二个字:"洁"、"美"!

三、形式

广告的形式,我们旧有的太不成样子,西洋广告固好,可不能全合用。

我们可采取的地方有三:

一是空白:我国广告往往不知利用吸引力(Attraction),满满地填足了空隙,这是大缺点,前面已谈及,在形式上,我们应该采取。

二是特格:每种行业,创一种特殊的格式,不和其他业混淆,这虽不是重要,可在广告上有莫大的便利。

三是均衡:我国素喜相等(symmetrical)而少知均衡的(balance),但均衡实比相等有变化,而相等乃是均衡中之一。

除上三点外,余可酌量而取,然以不失东方化是体也。至于字体,我国大有变化,不若西洋之死板也。

四、音乐

广告音乐的问题,因其范围颇小,故不甚重视,其实,也是要紧的,我们若有新鲜的音乐去引动人,至少生意要比平常好些,试看卖梨膏糖的,最初是用一根铁条,穿上了几个大铁钱,只是沧浪沧浪地摇着;后来手提风琴自英国传入中国,卖梨膏糖,便“嗡呀嗡呀嗡”地奏唱新词,后至者买不着;再后,手提风琴的调头,也大家会唱了,于是又进而至有“小热昏”的卖糖,他是说笑话,讲新闻,唱时曲,然后卖糖,一呼而罄!但是,后来,变成专为卖唱了,流变而为如今的双簧、独角戏等等了。

音乐的改进,我即使不能新创,但是,我们应保存我国的国乐,其中选出一部分简单的来应用。

(乙)专门化

广告在我国,至近年来始知其重要,但各商店,除大公司外,亦是专门抄西洋,不知创造,死【守】西洋之绳法,还不是变相的守旧!

我们需要的是专门的人才,和专门的学校!

然而,在此青黄不接之际,我们怎样呢?我们且不论其广告本身良否,先来讲讲分类和媒介,作为过渡时代的救济法。

一、分类

广告要他专门化,第一是要有统系,要有统系,便得分类,分类是弄清楚了条理,可以极专一的去管理。

分类的方法,可依物品的性质,或主顾的性质而定,后者要比前者合乎实用些,然而前者又要比后者合逻辑些。但是,商业是讲实际的,故后者可采取来实行。

物品主顾的分类,便是社会上人士的分类,我们简单地可分下列的数种:妇女、学生、工人、商贾、医生、官僚、有间〔闲〕阶级、儿童、老弱、学者、兵士、优伶等等,于是物品之能适合哪几类人物,便向哪数类广告。

二、媒介

我们分了类,我们已知道物品是适合于某类人物了,便向他们广告;可是广告不是随便的,须得找一条路可以通到他们面前才是,否则,城头上出棺材,打了个圈子,仍在原处,岂不冤枉?

这条通达的路,便是适合的媒介。例如,化妆品是妇女们的需要品,有间〔闲〕阶级亦是要用的,所以,我们便将广告去刊登在妇女杂志、画报等上面,去咖啡馆、女澡堂子等地做广告才有效验!又如书籍是学生学者的需要品,那末在书上、报上、杂志上作广告。其余类推。

有了好的媒介,始得好的结果,正如路愈平,到达愈易;可是,好的路上,也要好的代步,否则,宁可步行,慢虽慢了,但不伤路,若是重重的独轮车去转运，非但并不快，而且损了路，绝了后来的发展，广告者切慎之！

（丙）简单化

我国广告，往往拖泥带水，不胜其繁，其故在恨不得样样告诉人，而不得其法罢了。而西洋广告的内容，亦有很繁复的，但是，不失为好广告，因为有他的中心思想，而我国近来的广告，往往抄袭这一类，殊不知我国人程度太浅，未能有多少人懂得，未能有多少受了影响！

故广告的改良，“简单化”也是其重要之一。

图画、文字、形式、音乐等，种种方面，应力求简单，令阅者一目了然，但仍不可失其东方性、专门性！

但是简单化不即是寥寥几笔几字几声而已，乃是要以极经济的笔墨，表现极丰富的意思，正如所谓“纸短情长”的意思。又好像是诗，意在言外！

简单化是最难的一步工作，说说容易做做难，非得精练到家，不能为之。再说个比方罢，例如写古文，短短的数十字，可以写尽千山万水，我们中国尽有这一种技术，幸勿忽视之！

第三节　作者的希望

作者在四五年前，就有心想写关于中国旧式广告的研究，当时，能力不够，材料毫无，巧妇难作无米之炊。自入大学后，便随时收集照片图画，至今四年，总算得图幅，但是还是只限于几处的地方。

其中，以杭州、北平、苏州的最多，其余的地方，简直可说没有，因限于时间，不能再有征集的机会，姑以此而立论如上。

这篇的言论，并无参考任何书籍，全是凭所收图画，分门别类，及作者的常识而成。因之，图画愈富，立论愈确，常识益广，断语愈精，奈如前言，图画之收集，因限于时间，常识之广博，因限于学问，其不妥之处自多，还望海内君子，博学大人，有以见教！

作者原定计划，是拟为旧式广告作史，后因我国重士轻商，素无商情之记录，而广告术尤稀，何况又是不发的东西呢。去夏择题，遂定为《中国旧式广告之探讨》，作横的研究，以现今可见者，循迹索图，为将来之参考。

广东、四川、贵州、云南、山西、甘肃、新疆、青海等处之旧式广告的现状,尚付阙如。此篇虽似完卷,实则一小部分耳,作者仍拟继续进行,卑〔俾〕得收集齐全,重加修改,我国广告之旧业,亦得以一吐其蕴,唤起吾人之眇视焉!

末了,作者得感谢郑世察教授的指导和校阅,陈鲁成先生的顾问。

一九三四、五、廿五日

上海公共租界工部局有关推广牛痘接种的史料选译

杜志杰　译，　徐　非、徐新华　校

译校者按：牛痘接种，是近代免疫学对付天花传染和流行的一种科学方法，自1796年英国医生詹纳发明后逐渐在世界各地得到推广，对抵御天花这一恶性传染病的流行起到极大的作用。近代上海，牛痘接种技术由西方传教士传入后，曾受到上海道台的重视，专门在城内设立施种牛痘的机构，然流传已久的传统的中国种人痘方法依然在华界和华人群体中盛行。19世纪70年代初，上海公共租界内天花流行和一些外国侨民因感染天花而死亡的情况引起工部局卫生官亨德森的重视，在他的呼吁下，工部局在租界设立了牛痘接种机构，免费开展牛痘接种，兴起近代上海牛痘接种的第一次高潮。此后因经费方面原因，工部局主导的牛痘接种工作停止。19世纪90年代初，天花再次在上海流行，因患天花死亡的病例大为增加，担任工部局卫生官的亨德森为此接连向工部局董事会递交了多份备忘录和报告，再次强调开展牛痘接种的重要性，介绍了牛痘接种的机理，并对建立制造牛痘疫苗机构等问题作了系统的阐述。受亨德森这些建议的影响，公共租界内牛痘接种工作再次开展，工部局并设立了牛痘疫苗制作机构，这为后来上海地区牛痘接种所需疫苗充分供应提供了方便，上海地区牛痘接种的普及率也因此大为提高，由此有力抑制了天花在上海这一人口密集而流动量大的城市中的流行。本辑史料收集翻译了当时《字林西报》刊登的亨德森的备忘录和报告、工部局年报中亨德森的有关报告等内容,比较翔实地反映了租界有关当局在19世纪90年代为推广牛痘接种所做的工作,对于了解和研究近代上海公共卫生发展历史,具有一定的参考价值。本辑史料由马长林策划并主审。

1. 1893年1月7日亨德森关于天花流行的第一份备忘录及有关文件

[译自1893年1月18日《字林西报》]

尊敬的先生:

从各方收集的报告及近期调查的结果看,我认为如果天花如今还不属于传染病的话,那么至少在租界及南市的华人中,天花是非正常地流行着。近期在西侨中也已发现几例。

在公济医院接受治疗的西籍病人的统计表如下:

九月份	1例
十月份	2例
十一月份	2例,死亡1例
十二月份	11例,死亡2例

自1893年1月1日以来,该医院共接收4例新病人。此外,据我所知,在过去的两个月,在租界一幢私人住宅内接受治疗的有2例"类似天花"病人与2例天花病人。

洋泾浜以北的租界地保所做的统计表显示,12月份有21人死于天花,即虹口为11人,英租界为10人。这21人中有8人死在12月份的最后一周,即虹口为6人,英租界为2人。我已写信给麦高雄警长,向他建议,那些已有5年没接种牛痘的西捕现在应该接种牛痘了。

卫生官爱德华·亨德森

1893年1月7日上海

洋泾浜以北租界工部局总董提到在他的提议下,几天前亨德森医生(卫生官)、麦高雄警长(捕房督查)、麦恩先生(工部局工程师)及凯麦隆先生(工部局卫生稽查员)召开过一次非正式的会议,旨在研究他们是否要组成一个卫生委员会(Sanitary Board)以保证工部局对租界的卫生状况了如指掌。会后的决定是这些人应该每两周召开一次会议,这样就可以讨论影响租界卫生的事宜了。每次会议做常规记录,会后把会议上所发生的事向工部局报告。

随后写信给各位先生,任命他们为卫生委员会成员,信的内容如下:

尊敬的亨德森先生:

本月10日的工部局董事会会议决定,为了研究租界的卫生状况事宜,特组成一个卫生委员会,本人奉命通知您,您已被任命为该委员会成员之一,除您之外,还有工部局工程师、捕房督查及卫生稽查员。

董事会建议,该委员会每两周召开一次会议,对会上所讨论的事宜做会议记录,每次会后向工部局报告。

董事会建议,会议应尽早开始。

工部局总办

1893年1月12日

1893年1月12日亨德森致工部局总办函

总办先生:

您1月12日来函收悉。来函将工部局的决定通知了本人,决定组成一个卫生委员会,成员为工部局工程师、捕房督查及卫生稽查员,工部局任命我为成员之一。工部局认为该委员会的职责是必须将自己推荐给所有的董事会成员。毫无疑问,成员的努力将会扩大他们的影响力。我注意到工部局建议委员会的会议应尽早召开。我确信,不久就会受到关注,结果将及时报告工部局。

卫生官爱德华·亨德森

1893年1月12日

2. 1893年1月7日亨德森关于天花流行的第二份备忘录

[译自1893年1月25日《字林西报》]

卫生官关于天花问题的来信

天花——备忘录二

天花仍然在租界内的华人中流行,好像南市与周围地区的病人数量很多。据报告1月1日以来华人登记死亡人数为:虹口32人,英租界22人。

在西人侨民中天花病人仍然很少。自上次的报告(1月7日)以来,公济医院收治5人,自1月1日以来共计9人,3人死亡。另一例报告给本人的是,为防止扩散,给居住在租界西人住宅内的患者所有必要的治疗。

卫生官爱德华·亨德森
1893年1月17日上海

3. 1893年2月6日亨德森关于天花流行的第三份备忘录

[译自1893年2月8日《字林西报》]

天花——备忘录三

我相信,华人中的天花病例,自1月23日最近的一次备忘录以来,在数量上已经有所减少。从那日起,据报登记的华人死于天花者为18人,即英租界6人,虹口12人。自1892年12月(当时天花盛行)以来,到1893年1月31日各区报告的死亡人数如下:

虹口							
A区	12月份	9	1月份	37	合计	46	
B区	12月份	3	1月份	7	合计	10	56
合计		12		44	合计	56	
英租界							
C区	12月份	0	1月份	4	合计	4	
D区	12月份	0	1月份	0	合计	0	
E区	12月份	2	1月份	7	合计	9	
F区	12月份	1	1月份	2	合计	3	38
G区	12月份	1	1月份	9	合计	10	
H区	12月份	6	1月份	6	合计	12	
合计		10		28	合计	38	
							94

切记上述表格仅限于洋泾浜以北地区。

上个月捕房督查竭尽全力才获取了上述有关天花患者与死亡的统计数字。要获取确切的数字不能说难以超越,但相当困难。当华人得知捕房要来调查有关天花流行情况时,他们会隐瞒发生天花的真相。而按法律规定,工部局雇员不得私闯民宅。也就是说,在华人住宅内一旦有天花病人，房主应在临街的房门上贴上一张红纸条，上书“天花”二字，以告知众人。但实际上很少有人这么做，根本不能靠此来查明天花患者的真实数量。本月 1 日我和麦高雄警长奉命一起去调查一位天花患者，这对于西侨来说意义重大。一位专为西籍女士缝制衣服的华人裁缝跟他的雇员说另一位住在山西路上与他很熟悉的裁缝家里有 2 例天花病人(他家也是制衣作坊)。麦高雄警长跟我说，那是子虚乌有的事，自那以后又发生了一起类似的情况。

据我所知自 1 月 23 日起，在西人中已经发现 8 例天花病人，除一例外，其余均在公济医院接受治疗。

卫生官爱德华·亨德森

1893 年 2 月 6 日

4. 1893 年 2 月 14 日亨德森关于天花流行的第四份备忘录

［译自 1893 年 2 月 15 日《字林西报》］

天花——备忘录四

自上一份备忘录(2 月 6 日)以来天花病人在华人中又有所减少。自 2 月 6 日以来华人死亡登记报告为死亡 12 人：3 例在英租界，9 例在虹口。继上一份备忘录中的表格式报告后，现在的人数如下，数字显示发生天花病例的区域分布如下：

<table>
<tr><td colspan="10">虹　口</td></tr>
<tr><td>A 区</td><td>12 月</td><td>9</td><td>1 月</td><td>37</td><td>2 月</td><td>13</td><td>合计</td><td>59</td><td rowspan="3">71</td></tr>
<tr><td>B 区</td><td>12 月</td><td>3</td><td>1 月</td><td>7</td><td>2 月</td><td>2</td><td>合计</td><td>12</td></tr>
<tr><td>合计</td><td></td><td>12</td><td></td><td>44</td><td></td><td>15</td><td>合计</td><td>71</td></tr>
<tr><td colspan="10">英租界</td></tr>
<tr><td>C 区</td><td>12 月</td><td>0</td><td>1 月</td><td>4</td><td>2 月</td><td>2</td><td>合计</td><td>6</td><td rowspan="6">45</td></tr>
<tr><td>D 区</td><td>12 月</td><td>0</td><td>1 月</td><td>0</td><td>2 月</td><td>0</td><td>合计</td><td>0</td></tr>
<tr><td>E 区</td><td>12 月</td><td>2</td><td>1 月</td><td>7</td><td>2 月</td><td>2</td><td>合计</td><td>11</td></tr>
<tr><td>F 区</td><td>12 月</td><td>1</td><td>1 月</td><td>2</td><td>2 月</td><td>1</td><td>合计</td><td>4</td></tr>
<tr><td>G 区</td><td>12 月</td><td>1</td><td>1 月</td><td>9</td><td>2 月</td><td>1</td><td>合计</td><td>11</td></tr>
<tr><td>H 区</td><td>12 月</td><td>6</td><td>1 月</td><td>6</td><td>2 月</td><td>1</td><td>合计</td><td>13</td></tr>
<tr><td>合计</td><td></td><td>10</td><td></td><td>28</td><td></td><td>7</td><td>合计</td><td>45</td><td>116</td></tr>
</table>

这些统计数字仅限于洋泾浜以北的租界。在西人中目前所能获取的数字表明自2月6日以来,新增病人为4例。这些人都在公济医院接受治疗,其中1例死亡。

在大清帝国都以种人痘的办法来预防天花,当然这是产生和传播该病的重要因素。尽管我不敢说目前在租界发生的天花究其原因是由此造成的,但我始终认为相当一部分确实是由此引起的。在南市与周边地区可自由地使用种人痘的办法接种。结果就像1869年底我向工部局描述的那样,当时的道台禁止在外国租界内使用种人痘的办法。1870年2月8日涂道台发布布告。下面是1870年涂道台布告译文:

> "本月4日,各条约国驻沪领事联合向道台发出公函如下:"——其公文详情现引述如下——"道台认为在中国采用西人接种牛痘的方法意义重大。很久以前在南市的城隍庙设立过一个接种牛痘的医院,并请医生免费为人接种牛痘,该机构几年下来收效很好。目前在外国租界内一处类似的免费机构已经投入使用,该机构纯属慈善性质。我有责任为保护社会各阶层的人士不传染天花而发布此布告,特此奉告那些希望接种牛痘者从经济和安全方面考虑,自由选择到城隍庙医院或租界外国机构,中国人采用种人痘的办法在租界是被断然禁止的,因为那种方法对西人有害。"

特别布告

在本布告中提及的外国租界"免费机构"已经被关闭了一段时间了,但仍继续接种牛痘。而且,我相信所有各区为华人设立的免费接种的医院均在西人的监管之下,参与此项工作均为自愿,病人相对比较少。山东路医院的本地医官还在道台的南市牛痘施药局工作。春天中方医生每天都来,但在冬季则两周来一次。此项工作在热天全部停止。1892年在该施药局接种牛痘者为7049人次。

在华人中强制接种牛痘在这里就不要讨论了。强制接种牛痘对于工部局则是责无旁贷的,除非我昏了头,否则这种办法是无需华人当局批准的。

昨天《字林西报》上刊登西门外妇孺医院 Elizabeth Reifsnyder 医

生的一封信，在信中她称有一名华人裁缝带着他的孩子来医院看病。孩子口嘴肿痛，“身上很多处有近期发生天花的迹象，实际上孩子身上的痂几乎没有脱落”。麦高雄警长立刻与 Reifsnyder 医生联系，得知该裁缝的名字叫“Charley”，家住在虹口。当天深夜，经过一番周折，我们才找到这个人和他的家，孩子在浦东。我与麦高雄警长一起于早晨来到他家。一座很小的房子，看起来很干净。作坊在底层，整个前面敞开着，我们去时，他们的工作是在露天进行。此人及三个孩子都在场，看上去气色很好，得天花的孩子现在浦东。招牌上写着这个人的名字，叫“周岳雷”。他做了如下陈述：1892 年十月初十（11 月 28 日）他把孩子送到浦东嫂子家接种了人痘，因为他知道在租界是被禁止的。他的哥哥是在南市做裁缝的，当孩子生病时就把孩子从浦东送到南市他哥哥家中，并留在那里，既没有送回浦东，也没有回虹口自己的家。由于口嘴肿痛（Reifsnyder 医生提到过），这个孩子从南市被送到西门妇孺医院。现在又回到浦东，他肯定在种痘症状反应期间没有回过虹口家。当然无法证实他所说的话。但住在虹口的人绝不可能将孩子送到远在南市的西门妇孺医院而不送到那些就近的外国人监管的医院，就像住在南市的人觉得送到西门妇孺医院最方便。为此在诸多原因中，我认为周的说法应该比较恰当。天花的传播令人担忧，事实是这个孩子在病重期间一直是这个人监管着，在给孩子更换衣服时他可能根本没有采取预防措施，更不用说洗手等等。

卫生官爱德华·亨德森

1893 年 2 月 14 日

5. 1893 年 2 月 21 日亨德森关于天花流行的第五份备忘录

［译自 1893 年 2 月 21 日《字林西报》］

天花——备忘录五

租界内的天花病例继续减少，华人死亡登记报告当月 13—19 日死亡人数为 7 人：英租界 3 人，虹口 4 人，区域分布如下：

<table>
<tr><th colspan="3">虹　口</th></tr>
<tr><td>A 区</td><td>4</td><td rowspan="2">4</td></tr>
<tr><td>B 区</td><td>0</td></tr>
</table>

续 表

英租界		
C区	2	3
D区	0	
E区	0	
F区	0	
G区	1	
H区	0	

自14日以来西人中有2例新增病人,1人死亡,2名新增病人在公济医院接受治疗。

卫生官爱德华·亨德森

1893年2月21日

6. 1893年3月6日亨德森关于天花流行的第六份备忘录

[译自1893年3月8日《字林西报》]

天花——备忘录六

天花仍在华人中盛行,自3月1日到5日,华人登记报告有5例新增病人,全在虹口:A区3例,B区2例。同时据报告死亡3例:虹口A区2例,英租界H区1例。下面的表格是"备忘录五"中的华人死亡报告表格的继续:

虹口								
A区	12月份	9	1月份	37	2月份	22	合计	68
B区	12月份	3	1月份	27	2月份	3	合计	13
合计		12		44		25	合计	81
英租界								
C区	12月份	0	1月份	4	2月份	4	合计	8
D区	12月份	0	1月份	0	2月份	0	合计	0
E区	12月份	2	1月份	7	2月份	2	合计	11
F区	12月份	1	1月份	2	2月份	1	合计	4
G区	12月份	1	1月份	9	2月份	2	合计	12
H区	12月份	6	1月份	6	2月份	1	合计	13
合计		10		28		10	合计	48

同期在公济医院治疗者为：

12月	11	死亡	3
1月	15	死亡	3
2月	8	死亡	3
合计	34		9

3月1日到5日医院新增病人2例。

卫生官爱德华·亨德森
1893年3月6日

7. 1893年3月14日亨德森关于天花流行的第七份备忘录

［译自1893年3月15日《字林西报》］

奉命将下述报告与工部局董事会会议录一起公布。

天花——备忘录七

华人——自本月6日至12日，包括6日和12日在内，华人死亡登记为5人：虹口A区4人，英租界H区为1人。同期捕房报告新发现病例为7人：虹口A、B区为6例，英租界H区为1例。

西人——自我上一份备忘录（3月6日）以来，有1例新增病人在公济医院接受治疗；有2例死亡。还没听说有新增病人在私宅接受治疗。

卫生官爱德华·亨德森
1893年3月14日

8. 1893年3月20日亨德森关于天花流行的第八份备忘录

［译自1893年3月22日《字林西报》］

奉命将下述报告与工部局董事会会议录一起公布。

天花——备忘录八

华人——自3月14日以来，那是我提交最后一份备忘录的日子，在虹口又有7例新增病人，A区6名，B区1名。据报告，还有6人死于天花，全在A区，在英租界无一例新增病人，无死亡报告。

西人——自本月14日以来，公济医院未收过一例新增病人，无死亡报告，两位疑似病人留在医院内，还没听说有新增病人在私宅接受治疗。

卫生官爱德华·亨德森

1893年3月20日

9. 1893年2月20日亨德森关于防止天花流行的报告

[译自1893年3月27日《字林西报》]

奉命将下述报告与工部局董事会会议录一起公布。

1893年2月20日卫生官(卫生处长)致工部局总董函

先生:

现附上有关天花问题的系列备忘录之四,使我记忆犹新的是有关该问题在这些备忘录中作了详细的阐述。但我还是希望您对备忘录所提出的建议给予更多的考虑。为便于您审阅此件,我已经在供您考虑的句子的下面划了横线,在那些语句中多少明确了工部局应该认真考虑我们的建议。

我们希望工部局在社区中采用限制天花传播的方法如下:

1. 隔离天花病人。

2. 对已经痊愈的天花病人全身消毒,并对其用过之物品进行消毒或销毁。

3. 接种牛痘。

4. 对死于天花的尸体进行安全转移与处理。

在上海我们有另外一点必须考虑,禁止种人痘。虽然已经以"以接种牛痘替代中国旧法种人痘"作过表示,但为了讨论起见,我在这里还是将其单独列出:

5. 禁止种人痘

1. 隔离天花病人——在中国的生活环境使我们对于在隔离天花病人方面的效果很是失望。

对于传染病人的隔离不能仅仅在医院实施,人们只有自己强迫自己,并维持六个月的隔离期,这样才能算是成功。有效的隔离只能在高度文明的社区才有可能。就是在这些社区,个别的不在乎、无知或不介意,都会不止一次地使当局的努力付之东流。在上海有那么一种人,他们对天花隔离均采取不在乎、无知或不介意的态度,这种现象很普遍,在他们中间文明程度尚未发展到利他主义,利他主义仅限于家庭内部。

世界上所有的文明城市,都有穷人区。在那里住房很拥挤,要对天花病人实施隔离只能把他送到那些专门接纳并为他们治病的医院。在上海,几乎所有华人居住区均被视为穷人区,而且是最为拥挤的地区,我们无能为力。法律不能,更不得强迫将病人转移。即使转移,我们也没有接收这种病人的医院。目前一座只接收租界内华人的医院至少需要提供 100 张病床,这样一座医院的费用与维护费是相当的大,工部局确实承受不起,目前指望中国政府为此拿出钱来几乎是不可能的。

中国政府与工部局控制下的隔离体制明确基于对病人的精确统计表。在上海虽然一发现这种病就马上隔离是不可能的,但病人人数的精确统计表,在哪个地方发现的,以及其他一些原因,仍然是最为重要的。工部局公布这些统计表是很有用的,经常提醒人们用接种牛痘的办法保护自己,保护亲朋与家人,也提醒主人留意本地佣人,包括他们的疾病,他们对租界内与南市其他人的拜访,当受托照看走在马路上的外国小孩时,当心不要到华人居住区等等。根据船员申报向同本埠通商的各船发送健康表格。有天花疫情发生时,停泊在本港的战舰与商船上的外科医生会收到一份特别通知,会被告知发现较多的病情的区域位于租界何处,如 1882 年那样(见当年卫生官报告)。在一处发生几例病人不是经常发生的,这暗示某些奇怪的状况,为了公共健康,应当引起当局注意。在调查中不时会发现病人,特别发现西人的天花病人。工部局应该对此发出布告,直接发给西人社区——Chaou-Lay[华人天花患者——译者注]一例,在本人第三份备忘录中有记载,阐明了我的意思。因为这些以及其他的原因,本人建议应设法得到一份华人得天花与死于天花者的准确统计表。这些统计表应该由工部局在固定时间内公布,在租界开业的医生应及时发出通知,根据工部局的意见,未感染天花的健康表格不再发给各停靠在本埠的船只。

获取这些表格——一张红纸上写着"天花",牢牢贴在华人住宅的街面房门上,是告诫公众的一种办法。这也是被中国当局认可的,通过各种途径坚持这么做,并在这种习惯做法遭到忽视时,应恳求会审公廨廨员介入。天花病例被华人业主隐瞒,经常传到捕房,一旦这种事被彻底处理了,这对其他人是一个很好的警告。从来没有对告发者给予奖励,但捕房督查麦高雄先生在他的负责死亡登记的人中采用过罚款的办法,依我看这是个好办法。负责死亡登记的人没有报告在他管辖地区的死亡者,而这事又正好被捕房得知,因此遭到罚款。建议把挨家走访确定为查明华人中发生天花情况的办法,如果被西人指挥的训练有素的华籍职员采用,工作会很有成效。但本人建议不要这么做。这种行为就像经常不时地强行进入私人住宅,是法律不允许的,无疑迟早会与华人发生严重的冲突。

2. 给传染上此病的人进行全身消毒,并对其用过的物品进行消毒或销毁——给已经被传染上天花的病人进行全身消毒在文明社区常常是一件很小心谨慎的工作,西人在上海经常进行得很彻底。通过洗澡和用消毒肥皂,包括去掉痂皮、彻底洗头等。在华人中这些必要的彻底清洗几乎全被忽视掉。显然,那不是工部局所能提供的。并且对其用过的物品——衣服、被褥等进行消毒或销毁,也被华人忽视,然而在其他文明的城市,不断地小心谨慎地进行着。在上海的华人中,很少有工部局清洁处的干预。当他们行使干预时,总能立竿见影。华籍病人一般都向工部局报告,在住房内发生的额外的必要消毒费用,作为规定,常由那些最贴近的关系人支付。衣服、被褥等一般存放在华人当铺。我认为,这是一种危险的根源。我看不出工部局将如何干预此事。当铺肯定不会对这些衣物进行消毒,唯一可行的办法可能是热处理,工部局不会坚持对他们的投诉。

3. 接种牛痘——在中国这是预防天花的唯一办法。有效的接种是至关重要的。在讨论此问题时,必须记住的是,为婴儿接种牛痘只是要做的工作的一小部分,为成人再次接种同样重要。作为制度,更困难的是作出规定。

上海的惯例是避免在热天进行接种牛痘。一个原因是夏天人得天花比较少。另外,到目前为止发现在这个季节获取能保持效力、毒性的好疫苗是相当困难的。后面我们将看到,此难题好像是由位于西贡的巴斯德研究院解决的。西人的问题,我认为就是接种牛痘,或从中国孩子的手臂上取出的病毒浆液给他们的孩子接种。目前,由于租界出生的外国婴儿太少,而不能维持每年社区所要求供种痘与再次接种所需的量。从这一点出发,在上海我们被迫不断地依赖从国外来的牛痘疫苗。

人体疫苗绝大部分由伦敦进口,大量的工作是为在更大的范围内尽可能多地为成人再次接种牛痘。

它的使用效果并非总是令人满意的。高温明显有损于疫苗的纯度(不与甘油混合),因此需要小心收集与储存。装有大量纯人体疫苗的试管从伦敦进口到上海,已经失效。据推测是因为在运输中暴露和高温造成的。在上海,进口的人体疫苗常常处于良好供应状态,确实不止一次地成为热天过后开始为西人婴儿接种牛痘唯一的手段。多年以来一直是山东路华人医院和南市的王医生接种牛痘施药局采用的进口疫苗。

多年前上海收到的第一份小牛疫苗,是从伦敦进口的,结果彻底失败。那是纯疫苗,如果我没记错的话,试管里的疫苗通通被销毁,显然是路上暴露在高温之下。今年我们是从不同的地方购进小牛疫苗的,是用不同办法收集的:

a. 小牛疫苗,乳状,由老德记药房从横滨进口,使用结果,几乎不起作用。

b. 小牛疫苗,纯的,由科发药房从日本进口,并由日本东京疫苗研究院院长、公共卫生局局长及大都会警署确认为纯小牛疫苗,使用结果,好。

c. 小牛疫苗,纯的,由大英医院通过伦敦的 Maw 父子及 Thompson 先生从伦敦进口,使用结果,好。

d. 研碎从小脓疱上刮下来的碎片与甘油混合,名为“甘油浆”,制成小牛疫苗,由老德记药房从西贡的巴斯德研究院进口,使用结果,好。这是我提及的独特的配制办法。我是说在热天保存这种疫苗的难题明显是由西贡解决的。关于这一点我引用上述研究院院长 A. Calmette 医生写给老德记药房的一封信:“我们早已放弃配制纯甘油淋巴管。这种淋巴管无法久藏,在整个远东地区病原微生物由于高温天气而被杀死。我们只配制从牝犊的牛痘脓胞上刮下来的涂抹甘油的髓:这种髓,经过小心研磨并与纯甘油混合后筛滤,其(细菌的)毒性即使在炎热条件下至少仍可保持两个月。”

总体上,在上海的西人侨民愿意用小牛疫苗胜过人体疫苗。从疫苗的来源看,如果是进口的疫苗,我本人更愿意用小牛疫苗。当一个群体依赖进口疫苗进行接种时,经济因素将是至关重要的。上海在过去几个月中,由再次接种所出现的困难就是不可能在同一时间、同一地点召集足够的人。因为一支西贡疫苗足够供12—16个人接种牛痘。管内的疫苗废掉,可能是不可避免的事。但是经常会出现只有两三个人同时接种。在与病人和公众就接种牛痘问题进行沟通时医生会遇到很多困难。病人会抱怨在他们必须要接种牛痘时没有及时收到通知。我们知道在华人中使用中国种人痘预防天花是在12月初开始的。工部局通过发布公告以消除西人医生与病人之间的误解,真正为社区居民提供服务。9月1日发布的布告如下:

(一)

"工部局关于接种牛痘的公告将于下月中旬公布。在租界内开业的医务人员如果愿意为病人接种牛痘,他们应告知工部局总办他们的姓名以及联系地址与时间。"

接下来是10月15日的布告如下:

(二)

"工部局通知公众必须在天冷之前,通过接种牛痘的办法预防天花,而中国旧法种人痘已经在华人中开始实施。下述先生已经准备好在当天之后在下述时间地点对病人实施接种:

史密斯医生,江西路,星期五,3点;

布朗医生,北京路,星期四,星期五,2点,等等。"

如果这些医生希望以此方法给予支持的话,应该同时将第二份布告的第一句话作为对西人侨民的告诫。第一份布告的好处是,提醒这些医生与药剂师不要忘记提供新鲜的疫苗。当然不可能确切地说出用我建议的办法对个人究竟有多大的影响,但至少去年12月在西人的死亡者中,其死因据我所知,至少一人如果及时收到再次接种牛痘的通知就会得救。

在我的下一封信中,如您允许,将讨论禁止种人痘及安全转移与处理死于天花者的遗体的问题。

卫生官爱德华·亨德森

1893年2月20日

10. 1893年3月20日亨德森关于防止天花流行的报告

［译自1893年4月5日《字林西报》］

奉命将下述报告与本届董事会会议录一起公布。

天花——亨德森医生的报告

先生：

本人有幸再一次向您讲一讲有关在租界内预防天花流行的问题。在2月20日的第一封信中我已经讲过此事。共分五点，但只讲了三点，现在想讲余下的两点——“禁止在华人中使用中国旧法种人痘”及“安全转移、处理死于天花者的尸体”。

禁止旧法种人痘——现今沿用大清帝国的旧法种人痘是一件很普通的事情。在欧洲，虽然一个时期也实行过，但到本世纪初就被接种牛痘替代了。旧法种人痘的目的，在任何地区都一样。天花是人在精力旺盛期得的一种疾病的产物。在欧洲的一个时期里，天花被视作是不可避免的、几乎每个人在一生中迟早都会得的疾病。而中国的习惯也这样认为。按这一说法，最好是顺其自然。在欧洲，就是把从处于平稳状态下的病人身上的小脓疱的提取物通过皮肤输入的办法，我们现在就是用同样的办法输入牛痘疫苗。总体上讲，这一推荐的做法挽救了很多人的生命，否则，他们自然成为天花的牺牲品。在中国干燥、成粉状的痂皮也是从这种处于平稳状态的病人身上获取的，通过原棉塞进鼻孔内。至于在中国的效果如何，却很少统计。由于没有统计资料，缺乏实践数据，就不可能确定。但华人非常肯定地断言，他们的方法危险性几乎为零，而且是挽救很多人生命的一种途径。最好通过皮肤注入毒素，使天花病人处于平稳状态，或是让他通过呼吸道上排成一列的纤细膜渗入的办法，或者确实得了天花就都用注入的办法。一般人都按习惯认为，吸入药剂，吸进含有这种病毒的空气，是限制天花流行的一种“自然”的办法，因此中国人的种人痘，明显是用上述办法。应该说，这也是最危害生命的办法。我们认为，如果听任不管，皮痂肯定会枯竭，由于受到时间等的原因，其毒性会减弱。所以中国选用的手段应该优于欧洲选用的手段。但关于这一点，我们确实一无所知。可能毕竟中国人与欧洲人的方法在一开始就有些不一样。他们不太可能将夹棉花的小拭子常常无缘无故地塞到小孩的鼻孔里，或用它来擦拭伤口或黏膜。总之,我相信在中国使用种人痘挽救人的生命,无论在方法或程度上,都与以前欧洲使用的方法基本相同。显然,现在仍然被广泛应用的这种古老的方法不大可能即刻危害到人的生命。

下面是关于上海与周边地区的华人使用旧法种人痘的进一步细节,我进行了稍许修饰,摘自本人 1869 年底向工部局提出的备忘录:

(1) 在没有接种牛痘这种办法的情况下,旧法种人痘几乎是很普遍的。

(2) 上海及周边地区在农历十一、十二、一、二月份——即 12 月、1 月、2 月及 3 月一直被选作种痘的时间,目的是确保天花发展期是在冷天。

(3) 只给 3 个月至一岁的孩子种人痘,对于稍大一点的孩子就要向他们提出种痘的要求,因为一般来说他们已经错过早期的种痘时机。

(4) 天花在身上完全发出来是非常关键的。

(5) 应该把种痘作为常规医疗专业的一个分项来进行,从事这项工作的人应该全心全意。

(6) 在过去的几个月里,在南市与周边村庄,以及租界范围以内的某些地区,有三四十名本地医生从事这项工作。从最近得到的消息,我听说有 3 名专事从事种痘的医生就住在外国租界。

(7) 种痘费用不等,平均男孩 2 元,女孩 1 元。

天花的发病,可能是出疹性的发烧,其传染性、扩散性极强,对生命极为危险,天花病的这些特征,源于无知与不拘礼节的生活习惯,由于在中国它们意想不到地无限发展,政府对禁止种人痘可能表现得软弱无力,直到人们准备接受接种牛痘而摈弃旧法种人痘,生命才得到一定的保障。毫无疑问,在管理中国大众的过程中,关键是管理当局正式采用的态度,这种态度必须得到尊重。在上海的外国租界,我们要管理的是少数的华人,现在情况有所改变,就是我们根本不要去设法禁止旧法种人痘,我们要做的是为确保安全,要求种人痘的场所要远离我们的住所。让愿意种人痘的华人居民设法给他们的孩子种痘,但我们坚持只能在租界以外地区进行。如果我们无权把天花病人从我们之中迁出的话,我们至少有权要求这种病人不要出现在我们的大街上。1870 年道台批准的布告,在我的第四份备忘录中(2 月 14 日)已经引用了该布告译文，断然禁止在租界采用旧法种人痘，现在依然有效，至今确实没有废除。这份布告是道台发给各条约国驻沪领事的，道台是接到他们的联合公函才发出此布告的。如果需要发布新的布告，工部局要寻求领事团的帮助才能获得。如果可能的话，肯定在下一个冬季来到之前此事会很快得到解决，现在我们仍然要忍受天花传染病的流行及其致命的后果，否则过几个月以后，又发生很多事情，就渐渐淡忘了。我在第一封信中说，"禁止旧法种人痘"已经解释为"以接种牛痘替代中国种人痘"，我想表达我的意见，尽管种人痘从很多方面来讲都不利于挽救生命，但我们无法对种人痘进行任何程度的干涉，除非我们准备以更好的办法替代它。不能再忽视以接种牛痘为替代的手段了。即使工部局在寻求外国租界内禁止种人痘的行动中受到了限制，但这是工部局必须承担的责任，需要认真研究。我相信住在上海与邻近的华人基本上都会接受接种牛痘。但都比较冷淡，对习惯做法墨守成规。绝大多数连他们自己也搞不清。为了有彻底的变化，单有他们地方官的批准，或外国朋友的建议还不够，还有更多的事情需要去做。为了给现在租界的为数众多的劳动与手工业阶层的人接种牛痘，首先必须方便他们接种，比旧法种人痘更容易。显然完成这项任务的第一步，是要提供足够的牛痘疫苗。几个月来的实践表明，到目前为止，西侨如有所需要，只要提前一点时间通知，都能用上进口疫苗。然而，现在是要为上海大量的华人提供疫苗，不可能再靠进口天花疫苗，必须在当地培养疫苗。应该说，要为众多的婴幼儿接种牛痘，为使其简单化，就是采用手臂对手臂的办法接种。但从很多华人接种牛痘的情况看，很难把接种第八天(接种后的第八天小疱已经化脓)的孩子找回来，因为这时泡囊已经成熟。这是南市道台施药局黄医生遇到的最大难题，他发现当天气潮湿时，只有很少的孩子到他那里接种，多数情况是没有可提供泡囊的手臂而使接种无法进行。目前这是给孩子们接种牛痘的唯一难题。为成年人再次接种牛痘，这是一种能完全保证不得天花的必要措施，在上海尚无进展。如果接种天花疫苗的供应仅限于从孩子手臂上采集，那么接种牛痘不可能在大范围内进行。几年前，我曾经大胆建议工部局在上海设立一所巴斯德研究院，并得到一些人的赞许，但最终由于种种原因，主要是因为设立这个机构所需的巨额费用，目前无法实施而不予考虑。但现在我不得不建议工部局建立一个比较合适的机构,在上海建一所培植小牛疫苗的研究院。建一个这样的研究院费用很少,我想不久它就会自给自足了。现在简单易行的实际工作是培训华人助手,当然一段时间内还是需要西人的监管的。由研究院保证供应的疫苗,在华北的一般条约国港口都有现货供应。对华人助手的培训不仅要教会他们培养疫苗,还要教会在接种牛痘时如何应用。如果说华人能够全身心地投入到种人痘工作,那么经过培训他们也能全身心地投入到接种牛痘工作中去,使其所有的同胞都能接受接种。在日本,管理机构发现建立疫苗研究院很有必要,被他们称之为"农场"的研究院,遍及全国各地。中国政府可能不久的将来也会采取类似的行动。在管理这种机构方面,在上海研究院培训的华人牛痘接种员会发现他们为获取必要的接种牛痘的知识所花的时间会得到充分地偿还的。最后,在建立研究院的过程中,工部局应担负起他们的职责,最好免除向租界内华人征款。否则,无疑是强征。

安全转移与处理死于天花者的尸体——关于转移死于天花者的尸体的问题,很满意地得知,由华人发出所有尽可能多的这方面的公文已经见效。然而,对于那些不在乎可能因接触而被传染的华人,他却厌恶、害怕接触死尸,更不愿意在获得帮助之前将死尸停放在他的住宅内。过去的这么多年,作为卫生官,我不止一次地被要求去调查装有死尸的棺材停放在租界内的华人住房内的事件,其中几乎没有怀疑过是死于传染病的。救济最穷的人的中国棺材又牢又厚,做工精细,棺材盖沿沟槽滑动,在将棺材盖子推到底时,用榫头接合,棺材就基本密封了。上月底,我与麦高雄警长去了一趟法租界的四明公所,那里接收的是宁波人的尸体,停在那里直到其亲戚将他们运回老家埋葬。在我去那里时,四明公所共有 2000 口装有死尸的棺材。其中 30 余口棺材是前两个月刚收进来的,每间平均停放 100 口棺材,整幢房子没有一丁点臭味。棺材寄放在四明公所的费用 10 元到 100 余元不等,死于天花或除此之外的很多其他原因的尸体,常在棺材底部铺上几英寸厚的石灰与木炭的混合物,上面的尸体用布包好,有时用棉絮裹好。按上海或其家乡的风俗,起初棺材被简单地落在地面上,并用砖头垒起来,在家人允许后,再用泥土砌起来。埋葬棺材的土地要么是买来的,或者在征得地主的同意后埋在那里的。穷人很少举行葬礼。他们的棺材,特别是装未成年孩子的棺材,常被随便地葬在荒郊野外。这些廉价棺材是用很薄的不成形的木板做成,几乎是暴露在野外,任凭风吹日晒,住在邻近的人都非常厌恶,把它视为危险之物。有四五口棺材不久前就葬在虹口后面越界筑的汉璧礼路与熙华德路之间的荒地中一个小坟堆里,是卫生稽查员负责搬到那里去的。工部局应该严禁华人葬在租界内,山东路上的西人墓地早已关闭,我们有权要求华人应与我们自己一样遵守有关这方面的法规。在西侨中发生死于天花的事件时,应尽量将死于天花者的尸体安全地转移出租界。关于葬礼的细节也应向先进的方面转变,殡仪馆小礼堂在举行葬礼时,常常挤满送葬者,在葬礼期间棺材就停放在他们中间,在天花流行期间最好将棺材停到室外。切记,在天花流行期间,决不是死了就不传染了。

在结束此信之前,对我文章的冗长表示歉意,也为附加部分的冗长表示歉意。鉴于我们讨论的主题非常重要,我相信尽管长了一些,但还是可以原谅的。每年冬天天花都将光顾上海,华人中的旧法种人痘可能照常进行。在西侨中,自 12 月 1 日以来,已有 11 人死于天花。在华人中通常数目是很大的。只有在众所周知的洋泾浜以北的租界才有天花死亡记录。自 1887 年至 1892 年底共有 539 人死于天花,相信这些数字远少于实际数字。今年在增加的统计表中自 1 月 1 日以来已登记的死亡者不少于 123 人。这些数字本身就告诉我们,天花是目前已知流行病中最为严重的一种。

卫生官亨德森

1893 年 3 月 20 日

11. 1893 年《工部局年报》中的天花流行情况报告

本年度特殊病例报告

天花——在 1893 年死亡登记中有 11 名洋人死于天花。均发生在今年头 4 个月:1 月份 5 名,2 月份 3 名,3 月份 2 名,4 月份 1 名。11 人,这是有记载以来洋人死于该病的最高纪录。今年头 4 个月天花在华人中流行,但在死亡登记中华人 1893 年死于此病的人数略少于 1891 年,1891 年是有记录以来华人死于此病最多的年份,当年死亡 223 人,今年为 184 人。从表一可以看出过去 7 年死亡登记中华、洋人死于此病的数目。在 1887 年的此类报告中,第一次将华人死亡人数列入其中,不过统计范围仅限于洋泾浜以北的租界地区。在登记的11名洋人死者中有5人被诊断为“融合性天花”,这些人以前既没有因得过天花而获得预防天花的免疫力,也没有种过牛痘,当受到天花袭击时就以“融合性天花”的形式爆发出来了。得过天花的人一般来说(当然也有例外)终生不会再得此病。一次有效的接种牛痘(种痘后应在第9天发出4个典型的脓疱),最初与得过天花一样对预防天花有效。但这一功效很快就会消失,不能把它视为终生免疫,要预防天花就要以后再种一次牛痘,牛痘通常要种几次。种了牛痘却得了天花有两种原因造成:一种是痘苗变质,再一种原因就是种了一次后就没再去种。对未接种过牛痘者来说可靠的办法就是接种从婴儿手臂或从牛身上发出的水疱中取来的新鲜痘毒浆液,换句话说,就是给初次接种痘者接种新鲜的痘苗才能充分有效地预防天花。然而所保存的疫苗,无论是以何种办法采集或储存的,都会变质并最终失效。变质是因为接触空气或遇热造成的。防止变质的办法为冷藏、密封或溶于甘油中。证明所提供的痘苗样品是否保存完好毒性的不容置疑的唯一办法是给一名没有天花免疫力的个体接种后看是否发出典型的水疱。当我们给一名从未接种过牛痘的婴儿成功接种后,皮肤上就会出现这种典型的水疱疹。在给成年人及青少年接种牛痘时,我们经常会碰到一些在婴幼儿时期就已经接种过并多少还有一些免疫力的人,这时,在检测所存疫苗毒性时,对于接种后的一些变异性反应,我们也应视之为有效。在那些有效保存了以前所种牛痘效果者的身上,我们自然是看不到天花病毒影子的;在另一些人身上,由于还存有一定程度的免疫力,种痘后会出现不同程度的变异反应,主要反映在水疱发出很快,水疱可能于第八天,一般不迟于第九天就达到了高峰。种了牛痘后出现的症状是非常重要的,因为人们通过观察这一症状可以确切地判断在种牛痘者身上所反映的对天花的抵御程度。因此如果水疱在第六天发起来了就说明他原先种的牛痘已经失去了将近一半的功效,一旦接触到天花病毒就很可能会遭到天花的变相袭击。知道初次接种牛痘者的年龄与接种时间,就可推算出他应再次接种的时间。为测试所存疫苗是否有效,在进行再次接种时,很明显最好是几个人同时用同一管痘苗接种。接种牛痘能预防出天花的持续时间与水疱发出的个数密切相关,伦敦当地政府部门要求

4个，为确保达到这一要求，就我所知，公共种痘医生现在无论是初次或再次种牛痘均种5个，不适当的初次种痘或种了未发出来，那肯定是一件不幸的事情。种痘之初是完全可以预防天花的，但这一效果很快就会消失，因此就要再种。在华人中接种牛痘是一项很难开展的工作，很少有大人将接种后的婴儿带回来检查，而来再次接种的成人也不多，因此第一次接种就显得尤为重要，特别要注意痘苗的质量和接种的方法。最使人担心的是在接种牛痘的华人中，很多没有达到预期效果，大量采用新鲜的小牛痘苗将是避免接种失效的主要方法。

表一　死于天花者一览表

月份	1887年		1888年		1889年		1890年		1891年		1892年		1893年	
	洋人	华人	洋人	华人	洋人	华人	洋人	华人	洋人	华人	洋人	华人	洋人	华人
一月	2	18	1	5				3	2	21		7	5	72
二月		10	1	15				9	1	28		6	3	35
三月		11		17		7	1	17		35		12	2	22
四月	1	14		12		6	2	12		38	1	5	1	18
五月	1	9		1		5		12		28	1	2		6
六月	1	9		3		3		9		27		6		3
七月	1	2		1	1	5		8		31		3		1
八月		1						4		5				2
九月										1		1		2
十月							1	1		1				2

续 表

月份	1887年		1888年		1889年		1890年		1891年		1892年		1893年	
	洋人	华人	洋人	华人	洋人	华人	洋人	华人	洋人	华人	洋人	华人	洋人	华人
十一月								1				14		4
十二月	1	2				3		3		8	3	22		17
合计	7	76	2	54	1	29	4	79	3	223	5	78	11	184

12. 1893年《工部局年报》中的亨德森报告及有关文件

关于卫生委员会的组成及其当年的工作

1893年1月份按照工部局的指令组成了一个卫生委员会，其构成为：卫生官、工部局工程师、捕房督查及卫生稽查员。1月12日工部局总办去函卫生官，说明了委员会的职责，即研究所有有关租界公共卫生的问题。6月份，该委员会的成员变更为增加一名工部局警备委员会的成员，并任命米尔斯医生担任该委员会的常务秘书(他已同意担任此职)。这种新的安排运作正常，它提供了讨论很多重要事宜的机会，在讨论中，各部门的主要负责人均以平等身份参与，使得处理的公共卫生事宜更加方便。当年处理了下述事宜，并向工部局提出了各种相关建议：

接收天花病人的医院、接种牛痘

霍乱病与白喉病

牛病

设立公共小便池及厕所，以及清运

粪便的处理，粪缸、粪桶、粪船及清运

水沟的清理与下水道的冲洗

垃圾的处理，存放、清运和处理

以堆积烂泥的办法提高地面

租界内的华人棺材的处理

流浪狗

熟水店与油脂店

华人马房

蒸汽消毒设施

福州路上的停尸小教堂

杨树浦路上的造纸厂

填埋杨树浦路上的河浜

每次会议上都检查与讨论华洋死亡统计报告。

此外，与工部局公布其会议记录一样，卫生委员会每隔一段时间都会摘要性地公布一些该委员会的会议记录。

工部局卫生官亨德森

关于拟建动物疫苗站(Animal Vaccine)

今年头三个月，天花这种流行病在租界及其周边地区盛行，死于这种病的华洋人口之多均超出正常范围。卫生官报告称，该病的产生与传播无疑起因于中华帝国的种痘办法。

在亨德森5月份回国时工部局请他为租界提供天花疫苗做准备事进行必要的调查，他做到了，8月份他来信，对此提供了详细的信息，并提交了一份关于疫苗站的设想，基本得到工部局的首肯，为此工部局授权他采购并运回他认为该疫苗站开始运作的必要物资。

在亨德森医生10月份离开英国之前，他选好了各种必要物资，并作好了将它们运来的必要安排，这些物资将于12月份抵沪。

亨德森医生致工部局总董函

总董先生：

在离开上海之前，我收到工部局总办1893年5月10日的来信，信中韬朋先生转达了工部局对我的要求，要我在英国期间构想一份为租界的牛痘疫苗的供应做准备的计划，并向工部局提出一份预算报告。根据这一要求，我有幸提出下述问题供工部局考虑：

为租界的华洋居民的牛痘接种与再接种提供充足的疫苗，在我看来只能是靠在现场培养小牛痘毒浆液的办法来提供。这一观点的理由已在我的信中做了充分的阐述，那是我在年初写给工部局的关于天花及其预防办法的一封信。工部局在上海开设疫苗站应该是一处给小牛接种疫苗,以及小牛疫苗收集与储存的地方。该站的大部分工作通常会是输出疫苗——为立刻使用而将疫苗置于“刮片”上,或供次日使用而将疫苗置于“试管”中,此站最终也可能将成为一所施药局(这还有待进一步的研究),在那里,人接种的牛痘疫苗将直接从小牛或储存的小牛疫苗中获取。在伦敦,这种配备最完善且管理最好的疫苗站,我认为就是位于 Lamb's Conduit Street 的这一机构,人们称它为动物疫苗站(Animal Vaccine Station),由罗伯特·克里医生管理,汤马斯·S.斯托特协助。该站于 1882 年 4 月在现址开始工作,受当地政府委员会(Local Government Board)的管辖。该机构的运作细节相当有代表性,它是目前在英国及英国以外国家所有此类机构中最好的。人接种牛痘疫苗直接来自小牛,而几乎一半的这一工作是在 Lamb's Conduit Street 疫苗站完成的。我这里有当地政府委员会 1890—1891 年的工作年报,从中可以看到当年在 Lamb's Conduit Street 疫苗站,有 280 头小牛被接种疫苗,7200 人初次接种牛痘,478 人再次接种牛痘,在该站给人接种牛痘是免费进行的。除了必定会有的一些气候和环境的差异外,我认为 Lamb's Conduit Street 疫苗站可作为建造所有类似场所的范本,而只有通过对这个疫苗站作详细的描述,才能使工部局更清楚完整地了解该机构的运作及规模,在那里,人与小牛是在同一处进行接种的。

在此,我附上楼房的建筑图纸,对我来说,该楼房的规模是合适的,而且布局也显得方便合理,倘若在上海创建这类建筑,规模较小的话,可以说是不明智的。

[以下系关于伦敦该疫苗站的详细介绍,故略。]

爱德华·亨德森

1893 年 8 月 9 日

伦敦比赛斯花园兰开斯特广场 12 号

爱德华·亨德森致工部局总董函

总董先生:

我昨天收到上海关于“疫苗”的电报。获悉工部局已经授权本人为开办我在 8 月份的信中提出的动物疫苗站采购“必要的设备”。我想,如果我直接向制造商订货，就可以节省经费并确保不出差错，所以，整个进程由我来负责，相信会得到您的批准。今晨我会见了汇丰银行经理喀麦隆先生，他同意我签署所需账目的支票，当付款完毕或将完毕，银行将向上海工部局签收所花的款项。物品的品种如此之多，将打几个行李，所有这些物品的船运文件将送至工部局总办，详细的账目将发出，或我回沪时带回来。我将于 10 月 28 日乘坐加拿大太平洋航线班船离开英国。

卫生官爱德华·亨德森
1893 年 9 月 28 日伦敦

13. 1895 年《工部局年报》中的卫生委员会报告

卫生委员会

下面是本委员会本年度主要关注的几个问题，关于这些问题的建议，已经不断地递交给了工部局，它们是：

瘟疫：规定，预防措施，从南方进口棺材等

霍乱：华人死于霍乱的登记，医院收治病人等，山东路仁济医院的现状等

天花：以接种牛痘预防天花，生产与进口疫苗，为华人免费接种

白喉：以注射抗毒素血清来预防白喉，进口抗毒素血清等

隔离医院：必要性，购置院址土地等

公共浴池：供华人

垃圾：清运与处理

公共厕所与小便池：规定，清扫与消毒

下水道：清理、疏通与通风

为本地房子刷白与消毒

死者的埋葬：火葬等

卫生官爱德华·亨德森

14. 1896 年《工部局年报》中的疫苗机构报告

疫苗机构

前几年在租界急需提供新鲜的小牛疫苗。

培育小牛疫苗的机构 10 月份已经在上海开张。该机构头一季度

的工作为试验性质,我没有要求为此特地造房子,也没有要求建造一所专门适合的疫苗站的房子。但令我满意的是,在虹口工部局牛棚的一幢房内进行了动物牛痘疫苗的接种。

适当地隔离的疫苗站的好处尤其体现在若那一地区的牛一旦爆发牛疫,手术将被强制性停止。

已经与当地药剂师商定以批发价向他们供应疫苗。疫苗是免费向公济医院、汉璧礼护理院及各华人医院等提供的,在那里接种的效果良好。

许宝蘅《巢云簃日记》选刊(四)

许恪儒　整理

民国二年(癸丑,1913年)

三月十九日,癸丑年二月十二　午后一时到局,阅画文书毕,二时赴皇极殿祭孝定景皇后。又诣南薰殿,在英武殿之西南隅瞻仰历代帝王像,唐有高祖、太宗、中宗,宋有太祖、太宗、真宗、仁宗、神宗、徽宗、高宗、孝宗、光宗、理宗,明有太祖、成祖、宪宗、武宗、孝宗、穆宗,成祖像最为英武,唐太宗天日之姿,史传最著,而画像并不离奇,恐非真面。又诣太和门,国民哀悼会,士女杂沓。三时半到京汉同人会,诗钟之约。至者二十人,有杨味春、杏城、瑟君、蔡伯浩、郑叔进、顾亚蘧、易实甫、罗掞东、陈叔伊、曾伯厚、陈公辅、陈椿轩、沈研裔、黄秋岳、关颖人、吉符诸君,十时归。知张道孙、忠孙、董芸生、徐在山来访。

二十日,十三　午后一时到局,阅画文书。为徐荣光写屏,为阙伯实写横幅。阅《困学纪闻》。五时过府,与余东屏围棋一局,六时半归。围棋三局。

二十一日,十四　午后一时到局,张劭希来谈前年广西、湖南革命时情形甚详。六时到福全馆,宝瑞臣、达稚甫约饮。闻宋教仁在沪宁车中被刺,受伤甚重。又闻美国代表宣告脱离六国银行团,于借款似有活动之机。十时散归。与绍庭、觉先围棋二局。

二十二日,十五　到局,办事毕,阅《困学纪闻》。宋教仁于今日寅刻身故,凶手无获,外间揣度之议论甚多,皆以为于政治上有关系,余意不以为然。午时过府,六时归。围棋一局。

二十三日,十六　星期,不到局。同人约游三海,一时携佩珣同往。车至金鳌玉蛛桥止,先至北海,入承光左门,过积翠坊,入永安寺,穿法轮殿拾级上,观昆仑、岳云二石,再上为白塔,未登,向右路绕出寺外,仍出承光左门,过桥入福华门,登紫光阁,南行至仪鸾殿,入后门穿过殿二重,至仪鸾殿正殿。佩珣以足力弱欲归,遂出宝光门,向北出福华门。佩珣先归,余复入,遇茗雪、觉先,偕至瀛台,为时已晚,不能遍览,仅至涵元殿、香扆殿,由殿后假山下,过待月轩,过桥出,向东园门沿水行,经德昌门下,即昔年入直承旨处也,门内即勤政殿,遂由堤岸北行,出福华门归。七时到醒春居,仲兄约道孙、忠孙、葆初、豪生、介白、彦诚诸人饮,散后冶游,二时归。

二十四日,十七　到局办事,议宋教仁恤款,阅《日下旧闻考》,与履平论现在理财治标之策,六时散归。介白偕李哲明来谈,与治香围棋一局。

二十五日,十八　到局办事,阅《困学纪闻》。六时后偕治香到福全馆,柳溪师述昔庚子年遭乱情形,十时散归。

二十六日,十九　到局,阅《日下旧闻考》。六时到福全馆,彭蘧斋、常稷生约。蘧斋购得一佩件,上为铜环,下衔铁版,一面铸一人骑马,手举刀,马足踏一物,不可辨,一面铸日月、钟尺、曲尺、针箭各形,不知何用。九时半散后,赴琴贻寓,看竹竟夕。

二十七日,二十　夜十二时由琴贻寓散归。

二十八日,廿一　到局,热河来电询可否组织普通甄别会,甄别官吏,余意欲听其变通办理,法制局人以为违法,而驳回又于事实有碍难,只得含糊复之。办事不求实际,只空言法文,此庶政之所以隳也。阅《三垣笔记》,明李清著,皆记崇祯时京曹事,倾轧排挤,邪诐盛行,国家安得不亡?六时半到德昌饭店,王文豹约,皆巡警厅旧日同僚也,朱桂辛、许隽人、荣竹农、章仲和、王仲芗、陈剑秋、汪建斋、祝读楼、殷铁庵、汪聘耕,凡主客十二人。十时出城,到天乐园听谭叫天、王瑶卿演《五家坡》一出,神情绝妙,盖数年不见矣。一时半散归。

二十九日,廿二　到局,复热河电。秘书厅来商大学堂毕业学生要求任用事,余谓学生毕业,断无全体授官之理,二则各部用人已多,是否能再用此班人,三则文官考试法草案已颁布,不经考试而用,则前此所分各部学生必援例要求任用，嘱治香拟函复厅，请办第一次文官考试。阅《三垣笔记》中卷及《永宪录》，为江都萧奭龄撰，记康熙末年迄雍正六年事，其中记世宗登极一条，虎入年羹尧家一条，李蟠、姜宸英科场得罪一条，河南医贾世芳一条，皆不见于他种记载。夜七时归。履平来看竹。今日为湘夫人生日，傍晚上供，余未及祭。

三十日，廿三 星期。夏蔚如来谈。午饭后到局直日，阅《日下旧闻考》，摘抄六叶。五时半出城，到宣南俱乐部，与治芗、建斋、刘吉初、余鹤松看竹，三时归。四时睡。

三十一日，廿四 陈石遗来谈。一时到局，阅《陆丽京云游记》及方、戴两家书案，情事惨酷，令人愤懑。天气甚燥，皮袍已不可耐，六时归，换衣。绍庭定明日赴鄂，作道孙书交带去。明日为晓芙四十岁，寄十元为寿。周少韩来，遂相叙竟夕。

四月一日，廿五 七时送绍庭至西车站，八时行。归，小睡，十二时起。履平来围棋。五时与节庵同至升平园浴，八时归。夜与觉先、愈斋、履平围棋，二时睡。

二日，廿六 十一时出门，拜卞薇阁绪昌，访陆仲芬未遇，交以致汲叔函，荐陆梦芗。到局，阅《越缦堂日记》。胡伯平谓“越缦”二字取义似与“湘绮”为对。越缦者，浙人李慈铭莼客之别字；湘绮者，湖南王闿运壬秋之别字。二君同时在京，均在肃顺幕中。其日记内论东汉邓后及宋宣仁后事，似均有为而言。余昔年即闻莼客有日记甚夥，于咸同间朝事记述尤详，遗稿散在沈子培、樊樊山处，此二卷皆其阅书日记，不知余稿尚续出否？六时到福全馆，本系宴柳师，而柳师今日已出京，陪客到者冯幼伟、章仲和、陆闰生、莹甫、履平、豫斋，九时散归。

三日，廿七 今日孝定皇后梓宫奉移，家中人均往观。正阳桥栏杆为人多挤折，跌伤、压伤人甚多，有死者。张文伯来谈，履平来，与愈斋围棋。午后三时到俱乐部，与张云门、余鹤松、李重寅看竹，十一时半归。

四日，廿八 到局，访邵希谈，到府。郑宪武来谈。接阶青丈书，前日曾作函未寄，加笺寄去。又寄杨子安书，催其速来。六时出城拜客未遇，到俱乐部，建斋与汪一庵、黄孟曦约饮，二时归。

五日，廿九 清明，午时祭祖，芝妹到龙泉寺祭严夫人。三时到局。

六时到劝业场,遇余大鸿、吴兆麟,谈及湖北近因裁兵屡次滋事,黎督请中央派兵前往,日夕戒严。七时到宝华楼,与胡竹卿、愈斋同饯李葆初、陈介白。九时半散,到俱乐部,二时归。

六日,三十 星期,不到局。接子安书。今日总统移居西苑,国务院亦移至集灵囿。二时偕履平至集灵囿。此地原连属于西苑,醇王摄政时就此建府,自宣统初元兴工,三年未落成而清亡矣。土木之工极为奢侈,当时物力艰难,虽不爱惜,可为感叹。今国务院迁此,修其未竣之工及装饰铺陈,又须耗费无算,窃为不然。且房屋二三百间,分为三所,并不能合公署之用。西园为秘书厅,厅后为国务会议之所,东所及中所为总理住室及十部办公室,并无余地可置各局,故本局暂时不能迁往。五时到迎宾馆,国务员公宴国会议员,以表欢迎之意。七时赴乾斋约,二时归。

七日,三月初一 阴寒,仍着皮袍。十二时到局,阅《后汉书》铫王祭及朱景王杜马刘傅坚马窦融各传。六时赴虞生约,十二时归。接子安电。

八日,初二 国会行开会礼,国务院通告停止办公一日,因不到局。履平、昀溥来围棋,剑秋来谈。四时虞生偕仲衡、静斋来看竹,十一时散。徐花老来,为顾渔老为子乞婚事。

九日,初三 莹甫来谈。因今日为癸丑上巳,乃兰亭修禊之日,约友游农事试验场。伯骝来谈。有陕西向紫山、王义山来访,述前年徇乾州及守乾州战事甚详,述拙修守乾时危难情形亦极详。紫山原籍湖北均州,本系会党,因案逃至陕西,系富平狱十八年,前年起义于富平,继至乾州,其部下皆会中兄弟,时甘军南攻,先御之于长武,诸军皆败,紫山兵虽得胜而不能敌,退至乾州与甘军相持两阅月,至壬子正月廿八日,接到共和诏书始罢兵。初,张云山之徇乾,乾绅闭城拒之,破城后归罪于拙修,索之甚急,拙修匿张吏家,张亦会友也,及紫山至,张为介绍于义山及紫山,二人同说于张云山,始得免于难。二时到局。五时访鹤雏,出城到俱乐部,七时归。夜作拙修书、孟平书。

十日,初四 偕履平至集灵囿看屋,四时到局。六时访鹤雏谈,遂归。

十一日,初五 十一时到集灵囿,与鹤雏商定房屋分配法。二时偕至西苑，入西苑门。昔年辨色入朝经行旧地，不胜感叹。军机直庐现为卫兵住所，所划数间为接待室。坐船至宝光门下，到秘书厅，即仪鸾殿，现改为怀仁堂，正室为总统治事，东为秘书厅，西为军事处。与诸友谈。四时出城到俱乐部，遇胡次珊，夜十二时归。

十二日，初六 程赞卿来。王义山来。十二时访虞生，一时到局，五时到同人会作诗钟，十一时散归。

十三日，初七 星期，不到局。阅《日下旧闻考》，作杂记十余条。李小石来谈。三时访徐花丈、公则不遇，遂归。夜与觉先围棋，观莹甫、茗雪围棋。接绍庭、治芗信。

十四日，初八 刘稻洲来。一时到局。春日甚丽，蜷曲斗室，殊为懊闷。阅袁绍、刘虞、公孙瓒、吕布各传。六时到俱乐部，看竹达旦。

十五日，初九 八时归，小睡，十一时起。海宁族人守之正邦自山东来访。二时与寄云、节庵、茗雪、觉先游农事试验场，履平与其眷属亦至，茗、觉在豳风堂对弈，余与履平对球，两人均不甚会，随观花房，花甚少，惟入门处有杏花数株，红艳可爱，游人不多，颇觉肃瑟，又至畅观楼、鬯春堂等处一览。六时回城，至家甚倦。

十六日，初十 一时到国务院，与乾若、慎之、植之、啸麓、锡百诸人谈，嘱庶务科让出东边房屋，以备迁局。四时访庄秉恒钟溥，秉恒为卫生方伯之孙，心安方伯之子，丁酉年同在恽莘耘先生幕中，筑湖北唐心口堤工，相处数月，至今十有五年矣，谈良久。访虞生、琴西，不遇。到俱乐部，遇夏颂莱，谈今日众议院预备会情形，仍国民党人占多数。余谓民主、共和、统一三党人心不坚固，并不踊跃，虽占多数，不能战胜也。七时归。

十七日，十一 到局。六时到福全馆，施长卿约，九时归。阅《舟车醒睡录》。

十八日，十二 阴，下午雨。午后四时偕佩珣到山本医院割治手疽，六时归。阅文艺俱乐部内胜国遗事，内有一条谓清世祖非太宗子，德宗为孝钦私生子，均齐东野语也；至高宗为陈氏子，幼时即闻其说；谓世宗在雍邸时与陈公元龙极厚，世宗生女，陈公同时生男，即命抱入邸中看视，易女还陈，陈不敢辨，世宗遂以生子上闻，此相传之说也。盖以高宗南巡，曾三幸海宁渤海园，又尝欲复汉衣冠，故附会以为陈氏子。

遗事内又载世宗即位系改圣祖遗诏十字为于字,幼时亦闻其事,为张文和所改,故世宗时待文和至厚,遗诏配享。窃谓此说必当时所传,为允禵等所造,后人以相传已久,信以为实。观高宗年十岁时从圣祖射熊事,盖已蓄太王传孙之志矣。

十九日,十三　访李子申、子观。到局,嘱局员明日迁集灵囿。访汲侯叔,遇作斋宝振、琴伯以栗。到京汉同人会作诗钟。八时到万福居,虞生约,九时半归。

二十日,十四　族孙孟廉以清来访。二时偕佩珣到山本医院,四时同访佩瑗。五时到虞生寓,与公则、笠士同叙,十二时后归。

二十一日,十五　到集灵囿,复川边镇抚使电,三时半归。五时偕佩珣到医院换药,又同访星枢,七时归。接如山书。

二十二日,十六　族弟作斋宝振来访。写杂记数则。三时偕佩珣到医院换药。到交通银行,晤胡华江,寄扬州二叔信并洋一百四十元。到劝业场遇作斋、孟廉。到俱乐部,闻国民党内部颇有分裂之象。夜十二时归。接季履信、雨时信、啸麓信。早间陈仞九复来,石遗之侄,筹边高等学堂蒙文毕业生。

二十三日,十七　接戟门信,知严外姑灵枢已运鄂,卜葬于武昌城外螃蟹夹严氏之祖茔。一时到局,五时归。六时到宝华楼,约魏冲叔与作斋、孟廉饮,九时后散归。

二十四日,十八　八时起。顾桂生归愚嫁其内侄女于李子申之侄师陶宗桓,约余与钱子良为媒。九时赴顾宅,遇顾印伯、乔损庵、王菊存,畅谈。天阴雨,二时雨止,送奁至李宅,遇志赞希,更姓唐。四时出城到俱乐部,遇陈仲简师礼,夜一时半归,又遇文法和龢。

二十五日,十九　接李保初、邵棣园、沈骏青各信。二时到李子申寓做媒,三时送轿至顾宅,四时送新人至李宅,五时送新郎至顾宅谢亲,又回至李宅晚饭。八时到韩家潭,徐绍五、黄孟曦、汪子健三处约饮,一时半归。

二十六日,二十　接拙修信。二时偕佩珣到医院换药。到局。啸麓云俞六姑母到京,今日即回津,亟电询寓中,知已到车站,佩珣与芝妹送去。六时归。夜围棋数局。

二十七日,廿一　接青可信。刘滋生德树,宝臣之长子由鄂来,带来仁先信。王义山来。孟廉来，围棋一局。三时与寄云到浙江会馆，同乡开恳亲会，未终先归。六时偕佩珣到医院。夜汲侯叔来谈。

二十八日，廿二 刘友石来，前陕西富平县知县，谈及蔡师愚并未遇难，早已离陕，为之一慰。李子观来。一时到局。阅《后汉书·冯衍传》。阅《南北史合注》，明李清撰。清字心水，号映碧，扬州人，前见《三垣笔记》即清所撰。《四库提要》谓清著《南北史合注》不能如郝经之《三国志》改正重编，又不肯如颜师古之注《汉书》循文缀解，遂使南北二史不可谓之清作，又不可谓之李延寿作，进退无据，未睹其要云云。清注二史自不能与师古、松之比拟，然会通八代之事，扫除李史之冗杂，亦自不必复以李史视之。前日程德全、应德闳通电宣布洪述祖、应夔丞刺宋教仁证据，意指袁、赵主谋。传说此电非程、应手笔，乃黄兴辈强迫影射者，变幻离奇，莫名其妙。黄兴辈意欲借此案以推翻袁，则不可讳者也。六时归。

二十九日，廿三 十二时到局，二时归。四时偕佩珣到医院，同访佩瑗。啸麓约汲叔及梁众异、黄秋岳看竹，十二时归。翼如自汉口来。

三十日，廿四 到局，三时归。夜赴陈静斋约。接三六桥信。

五月一日，廿五 三时偕佩珣到医院。四时到东站赴天津，七时一刻到。车中遇胡觉民，谈及与雨香族弟宝菡相识。汲叔处派人来接，如山到站接。先到汲叔处谒见俞姑母。晚饭后访如山、董芸生、高佑诸谈，十二时回汲寓。少侯姑丈亦自京来。

二日，廿六 幹臣丈来，作斋弟来。十二时到明阳楼约如山、式如饮。到民益公厂，五时回。与少侯丈同访琴初姑丈。七时赴幹丈约饮，醉归。

三日，廿七 幹丈、琴丈均来，同到广隆泰午饭，林子有、傅沅叔、李伯子同作主人，饭后送汲叔与俞姑母上津浦路车，一时开，回汲寓。三时同佩珣附车回京，车中遇彦云畅谈，知杨子安丁忧，张肖疏去世。七时到前门，有车来接归。接子安信。

四日，廿八 为芝妹受祥符顾氏之聘，渔溪前辈璜之第五子，原系夏蔚如作媒，蔚如出京，请徐花农丈、蔡斗南为媒。午后一时媒人押聘至，庚帖、金饰、茶饼、花粉等八盒，仍循旧俗，倩斗南填庚贴，报以衣料、文房之类，设席款媒，四时散。许伏民承宝，亦杭人，非同族来。孟廉来。夜与履平、苕雪、觉先、翼如、寄云、节庵同看电影,十一时归。

五日,廿九 未到局。同源刘君来索债。午后一时与履平到崇效寺看牡丹,徐花丈约。余自到京,每年必与仁先到寺看花,唯辛亥、壬子两年未到,每次同游之人后游必异,唯仁先必同游,而今年亦南北睽隔矣。四时归。偕佩珣赴医院,因天已晚,遂归。到俱乐部,二时归。

六日,四月初一 到局,三时归。美公使卫理开承认纪念会,未赴。立夏,祀祖。翼如定明晨行。

七日,初二 向紫山来访。一时到局,五时散。到俱乐部,知今日众议院会议有人以墨盒击议长,又有以手枪示威者。夜一时归。

八日,初三 接青可信。接二叔父信。接族弟朵峰宝颐、镜涵宝澜信,均爵龄六叔之子。十二时到局。二时半寄云来,同到中美同盟会。四时到诗钟会。夜十时同仲骞到升平园洗浴,十一时归。

九日,初四 刘冰族来,孟廉、琴伯来。一时到局。五时访虞生不遇,到俱乐部,夜三时归。

十日,初五 接治香书。到局,四时归。七时到同兴堂,松如山约饮。十时到俱乐部,二时归。寄如山书。

十一日,初六 约黄谨堂、王佑臣、林胥生、林笠士、钱小修与莹甫、苕雪、履平、觉先、孟廉作棋会。佑臣年廿二岁,甚敏锐,将来可成名手。昔年仁先在京时,亦常作棋会,其时有定镇平、姜鸣皋、张耀山、赵玉甫、汪云峰、沈仲苌、沈喜孙、黄谨堂、史献夫诸人,继有潘朗东、段君良,现张、赵、喜孙均已物故,都下以奕名者推汪云峰第一。君良为芝泉上将之子,受业于云峰,可以方驾。六时散。彦云来,琴伯来。夜九时到俱乐部,一时半归。

十二日,初七 孟廉来。一时挈运儿到局。五时与节庵、觉先同游法源寺,瞻佛教纪念会。雨,夜到俱乐部,一时归。

十三日,初八 到局,阅《晋书·王湛传》,五时归。八时与寄云、觉先到长吴馆,有侗将军、阿王等所组织之曲会,余亦入会,夜十二时半散归。

十四日,初九 到局,阅日本棋谱,五时散。到俱乐部,夜归。

十五日,初十 一时到西苑。总统已移至丰泽园办事,秘书厅在菊香书屋。偕书衡至春耦斋游览。四时到局,六时归。作书致黎劭平。

十六日，十一　十时谒总统。十二时到局，阅公事毕，阅《晋书》张轨传及凉武昭王传。五时出城到俱乐部，九时归。

十七日，十二　九时到西苑，授汤芗铭、王隆中勋位证书，于颐年殿行礼。十二时到局，阅公事毕，阅《晋书·隐逸传》，五时归。八时与寄云、苕雪、觉先到长吴馆听戏，二时归。接治香信、如山信。

十八日，十三　星期。文伯来，范吉六来，宗子立来，张子绍来。午后王佑臣、黄谨堂来，围棋。五时到俱乐部听昆曲，有朱杏卿、王季亮、陆闰生诸人，并有妓石曼君、小谢二人，夜十一时归。作如山书。

十九日，十四　到局，五时访虞生，夜归。

二十日，十五　与寄云同访王菊丞不晤，晤乔损庵先生谈。到局，六时归。夜坐觉恶寒。

二十一日，十六　体中不适。午后到局，五时过虞生，约食鲥鱼，因病辞归。请苕雪诊，十一时服药寝。接季履书。

二十二日，十七　昨发热、头胀，早起仍有微热，因不出门。阅《廿二史札记》，阅棋谱。请苕雪再诊。夜王佑臣来，与苕雪、履平围棋两局。

二十三日，十八　身体稍舒。一时到局。四时访金荫涂，遇芸生谈。到俱乐部，知众议院开会又复大哄无结果。七时归。寄季履书，寄阶丈书。

二十四日，十九　午后到天坛观运动会，有协和学堂学生白葆琨等四人以十三分钟赛跑二英里，可谓骁勇矣。六时归。夜到长吴馆听戏，一时半归。

二十五日，二十　星期。十二时暴雨，有雹。到六国饭店，徐荣光及其夫人约饮，二时半归。已晴。五时到俱乐部听曲、打球，七时半归。有人以林纬乾《深慰帖》来售。

二十六日，廿一　履平生日，与寄云往贺。一时到局。六时到观音寺买物、吃咖啡，到升平园洗浴。夜归。观日本万国写真，绝妙。

二十七日，廿二　接西斋叔祖书河南省城北三圣庙后。到局，阅《先正事略》遗逸类。七时到税务处访慕韩、剑秋，八时偕赴日本公使伊集院彦吉之约，十时散归。

二十八日，廿三　治香自上海来，详述仁先兄弟、子安诸人情状。

一时到局。夜治香又来谈,十二时去。季履自津来。

二十九日,廿四 接阶丈书。到局,阅《蜀志》。四时赴金芸生约,夜三时归。

三十日,廿五 季履叔来谈。二时到局,阅《蜀志》,六时散归。治香来谈,一时去。接绍庭书。

三十一日,廿六 一时到局,阅《蜀志》。啸麓来谈,六时散归。夜到长吴馆听戏,二时归。

六月一日,廿七 星期。九时到西苑,总统于颐年殿授章太炎勋位。十一时归。孟廉来。二时到青云阁,与节庵、觉先吃茶。到晋和祥,遇曹润田,喝咖啡。五时到平介会馆,保商会公宴,演戏,夜二时归。

二日,廿八 接沈冕士书。到局,阅《安吴集》,五时归。

三日,廿九 到局,阅《蜀志》。五时到俱乐部,七时归。策云来。

四日,三十 阴雨,竟日未出门。阅《安吴集》。履平来,看湖北牌。

五日,五月初一 到局,阅《安吴集》。四时赴荫涂约,夜雨,三时归。治香、履平均因雨阻未去,寝已黎明。接戟门书,有人为严三妹议婚,嘱为探访。

六日,初二 到局,阅《蜀志》。访张蓉生。六时赴荫涂约,与张坚白、孙慕韩、俞琴贻叙,二时归。

七日,初三 到局,阅《蜀志》,五时归。清理家用账。

八日,初四 星期,大雨。访徐花农丈未遇,访史益三谈,午十二时归。雨势甚剧。履平来谈。开销节账。

九日,初五 端阳节,午刻祀祖贺节。饭后与两哥、觉先携运儿、麟儿到青云阁吃茶,又到中兴球房打球,五时归。挹珊来,以陈圆圆三像卷子见示,内有李汉堂题七古一首。往在鄂时每酒酣辄咏梅村"痛哭三军俱缟素,冲冠一怒为红颜"之句,相与颉颃拊掌,至今忆之,其境甚乐,不可复得已。挹珊又出爨林居集宝子碑楹联两册,乃挹珊自集自书,计二百余联。忆辛丑夏间余小疾卧于外舅刘翁寓中,曾集宝子碑字为联,自四言以逮二十言,计百四十余联,并集字为五古一首、七绝三首,写赠挹珊,余无副稿,后为挹珊失去。

十日,初六 到局,五时到西苑,总统患腹疾,三日未见客,六时归。访花老不遇。虞生、笠士、仲衡来谈,夜二时去。接季履叔书。

十一日，初七　何表侄显华号公华，年廿一来，熙伯第二子，其兄名显中，号柱石，年廿三，其弟名显汉，号公绰。公华甚笃静可爱，询知二姑母甚康健，熙伯病后甚忧贫。公华将赴徐州陇秦豫海铁路工程处。史茀生光书。吉臣丈第三子来谈，交来戟门书。一时到局。四时赴斗瞻约。访花老，商定芝妹喜期八月二十一日，上吉。寄如山、阶丈书。

十二日，初八　七时由斗瞻寓归，小睡，十时起。知吴锡寯歿。吴，甘肃人，以进士分户部，改革后贫促无所归，竟以穷死，可惨。到局。五时到渭南馆吊吴锡寯，见其夫人、遗孤，询其病死情状，遂归。夜治香、茗雪约王君直、陈彦衡、李润田来饮，听歌，十一时散。寄挹珊书。

十三日，初九　未到局。四时偕佩珣到山本医院诊病，山本谓其病在血管，尚非神经。六时访虞生，夜十二时半归。观茗雪、履平围棋，三时寝。

十四日，初十　史茀生来谈。接如山、挹珊书。到局，阅《晋书》，六时归。夜到长吴馆听戏，二时归。

十五日，十一　星期，阴雨竟日。琴伯偕族弟宝澜镜涵，寿龄叔子来。午后履平来谈。五时赴虞生约，夜十二时归。

十六日，十二　公华来。接熙伯书，即作复书。到局，阅《晋书》、《曾文正日记》，观棋。五时赴金芸生约。

十七日，十三　八时由芸生处到升平园洗浴修发，十时归。史茀生来谈。饭后到局，阅《蜀志》，小睡，五时归。族叔足三之鼎自开封来，接西斋七叔祖广身书，以足三相托，现在谋事者甚多，苦无以应，谈良久去。夜履平、治香来谈。接戟门书。

十八日，十四　访袁珏生不遇。午后到局，访啸麓谈，写对联五副、屏四幅，六时归。作沈冕士书，荐足三叔。夜与觉先围棋一局。履平、治香来。接如山书。

十九日，十五　访袁珏生谈，阅其所藏戴文节画册，系为程又韦所作，每叶题字风趣各殊，末页题款附跋一段，后附吾曾王父平湖公跋一则。戴跋谓"又韦索画"，此册平湖公为之迫促甚切，盖平湖公有小册为又韦所质，故为尽力，寄语又韦勿再为他人所质。平湖公跋谓又韦并无干没小册之意，君戏题之，以博笔墨之趣云云。旋归。二时访彦云谈，又访应季中德闳，履平约在彼处作杭州由吾之戏，并识濮孝堪紫泉先生之子,夜十一时散归。接挹珊书,复戟门书。

二十一日,十七 午后到局,五时归。夜到长吴馆,一时归。

二十二日,十八 星期。午刻到福全馆,林胥生兄弟约,散后到荣仲泉寓。六时赴张君立约,夜十二时归。寄补孙、熙白书。

二十三日,十九 九时到局,自今日始改为午前办事,十二时后归。治香、履平来谈。足三叔来。作冕士书、七叔祖书。

二十四日,二十 九时到局,饭后二时到鹤雏寓拜生,看竹竟夕。

二十五日,廿一 在鹤雏寓午饭后归。治香来,围棋三局。汲侯叔来。接阶丈书。虞生、乾斋、公则来。约足三叔来晚饭,夜一时散。

二十六日,廿二 十时到局,饭后偕履平访季中,夜归。

二十七日,廿三 九时到局,一时归。围棋数局。作补孙书。镜涵弟来,知已入银行传习所,余为出保证书。接补孙书。

二十八日,廿四 九时到局,二时归。围棋二局。接熙伯书、邵棣园书、周栗斋丈书。

二十九日,廿五 星期。到金井胡同吊沈子惇先生。到局直日。三时赴荣仲泉约,夜归。接隽侯笺,知秦显庭已到总统府。

三十日,廿六 到局,饭后到总统府,托王书衡撰沈惇老碑文。闻院议裁并部局各署,铨局亦将裁并。现在冗官实过于清末,裁汰归并正是紧要政策,但不知其能行之协当否,惟裁并之后,失事之士又多矣。作书致陈二广,荐刘小庵。五时到俱乐部,与陶寿民、胡伯午、汪建斋谈,夜作博克之戏,三时后归。

七月一日,廿七 到局。访啸麓、锡伯、少麟谈,知舒礼鉴因欠俄款二万元,鄂省来文提其到案,不知如何处置。又知院议拟举行文官甄别。十二时后归。午饭后与寄云、节庵、茗雪、觉先携运儿、麟儿游陶然亭,四时归。小睡起,与茗雪围棋一局。夏棣三来谈,十二时去。

二日,廿八 到局。一时赴琴贻约,夜归。接棣园信。

三日,廿九 竟日未出门。余堂来,亦奇来。夜与昀溥围棋一局。

四日,六月初一 到局。二时过治香午饭,四时归。寄挹珊书。

五日,初二 到局,一时后归。卢慎之来。斟酌文官甄别事宜。集《张迁碑》字得楹帖十联。接如山书,知其明后日来。夜与二哥、治香到言乐社,一时归。

六日,初三 星期。子立来谈。夜赴宋渭润约,十一时归。

七日,初四 到局,秘书厅来函,文官甄别事已经国务会议议决举办。集《张迁碑》楹联。二时到中西旅馆访如山,不遇,遂归。五时如山来,同到第一楼吃茶,寄云、节庵同在,又同访宋渭润。七时到岷江春晚饭,遇子观,饭后归。寄阶丈、汲叔书。

八日,初五 因臀患湿疮未出门。治香、履平、昀溥、如山来,围棋三局。接补孙书。

九日,初六 到局,一时归。履平来,以应季中所制十贺谱相示,余题辞云:"十贺者,吾乡之叶戏也,原名游湖,一作游吾,一作由吾。曩年旋里,辄从诸老辈游,壬辰以后,此戏亦罕矣。迄今廿年,乡中后生几不知有此名,盖畏其条目繁、禁例严而思虑劳也。今者冬绿主人来京邸,偶得一集,如空谷足音,跫然有喜,不独有故人重逢之乐,且不胜身世之感焉。"接益三书。

十日,初七 到局。午饭后三时到广和楼听戏,七时归。

十一日,初八 阴雨甚凉,未出门。作如山书、熙伯书。履平来谈。午后应季中、濮绍戡来作叶戏,七时后去。围棋一局。祭伯母张太夫人。

十二日,初九 到局,过法制局研究甄别法疑义,二时归。与诸友围棋、剧谈。

十三日,初十 星期,未出门。节庵生日。毅民甥自汉口来谈,四时赴津,接如山书,即复之,交毅民带去。许叔伊来,亦奇、公则来。阅《小说时报》,昨日李烈钧入九江,占据炮台,欧阳武部下有兵应之,与驻扎武穴一带北军隔江开仗。

十四日,十一 到局办事,二时归。接仁先寄词一首。诸友来谈。

十五日,十二 到局,二时归。

十六日,十三 到局,三时到总统府,四时归。夜与寄云、节庵、觉先到晋和祥吃茶,到俱乐部小坐,十一时归。阅苏集。

十七日,十四 到局,二时归。阅苏诗。闻欧阳武有通电各省取消镇抚使,又闻南京亦独立,皆不知确否。赵智庵免总理。

十八日,十五 到局。段总长请免代理总理,以朱桂辛代总理,桂辛辞不就职,今日院议遂停。许隽人辞职未允,刘霖生辞职已允。三时归。阅苏诗。与剑秋到萃文斋看书,萃文主人常君由湖北收得旧书数种,内有《仕学规范》,宋张镃撰,宋刻宋印,颇精美,此书似不见著录。又有残本《程史》亦甚好。六时归。剑秋新得《南九宫谱大全》写本,此书系周介祉著,依沈氏《九宫谱》而推扩之,序中谓六年编成,手自精钞,其书法极娟媚,序首有"自娱"朱文印一,序尾有名号印二,每卷皆有"珊瑚阁珍藏记"朱文长印,首叶有"御赐钦承圣绪"方印,盖纳兰性德藏物,惜不完全,仅序论目录一卷、仙吕引子一卷、仙吕过曲一卷、仙吕调一卷、南吕引子一卷、南吕调一卷、南吕过曲两卷、正宫引子一卷、正宫过曲一卷,所佚已多矣,据言此书出于文悌仲恭家藏。

十九日,十六 到局,三时归。围棋一局。夜到言乐社,人极少,甚扫兴,一时归。

二十日,十七 黎明即起。与节庵共坐院中树下沦茗,诵苏诗,至适乐。十二时赴亦奇约午饭,二时归。集《张迁碑》字联数付。诸友来谈。毅民自津来。

二十一日,十八 到局。二时赴钱小修约。九时出城到俱乐部小坐,十一时归。

二十二日,十九 竟日未出门。毅民来,定明日回汉口。

二十三日,二十 到局,二时归。甚热,小睡起,围棋一局。夜上供。剑秋来谈。

二十四日,廿一 到局,二时归。热甚。诸友来谈。接阶丈书,接裴舅书。

二十五日,廿二 到局,二时归。齿痛,人甚沉闷不适,请茗雪诊。夜服药,寝于书房。

二十六日,廿三 未出门,仍不适。下午诸友来谈,围棋一局。

二十七日,廿四 星期,未出门。楫臣来,琴西来,午后诸友来,夜沈羹梅来。先祖生辰,上供。仍服药,外寝。

二十八日,廿五 早起觉稍爽。到局,一时归。四时赴乾斋约,夜十二时归。

二十九日,廿六 范翅摩来。到局,二时归。五时与寄、节同到青云阁吃茶,到升平园洗浴修发,甚为畅适。五日来未进饭,但啜粥,胃口不开,不甚知饥。到顺寿堂买白鱼膏,九时归。与诸友谈各人幼时事,余三岁时居汉口，大水，有仆名小龚者负余入市，行水中伤足流血，归为先母痛责，谓若伤重痛跌，则余必为其掷于水中矣，余生最初之事惟能忆此一节，至光绪四年正月即遭先母之丧，余生实仅二十五月，音容已不能记忆矣。又谈经世之方，余谓中国欲富强，非先破家族主义不可，治香谓当先定民法。谈至二时寝。

三十日，廿七 昨日大总统令，命余兼署稽勋局局长，九时到局。过会议厅谒总理，略陈稽勋局内经手会计文卷各员闻均逃走，不知款项一切如何情形，俟到局再行查明呈报。回稽勋局，审议员陈圃哑农来见，略述局中情形，与所闻相同，告以明日到局再行办理，交来七月份领款凭单一纸。午饭后小睡。四时到西苑谒总统于纯一斋，亦略陈一切，到秘书厅小坐，六时归。夜与诸友谈。阅《广阳杂记》。

三十一日，廿八 九时到铨局。十时到稽勋局，见审议员张诩初，调查员戴戡奉疆湖南、陈圃贵州、易昌楫倩愚四川、郭凤山鸣周山东、徐万年寿亭河南，顾问邱任元凤真福建，主事费榘孟谦湖北、张毓芳直隶、黄乐诚广东，雇员张心沛广东，录事数人。当派觉先与召棠检查会计处文件，又清查一切事务，呈报到任日期，并通电各省。午饭后回铨局小息，遂归。阅《广阳杂记》，此书为刘继庄所作。继庄于学无所不通，不为雕虫小技，生当清初，其时西人学术虽入中国，知者甚少，好者尤少，继庄独能留意，真具有世界思想者，有徐崑山兄弟为之主，而不乐仕进，姓名几亦湮没，其为人可想见已，赖有全谢山为之传略，传其学行，此书乃其随笔记载者，亦足以观其节概。接熙伯书，知其居逼近战地，枪弹落于庭中，已将眷属寄居紫丞寓中。殷楫臣来访。

八月一日，廿九 到铨局办事毕，到勋局，审议员邓玉麟炳三湖北，调查员黄希纶广东人，侨商，主事张孝洁广东、石志祥广东，书记黄海洲来见，派戴戡暂管文牍事。大雨。五时归。接挹珊书、季履叔书。

二日，七月初一 复挹珊书，约其来京。近日荐人者纷至，有应接不暇之势。钱小修之女缔姻吴氏，约作媒人，十时赴钱宅，原媒为徐务滋、钱蔗农、俞琴贻及余四人。务滋原在陕西与伯兄相识，与谈陕事。又晤吴竹楼丈筠孙，略谈沪上事。小修留作竟日之叙，围棋一局，看竹。天仍阴雨。夜十一时归。

三日，初二 星期，阴雨。到铨局直日。三时出城，赴经才约，夜十二时归。

四日,初三 十时到局,有毛祖姬来,诉其婿施从仁死事甚苦、勋局议恤不公等情,允为重查更正。石志祥报勋局调查卷册有为冯自由携去者,责令到沪追还。又清理各事。五时归。接挹珊书。

五日,初四 十时到局,邓玉麟来函辞职并保举数人,拟将清理勋局情形呈报总理,并免各员及荐任各员,办稿数件,张诩初、陈圃来谈,六时归。张子绍来。

六日,初五 苕雪太夫人生日,拜生。十时到铨局,事毕到勋局,四时归。先公忌辰,上供。接幹臣丈书、阶丈书。

七日,初六 到局,五时归。诸友来谈,与履平围棋一局。先祖母生日,上供。甚热。复幹丈书。

八日,初七 到局。四时到三庆园听戏,剑秋约。京中每逢七月七日各戏园必演《渡银河》一出,余在京多年未曾一观,故今日剑秋特约看戏。散后到青云阁小坐。七时后到厚德福晚饭,治香为主人,九时归。

九日,初八 到局,王君直、祝圣权来,派充办事员,审计处派钱树懋来勋局检查决算证据,递任免各员呈,到秘书厅小坐,五时后散归。与觉先、昀溥棋二局。接挹珊书,即复。

十日,初九 星期。伯荃同朱莘耕修爵来谈,文伯来谈,书衡来谈。四时赴公泽约,夜十二时后归。

十一日,初十 到局,定勋局分科规则,莘耕到局,派充办事员,并分派各员责任事件,五时归。诸友来谈,与觉先围棋一局。

十二日,十一 到局,四时到西苑,七时出城到俱乐部,十二时归。

十三日,十二 到局,四时归。七时到醉琼林晚餐,张蓉生约,散后归。接挹珊书、二叔父书、季履叔书。

十四日,十三 到局,殷楫臣到局,王季立到局,有四川议员李君来访,为学生孙韬事,五时散。到青云阁小坐,修发,七时归。曾式如来谈,挹珊由天津来谈。

十五日,十四 到局,挹珊到局,五时归。

十六日,十五 到局,方剑侯到局,五时归。旧历中元节,上供。接杨子安电。

十七日,十六 星期。十一时赴黄锦堂约午饭,与钱小修围棋一局。四时到虞生寓拜寿。夜与银行旧友饮，醉归。

十八日，十七 到局，四时赴虞生约，夜十二时归。

十九日，十八 欧凤墀来谈。到局，五时又赴虞生约，夜归。

二十日，十九 到局。四时到广和楼听戏，六时到俱乐部，遇铁庵、伯言及唐公柔谈，十一时归。接夔甥书。

二十一日，二十 到局，四时归。王少荃、魏冲叔来谈。夜虞生、笠士、季达来。接仁先电，知觉先太夫人去世。

二十二日，廿一 吕莲石来访。到局，派王君直接办会计科事。作仁先书、祇庵书，交觉先明日带去，寄文甫书、夔甥书，接戟门书。凤墀来函，荐易廷熹。熊总理昨到京，五时往谒，未晤，遂归。

二十三日，廿二 谢树璧来见，嘱其到粤调查广东调查会情形。到局，闻熊总理尚有与总统协议条件，暂不就职。四时到车站送觉先行。赴虞生寓，虞生生日。银行旧友丁、朱、张三君约饮，夜十二时归。

二十四日，廿三 星期。范翊摩、许龢笙、袁仲默来，吴向之荐王宝槐来见，徐花老荐李青园大勋来见。揖珊、蒋山来午饭，三时同到广和楼听戏，散后到劝业场吃茶。八时到六国饭店晚餐，十时归。

二十五日，廿四 到局，到秘书厅一谈，五时后归。集《乙瑛碑》字联。复戟门书。

二十六日，廿五 到局，熊总理到院任事，进谒，略谈两局情形，回局办事。五时到荫涂寓谈，夜归。关外调查会兼任调查员赵中鹄来见。

二十七日，廿六 季履叔自津来，因子祥叔祖事被撤，托为说项。十二时到局，五时归。治香来围棋一局。夜作熙伯书，附应季中书；作绍庭书、补孙书、吴仲篪书。

二十八日，廿七 访蒋彬侯，不遇。殷赍臣良弼，更名良璧，安徽人来。张文伯因盐政处被裁，来托谋事。十二时到局，四川朱天与来见，诉其子被胡景伊冤杀事，五时归。寄翼如书。

二十九日，廿八 访龙伯畅谈。十一时到局，林□□来见，教育部派员来商学生赵实魁事，五时归。恂士来谈。七时祭夏太夫人。八时到福兴居，叶誉虎约，九时后归。地山、履平、爽夫来谈，二时去。寄季履叔书。

三十日，廿九 足三叔来。接西斋叔祖书，接绍庭书。左楼夫人忌辰,十一时到龙泉寺致祭,旋归。午后写集汉碑楹帖二种,共二百四十联。傍晚与茗雪至街头散步,归,晚饭后到言乐社,一时归。

三十一日,三十　星期,未出门。午后约王步瀛、黄锦堂、王幼臣、钱小秋、茗雪、地山、履平诸君围棋,步瀛与王、黄各对弈一局,功力相敌,锦堂较弱,晚饭后散。

九月一日,八月初一　到局,谢树璧来见,徐明甫到差。铨局自今日始改于午后办公。五时出城到俱乐部,夜三时归。接文甫书。

二日,初二　河南调查会员李锦公来见。张文伯来。祖母梁太夫人忌辰,上供。竹嫂生日。午后到局。六时到升平园洗浴修发。到泰丰楼,陈仲简约饮。九时后到俱乐部,竟夕。

三日,初三　九时归寓。接季履书、觉先书。午睡,二时起,竟日未出门。履平、益三、莹甫、治香来谈。

四日,初四　孙保圻来见,叶玉虎介绍,谈际知其为稚麟之婿。十一时到局。六时访斗瞻谈,同到金鱼胡同,公宴日本山座公使及参佐等员,二时散归。接绍庭函。

五日,初五　琴伯偕其弟以松自杭州来,夔一甥来。一时到局,广东女学生卓文、李侠来见,六时散归。

六日,初六　十二时到局办事,五时散归。松如、石坞来谈。九时到言乐社,一时后归。

七日,初七　星期。李锦公、徐万年来见。十一时到孔社访徐花老,谈芝妹喜事,归,午饭。上供,田姨生日。三时偕寄云、节庵、治香、夔甥、宾郎到文明园听戏,到俱乐部,十一时归。与地山围棋一局。

八日,初八　到银行查往来账。到局,总理训令饬赶两月内将稽勋事办竣,五时归。

九日,初九　十时到局,谒总理,谈两局事,五时归。花老来谈。陈介白自汉口来。接绍庭书。

十日,初十　偕竹君、华如到同仁医院配眼镜。十二时到局,有毛祖姬来见。六时到履平寓晚饭,十二时归。接熙伯书。寄文甫书。

十一日,十一　作熙白书,寄局令一件,令其到江宁查稽勋调查会事。十二时到局,五时归。夜杨仲桓自日本归来谈,袁珏生来谈。接如山书。

十二日，十二　族弟朵峰宝颐，寿爵龄六叔之长子来，欲谋事。琴伯、滋侯同来。接九成二哥书，诉近况甚苦，亦托谋事。世变如此，谋生甚难，苦无设措之法。午饭后到局，四时到西苑与斗瞻谈。访段香岩不遇，六时归。仲桓、履平、地山先后来谈，竟夕。

十三日，十三　七时睡，十时起。午饭后到局，预备十六日会议事件，五时归。莹甫来谈，文伯来。寄汲叔书，交琴伯带去。

十四日，十四　星期。托治香代为直日，在家料理喜事请客帖。慎先自沪来谈。治香来。夜约剑秋兄弟听戏，十二时后归。

十五日，十五　中秋佳节，未到局。中时有客来谈。夜上供。晓芙同诸甥由汉来，雨时亦来。与治香围棋一局。与寄云商酌邮政司事。三时寝。

十六日，十六　瞿受巽来。戴奉疆来，言昨日总理有训令将勋局人员裁去十人，可谓奇极！在诸人不常到局，办事不得力，开除亦好，但不与余先商酌而径行，未免权限不清。于子昂来谈。十一时到局，总理出门，未得见。五时到织云公所，为周子廙之伯拜寿，听戏，有谭鑫培《洪羊洞》，绝佳，二时归。在局接冯自由书。

十七日，十七　刘仲鲁来函所荐陈亚民辰州人来见。十一时到局。五时赴履平约，夜一时归。接熙白书。

十八日，十八　寄朵峰书。到局。六时到金鱼胡同，公宴冯华甫、段香岩两君，听谭鑫培演《取帅印》，此剧昔年为汪桂芬最擅场，鑫培因避汪之长故不常演，近因腿疾须人扶持，故连日所演皆有人搀扶之戏，三时归。

十九日，十九　早起，料理喜事，未出门。

二十日，二十　早起，到西苑祝寿，十一时归。十二时花老、蔚如由顾宅押聘礼来，四时后发奁，七时福妹加笄，祭祖，阖家贺喜，内外有客三桌，夜二时方寝。

二十一日，廿一　七时起。贺客陆续来，午刻花轿来，四时发轿。夜约君直、吉甫等坐唱，二时方散，倦极先寝。

二十二日，廿二　杨稼生由鄂来，托谋事。朵峰弟来，今日回津。饭后到局，见总理训令谓各局主管事件皆由院核转，其势多有不便，拟约法制各局商酌办法，六时散归。夜冯藕云来谈，一时后去。接熙白书。

二十三日,廿三 早起,料理回门会亲事。十二时华妹偕其婿善先同来,二时陪客林笠士、郭啸麓、夏履平、俞星枢、赵剑秋、夏尉如先后来,三时顾渔溪丈与仲平、叔涛、季闻昆仲均来,六时宴散。

二十四日,廿四 九时起,略理杂事。十二时到局办事毕,三时后到法制局,与贡桑乐亭、王小宋、施鹤雏、俞琴贻会议前日院令办法,五时归。接二叔父书。杨稼生赠唐碑二十种,编记目录。夜三时寝。

二十五日,廿五 十一时到局,五时散归。闻铨叙局有易人之说。诸友来谈。作汲侯、季履两叔书。接文甫书。袁珏生来谈。

二十六日,廿六 见公报,昨日命令任夏寿康为铨叙局长,余为稽勋局长。杨稼生来谈。一时到局,四时到西苑,总统有事,未上谒,遂归。五时半赴顾宅会亲,陪客为恽薇孙及蔚如、啸麓,畅谈,九时后归。夏、傅、徐三君来谈。接朵峰信。

二十七日,廿七 九时到西苑,谒总统略陈稽勋局情形,在秘书厅小坐,出访庄秉恒。十一时到局,四时谒总理,回局,少麟、啸麓来谈,六时散。访吴文甫、李葆初,同至小有天晚饭,九时后归。接棣园书。

二十八日,廿八 杨稼生来,文伯来。如山自汉来,午刻同到厚德福午饭,饭后入城谢客。四时到治香寓,晚饭后归。觉先自上海来。接仁先书、祇庵书,复棣园书,寄熙白书。

二十九日,廿九 恽庆莱藩曾来见,交到乃祖心云丈书。余丁酉奉讳后初次出门佣书,即依心丈于唐心口堤工,迄今十有六年矣。十一时出门访夏蔚如,遇南浔何君,又访瞿受巽、杨稼生。一时到勋局,与诸友会议。五时到铨局,六时出城到俱乐部,十时归。

三十日,九月初一 出门拜客。十二时到局,五时散出。访虞生、仲桓,皆不遇,到青云阁,与寄云、节庵同到致美斋,约邵骏声、张见心、阚霍初、朱如山、梁典五晚饭,九时归。接朵峰函。昨日命令剑秋改任为芜湖关监督,蔡耀堂为税务会办,张岱三为稽核造报所总办,如此用人,奇极!稽核造报所原为此次大借款监督用途改良盐政而设,耀堂为借款主任,故以为总办,与外人有密切关系,万不可易人者。至于剑秋,原为税务会办,有监督总税务司之权,今以为关监督,则与总税司属官平行,亦万不可行者,而竟行之,不知其可也!

十月一日，初二 出门，至花农丈、林笠士处谢步。到局办事，改定勋局赏恤章程并呈稿。三时后到东城谢步，晤郭夫人、李子申谈。出城到俱乐部，十一时归。接熙白自南京来信。

二日，初三 汪仲虎来谈。十二时到局，五时后散归。夜访善先、华妹谈，又过挹珊谈，见何蝯叟楷书对联极精，对文集禊帖曰："至初之气，山静水静；暮后所为，天知地知。"乃赠恽濬生中丞者，濬生为吾家文恪公之师，文恪曾书屏四幅临兰亭，亦甚佳，皆挹珊居停恽叔伦之物。归后二时寝。

三日，初四 到治香寓，拜其尊翁寿。到局。五时出城访如山，同到俱乐部，夜二时归。

四日，初五 到局，作阶青丈、叔裴丈、文甫各函，六时归。写挽余幼舫联云："授命无惭颜鲁国；涉江长吊屈灵均。"九时同履平、治香、节庵到西河沿一游，旋归。

五日，初六 先母张太夫人生日，午刻上供。李子观来谈。如山来，同到广和楼听戏，散后到俱乐部。

六日，初七 睡至十时起。昨有屈瀛波来访，子厚师之侄，谈子厚师被害情形甚详。十二时到局，少麟、右之来谈公事，六时散。访星枢谈，归。九时到俱乐部，知已举定项城为大总统。

七日，初八 七时起。九时到西苑，先授刘子英、雷朝彦勋位，礼毕，与秘书厅各员同行庆贺礼。大总统定国庆日在太和殿就职宣誓，派余为掌仪官，陆子兴为大礼官，约定明日到武英殿筹备国庆事务会议。十二时到局，四时赴徐绍武约，夜二时归。

八日，初九 到局，三时到武英殿、太和殿商议一切，六时到广和居，同人公祝治香生日，九时归。

九日，初十 熙伯昨自上海来，寓佛照楼，来谈。十二时到太和殿演礼，五时方散。到劝业场理发，到宝华楼，治香约饮，九时散，仲桓、履平、治香同来，作竟夕谈，余先睡。

十日，十一 天阴，雨。七时起。著大礼服出门，到西华门，雨势甚大，到太和殿，各官员、议员及外国公使先后俱到，各于休息室休息。十时雨止，大总统乘肩舆，由天安门直入太和门，入中左门，至中和殿休息。礼堂内召集各庆祝人员分位排立，行宣誓礼，继行庆祝礼。大总统退,礼官、外交官引各公使入礼堂,大总统出,立于礼台前,依次行礼,握手问讯毕,大总统先退,各公使退。礼官又引清皇室代表溥伦入,大总统出,行礼与外使同。继胶州总督入谒,天主教主教入谒。礼毕,大总统至天安门阅兵,余遂归。与诸友略谈。饭后睡,五时起。九时半到外交公所茶会,外国男妇到者甚多,观跳舞,中国妇人能者惟谢天保夫人、罗昌夫人二人而已,一时先散归。

十一日,十二 到局,总统开茶会,未赴,五时后归。夜到第一楼,渠楚南约饮。汪叔平来见。

十二日,十三 星期。如山、熙伯诸友均来,傍晚同到劝业场吃茶,到正阳楼晚餐,茗雪为主人,散后到俱乐部,一时归。

十三日,十四 到局,五时到劝业场,约如山到泰丰楼,仲桓约饮,散后送如山到京汉车站附快车赴汉。访仲桓,同到俱乐部,一时归。寄绍庭书并洋二百零九元,交如山。寄文甫书。

十四日,十五 到局,闻夏仲膺寿康到京,命骆少棠往访,五时归。到第一楼,陆天池约饮。

十五日,十六 到局,六时到俱乐部。接阶丈书。

十六日,十七 一时到局,知仲膺来拜,料理交卸铨局事,五时归。诸友来谈。接戟门书。

十七日,十八 访沈蟾岭元弼、吴伯华惟允晤谈,又访夏仲膺、陆天池、张彦云、陈慎先、孙慕韩、阮斗瞻,均未晤。到局。夜到俱乐部,访方仁先,荐朵峰于公民党,二时归。

十八日,十九 到局,仲膺约星期一到铨局,六时到俱乐部,三时归。接徐鄂生书。

十九日,二十 星期。访顾渔老谈。诸友来。三时到青云阁,六时到俱乐部,夜归。

二十日,廿一 到局,夏仲膺到局,交代一切毕,到稽勋局办事,夜到俱乐部。

二十一日,廿二 七时归,睡至十一时起。到局,阅山东审议册,六时散。到俱乐部,夜归。

二十二日,廿三 十二时到局,阅山东、安徽各审议册,催各员速审议。六时到俱乐部,十一时归。

二十三日,廿四 到局,阅定甘肃、广东、四川各审议册,莹甫来,同归,晚饭后去。复戟门书。

二十四日,廿五 到局,阅广东、四川各案。六时到俱乐部。接补孙书,知其随蒯君至玉环。

二十五日,廿六 复季履书。到局,阅东三省案,到秘书厅、铨叙局坐谈,五时半散。到俱乐部,十二时归。

二十六日,廿七 英佩实前辈来访,仲桓来,熙伯、挹珊来。五时半到俱乐部,一时归。

二十七日,廿八 到局,阅湖北案,六时归。晓芙预备后日南归,夜谈至二时睡。作严外舅书。

二十八日,廿九 到局,阅浙江案。六时到俱乐部,十二时归。

二十九日,十月初一 六时起,送晓芙到车站,八时开车。到泰元店访文甫、葆初、介伯谈,午饭。葆初出所藏金寿门画册、奚铁生画册、四朝画册,内有赵千里、管夫人诸页,似不甚真;又赵千里《阿房宫图》、李伯时《白描佛像》、仇实父《白描昭君出塞图》,有文徵明题。二时到局,阅浙江案,六时归。到广和居请客,瞿寿生、杨稼生、伍述安、刘伯森、恽赓莱、赵剑秋、史挹珊,皆常州人,九时散归。

三十日,初二 到局,一时与局员会议商酌进行方法,阅山东案,铨局诸友来谈。六时到俱乐部,三时归。

三十一日,初三 到局,阅山东案,六时散。访濮绍戡谈。到泰丰楼,刘伯森约,又英佩实约,九时半散归。

十一月一日,初四 蒋剑心来访。十二时到局,阅直隶案,六时散。到万福居,约军机旧友饮,到者英佩实、顾渔溪、杨荫北、张式侨、雷曼青、曾式如、吕允甫、江隽侯、秦显廷,九时半散归。

二日,初五 星期,阴雨。熙伯来。寒山诗社同人为杨味春、顾印伯、朱芷青三君追悼,嘱茗雪代作挽联。午饭后履平同其郎良士、女蔼同来。六时偕履平到江苏馆,徐花老约饮,九钟半归。

三日,初六 到局,到秘书厅,询吴禄贞请恤事,代拟追赠命令。六时到椅子胡同看房子,定于明日迁局。出城到俱乐部,二时归。

四日,初七 到国务院,局中什物已迁移。到铨局,与履平诸友谈。到勋局。五时到琴贻寓,请张坚伯、汪伯唐诸君晚宴,知今日有命令解散国民党及该党议员。十一时归。

五日,初八 到院,看本局迁移,到勋局一转。出城到俱乐部,二时归。

六日,初九 到局,布署一切,调查员雷飚由云南来,仍令在局办事。到俱乐部。

七日,初十 到局,阅浙江案。与履平、治芗在小有天晚饭。到俱乐部。

八日,十一 到局,阅浙江案。六时到黄孟曦寓夜宴,与张坚伯、梁任公、俞琴贻竟夕谈。

九日,十二 午后二时由孟曦寓归。文甫、幼星诸人来谈。小睡。六时仲桓来谈。七时到福兴居,松如山约,散后洗浴,十一时归。履平来谈。

十日,十三 到局,治香来谈,六时到俱乐部,二时归。

十一日,十四 汪伯骝来。朵峰弟由津来。将出门,觅眼镜、皮包不得,始知被窃,皮包有票九十余元,又支票三张,亟作函告银行止兑。一时到福全馆,乾斋约。三时到局。四时到银行,始知已兑去两张计洋四百二十元,详询来兑人情形,托其留意,遂归。知尚失去表一只、皮袍一件。家中仆人似尚无此胆,必又系熟悉之人方能作此事。报区后,巡警来踏勘,亦无形迹,只有认晦气。在上房小睡。履平来谈。

十二日,十五 到局,阅江苏案。六时到俱乐部,十二时归。接叶尧臣尔衡书,并明肃藩刻《淳化阁帖》拓本,昔年伯兄在兰州得肃世子草书《千字文》一卷,颇佳。

十三日,十六 到局,阅江西案、云南案,六时到俱乐部,夜三时归。

十四日,十七 寄云生日。十二时到局,阅广东案,六时归。诸友来晚饭。

十五日,十八 到局,阅江苏案。五时赴汪伯骝、仲虎昆仲约,十时归。

十六日,十九 星期。文伯来。苕雪约到宝华楼午饭,座有庄思缄及思潜之子,散后入城。访斗瞻,遇其弟昆临,谈其昔年官南乐获某盗及开州获盗吴进德事。六时偕斗瞻到前门税局,晤聂献廷及阮公槐,又同到庆余堂,绍五约饮,散后到俱乐部。雨时自汉来。

十七日，二十 作绍庭书，附徐鄂生书。一时到中国银行，交汇洋二百五十元。到局，阅海军案。履平、治香、茗雪来谈，六时归。写对联。

十八日，廿一 到局，阅海军案，履平来谈。五时半出城，到醒春居，汪叔平约，有袁又安、珏生父子、彦云、敬伯及郑君，散后到俱乐部，四时后归。

十九日，廿二 王义山来谈，知向紫山已派第二团长，又谈刘友石事。一时到局，阅福建案二册，治香来谈。七时出城，到栖凤园，荫涂、仲安约饮，遇沈冕士，散后过梁伯尹小坐，到俱乐部一转，十二时归。

二十日，廿三 到局，阅福建案毕，履平来谈。六时到俱乐部。

二十一日，廿四 午后同汪书城诸人到宝华楼小酌，到升平园修发洗浴，六时归。赵礼卿来访。

二十二日，廿五 剑秋来谈。十二时到局，阅湖南案、云南案。五时赴乾斋约，知琴西得山西分行，仲衡得运城分号，虞生得芜湖分号，十二时归。接斌生五叔书。

二十三日，廿六 星期。清理日用账。客来甚多，至三时方散尽。到俱乐部。七时到惠丰堂，吴朋三约，散后仍到俱乐部，夜三时归。接问涛弟书。

二十四日，廿七 王义山来，谈及拙修现署潼关观察使，不知已否到任。十二时到局，阅云南案毕，四时到朱桂辛处贺喜，八时赴渠楚南约，十一时归。接紫丞弟书、尺衡二叔书、棣华弟书。作拙修书，交王义山带去。

二十五日，廿八 到局，阅广东案、江苏案。六时赴绍武约，夜一时归。大雪。顾渔溪丈太夫人故，早间往唁。

二十六日，廿九 王义山来，知其今日行。冕士来谈。一时到局，阅直隶案。莹甫来，同到俱乐部，十一时归。

二十七日，三十 同节庵到顾宅致吊。到局，阅浙江、福建、东三省、四川各案。六时到泰丰楼，约渠楚南、朱伯勋、沈冕士、钱幹臣、于子昂、陆天池、殷铁庵、赵剑秋饮，醉归。

二十八日，十一月初一 到局，阅河南案。六时访朱仲夔略谈，遂归。过茗雪，候巢午亭。

二十九日,初二 午亭来谈。一时到局,阅河南、东三省案,四时归。约仲衡、虞生、绍武、东平、笠士、公则、鉴衡来寓晚饭,九时散去。治香、履来谈。

三十日,初三 星期。仲桓、剑秋、保初、介白来谈。四时出门,访夏姑丈敬观未遇,赴公则、笠士约,夜十一时归。

十二月一日,初四 十二时同寄云到顾宅致祭。入城,答拜见朱介人都督。到局,阅四川、新疆、伊犁各案,六时归。履平来。悬庵来,以其在新疆所著文稿嘱为书眉,九时去。阅《隶篇》。

二日,初五 文伯来谈。十二时到局,阅山西案。六时到法政学堂,伯䌹、叔通约饮,有邵明叔、夏仲膺、袁树五、蔡师愚、郭啸麓同座。师愚昨曾来访,畅谈在陕避难情形,辛亥九月陕中乱起时余即闻师愚为乱兵所害,乃至今日始知为海外东坡。九时归。教运保识字。

三日,初六 十二时到局,阅浙江、江苏案。六时赴钱小修约,围棋一局。九时偕履平出城,到西河沿小坐,十时归。治香来,谈至二时去。接季履书,附来祥叔祖书。

四日,初七 作王天木书,交萧厚斋,为之说项。十二时到局,改文稿数件,阅江苏案。六时出城,到宝华楼,顾仲亢约,八时半归。教运保识字。寄阶丈书。

五日,初八 到局,阅贵州案,六时归。运保不适,教识字。写季履、翼如、如山各信,写屏两幅。

六日,初九 到局,阅贵州案、江苏案,六时归。

七日,初十 星期。足叔、朵弟、熙伯来,午饭后偕熙伯出买物,到劝业场吃茶,两兄与诸友均至,六时同到致美楼晚饭,九时归。

八日,十一 十二时到局,阅江苏、四川案。到铨叙局,访仲膺、治香诸人谈,谒总理,略述本局现在办理情形,并陈年底预备撤局及将来发表各案撤局后一切办法,六时归。阅《广阳杂记》。

九日,十二 万又荃前辈来谈。到局,阅四川案。五时到琴贻拜寿,七时归。茗雪约晚饭,与巢午老对弈一局。作西斋叔祖书,交足三叔带去。

十日,十三 足叔来谈,明日回汴。到局,阅江苏案。子孚同何文恕来,文恕号叔明,乃璞玉之子,一时同到中国银行。治香、莹甫来谈。

六时到治香寓晚饭，其夫人生日也，寄云已先至，饭后同归。代黎副总统写祭德宗文，治香撰。挹珊来谈。

十一日，十四 七时半起。到西车站迎黎副总统。到泰元店，与熙伯、介伯、范云卿谈。十一时到局，核算恤案需款，已报者十六次，计五千七百余人，约需四十余万元，未报者尚有数百人，惟四川尚有同志会死难者三千数百人。前冯自由议不入稽勋案，余初不知有如许人，曾允一并议恤，但以极低之等计算已占恤款全案十分之二，未免太滥费，矩谓四川接近藏边，将来难保无战事，此次恤案稍从厚，亦可鼓励人心，其说未始无见，余究不能决定办法。六时到惠丰堂，郭鸣周约，有张敬舆绍曾及革命党人，九时归。写屏二幅。

十二日，十五 接二叔书，寄来交弟课本。十二时到局，阅浙江案及已缮正各案，拟定办理各案手续数条。六时出城到劝业场，寄云、节庵、慎先已先至，遂同到宝华楼，李润田约。散后过泰元店，与葆初、介伯谈，见东湖王鼎丞定安《塞垣集》中有《侯生行》一首，系咏十三旦事，又有《感事》数首咏法越之战时事。十时归。

十三日，十六 到局，阅案，六时归。履平约饮广和居，散后又到履平寓贺其纳宠，一时归。

十四日，十七 星期。诸友来。午后到大成取衣，到日知报馆小坐。到劝业场，两兄及诸友均至，五时后到畅悦楼晚饭，到文明园听谭戏，十二时散归。大雪。局中来知会明早政治会议委员谒见大总统，须于九时前赴府。

十五日，十八 七时半起。大雪未止，甚冷。着礼服赴总统府。十一时各议员始齐集于居仁堂，行谒见礼，余与各次长、局长均旁坐，大总统演说共和原理及年来政治进行之困难、嗣后进行之方法，约一时许散。到□□吃茶。一时步行出紫光阁西边苑门到国务院。雪仍未止，苑中雪景甚佳。到院后至铨叙局与诸友谈，午饭，院有茶会，未赴。二时到院，与诸议员闲话至三时。到团城观政治会议行开会礼，即以承光殿为议场，至四时许方散。出城访熙伯谈，仲兄亦至，六时同到福兴居，章锡龢约，有夏剑丞敬观同座。剑丞江西人，为仲韬叔祖之婿。八时许散，遂归。

十六日，十九 雪止。十二时到局，阅各案。六时到福懋洋行，卞颂元约叙。洋行主人杜福臣,法国人,在中国三十余年,能南北语。竟夕未归。

十七日,廿 八时归。十二时到局,六时到劝业场,晚饭后到文明园听谭戏,十二时归。

十八日,廿一 十二时到局,六时归。先大夫生日,上供,熙伯来祭。饭后到泰元店,送保初行,一时归。接二叔父、季履叔书。早间悬庵来,以所作文稿见示,内有书《同绳记》事一首,《同绳记》乃族曾祖玉年公权安西州篆时记伶人吴天奎夫妇同缢事,检《瑞芍轩集》录《同绳》篇遗悬庵。

十九日,廿二 建德方挈斋型、蔡蒨云成瑞持戟门介绍信来访,二人皆来应法官考试者。十二时到局。青田张兆辰来访,谈前年攻南京天堡城叶仰高死难事甚详,仰高已列案叙恤,其攻天堡城踊跃效死,盖真造成民国之伟人也。修正勋局赏恤章程,未完。六时归。接徐新圃前辈书。

二十日,廿三 余生日,告祖,家中人拜生。十二时到局。六时到广和居约诸友饮,莹甫、明甫吹笛,唱昆曲二折,暇庵、君直、润田、觉先唱二簧,甚乐,十时后归。治香、履平同来,至三时方散。

二十一日,廿四 张继泉辰来访,本姓何,为舅氏嗣,乃二叔父之内侄,在农林部充技士。熙白、挹珊来。接二叔父书。午饭后与节庵到顾宅吊,旋归。屈瀛波世兄来谈。办呈一件,为李性明事。治香、履平来,围棋一局,六时后同到福兴居晚饭,诸友为余祝生日也,九时归。与履平围棋二局。

二十二日,廿五 冬至。十一时送顾太夫人殡,遂到局,阅江苏案,治芗来谈。六时到醉琼林,局中戴、易诸君公宴,八时散归。寄季履叔书。接屈瑞镔书,争子厚师恤案事。

二十三日,廿六 到局,修正章程未妥,治香来小坐,六时后归。观午亭、愈斋围棋一局。读苏诗。接徐鄂生书、姚世兄范书。

二十四日,廿七 到局,阅山东案、关外案。七时到致美斋,史挹珊约,散后访慎先谈,十时归。读东坡诗。

二十五日,廿八 汪建斋来谈。陈石遗赠文集二册,携车中阅。到局,阅关外案。七时到福兴居,宝子孚约,九时归。治芗来谈,围棋二局。近日阅近人文字，触目多疵，类陈弢庵祭南皮相国文，气苍情郁，确是名作。

二十六日，廿九 瞿受巽来谈。到局，阅江苏案。七时到广和居，杨修桓约，十时归。履平来谈。接施梅岑函。

二十七日，十二月初一 到局，阅江苏案。七时到万福居，石志翔、黄乐诚约，九时归。夜办呈稿二件，草稽勋赏恤章程竣，时已五钟矣。交通部依新官制改组，寄云事已取消。

二十八日，初二 星期。朱樾亭丈祖荫、伍琢初玑、族叔冠英省诗来，畅谈。李润田、李子蕃、宗子立、何熙伯先后来。一时偕寄云赴正阳楼，黄小农祖徽约饮，散后到劝业场吃茶，醉甚欲卧，遂先归。七时上供。睡至九时半起。

二十九日，初三 访陈石遗谈。到局。六时访幹臣丈谈，八时归。

三十日，初四 到局，蔡璞如来谈。三时到内务部，桂辛约余为考绩司司长，余未承认，又与幹丈、铁庵、剑秋诸君谈。五时出城，访熙伯，不遇，遂归。今日递请先裁局呈。

三十一日，初五 到局，阅江苏案。到秘书厅，访小楼，晤彦诚、少麟谈，访莹甫、治香略谈。出城访樾亭丈、冠英叔，偕熙伯到小有天晚饭，九时归。治香来，留宿。

（续完）

江南茧丝参加美国巴拿马万国博览会档案选

黎　霞　整理

整理者按：1915年2月20日至12月4日，美国为庆祝巴拿马运河开通成功，在旧金山举办世界博览会，也称"美国巴拿马万国博览会"。此届世博会是中华民国成立后第一次经历的盛会，中国政府对此十分重视，做了多方面的准备工作，于1913年6月成立了筹备巴拿马赛会事务局，并在各省设立出品协会，负责展品征集，并先后于1914年在省内中心城市举办预展，同时在旧金山展地仿北京紫禁城内太和殿样式建造了一座中国馆，展品分别展出于美术、通运、矿物、文艺、农业、食品、教育、工业等多个分馆。在这届世博会上，我国展品所获奖项计1211项，大奖章57枚，在全部31个参赛国中独占鳌头。现从上海市档案馆馆藏档案中选出一组关于中国政府筹备与会并甄选江南茧丝参赛经过的档案资料，以供参考。档号S37－1－298。

1. 工商部关于筹备赴会参展的提案(1912年11月9日提议)

筹备巴拿马万国大博览会赴会案

查一千九百十五年即中华民国四年正月，为美国巴拿马运河开通之期，该国官民定于西部开设万国大博览会以为纪念，业经通牒各国召商赴赛，规模宏大，久为各国所注目，将来此会影响于太平洋商业者，为效必巨。吾国处太平洋西岸，尤不可不善为筹备，以与盛典。本部鉴于曩年赴外赛会之失败，本国商业未蒙实益，推原其故，一由于赛品选择之失当，二由于商人经营之非策。中外国情习尚不同之点甚多，输出之品当以投人所好、加意改良为主旨。而赛会既毕，亦当设一永久机构，以为将来销售之地，以在场陈赛仅有广告之性质，亏耗之事本所难免，所望于当场售卖者尚少，而为将来之畅销者，其为利乃更溥〔薄〕也。往往有已为人所赏鉴之物，闭会后至无购置之处，坐失巨利，殊为可惜。是以斟酌现情，量拟赴会办法，召集全国工商业者，趁此未经开会之前，组织一赛会团，专办此项赛会事务，并筹集资本，建一公司，先设总机关于上海，为赴赛之准备，俟赛会毕时，即设总售品处于伦敦、旧金山两处，并设分售处于欧美著名都会及国内各重要商埠，以为售销出品之机关。惟公司营业以输出本国工制品及各种土货为旨，即藉赛会为其营业之广告，一面再由本部会商交通部加辟航路，以期运输之便利，庶于输出之实效不至毫无把握。用具办法如左：

一、由本部通令各省实业长官暨内外各商会，召集全国工商业者，组织巴拿马赛会团，如期赴赛。

二、赛会团以本部所派赴会监督为团长。

三、赛会团团员以出品人组织之。

四、赛会团应设事务所于上海，限中华民国三年正月成立。

五、各省赛品统限民国三年二月全到上海，由本部派员赴上海审查，尽两个月毕事再行赴会。

六、赛会团经费由团员共同担任之，或由本省政府酌量补助。

七、赛会物品应以本国各种工业制品为主要，其他各地特产物及美术品亦可附赛。

2. 上海总商会为要求各厂家组织公司订立合同准备白色精细纯丝、中等细丝及黄色茧丝参展事致上海丝厂茧业总公所①函（1914年2月11日）

信之/联芳先生阁下：

径启者：顷奉韩省长函开：准筹备巴拿马赛会事务局公函开：查各

---

① 上海丝厂茧业总公所，由江浙丝厂茧业行号发起，成立于1910年，1915年改为江浙皖丝厂茧业总公所。时任名誉总董杨兆鏊，字信之；时任总董沈镛，字联芳。

省出品协会为办理赛会之重要机关,将来出品之优劣、营业之利钝,胥视各协会筹备事件之善否为断,除普通出品应由各商号局厂随时报名预备外,查我国大宗出品向以丝、茶、瓷器、糖、油等著名,关于丝业出品尤须提前组织,庶不至有临时竭蹶之虞。拟请贵会于征集各项出品时,筹备白色精细纯丝及中等细丝、黄色茧丝,照出品办法组织公司合同出品,方为完善。其组织章程及筹办手续,祈先饬具报,汇送本局,以便察核情形,择要指导实行。各协会责任重大,尚望鼎立倡导,俾底于成,并将办理情形随时见复。等因。准此,查合同出品云者,即由多数愿出品人集合资本,订立合同,专造一种物品赴赛之谓。盖一以厚筹备出品之财力,一以立贩卖组合之基础,所以为国际贸易大宗输出计者,至良且便,而于丝业尤属扼要之图。相应函达贵会,即希招集所属各丝业行号,查照前因,开会讨论进行方法,希将组织章程及筹备手续先行具报,以便汇送备核。等因。此次巴拿马赛会关系我国工商实业土货行销之进步,较往年他国赛会更形切要。其来函所请征集白色精细纯丝及中等细丝、黄色茧丝,照出品办法组织公司合同出品等筹办手续,务祈速请贵业组织具报勿迟为荷。专此奉布。敬颂

台祺

总商会

二月十一号

3. 江苏筹备巴拿马赛会出品协会上海分会事务所为要求准备纪念出品事致上海丝厂茧业总公所函(1914年3月1日)

敬启者:准查□江苏省公报内开:案奉筹备巴拿马赛会事务局函询,本省关于出品特制以为纪念者系属何物。等因。准此,查纪念出品无论为授赠,为售卖,均寓有广告之作用,影响所及,足以增长声价,推广销路,收效甚大。兹特酌择品类,规定文字,俾制作此项出品之人有所依据。惟是纪念出品,务求精美适观,庶得保存永久之效,其或有体大功深,非一二人所能将事者,更宜仿照合同出品团体出品等各办法协同制作,用备与赛。为此令行各分会仰即遵照前因,各校长、各场长即便遵照,知照各出品人及早筹备,毋误时机,是为至要。此令。等因。奉此,除通告外,合亟备函知照,即希查照办理为荷。耑此。顺颂

日祺

江苏筹备巴拿马赛会出品协会上海分会事务所谨启
三月一日

4. 江苏筹备巴拿马赛会出品协会上海分会事务所为要求限期选送展品事致各参展厂家的通函(附筹备巴拿马赛会事务局拟订之中国出品总则)(1914 年 3 月 4 日)

启者:窃照我国以国产各项物品运赴美国巴拿马太平洋万国博览会赛会情形,业经遵照奉颁章程,通告各界一体知照,早为制备,尽四月内送由本所准期陈列,再送省协会开会展览,详加审查,汇总出洋,赴会比赛,各在案。查此次赛会,政府因鉴于前清南洋劝业会及赴意、比各国赛会时之种种手续办理不善,故特选派专员尽心保护,一洗从前腐习。上海一方由本所向南北商会将本县出品善后各事磋商妥洽,务使各出品人无纤芥之损失,获无穷之利益,为中国实业前途发异常之光彩,振第一次赴兴邦赛会优胜之名誉。凡农工商学各界,有以天然及制造各项物品赴会与赛者,务望先期来所接洽,并将赴赛物品研究改良,妥为制备,于四月十五日以前送交本所或南北商会收存,以便按期进行。所有出品条例摘要列后。特此通告,即希詧照为盼。此颂
日祉

江苏筹备巴拿马赛会出品协会上海分会事务所启
三月四日

计开:

一、赴赛物品须于四月十五日以前,一律交到本所或南北商会,以便配制橱架预备陈列。如装饰品未尽合宜,并可随时改良更定,俾于五月一日上海分会陈列会之会期不致延误。

二、出品人以各项赴赛物品送交本所或由商会转交者,当时制给收条,俟巴拿马太平洋万国博览会闭会后,出品人持此收条向商会领取原物。

三、赴赛物品由省特派专员照料保护。

四、赴赛物品装运保险各费,均由政府担任。

五、巴拿马太平洋万国博览会闭会后,如非卖品或专卖品而未经售尽者,均由特派员检点齐全,妥慎运回,交由商会分别给递物主。

事务局拟订巴拿马赛会中国出品总则

第一条　民国四年二月二十日起,四年十二月四日止,美国在旧金

山开巴拿马运河竣工纪念博览大会,本国现已答复与赛。凡愿出品者,除别有规定外,均须遵照本总则,按左列各门筹备出品。

一、美术门,二、教育门,三、社会经济门,四、文学门,五、制造工艺门,六、机械门,七、转运门,八、农业门,九、牲畜门,十、园艺门,十一、采矿冶金门,十二、在拿洋界①内新发现物及航海门。

第二条　出品者须查照第一条所列各门,由本局刊行之出品细目中所有品名准备出品,并须仿照所附标签图样自行印就,填写华英两种名字。

第三条　凡关于国际贸易之出品,须具有左列各要素方准与赛。

一、现为国际贸易品及将来有可为国际贸易品者。

[因字迹残缺模糊难以识别,以下四款及第四条条文略]

第五条　凡物品有左列各项之一者不得与赛。

一、制造在一千九百〇五年以前者。

二、危险品。

三、与此次赛会宗旨不合者,或与公共治安有妨碍者。

四、物品含有危险性质及专卖药品配料不明者。

第六条　出品者须按照第一号专式,每一类缮就愿书一纸,第二号专式,缮就出品目录书两纸,于本年十月三十日以前提出于本局。

第七条　出品经本局鉴查认可后,须按照第三、四号专式,缮就说明书各二纸,于开展览会毕提出于本局。

第八条　出品之输出期,依另章之规定。

第九条　出品之运送费、美术品及其他物品认为必须之保险费,皆由本局酌给津贴。

[因字迹残缺模糊难以识别,以下第十条至第十一条略]

第十二条　出品人如愿意赴美自行照料,须于提出说明书时,将赴美人员姓名籍贯报于本局。

前项之管理人须恪守本局章程,并须受本局之指挥监督。

事务局拟订巴拿马赛会中国出品人须知第一种

一、凡商人出品当以扩展销路并图永久之利益为宗旨。

① 当指巴拿马太平洋范围。

二、商品之出品须以投外人嗜好、销数繁多者为惟一目的。

三、原料品、制造品之产量稀少者无出品之必要。

四、出品陈列数量之限制如左，但特别品不在此限。

以量计者每品以五斗至十斗为准。

以斤计者每品以五斤至十斤为准。

以件计者每品以五件至十件为准。

以打计者每品以一打至三打为准。

以套计者每品以一套至三套为准。

五、区别品类于审查上有重大之关系，即奖励上受直接之影响，须照目录确分门类，详加说明。

[因字迹残缺模糊难以识别，以下第六条至第十条略]

5. 江苏筹备巴拿马赛会出品协会上海分会事务所为要求研究改良展品事致上海丝厂茧业总公所函（1914年3月21日）

敬启者：案奉江苏省行政公署训令第一千四百六十一号内开：案准筹备巴拿马赛会事务局函送通行筹备事项纲要，业经刊登第二百十六期本省公报，令行各县在案。查纲要中所载颁布一切改良出品方法及图案，又研究欧美好尚，指导出品人准备物品之改造及装潢，均为展览会未开以前之事项。本省协会择要研究，先将丝、茶、酱油、扇子、竹刻等改良筹备之概说颁发各县，以资研究而利进行。为此令行各该县分会，并转知出品人一体遵照。等因。奉此，查展览会期转瞬即是，所有以上各项制品，自应遵照奉颁概说，赶速改良筹备。为特备函布达，并附上研究改良概说三本，即烦转告各丝厂茧业一并查照办理，并希将如何改良之处迅赐见复为荷。此上。即颂

丝厂茧业公所台祉

江苏筹备巴拿马赛会出品协会上海分会事务所谨启

三月二十一日

6. 上海总商会为要求各厂家速备新丝送省展览会陈列以备审查出洋赴赛事致上海丝厂茧业总公所函（1914年6月）

敬启者：贵业大宗厂丝前以物产会期新丝尚未上市，当蒙允俟省展览会期内送会陈列，赴美与赛，深纫公谊。顷准省协会来函，厂丝一项为中国输外大宗出品，上海一埠尤为丝厂林立之所，未便付之阙如，经

评议部公议,由分会迅即函催贵业董转知各厂家,速为制备,送会陈列等情。查敝分会征集期内,屡次假商会集议征集方法,曾蒙执事允俟新丝上市后,即备大宗厂丝出品,送至省展览会□备赴赛在案。兹展览会开幕已经半月,部派审查员即日南下,贵业厂丝出品万难再延。用特专函布达,即烦台端迅赐催集各厂家,即日分别备办,送会陈列,以便部员审查出洋赴赛,盼切祷切。耑此。祇请

信之
联芳 先生台祉,并候
福音

洪锡范
周金箴 谨启

三年六月

7. 上海丝厂茧业总公所为催送参赛厂丝标本及商标仿单事致参展丝厂函稿(1914 年 6 月 14 日)

致各丝厂(江浙两省均续通告)

敬启者:案准筹备巴拿马赛会事务所来函征求厂丝标本,开明价目,备具商标仿单,送由敝总所汇交该会,以便装运赴赛等因。兹已由敝总所制就玻璃锦盒,以便逐厂装置,送往陈赛。用特泐函驰布,伏祈迅赐拣送宝厂各等出丝每种四条,开明价目,并检商标仿单,于五日内送交敝总所,俾便装盒汇送。会期已迫,幸勿稍稽,是所至祷。专此飞布。即请

〇〇宝厂筹安

丝厂茧业总公所杨〇〇等谨启

六月十四日

8. 巴拿马赛会江苏出品协会事务所要求补充各丝厂出品说明书致上海丝厂茧业总公所函(1914 年 9 月 19 日)

敬启者:兹查贵公所送到各丝厂出品目录书中,均填注非卖品,盖表明此系厂丝标本,并非成件之售货也。惟是出品所最需要者,为售卖之价格,非特于审查时为必要参考之条件,即于会场陈列时,亦必使参观人明晓物品之代价,庶于贸易前途、名誉奖励不至缺望。兹请将出品之各厂丝,或开每百两贵贱,平均约价若干,或每百磅价若干,以便照

注，而于出品之丝标本为非卖品仍无抵触。务希即日惠复，万望勿迟是荷。专布。祇颂

公安

江苏出品协会事务所启

中华民国三年九月十九日

9. 巴拿马赛会江苏出品协会事务所为要求筹备各丝厂出品说明书事致上海丝厂茧业总公所函(1914年9月27日)

信之
联芳先生伟鉴：

前奉芜函，谅早投递台览。所有各厂出品之丝说明书，未识曾否筹备。共二十一家，每厂一张，事甚繁琐。此项说明只须合并，分二张填写，以省手续，但各家厂名、牌号、价格各有不用〔同〕，须逐家详注，费神译成中、西文底稿送下，俾可照办。因此种手续必不可少，将来会场审查，必须查照说明，分等给奖，故不得不备。若无说明书稽考，并无奖励，敝会不能对于各出品人之盛意也。故再函达台端，望为逐项详注，译成西文底稿，速即送下，悉照来稿誊正，汇订成册。敝会准于阳历月底竣事，不能再缓耳。专此奉达。顺颂

公安

江苏出品协会事务所启

九月廿七号

只须简明详载：

一、制造地方　　二、制造方法

三、原料　　四、沿革

五、制造器具　　六、用途数量价目销路

七、褒奖　　八、附记(可否)

以上八条，各厂一律，惟厂名、西文牌号、制造地方、价格、销路各有不同，请逐家细注。

10. 江浙皖丝厂茧业总公所为领回参赛品事致上海县知事公署实业科函稿(1916年9月5日)

致上海县知事公署实业科函

敬启者：昨准贵公署实业科函开：查赴美巴拿马赛会出品，业已运

回,本署奉到省饬,已派员赴出品协会点收,所有尊处出品,业经检出,望于即日上午十一时、下午三时,派友携带原收条,前往王家阙路普益习艺所,与本署专派员接洽,以便点交领回。等因。查民国二年七月,准上海出品分会函征厂丝出品,送会展览,预备赴赛等因,即经函准信昌等二十一厂,将所出丝品,送由敝总所编列二十一号,分别装盒,送请汇送在案。准函前因,复查此项丝品二十一号,系由沈嗣客君亲送到会,并未掣取收条,现在仍派沈嗣客君来前接洽,另开清单,备具正式公函送陈,即祈查照点交领回,是纫公谊。此致

上海县知事公署实业科

附赴赛物品清单一纸①。

江浙皖丝厂茧业总公所 总理沈 协理黄②

九月五号即八月初八日草缮

美国巴拿马赛会赴赛丝品登记

第元号	信昌	厂图牌	两匣	收回
第式号	绅记	飞雀牌	两匣	收回
第三号	延昌恒(苏州)	金星牌	两匣	收回
第四号	乾康	马头、花篮	两匣	收回
第五号	华纯泰	将军	两匣	收回
第六号	大经	彩凤	两匣	收回
第七号	协安	W. T. K	一匣	收回
第八号	勤昌	JC	一匣	收回
第九号	震祥	飞壁虎	一匣	收回
第十号	裕和	瑞星	一匣	收回
第十一号	裕祥	孔雀	一匣	收回
第十二号	源康	帆船	一匣	收回
第十三号	裕康	山查〔茶〕花	一匣	收回

① 下列该清单项目略有删节。
② 总理沈即总理沈联芳,协理黄即协理黄搢臣。

续 表

第十四号	通大	T. D.	一匣	收回
第十五号	通纬	飞麒麟	一匣	收回
第十六号	苏州源盛	半人	一匣	收回
第十七号	赓记	黑蛇	一匣	收回
第十八号	锦成	石兰红	两匣	收回
第十九号	振锠裕	荷花	一匣	收回
第廿号	庆华	双鸡	一匣	收回
第廿一号	利昌	总统	一匣	收回

孙中山越飞上海密谈史料选译

徐　非、曹胜梅　译，何　品　校

译校者按　1922年陈炯明叛变后，孙中山从广东退居上海，绝境中得到共产国际的帮助。1923年1月，苏俄特使越飞（A. A. Joffe，法文作Yoffe）来沪，在莫里哀路（今香山路）中山寓所内与孙中山会晤，商讨改组国民党、建立革命军以及共产国际援助中国革命问题。这次会谈确定了孙中山的联俄政策。以此为契机，1月26日，双方联名发表《孙文越飞宣言》，表明孙中山开始抛弃对帝国主义的幻想，寻求国际进步势力援助，为国共第一次合作奠定了基础。孙中山与苏俄特使越飞在上海的秘密会谈，公共租界、法租界两当局的情报机构均有觉察，并形成了秘密报告。秘密报告详细记载了孙中山与越飞的行踪和双方会谈的主要内容，从一个侧面反映了孙中山在上海的活动，具有重要的史料价值。本辑档案史料译自上海市档案馆馆藏公共租界工部局有关越飞访问上海的活动日志（系英文，档号U1－3－977）及法租界公董局警务处警务日报（系法文，档号U38－2－88）。

一、公共租界工部局有关越飞访问上海的活动日志（1923年1月18日—23日）

1923年1月18日

1月17日晚10时05分，俄罗斯苏维埃共和国（Russian Soviet

Republic)来华特使越飞先生和他的妻子及两名秘书列文(Levin)、施瓦策伦(Schwarselon)乘火车到达上海，现入住汇中饭店(Palace Hotel)①401、403、405 号房间。在沪宁铁路火车站，越飞先生受到了约二十五人迎接，其中包括“扎沃伊卡海军上将”(Admiral Zavoika)号军舰指挥官克鲁斯(Klus)先生、俄国志愿舰队(Russian Volunteer Fleet)代表埃勒德(Elleder)先生、《上海生活》(Shanghai Life)编辑部成员谢梅什科(Semeshko)先生、九江路 14 号俄国协助会(Centrosoyuz)经理科索拉波夫(Kossolapoff)先生，西伯利亚对外贸易委员会(Siberian Board of Foreign Trade)驻沪代表布里克(Brik)和金斯伯格(Ginsberg)，还有居住在赫司克而路(Haskell Road)②6 号、职业为平版印刷工的法兰克(Frank)先生。由来自“扎沃伊卡海军上将”号的三十名水手组成的护卫队也在场。这些人陪同越飞先生到汇中饭店，但在他入房后就离开了。水手们身着蓝色制服，每人在左袖口上佩戴一颗红星。越飞一行抵达饭店后，他的一名秘书即打电话给布卢门施托克(Blumenstock)博士。

1923 年 1 月 19 日

俄罗斯苏维埃共和国来华特使越飞先生于 1 月 18 日下午 5 时 50 分造访莫里哀路 29 号孙中山寓所，至当晚 10 时 30 分离开。越飞先生由其妻子和秘书列文、施瓦策伦陪同。他们去孙的寓所及返回汇中饭店乘坐的是牌号为 1349、登记在九江路 14 号俄国协助会经理科索拉波夫名下的汽车，此人曾在当日上午去过孙的寓所，并安排了后者与越飞先生的会面。据说，一名受雇于友华银行(Asia Banking Corporation)的美国人陪同科索拉波夫去了孙的寓所。除了去孙的寓所之外，越飞先生昨日没有离开过汇中饭店，而是在他的房间会见了一些人，其中有乔治·E. 索科尔斯基(George E. Sokolsky)；沙斯特里(H. P. Shastri)；一个名叫刘元亨(Lyuh Won-hung)的朝鲜人；一个中国人，据说是刚辞去北京大学校长职务的蔡元培；马佩斯卡(Mapersca)；布洛特尔(Brotter)；五名日本记者，《长崎每日新闻》

① 今和平饭店南楼。
② 今中州路。

(Nagasaki Daily News)的特约通讯员 N. Tatsuoka，福州路 3 号的 T. Ishida，闵行路 25 号的 Tohou-Tsushinsha、Shigeyoshi Sakurai，《大阪每日新闻》(Osaka Mainchi Simbun)的特约通讯员 Yasuzo Ikeda Murata。越飞先生还拨打和接听了下列号码的电话：中区 1865，公平公司的杂货部(Sundries Department of Probst, Hanbury & Company)；西区 3430，《新俄罗斯》(New Russia)编辑、静安寺路[①] 37 号的布里埃(Bourrier)先生；中区 2215，俄国协助会；北区 176，北四川路 11 号的奈尔(A. M. Naer)；北区 1119，文监师路(Boone Road)[②]12 号，《上海生活》。

1923 年 1 月 20 日

俄罗斯苏维埃共和国来华特使越飞先生 1 月 19 日没有离开过汇中饭店。那天有大批人步行前来，直接去越飞的房间拜访他，所以无法弄清他们的姓名。递名片给饭店服务生的来访者有山东路 163 号国闻周报社(Kuo Wen News Agency)的通讯员 Toong Kuh-zung，《时报》(Eastern Time)的通讯员 Foong Shu-hwa，九江路 14 号俄国协助会的雇员苏加克(Sougak)先生，还有祖内(A. S. Zune)。昨天下午，一名打字员从九江路 14 号的俄国协助会被带到了越飞先生的房间，大约在同一时间越飞先生收到了从百老汇路 68 号来的一封信。

1923 年 1 月 22 日

俄罗斯苏维埃共和国来华特使越飞先生仍然住在汇中饭店。1 月 21 日，他与妻子、孩子及其秘书施瓦策伦乘汽车去英租界和法租界转了一圈，但据司机说，他们没有去过任何房子。1 月 20 日与 21 日到越飞先生房间的拜访者，递名片给饭店服务生的有罗伊·C. 本内特(Roy C. Bennette)，《大晚报》(Evening News)的尤金·陈(Eugene Chen)及另外两个中国人，来自《上海生活》的一个俄国人，一个住址为百老汇路[③] 257 号 14 室的兰斯基(Lansky)女士，一个北四川路 30 号的邓恩(Dunn)先生，还有一个外国妇女，张(J. S. Chang)博士，一个名叫阿

① 今南京西路。

② 又称蓬路，今塘沽路。

③ 今大名路。

尔卡季(Arkady)的俄国人，一个讲俄语、名叫 Kao Kyih-ming 的吉林人，此人据说是北京一所警校的校长。

1月21日上午10时30分，越飞的秘书列文和施瓦策伦去了莫里哀路29号孙中山寓所，到上午11时50分离开。他们往返乘坐的是牌号为3521的汽车，属于天潼路374号 May Woo 出租汽车公司。1月20日下午4时至6时，越飞夫人与科索拉波夫夫妇乘车外出。

1923年1月23日

1月22日，越飞先生及其秘书施瓦策伦在莫里哀路29号孙中山寓所与他共进午餐。那天去孙的住处的其他访问者，有国民党的一个秘书张继，礼查饭店(Astor House Hotel)①301房间的科恩(M. A. Cohen)，环龙路(Route Vallon)②44号的 Yang Tsaung-bah，此人以前在四川担任要职。

1月22日只有一些俄国人拜访越飞，这些人并没有给饭店服务生递名片。但其中一人被认出是俄国志愿舰队代表埃勒德。1月22日下午3时55分，越飞的一名秘书施瓦策伦在一个名叫 E. Fujita 的日本人陪同下造访日本领事馆，到下午4时40分离开。1月22日晚9时，施瓦策伦和列文乘坐牌号为3506的汽车离开汇中饭店，午夜步行回来。1月22日下午4时，越飞夫人和另一个外国女士去了南京路32号的“Petit Louve”买了一些服装。

据报，孙中山与越飞在谈话中讨论了达到下列目的的方法手段：(1)迫使日本人撤离满洲；(2)废除在华治外法权；(3)建立中国与苏俄的同盟。据称，越飞收到相关问题的报告，对上海共产主义宣传的一些安排不甚满意，打算把一些受过训练的中国的布尔什维克主义宣传分子从北京引入上海，以增援本地煽动者。据称，1月20日上午11时，孙中山到汇中饭店拜访了越飞。

1923年1月24日

据报，在谈判中，越飞与孙中山产生了分歧。似乎是越飞提议如果孙及其同人同意下列条件，苏俄将在道义上和金钱上支持国民党：

---

① 今浦江饭店。

② 今南昌路。

(1)立即公开承认苏维埃政府是俄国的合法政府;(2)公开与苏俄政府结成同盟;(3)对布尔什维克主义在中国的宣传不加限制。据说,孙准备考虑前两个条件,但他拒绝在第三条上妥协,结果麻烦出现了。告密者又称,由于与孙的讨论出现了问题,因此越飞从北京召来了他的军事顾问格克尔(Gecker)。蒲石路(Rue Bourgeat)①85 号的托尔斯托夫(Tolstoff)上校据称是驻沪苏俄军事代表,他曾就此事被征询,但是,越飞并不满意他给出的建议。

现已探知,1 月 22 日晚 9 时,越飞的秘书们乘坐牌号为 3506 的汽车外出,他们去了北四川路 11 号。越飞的随员已经与北四川路 11 号电话联络了几天,此地住着俄籍犹太肥皂制造商奈尔(Naer),他有一个寄宿者,名叫怀尔德(Wilde),是俄国协助会的一名雇员。

1 月 23 日晚 7 时,越飞、他的秘书们以及俄国协助会经理科索拉波夫在大东饭店(Great Eastern Hotel)"绿珠"(Green Pearl)房间宴请了孙中山、张继(又名张溥泉)及另外两个中国人。由于饭店管理方的不合作态度,警方无法获知任何情况。

1 月 23 日去汇中饭店越飞房间的造访者,有九江路 10 号的帕茨托内(D. C. Patstone),两个日本人 Unzo Tagubie 和 Yasuzo Ikeda,还有一个国闻周报社的中国人,名叫 Toong Kuh-zung。

越飞一行准备在 1 月 27 日乘"亚洲皇后"(Empress of Asia)号前往日本。

1923 年 1 月 25 日

据报,越飞已经同意拨一大笔款子给《上海生活》的谢梅什科、天文台路(Rue de l'Observatoire)②626 号的福图纳托夫(Fortounatoff)博士和蒲石路 85 号的托尔斯托夫上校,用于在上海的宣传。谢梅什科将负责在中国人中开展宣传的部门,并将得到名叫 Hsia Kwen-nam 和 Woo Lung-kwen 的本地人以及一个名叫 Takootse 的日本人的帮助,福图纳托夫博士将收集有关外国人和"白"俄的反布尔什维克主义活动的情报,托尔斯托夫上校将尽力劝说反布尔什维克主义的"白"俄军官

---

① 今长乐路。

② 今合肥路。

返回他们的祖国。据报，在过去几天里，越飞的拜访者有里希特曼（Richterman）先生（他在汇中饭店大楼内开着一家二手货商店）、维里哥（Verigo）将军和什内尼科夫（Snejnikoff）上校。后两人申请批准返回苏俄，越飞答应替他们发封信给海参崴当局。

1月24日到越飞房间的造访者有，《丛报》（一份在汉口发行的报纸）的负责人 Kwoh Tsoo-pung，一个名叫 Sotoman Vilde 的人，此人或是朝鲜人，或是日本人，或是中国人，还有科索拉波夫。同一天，越飞在汇中饭店宴请了两个日本人 I. Fujita 和 Unzo Taguchi。1月24日下午，越飞夫人在汇中饭店美发厅呆了1小时15分钟。当天早些时候，她还去了霞飞路246号，根据《行名录》（Hong List），这里住的是一个名叫伦贝格（P. Rumberg）的人，在回来的路上，她又去了 Brewer's 书店。

1923年1月26日

据报，越飞与孙中山在中国的"赤色"宣传问题上消除了分歧，并达成了协议。协定条款不详，但据信含有关于苏维埃政府将在道义上和财政上给予孙支持的规定，作为回报，当国民党取得对中国政府的控制时，后者要承认苏俄并与苏俄结成同盟。

1月25日晚10时，自称是"苏俄驻北京公使馆武官"的格克尔将军乘火车到达此地，现住汇中饭店419号房间。

1月25日到越飞房间的拜访者有，圣母院路[①] Tracey Terrace 10号的劳玛·梅克尔（Lauma Maker），帕茨托内（D. C. Patstone），国闻周报社的 Tsang Tsung-zang，一个名叫 Fujita 的日本人，他于1月21日从北京乘火车到上海，住在熙华德路[②]万岁馆饭店（Banzaikan Hotel），还有一个名叫 Unzo Taguchi 的日本人，他与 Fujita 同来，也住在万岁馆。Fujita 说俄语。1月25日越飞夫人和孩子去了霞飞路246号，从下午4时呆到6时。当天晚8时15分，来自上述地址的一个俄国人，据说他的名字叫伦贝格（P. Rumberg），与越飞的一个秘书施瓦策伦去了 Wei Li 屠宰场的楼上房间，该屠宰场属于一个住在文监师路

---

① 今瑞金一路。
② 今长治路。

2258/9 号的德国人诺伊曼(R. Neumann)。在那里他们呆到晚上 9 时 20 分。

1923 年 1 月 27 日

1 月 26 日拜访越飞的部分人员如下:邵力子(Zau Lih-tsz)和一个《民国报》编辑部的 Sung 姓男子,罗伊·C. 本内特,外事局(Bureau of Foreign Affairs)的 Sung Sz-zang,两名日本人 Fujita 和 Taguchi。越飞的一名秘书施瓦策伦在 1 月 26 日上午 9 时 30 分造访了日本领事馆。越飞及其夫人、儿子、两名秘书和格克尔将军在中午 12 时 15 分上了一艘汽船,下午 3 时 50 分返回。在这期间,他们造访了"扎沃伊卡海军上将"号并在舰上用了午餐。

1923 年 1 月 29 日

1 月 27 日,俄罗斯苏维埃共和国来华特使越飞及其夫人、孩子与两名秘书施瓦策伦和列文乘"亚洲皇后"号去日本。当天晚上 8 时 10 分,他们乘坐属于中法求新制造厂(Societe Franco-Chinoise de Constructions Metalliques et Mechaniques)的一艘专轮"求新"(Kiou Sun)号离开南京路码头前往吴淞。八名"扎沃伊卡海军上将"号上的水手似乎是作为一支护卫队,将越飞一行从汇中饭店护送至码头,直到轮船起航。1 月 28 日上午 9 时 30 分,越飞的军事顾问格克尔将军乘火车去北京。他去火车站乘坐的是牌号为 1349、登记在九江路 14 号俄国协助会经理科索拉波夫名下的汽车。星期天拜访越飞的人有两个也乘坐"亚洲皇后"号的日本人 Fujita 和 Taguchi,还有霞飞路 246 号的伦贝格,伦贝格是爱沙尼亚驻沪代表,据说是德国间谍。

1923 年 1 月 30 日

据报,苏维埃当局急于促使吴佩孚将军与孙中山达成一项协议,以作为他们推进在华目标的最佳手段。根据这一政策,越飞在离开上海前,吩咐其军事顾问格克尔会见吴佩孚并允诺,只要吴同意与孙中山达成谅解,并在指导政府事务方面让后者有发言权,布尔什维克主义者就支持他反对张作霖。据说,布尔什维克主义者相信孙中山不仅是在中国最受欢迎的政治家,也是一个在政治经济问题上与他们观点相近的人。

又据报,越飞造访租界以后,莫斯科苏维埃当局迫切想在上海委任一个代表，他将开设一所俄国人登记处。希望借此为本地共产党人提供一个集结中心，并在华组织一个有同样政治信仰的俄国人团体，以便为扩大布尔什维克主义者的在华利益提供帮助。

二、法租界公董局警务处警务日报的有关记录

1923 年 1 月（具体日期不详）情报简报

越飞通过科索洛波夫（Kossolopoff）的协会向下列人员发放津贴：

福图纳托夫博士，从事间谍活动。

谢梅什科，供职于《新上海生活》（New Shanghai Life），并在俄国难民中进行宣传。

金斯伯格（Guinsbergs），对外商贸部代表，保持外贸企业间的关系并为苏俄进行商业宣传。

除了上述人员的来访外，越飞还接见了由其秘书施瓦扎伦（Schwartseler）和列文（Lévine）引见的一些人士。

施瓦扎伦，越飞的第一秘书，俄籍法国人。从彼得格勒（Petrograd）[①]法学院毕业后，供职于沙皇政府的外交使团。能说流利的法语、英语、德语和俄语。

列文，犹太人，工人组织和共产党组织的专职秘书，同时负责处理与俄国人的关系。

越飞本打算于 1 月 27 日前往澳门，但葡萄牙领事拒绝给他们签证。

孙中山邀其经福州直接前往广州。

1923 年 1 月 18 日情报简报

昨晚，俄罗斯苏维埃联邦社会主义共和国（R. S. F. S. R.）特使越飞携妻子、6 岁的孩子及两名秘书列文（Lévine）和施瓦策勒（Schwartseler）搭乘晚 10 时的火车从北京抵达上海。

本地布尔什维克组织的一些代表前往车站迎接。我们可以确认

---

① 即圣彼得堡。

的有:

1. 谢梅什科,《上海生活》编辑;

2. 加马尔(Gamal),上述杂志撰稿人;

3. 埃勒德,俄国志愿舰队代表;

4. 克鲁斯,布尔什维克“扎沃伊科海军上将”(Admiral Zavoiko)号军舰指挥官;

5. 科索拉波夫,俄国协助会(Tzentrosoyouz)会长;

6. 雅各布·布里克(Jacob Brik);

7. 金斯伯格(Ginsberg),对外贸易部代表;

8. 列昂尼多夫(Leonidoff),水兵志愿者;

9. 法兰克,住在赫司克而路6号,提供膳宿的私人住宅房东;

10. 马蒙托夫海军上尉(Lt. Mamontoff),来自“扎沃伊科海军上将”号;

11. 格林科(Glinko)博士;

12. 罗曼诺夫斯基(Romanovsky),“扎沃伊科海军上将”号上的飞行员;

13. 福图纳托夫博士的儿子,住在天文台路626号;

14. 何丰林[①]将军的代表;

等人。

“扎沃伊科海军上将”号的二十五名水兵负责实施安全保卫,士兵们似乎都在衣服里藏了手枪。

谢梅什科曾向法租界和公共租界的捕房侦探询问其到场动机,并嘀嘀咕咕、不无讽刺地告诫他们:我们已采取了保护措施;来此不仅是为了保护越飞,必要时还将制服你们。

越飞下榻于汇中饭店,入住401、403和405号房间。

当晚11时30分左右,越飞的一名秘书紧急打电话给德国人布卢门施托克博士,越飞略显不快。

1923年1月22日机密情报

本月19日上午11时至中午,苏维埃政府特使越飞与孙逸仙博士

① 时任淞沪护军使。

在汇中饭店会晤。尽管这次会晤非常机密，但我们仍了解到其谈论的主要问题为：

1. 给予南方政府财政资助；

2. 为反政府省份的工人组织和罢工活动提供津贴。

孙还决定设宴祝贺越飞的上海之行。

同一天，越飞接见了布尔什维克水兵志愿者代表埃勒德，并与其就这支部队及安排埃勒德担任苏维埃驻沪代表的可能性等问题进行了商谈。

随后，越飞接见了俄国协助会（CENTROSOIOUSE）会长科索拉波夫。后者是在沪布尔什维克运动的领导。本地中共党组织正是通过他获得莫斯科布尔什维克的宣传小册子和传单。

上海大陆商场建造、经营、转让史料选

何　品　整理

整理者按：投资或投机房地产业，是近代中资银行的一项重要业务，1920 年代末 1930 年代初，上海经济繁荣，房地产业也随之兴旺。1930 年 10 月，"北四行"之一的大陆银行投入巨资，向犹太富商哈同(S. A. Hardoon)租用上海市中心位于南京路、山东路、九江路、又新街四至范围内的一块地皮，建造大陆商场，期望通过在黄金地段出租商业办公用房以赚取优厚利润。谁知事与愿违，1932 年 4 月大陆商场落成开业后，由于上海遭遇一二八事变的打击，经济出现不景气，房地产业也因此一蹶不振，以致大陆商场经营状况持续不佳，至 1937 年八一三事变发生后，商场营业更加困难重重。大陆商场是上海近代著名建筑之一，建造与经营大陆商场虽然为大陆银行赢得了不小的声誉，但却给该银行带来巨大的亏损，长此以往，大陆银行不堪重负，最终不得不与哈同洋行谈判签约，自 1938 年 7 月 1 日起将大陆商场所有权廉价转让给后者。至于大陆商场的亏损，由大陆银行另拨资金弥补，但无论如何，银行吃了大亏是肯定的。上海市档案馆收藏的大陆银行档案中有不少关于建造、经营、转让大陆商场的史料，现选编较能反映该事件概貌的一部分内容予以公布，供研究者参考。档号 Q266 - 1 - 66、81、86、87、89、546、635。

1. 大陆银行总经理处致董事会函(1931 年 6 月 13 日)

董事会台鉴:

一、沪储信部承租哈同地产情形,并拟建筑商场计划,曾经迭函陈报贵会备案在案。兹据沪储信部函称:

关于南京路建筑大陆商场事,分别陈述如下:

(一)工部局方面交涉情形。查哈同洋行交涉经过,前经函达,自此以后,重要关键即在工部局方面。最初工部局对于又新街方面,必须哈同具函证明,以后永远留作公路,而哈同绝对不能。其内容工部局欲哈同自动留路,即可不给地价,而哈同不愿吃亏。我处介于双方之间,舌敝唇焦,不能就范,因此耽搁时日。嗣后工部局方面知哈同之不愿吃亏,又不能无端压迫,遂令我方将图样修改,又新街方面推足界线,不必再留余地,而又新街中间一段房屋退进十五尺,可以盖足四层,因此以前所绘图样全部不能适用。又哈同租地契约所有之图样(即道契所附之图样)丈尺与实际丈尺略有不符,必须经过工部局丈量方能确定界线,工程师正式图样必须根据此次丈量丈尺方能着手,而投标说明又须根据正式图样方有估价标准,因此连带关系,工部局一日不丈量,则各事一日不能进行。连日上紧催促,直至四月八日始经工部局将正式界址勘定,一切新图计划始能进行。庄建筑师方面虽可赶工,而计算钢筋洋灰断非咄嗟可办,不得已先将立面平面各层分图于四月廿二日赶成,经工部局口头许可,即经通函招标。其钢筋洋灰暂时假定总数,作为标准,以免旷发〔废〕时日。正在招标期间,而工部局对于地脚做法又复改用新章,增加椿料。直至五月十三日定标后,仍须等候工部局方面开工照会发出方能动工。经过种种交涉,始于五月廿二日先发临时照会,开始挖土,并打四周板椿。本日又领到地脚打椿执照,已可不误工程进行。所有正式砌屋照会,仍须数日后方能发出。此次分期发给照会,在工部局方面已算格外通融,否则至今日尚不能开始工作,且经工部局允许加做夜工,在大马路地点亦属特别通融。现在所交涉未能定局者,只有装置自动救火机问题,在我方为节省费用起见,不得不力求减少,而工部局消防处则主张加多,尚不知结果如何程度,容再续闻。

(二)招标估价选定营造厂情形。查上海营造厂甚多,等差不齐,未敢登报招标,经一再斟酌,先行择定十五家,内中只有一二家因介绍人之关系加入,其余均系上海成绩优良之厂。四月卅日截止投标,实收新仁记、新金记、祥号、余洪记、公记、魏清记、宋顺奉、张正泰兴金记、甲泰兴记、杨瑞记、朱森记、顾银记十二家,当经约同庄建筑师逐一开标,估价最多者八十九万两,最低者五十七万两,完工日期最长者十个月,最短者六个半月,按照各标分别列表。适总经理①到沪,叠次会商,并择其中比较相宜者当面磋议。最后选定公记营造厂为合格,即于五月廿日在敝处大厅正式签订合同,计造价上海规元五十九万两,七个半月完工,阴雨不除。陶桂记营造厂及张效良(即久记营造厂)共同出具保证书,即日开始工作。所有合同正本及附属图样各三份,由敝处及公记营造厂暨庄俊建筑师各执一份存照。兹特另具合同附本及图样各两份,另封寄,请尊处查核备案。

(三)打样监工费用商定情形。查前次委任庄俊建筑师绘图监工,商定按照工程费用百分之三作为绘图监工之费,虽经函报有案,时经数月,图易三次,中间与工部局交涉尚合机宜,现既正式开工,自应用书面正式确定。当经函致该建筑师,郑重声明绘图监工及各项费用,即按照全部工程及附属设备除电梯免计外按照百分之三计算。惟此项工程时期紧急,必须加做夜工,尤须指定专员分班监视,经与该建筑师约定,指派正副监工各二人,另由我方按月加送规元二百两,作为津贴。此项监工人员之酬劳并请尊处查照备案。

等情到处。查沪储信部承租哈同地产,由庄俊建筑师绘图监工,并选定公记营造厂包工承建,一切办理情形尚属周妥。除函复备案外,为此函达贵会,并将合同副本全册及图样十三纸、照片三纸②一并随函附奉,即希贵会鉴洽备案为荷。此颂

公绥

总经理处启

中华民国廿年六月十三日

---

① 时任大陆银行总经理为谈荔孙(字丹崖)。

② 附件略。

2. 大陆银行总经理处致董事会函(1936年11月18日)

董事会台鉴:

兹接沪储信部陈送大陆商场建筑经历书到处,查阅所编各节大致尚属明晰,除留存一份备查外,用特检奉一份,即希贵会詧洽备案为荷。此颂

公绥

总经理处启

中华民国二十五年十一月十八日

建筑大陆商场及租地经历报告书

第一章 座落及概况

第一节 座落

座落上海公共租界中心区域,该地北至南京路,南至九江路,东至山东路,西至又新街,计英册第114、115、116、130号及道契第241号,共地九亩三厘四毫。

附图样二份(已于19/11/19[①]备字第13号函寄奉)。

第二节 概况

当民国十八、十九年之际,上海商业最为繁荣,经营商业者每感地点优越之铺屋不易获得,往往不惜牺牲巨万费用,以相竞争,求过于供,于是租地建屋者率皆获利数倍,其利益之优厚,实为他项营业所不及。本行有见及此,爰有租地建屋之议,以谋投资之稳固,又以该地为上海最繁盛中心区域,彼时欲在此地租一铺面,必须花费十数个月之小租,方可租得,储信部原在商场斜对面,租用之行址亦且花费十一个月之小租,以彼例此,商场之建筑即小租一项已可收回一二十万,成本减轻,划利至厚,因于十九年十月十六日向业主哈同租定该地。同年十二月本行信托部成立,划归办理,随即进行拆除旧屋,并筹议建筑新屋计划,绘造图样,送工部局核定。叠经交涉,始于廿年五月廿二日领到执照,即行招标动工建筑。同时因商场系创始经营,规模宏大,特设立筹备处,指派专员办理其事,并设评议会,指任本行人员担任,以讨论重要事项,

① 指民国十九年十一月十九日,即1930年11月19日。

并聘素有声望经验者数人为名誉顾问,以供咨询。

商场房屋凡沿马路三面均建高厦,计临南京路正中为八层、七层,两旁六层,临九江路及山东路为五层,中部则均为三层,并于房屋中间留出宽阔公路,以通南京路、九江路、山东路,以形成三面通达、交通便利之热闹市场,地点繁盛,形势优越,房屋尚未落成,订租者已极踊跃。不意廿一年一二八战事突于是时发生,沪上一切事业无不停顿,房屋未完工程亦因是不能进行。于时并有沪上各慈善团体组织救济会,借用商场落成之空屋一、二、三层为妇孺收容所,四、五、六层为伤病医院。虽工程略有耽延,而本行声誉确因以增高不少。及沪战平息,各项工程次第于是年四月内全部完成,计一、二、三层为商场,四、五、六层为写字间。当即报由总处[1]委派专员会同验收全部工程,解决加账、罚款及展期各事,并即结束筹备处,于四月十六日正式成立大陆商场事务所,奉派主任及办事人员办理经租管理事务。

当时又以正值沪战发生之后,商业停顿,凋敝异常,商场租户寥落,而写字间则订租者纷纷,早经租赁一空,前来询问登记者尚多。最初设计四层亦为商场,嗣因观察形势,写字间甚属需要,在工程进行中即将四楼改为写字间,并将临南京路写字间第六层上及九江路山东路第五层上各加满一层,以应需要,遂于廿一年八月先就三楼商场改造写字间。完工后租赁踊跃,复于廿三年三月将五层、六层写字间之上各加满一层。计原建筑共铺面一百六十七间、写字间一百廿七间,三楼改造计增出写字间六十五间,减少铺面六十五间,又六、七层加造写字间三十九间。嗣又将直通屋顶之太平扶梯改为房屋,并因适应需要,陆续酌将大房间数间改隔小间,计又增出铺面三间、写字间廿间。现总共计有铺面一百〇五间、写字间二百五十一间。

每层写字间中间均有宽阔走道,自二层以上每层各有公共男女厕所四五所,卫生设备齐全,并装设自来水龙头,以供租户洗涤之用。每层南北各有垃圾间一所。商场南京路、九江路、山东路三面出口各有宽阔大楼梯一座,南北部各设太平楼梯一座,并于南京路出口装设电梯两架,九江路、山东路出口各装电梯一架,以便利租户及顾客上下。又于

---

① 指在天津的大陆银行总经理处。

本商场内开凿自流井一口,以供给全部用水。全部屋内装设暖汽管,冬季供给暖汽,并装设自动救火管,各层出口加装救火龙头,以保护商场安全。又有电气总表间、分表间,以便管理电气。

全部房屋自原建及改造加造落成后,写字间租户总在九成左右,近以市面不景气影响,成绩稍差,约在六成以上。铺面则以自沪战发生后市面衰落,迄未恢复,以致租赁成绩不佳,然自二楼全部租与国货公司以后,商场已有兴旺气象,现在平层铺面所空尚不算多,租赁共达七成以上,仍当竭力招徕,图谋补救。复查商场之建筑,在彼时市面鼎盛以左右房屋比例而观,不特房屋绝无空租之虞,即小租之收入已可抵充建筑费之一部,一再计算划利,确属优厚可靠,故积极进行,以谋信部之发表,万不料一二八沪战即于是时发生,市面一落千丈,经营商业者率皆裹足不前,铺屋空置,无人过问,小租既属无可收取,原订租价仍须减值,以求招徕,遂令极有把握之获利事业一变而为无利可图,实非始料之所及。犹幸商场规模宏大,尚能为本行增高声誉,而又位居全沪上最优越之地段,市面稍有转机,繁荣尚可预期也。

第二章　租赁地皮

第一节　租金

地皮租入计地九亩三厘四毫,议定每年应付租金上海规元贰拾万两,分四季预付。

第二节　租主

该地租主系欧司爱哈同,见证人系雷德律师及姚永励律师。

第三节　租地合同

该地系于十九年十月十六日签立合同,订明租用上海中心区地产一段,计英册第 114、115、116、130 号及道契第 214 号,共地九亩三厘四毫,附载详细图样,租期三十二年,期满将租用之地皮连同地上建筑物一并归还出租人。合同正本系英文,由信托部保管课保存,副本及译本于 19/11/19 备字八号函抄送总处备案,并另抄副本及译本存卷便查。

第四节　房租收入

商场自廿一年起至廿四年止共收入房租计洋壹百四十一万六千三百九十七元九角八分,又收入电益及杂益共计洋七万二千八百六十六元一角八分,两共洋壹百四十八万九千二百六十四元一角六分。

第三章 建筑及经费

第一节 工程总说

商场房屋原建筑为,临南京路中间为八层、七层,两旁为六层,临九江路、山东路为五层,中部均为三层,平层及二、三、四层为商场,五层以上为写字间。在工程进行时即将四层改为写字间,嗣又于廿一年八月将三层商场亦改造写字间,廿三年三月又于南京路六层上、九江路山东路五层上各加满写字间一层。全部原建及改造加造图样均系由庄俊建筑师设计、打样、监工,价目均用投标估价,再选殷实可靠之厂家开标,电陈总处核准,交由取定之营造厂承包,全部建筑均已按时完成。

第一目 全部建筑及三楼改造工程

(甲) 建筑

(一) 原建筑全部工程

本工程总价计规元五拾玖万两,由公记营造厂承包,廿年五月十九日签订合同,订明自即日起七个半月完工,过期一天罚银一千两。付款方法,每月领款一次,按实做工料百分之八五,由建筑师核定,签给凭单具领,末期之款即百分之一五,须完工验收满意后三十天内将赏银或罚款结算清楚付给,嗣又续加四楼改造及各层加改工程费规元十万○一千七百四十八两三钱三分,内除扣银四千两未付外,两共计合国币九十六万一千八百八十五元七角九分。

附图样两份(已于 20/5/28[①] 信字 46 号函寄奉)。

建筑材料及建筑方法

本商场房屋仿照最新式建筑,一切设备齐全,全部地脚、楼板、柱子、屋顶均用钢骨水泥建造,每层每间平顶下均装有自动救火机(英文名 Springker)。每层有男女厕所四间,所有在三层以上厕所内均做半截磁砖护墙,男厕所内装马桶二只、小便斗二只、面盆二只,女厕所内装马桶二只、面盆二只,所有马桶均用美国司旦达牌货,[②]面盆及小便斗则用启新牌国货。所有在写字间各层之厕所地面及平层进电梯及楼梯

---

① 指民国二十年五月二十八日,即 1931 年 5 月 28 日。

② 即美标洁具。

间之地面均铺中国白色马赛克。各层外窗，其临马路三面均用钢窗，临里面马路各面则用美松。每层房门亦均用美松。一、二层铺面及各层过道之地平均用磨光人造石。其三层以上之写字间，室内在钢骨水泥楼板上再铺美松一寸、四寸之企口板地板一层。每层屋内均装有电灯及电炉暗线并热水汀管等设备。所有楼梯均有钢筋混凝土构造，外用人造石磨平。全部临马路外墙均做人造芝麻石，临里面公路外墙粉毛洋灰，内墙粉水沙，刷颜色浆。全部屋顶用油膏油毡和小石子铺成。所有全部采各种材料均力求坚实美观，按照合同监造如法。

计开：

付建筑费银五十九万两，合洋八十二万五千一百七十四元八角三分。

付续加工程银十万〇一千七百四十八两三钱三分，内扣留尾款备修房顶银四千两未付，实付洋十三万六千七百十元〇九角六分。

收回旧屋料售价银九千五百两，合洋一万三千二百八十六元七角一分。

收回公记用洋灰二万八千五百袋，按 2325 除收付税款佣金，余款计银六千五百廿四两三钱四分，合洋九千一百二十四元九角五分。

两抵计付国币九十三万九千四百七十四元一角三分。

（二）三楼改造工程

本工程总价计规元一万四千五百五十八两六钱，由褚抡记营造厂承包，廿一年八月卅日订立合同，载明自即日起一个月完工，过期一天罚银一百两。嗣又续加工程费银一千〇四十两〇四钱三分。共计合国币二万一千八百十六元八角三分。付款方法分为三期，工程过半领第一期，完工后领第二期，均按实做工料百分之八五，第三期款须完工验收满意后五十天内付清。

附图样两份（已于 20/6/15[①] 不列号函寄奉）。

建筑材料及建筑方法已详前段。

计开：

付建筑费银一万四千五百五十八两六钱正，合洋二万〇三百六十

① 指民国二十年六月十五日，即 1931 年 6 月 15 日。

一元六角八分。

付续加工程银一千〇四十两〇四钱三分,合洋一千四百五十五元一角五分。

共计国币二万一千八百十六元八角三分。

总共建筑费国币九十六万一千二百九十元〇九角六分。

(乙)绘图监工

庄俊建筑师设计打样费按总造价三厘计算,计建筑总价银七十万〇七千三百四十七两三钱六分,内除公记加账内一千〇四十三两未计打样费,又加改造行屋加账银七千六百〇二两六钱(21/10/21[①]付开办费营缮账),共计银七十一万三千九百〇六两九钱六分,又设备费共计银十四万七千五百〇六两六钱五分(电梯费免计已除外),计共总造价银八十六万一千四百十三两六钱一分,按三厘计银二万五千八百四十二两四钱一分,合洋三万六千一百四十三元二角三分。

监工津贴费加派夜工监工每月津贴二百两,自20/5/21—21/5/31,[②]计十二又三分之一月,共计银二千四百六十六两,合洋三千四百四十八元九角一分。

共计国币三万九千五百九十二元一角四分。

(丙)设备

一、顾发利公司承包全部卫生器具、自动灭火机及自流井工程银六万三千两,合洋八万八千一百十一元八角九分。

又续加工程银一千一百六十四两八钱,合洋一千六百二十九元〇九分。

共计国币八万九千七百四十元〇九角八分。

二、兴泰电灯公司承包全部电灯电炉及电话线工程银五万二千两,合洋七万二千七百二十七元二角七分。

又续加工程银四百三十四两,内避电针价银二百九十四两现尚未付,计实付合洋一百九十五元八角。

---

① 指民国二十一年十月二十一日,即1932年10月21日。

② 指民国二十年五月二十一日至二十一年五月三十一日,即1931年5月21日至1932年5月31日。

又付电表洋一千八百六十四元八角，不计打样费。

又付装灯及改装总线费洋一千一百八十八元八角一分，同上。

又付兴泰代装电表一百只洋二千三百六十八元四角四分，同上。

又付电表卅一只洋六百八十元，同上。

共计国币七万九千〇二十五元一角二分。

三、亚洲公司承包全部暖汽工程银三万两正，合洋四万一千九百五十八元〇四分。

又续加工程银一百五十二两八钱五分，合洋二百十三元七角八分。

又付迁移暖汽管及包扎费洋六百十六元七角八分，不计打样费。

又付锅炉损坏重装费，除包工人认赔锅炉一片外，计付洋二千二百五十四元七角二分，同上。

共计国币四万五千〇四十三元三角二分。

四、兴利铜铁工厂承装商场大门八角、六角方铜玻璃大灯银七百五十五两，实付洋九百二十三元〇八分。

共计国币九百二十三元〇八分。

五、沃的斯[①]电梯公司承装电梯工程，计合洋七万七千八百十一元四角五分。

又付电风扇四只，合洋三百〇七元六角九分。

共计国币七万八千一百十九元一角四分。

总共设备费国币二十九万二千八百五十一元六角四分。

（丁）租税及酬佣

一、地租

付廿年份地租洋二十四万三千二百〇一元二角四分。

付廿一年份地租洋二十七万九千七百二十元〇二角八分。

付廿二年份地租洋二十七万九千七百二十元〇二角八分。

收商场拨来廿一年租金银八万二千六百九十七两一钱一分及杂益银一千三百〇六两二钱五分，共合洋十一万七千四百八十七元二角二分，除付利息洋四万七千五百五十七元一角五分外，计收洋六万九千九百三十元〇〇七分。

---

① 现译奥蒂斯。

收商场廿二年份租金二十七万九千七百二十元〇二角八分。

两抵计付国币四十五万二千九百九十一元四角五分。

二、地捐

付廿年份地捐洋一万二千三百十六元三角七分。

付廿一年份地捐洋一万四千一百十一元一角四分。

共计国币二万六千四百二十七元五角一分。

三、酬佣及律师费

付租地酬金计洋一万三千九百八十六元〇一分。

付租地律师费洋四千八百二十五元一角七分。

付哈同洋行总理姬觉弥酬金洋三万一千八百五十七元〇三分。

共计国币五万〇六百六十八元二角一分。

总共计国币五十三万〇〇八十七元一角七分。

(戊)筹备杂费

一、广告费

付登载中西各报广告费洋三千六百九十四元八角七分。

付登公共汽车电车广告费洋二千〇二十九元五角一分。

付年红〔霓虹〕灯广告费洋五千六百十九元二角。

付传单、电话簿、广告牌及杂项广告费洋四百十八元五角二分。

收回工程地篱笆出租广告费洋三千六百七十一元三角二分。

两抵计付国币八千〇九十元〇七角八分。

二、杂项开支

付商场图样照相及铜板等洋四百六十四元三角二分。

付又晒制全套图样洋六十四元九角六分。

付印契据文件及租屋图说等洋一千一百十八元三角五分。

付保险费洋一千二百四十四元七角五分。

付筹备期间职员薪工火〔伙〕食洋二千五百七十二元九角。

付送礼宴客及茶点等费洋二百八十八元一角四分。

付监工饭食洋二百〇七元八角四分。

付配镜架、玻璃架、装订图样、烫金书版洋六十九元五角七分。

付刻牛角章洋一元四角五分。

付廿一年四、五月救火龙头及自来水龙头费洋三十八元八角一分。

付顾银记未建筑前代做竹笆及平地工洋一百四十九元六角五分。

付工部局接管费(与包工人各半)洋四百七十二元〇三分。

付拟建九江路大楼梯照会费洋六元九角九分。

共计国币六千六百九十九元七角六分。

总共计国币一万四千七百九十九元〇五角四分。

(已) 利息

付十九年至廿年份建筑利息洋四万二千三百五十一元七角八分。

付又廿一年份利息洋二十二万七千〇八十四元〇二分。

付又廿二年份利息洋二十九万〇九百十七元二角二分。

收商场拨来廿一年租金杂益,除付地租外,计收洋四万七千五百五十七元一角五分。

收商场拨来廿二年租金及杂益收入款一部分,计洋五万一千四百〇八元三角二分。

两抵计付国币四十六万一千三百八十七元五角五分。

总共国币四十六万一千三百八十七元五角五分。

以上甲、乙、丙、丁、戊、已六项合计国币二百三十万元正。

第二目　六、七楼加造工程

(甲) 建筑

本工程总价计洋八万九千九百五十元,由褚抡记营造厂承包,廿三年三月十日签订合同,订明四个月完工,过期一天扣洋一百元,嗣又续加工程洋一千六百元,共计国币九万一千五百五十元,付款方法每月领取一次,按照所造实在工料百分之八五,凭建筑师签给之领款单具领,末期付款百分之一五,俟全部完工验收满意后三个月内结算清楚。

附图样两份(已于23/3/14[①] 信字12号函寄奉)。

建筑材料及建筑方法

本建筑全部柱子、屋顶均用钢骨水泥造成,全部均用钢窗柳安木门。各室内及过道之地面均用棕色姆司的克铺做。屋顶铺油膏油毡和小石子。各室内暖气设备改装热水汀炉片,与下面装设之热水管比较

---

① 指民国二十三年三月十四日,即1934年3月14日。

优良,其余各种工程及设备均与下面各层相同。

计开:

付建筑费洋八万九千九百五十元。

付续加工程洋一千六百元。

共计国币九万一千五百五十元。

(乙)绘图监工

庄俊建筑师绘图监工按总造价洋十一万〇八百九十九元九角九分之五厘计洋五千五百四十五元。

汪敏章工程师计算钢条工程并代向工部局接洽减免加大抱柱事项运动及酬劳费洋一千三百九十八元六角。

共计国币六千九百四十三元六角。

(丙)设备

一、兴泰电灯公司承包电线工程洋三千五百元。

又付改装二楼开麦拉线洋一千四百元,不计打样费。

又付电表两打洋三百〇二元四角,同上。

共计国币五千二百〇二元四角。

二、清华工程公司承包卫生及暖汽工程洋一万五千八百元。

又续加工程洋四十九元九角九分。

共计国币一万五千八百四十九元九角九分。

三、沃的斯公司承包电梯提高加速工程洋三千五百元。

共计国币三千五百元。

总共设备费国币二万四千五百五十二元三角九分。

(丁)杂费

一、付打水帮浦①一架洋五百八十七元七角。

二、付装帮浦用凡而②六只洋四十五元。

三、付装帮浦工料洋七十元。

四、付因加大铁柱改动高君湘所租之写字间内装修津贴修理费洋一百元。

---

① 帮浦即泵。

② 凡而即阀门。

五、付拆卸重装年红〔霓虹〕灯工料洋三百元。

共计国币一千一百〇二元七角。

（戊）利息

一、付建筑期间透支利息洋五千四百〇七元〇二分。

共计国币五千四百〇七元二分。

以上甲、乙、丙、丁、戊五项合计国币十二万九千五百五十五元七角一分。

收商场拨来廿二年份租金余款国币二万六千二百三十三元一角五分。

两抵计付国币十万〇三千三百二十二元五角六分。

第四章　全体经费

第一节　原建筑及三楼改造部分

一、房屋建筑费总数计　国币九十六万一千二百九十元〇九角六分。

二、绘图监工费　国币三万九千五百九十二元一角四分。

三、各项设备费　国币二十九万二千八百五十一元六角四分。

四、捐税及酬佣费　国币五十三万〇八十七元一角七分。

五、筹备费及杂费　国币一万四千七百九十元〇五角四分。

六、利息　国币四十六万一千三百八十七元五角五分。

以上六款合计国币二百三十万元正。

第二节　六、七楼加造部分

一、房屋建筑费　计国币九万一千五百五十元。

二、绘图监工费　国币六千九百四十三元六角。

三、各项设备费　国币二万四千五百五十二元三角九分。

四、杂项费用　国币一千一百〇二元七角。

五、建筑期间透支利息　国币五千四百〇七元〇二分。

以上五款合计国币十二万九千五百五十五元七角一分。

除拨收商场廿二年份租金余款国币二万六千二百三十三元一角五分抵付外，实付国币拾万〇三千三百二十二元五角六分。

以上原建筑及三楼改造费用计共二百三十万元，定为成本，六、七楼加造房屋费用计十万〇三千三百二十二元五角六分，列入信部透支项下,历年收入房租除随时拨付地租捐税及利息或拨还六、七楼加造费用外,有余随时拨存信部备用。

成本计算

查商场造价及筹备杂费约计一百四十余万元,又益以地租捐税及数年透支利息共约二百七十余万元,除前已由商场拨来房租及杂益收入抵付外,计尚付洋二百三十五万一千四百〇八元三角二分,列在透支项下,又商场廿二年房租杂益收入项下尚有七万七千余元,因于此项收入款内拨出一部分洋五万一千四百〇八元三角二分,付还透支一部,并即于廿二年年底将二百三十万元透支正数列出,定为成本,按年摊提,至廿三年六、七楼加造房屋费用,即以所收租金抵付,或付透支,不再加入成本。

摊提办法

商场建筑成本计二百三十万元,每年摊提百分之一,计二万三千元,以场记户名存入四行储蓄会,按年息九厘复利计算,自廿二年起至五十一年租地契约期满止,共得本息三百十三万五千〇七十三元五角三分,已由商场事务所于廿二年十二月廿五日列表函报在案。

房租预算

查房租原订预算月收银三万五千七百三十四两,合洋四万九千九百七十七元七角七分,加造六、七楼计每月增收租金洋三千四百廿三元,共计年收租金洋六十四万〇八百〇一元二角四分,嗣因市面不振,不得不以减收租金为招徕,迭经酌量情形,改减租值,合成国币。廿四年又因受减租风潮之压迫,自是年八月一日起再减收租金一成,现计月收租金国币四万四千五百十四元六角六分,年收租金国币五十三万四千一百七十五元九角二分。在房屋落成开幕时,适值战事方息,市面不振,租赁成绩不佳,至廿二年年底所收租金,除去开支摊提外,约合年息三厘四毫。廿三年市面渐有转机,租赁成绩较佳,约合年息四厘七毫以上。去年时局多故,市面不景气,又受减租风潮之影响,租户时有迁徙,以致租金减收,仅约合年息三厘三毫。惟冀时局安定,市面兴旺,尚不难恢复也。

沪储信部经理沈尔昌
地产课主任钱翼如

中华民国二十五年十月三十一日

3. 大陆银行董事会致总经理处函(1936 年 11 月 20 日)

总经理处台鉴:

准以八十四号函送沪储信部租地建筑大陆商场经历书一册到会请予备案,已照洽悉查照备案。惟查该商场成本过巨,收入又较预算大减,满租年限尚远,长此迁延,殊非妥善,应筹如何补救办法,希尊处精心研究,以期减轻亏耗,至盼至荷。此颂

公绥

董事会启

民国二十五年十一月廿日

4. 大陆银行总经理处致上海分行函(1937 年 11 月 1 日)

沪行台鉴:

查大陆商场地皮前于一九三〇年向欧司爱哈同租赁,现因地价低落,拟与协议减租,业经函致沪储信部切实交涉。惟此项契约当时系由尊处沈副经理代表签署,用将函稿抄附,即希查照,会同储信部认真办理,务底于成,是为至要。此颂

公绥

总经理处启

十一月一日

附抄件。

商场租地合同译文

本契约于西历一千九百三十年十月十六日签订,一方为欧司爱哈同(以下称出租人,包括其遗产执行人、管理人及移交人),一方为上海大陆银行依据中国法律组合公司(以下称承租人,包括其继承人或移交人)。

承租人应尊重契约,认付租金。出租人亦受此契约之束缚,应出租与承租人在上海中心区域之地产一段。此地产系在上海大英国总领事署注册为一百十四号一段,又一百十五号一段,又一百十六号一段,又一百三十号一段,并包括道契注册之二百及四十七一段,共占净地皮九亩三厘四毫,四界为北至南京路,南至九江路,东至山东路,西至又新

街。此段地产详细情形载于附件之图样内,并经双方签署,自此地产腾空之日起,承租人即可享有此地产上一切权利,并订明管业期限为三十年。

嗣后须确定每年付租金上海规元二十万两。此项租金应于每年分四季预付,不得有任何短欠。倘自签约以后出租人无论因何缘由,不能于三个月内将出租之房屋出空交与承租人时,承租人可予出租人之展期,但不得过六个月。在此期内应予承租人腾空之房屋,如至六个月展期期满,出租人仍不能给承租人应用空屋,本契约将自动取消,出租人将规元二十万两归还,且承租人不得向出租人要求赔偿损失,或用任何方法要求赔偿,因出租人事实上不能交出空地之故。

承租人承认付给出租人租金不得短绌折扣,倘若此项租金无论何时有所拖欠,自应付租金之日起两星期后,承租人愿付出租人拖欠租金之利息年息一分。此项短欠利息应与拖欠之租金同付,并应补偿由于拖欠租金之一切费用,但如拖欠或未付租金不过两星期者,无须补认利息。

承租人认付关于此屋或其一部分之一切税捐及一切应付之款(应付中国政府之地租除外)。

承租人承认自出费用,将此租定之房屋拆卸并移动,并经出租人同意,所有旧材料均为承租人之财产,承租人应用各种最好之材料建筑新屋,图样须经出租人或其工程师之审查及同意。旧屋所有之好材料亦可应用,但全屋应为极坚固之建筑,并备有最新式之便利。其建筑费总数应超过上海规元四十五万两,并须有种种必需之设备,如合宜之道路、沟渠及水源等。关于建筑工程,可由出租人之工程师监督,该员费用由出租人担任。承租人为履行此契约,暂存规元二十万两于出租人处,出租人认给利息,前三个月年息七厘,第一次展期三个月年息一分,第二次展期三个月年息一分二厘,此后认年息七厘。由出租人保存此款,候新屋造成,完全合式,并付清一切款项后缴还。

承租人在此合同期间内应遵守工部局现行或以后新颁之一切规则。

承租人应自己出费,将新屋里外时时修理,保存美观。

承租人应自己出费,在双[illegible]国保险公司,将新屋用出租人名义保足保险。此项保单应存于出租人处。

出租人可以要求将每年最后之保险费收条验看。此项保费应于保险单未到期前三日付讫。倘若此新屋或其一部分无论何时在此合约期间内为火所毁或损坏，承租人将取出由出租人处所取回之保险费，重新建造或修理。倘取回之保险费不敷建筑，应由承租人自己取款补足。

本契约满期，无条件归还出租人此出租之地皮及所建筑之房屋，并经承租人同意，此契约到期之时，将所建筑房屋内一切生财归与出租人。

除得出租人之书面许可外，承租人不能随时自动允许出租之地开为公路，或造一私路宽过二十二尺，或准允公众在此出租之地上得任何权利。

承租人不能贮藏或准人贮藏在此建筑之屋内有易于引火或他种危险品。

又不能移动或被人移动此地皮之界石。

承租人不能随意将此出租之产业过户转让(除系抵押之过户，此种过户可不损害或影响此契约或此契约所载之条文)与任何个人或团体。如遇上述情形，应先得出租人之书面许可。此种许可不能越出本契约之范围，或断定其再有过户，或有放弃本契约之意思。

承租人无论何时有破坏或不能履行本契约所载之条文，如保留之租金或任何部分有二星期未付(虽然无正式或法定追索)，出租人依法得完全再占有并享有其旧有之产业及新建筑之房屋均为其完全之所有权，承租人及房客或居住者应将在内各物完全搬出。此契约虽已终止，出租人亦可要求偿还拖欠之租金或因承租人破坏契约之损失。

前文所述出租人可再占有其产业，出租人仍不妨碍追索其应得租金，将根据中英法律用合法与公平手段追索之。

经双方同意，如出租之地皮无论何部分为工部局所迫让，出租人对于租金不能受任何影响。

承租人如能按期付租金，并履行契约，可安稳享用此产业，出租人或他人不得有所阻碍或妨害，并不得有所要求。

双方如有何问题发生在本契约内所未载明，可暂根据英国现行法律决定之。

本契约自双方签订之日实行。

签署者　欧司爱哈同

见　证　雷德律师

签署者　(此契约曾先读过并解释明白)

上海大陆银行代表副经理沈元鼎

见　证　姚永励律师

5. 大陆银行总经理处致上海储蓄信托部函抄件(1937 年 11 月 1 日)

照抄廿六年十一月一日致沪储信部函

沪储信部台鉴:

查尊处前与欧司爱哈同订立契约,承租上海中心区域九亩三厘四毫地皮,建筑大楼,每年地租计规元二十万两。自一二八事变及地皮风潮以后,上海市面已大不如前,而尤以地价低落为最巨,因而房屋租金亦随之下落。此为不可掩之事实,亦为订约时所不及料。加之今年战事,市面更不堪问,转眴已三月有余,久而愈烈。此等事变与寻常市面不景气固迥然不同,即较之一二八亦不知超过若干倍,商业既皆停顿,金融亦呈异态,此项地租若不乘时交涉,按照市况与事实,力商减让,则本行赔累太重,吃亏太甚。况值此非常时变,凡为事业,无一人不受亏损,独此地主坐享乙〔一〕成不变之厚利,揆之人情与公理,均非允当。寻译契约全文,规定极为详尽,然关于地租并无明文严格规定不能有所增减。推测双方当时意思,亦因如此长久时期(三十二年)之租约,不得不留有余地(虽工部局以后新颁之一切规则均明白预为规定承租人有遵守之公务,而独关于租金之增减则不提及,可以证明留为以后待决之问题,而不使于约内明文规定)。

再,本约末段曾有明文规定,双方如有何问题发生在本约所未载明,可暂根据英国现行法律决定之。近曾与明白英国法律家加以研究,其研究结果以本契约关于双方之权利义务及任何想像以后发生之事件,均逐项规定无遗,惟对于市面及地价如此之大涨大落及不幸之战事,既非当时双方当事人所能想像,其低减程度又非意识所能推定,而关于此等不幸之事件更不能以文字表示于契约之内。约文末段所谓如有何问题本契约所未载明之事件,今日之战争即其一端也。至谓根据英国法律，查英国乃不成文法之法律，凡在契约有效期内，并无明文禁止双方不能商洽租金之或增或减，而英国又注重地方习惯与时代之景况，并尊重当事人间感情及公理，向来不顾任何一方独感意外之困难，更对于契约内任何一方凡不由于私人之过失或怠慢，乙〔以〕及道义之缺乏而发生非常之情势者，无不鉴于公理及事实，加以充分谅解，另辟相当途径，以为适当公平之解决，维持约内之终了。此即为英国采取不成文法精义之所在。

今因上海过去之一二八及现在之战事影响如此重大，以致地价房租低落，致与立约时距离如此之大，此真正为任何人所不能想像及预知，更非一方之故意或过失所影响，况地租增减约内亦并无明文禁止，自当根据上述理由，迅予面晤哈同方面现在负责人，先以口头商请解决途径，按照地价低落程度比例减低地租，俟有成效，专函具报，经总处核定后，再以书面换文，以期遵守。如对方要求将来市面恢复，地价房租增长与立约之时相等，仍应恢复原订租额，或将来市面更有进步，地价房租超过西历一千九百三十年立约之日程度之上时，彼方亦有权要求增加租金等情，亦可允其考虑，再行答复，以示平允。

事关重要，务乞尊处即日向前途洽商，并使用相当方法，以期成就。如何情形，随时函报。再，原约内虽有不得欠租之规定，但减租与欠租性质不同，并希注意为要。再者，此事一面根据上述正当理由，先与口头交涉，一面亦可寻觅明了英国法律者或英国律师加以讨论。如英国法律有明文可以依据，则更善矣。专此。祗颂

台绥

总经理处启

6. 大陆银行与哈同洋行关于提前转让大陆商场的联合通告（1938年8月10日）①

<table><tr><td>大陆银行
哈同洋行</td><td>为提前</td><td>交付
接收</td><td>大陆商场房屋联合通告</td></tr></table>

上开商场原系大陆银行租用哈同洋行基地建筑，定有租用年期，期

<table><tr><td>满房屋归并地主，兹经协定，</td><td>大陆银行
哈同洋行</td><td>提前</td><td>交付
接收</td><td>商场全部房屋及附设</td></tr></table>

① 1938年8月16—18日登报通告。

工作物、从属物等，大陆银行收回
哈同洋行支出建筑代价，已于七月一日一并让归哈同洋行管业，特为联合登报通告。

民国二十七年八月十日

7. 大陆银行总经理处致董事会函(1939 年 1 月 10 日)

董事会台鉴：

接奉 65 号大函，以储信部出让大陆商场历年亏累确数以及陈顾问[①]办理此案往返并居沪十阅月用费又如何酬赠之处，嘱为分别叙明，并入此项专案备查等因。查大陆商场当初建筑成本共计二百四十余万元，历年积欠信托部透支约计一百卅余万元，两项共计三百七十余万元。此系该商场全部支用款项。所有应收未收之出让价款及应收未收之欠租，除去此次出让商场一切用费外，实际净数若干，自应通盘妥筹弥补办法。至陈顾问办理此案，应付维艰，费尽心力，经十月之久，方告厥成，酬赠公费再四酌定折衷办法，按原让价七十六万九千二百卅元另七角七分以百分之五换算，计酬给公费三万八千四百六十一元五角四分。又陈顾问往返川资及在沪因公酬应并住沪十个月一切用费，共计一万五千八百廿三元二角，虽为数稍巨，然兹事体大，不比寻常，且陈顾问以公谊私交关系，从未计论多寡，此事倘延聘沪上或其他律师办理，恐所费决不止此也。此外尚有付给汪有龄及张一鹏等律师公费四千二百元。又储信部支给姚永励律师公费一千元。所有以上各款以及商场实际亏损数目，前已函嘱沪储信部迅编经历书，详细列报表，一俟陈送到处，再行另案函达。先此奉复，即希詧洽为荷。此颂

公绥

总经理处启

中华民国廿八年一月十日

8. 大陆银行董事会致总经理处函(1940 年 1 月 18 日)

总经理处台鉴：

查沪储信部租建大陆商场提前退租售归原主一案，上年一月十日

---

① 陈仲文。

曾经尊处来元号函，将结束一切用费具报在案，而该部对商场亏损确数以及应编经历书等件，时逾一载，未经转送到会，未便置为办案，用特函请查照上年本会第二号复函，严加饬催，造送转会，以凭审核，并盼将弥补亏损办法切实拟妥送会，早资补救，以成定案为荷。此颂

公绥

董事会启

民国廿九年一月十八日

9. 大陆银行总经理处致董事会函（1940 年 4 月 15 日）

董事会台鉴：

接十号台函，以沪储信部租建大陆商场提前退租售归原主一事，其亏损确数及弥补办法即切实拟妥送会，以成定案等因。

查大陆商场转让后，其房价损失及历年亏耗总计已达二百九十四万八千〇廿六元二角四分，为数甚巨，自应设法弥补。惟沪储信部因受时局影响，营运欠佳，自身头寸极属有限，如此巨数亏累，若令该部设筹，绝非咄嗟所能立办，但行款重要，何能任其久悬。本处几经筹度，始行洽定弥补方案，即以三十万元为基金，长期存储于他行，以廿五年计算，年息一分，利上加利，期满时可得本息三百四十余万元，则基金与商场损失均可弥补足额。不过沪储信部自身现时能筹之款约计只有半数，系商场摊提金、哈同所付房价之一部及商场收抵房租所存各项公债售得之款，但商场摊提金前已存入四行储蓄会生息，非到期不能支取。为早日将此项弥补方案办清起见，自不得不借助于联行，经即分别函嘱津沪两行各垫七万六千元，沪储信部自存十五万元，共计卅万〇二千元，于上年六、九两月间由沪行代存入上海交通银行十五万六千元，由津行代存入天津中国、交通两行七万六千元，本年一月间由沪行代存入上海交通银行七万元，均为十五年长期储蓄，周息一分（该两行储蓄存款最长期为十五年，上海中国行周息不及一分，故只存入交通一行），分开储记、信记、大记、商记、补记五个户名，专刻图章，作为印鉴，连同所执存单分别由津沪两行一并保管，于四十三、四十四两年先后到期，再将上项本息续存十年。如将来两行利率或有变更，届期当再斟酌情形，如果不敷，再多转一年或二年，以期足额。其津沪两行所垫之款，即以

所收哈同房价尽先陆续归还。照此办理,能以少数基金弥补巨数亏款,虽期限似觉稍长,而办法确较实在。此系以专款存储备抵商场损失之办法也。

至就目前而论,物价飞涨,数倍于前,所有储信部现有产业,如施高塔路[1]之施高塔大楼、大陆新村、留青小筑、淞云别墅,崇明路之大桥大厦、德邻公寓,北四川路之新祥里各房地产,较之原来造价成本,已经高涨二三倍之间,以之抵补商场损失,亦复绰有余裕。虽上项各产一时尚未能收回,然将来总有解决之希望。此就储信部自有产业弥补商场损失之统计也。

除俟商场结束经历书送到,再行另函转达外,用特函达,即希贵会詧洽备案为荷。此颂

公绥

总经理处启

中华民国廿九年四月十五日

10. 大陆银行董事会致总经理处函(1940年5月15日)

总经理处台鉴:

接准四月十五日廿七号函开,据称沪储信部查大陆商场转让后,其房价损失及历年亏耗总计已达二百九十四万八千零廿六元二角四分,为数甚巨,自应设法弥补等情到会。本会查所拟定办法已颇具苦心,期限虽长,数尚有着,除予查照备案外,仍希尊处注意,遇有相当机会,设法提前弥补足额为企,所有该商场结束经历书祈促早日送会,勿任延搁为荷。此颂

公绥

董事会启

民国二十九年五月十五日

11. 大陆银行总经理处致董事会函(1941年1月9日)

董事会台鉴:

案查沪储信部所属大陆商场结束情形,业经先后函达在案。兹据该部编制商场结束经历书到处,查阅所编,大致尚属明晰,用特检具一

① 今山阴路。

份，连同附件一并送奉，即希贵会詧洽备案为荷。此颂
公绥

总经理处启

中华民国卅年一月九日

大陆商场结束经历书

第一章

第一节　成立年月日

大陆商场于民国廿一年四月十六日成立。

第二节　结束年月日

大陆商场于民国廿七年六月三十日结束。

第二章

第一节　商场建筑及一切设备成本

大陆商场建筑及一切设备成本于民国廿二年规定国币二百三十万元，殆廿四年加造六、七两层写字间完工，增加建筑设备成本国币十万〇三千三百廿二元五角六分（原建筑费计十二万九千五百五十五元七角一分，以廿二年结余二万六千二百三十三元一角五分拨转外，该部分建筑成本如上数），两共国币二百四十万〇三千三百二十二元五角六分（详廿五年十月三十一日陈报大陆商场经历报告书）。

第二节　营业经过及收支数目

查大陆商场建筑于廿一年四月竣工，即于是月十六日正式成立大陆商场事务所，专理经租电气管理等一切事务，开始招租。是年适值一二八战后疮痍未复，一年内陆续租出者仅及四分之一，而建筑成本尚未确定。廿一年终结算，所收租金及杂损益项下净余规元八万四千〇三两三钱六分，即将该款之一部分规元五万两划交信托部，充作是年冬季地租，其余规元三万四千〇三两三钱六分，拨入透支利息户（详廿一年十二月卅一日密函），以资结束。自廿二年终始以建筑设备、捐税、酬佣、筹备及建筑时期利息合计规定建筑资金为国币二百三十万元（详廿五年经历报告书），规定每届决算。

全部商场内电气，由商场事务所与兴泰电灯公司合作，向上海电力公司签订转售电气合同，故除自用电梯、路灯、打水马达不计电费外，年

有盈余,是以商场除房租外,电气盈余即为副业收入。自廿二年起至廿七年上届止,电气部分净余国币十万〇四千六百七十四元二角九分。兹将历年各项收支列表附后。

依照表内收支各栏计算,历年收入除廿三年外逐年降低。盖在建筑时预算颇有盈余,原定月租可收四万九千九百七十七元七角七分(规元三万五千七百三十四两折合),逮建筑完工,市面每况愈下,将下层铺面约七折减收,改定租额每月应收四万五千三百五十一元五角(规元三万二千四百廿六两折合),当时犹未能全部租罄。至廿四年一月间,六、七两层写字间加造部分完工,每月可增收二千四百五十四元。当时适值不景气潮流澎湃,市上减租涉讼者纷起,商场租户亦联合请求,屡经诉讼,自是年八月起为适应环境,自动减租一成,每月规定月租为国币四万四千五百十四元六角六分,但空关者及国货公司租约规定以对折起租按年递加等种种暗耗,尚未计算在内也。

附表。

第三节　结束原因及转让价格

本商场计划建筑时,适值沪上地产高涨、市面勃兴之际,当时房屋合同期满增加租金恒达百分之三十,而内地不靖,游资过剩,纷纷向上海投资,市面活跃,地产事业尤为巩固。我行有鉴于斯,乃租赁哈同洋行南京路基地,建筑大陆商场。其设计之周详,范围之广大,一时首屈一指。不意工程未半即遭一二八之变,受此打击,市面萧条,地产业更一落千丈,不仅原计划铺面拟收取小租未能实现,并减收租值以广招徕。此则始料所不及也。开业之初,已在艰难困苦中应付环境。至廿三年,二楼中国国货公司扩充范围,全部租作商场,始现繁荣气象。廿四年下半年起,世界不景气潮流影响本埠,以致业主因空屋日增,纷纷减租,当时有自动减租七八折者不等。商场租户虽系定期契约,迭经诉讼,然藉词积欠者日增,法院亦仅能作书面判决而无法执行,不得已以各地比较适应环境,本商场租值实觉过高,乃自八月份起自动减收一成。但本商场营业,外受市面之影响,内则因收入数额支付资金利息之不足,积欠透支与日俱增,即使日后营业或有起色,然难获实利,更遭八一三事变,嗣后不动产之变化更难预测,而租地契约尚有二十五年之久,由总经理处一再筹思,分别征求各董事意见,初则向哈同洋行商减地租，未获结果，乃决计取消契约，收回建筑成本，于廿七年八月八日正式签订解除租地契约、计自双方谈判至签约日止，费时十阅月，几经波折，始抵于成。计哈同洋行偿付建筑价金国币七十六万九千二百三十元〇七角七分（合规元五十五万两）。兹将解除租地契约并转让地上建筑物合同附后。

附合同一份。

第四节　剩余生财之估值

依照契约，建筑物及从属物均移转哈同洋行接收，而平日使用家具均属信托部借用，已无剩余生财。

第三章

第一节　实际盈亏及数字

查商场历年营业状况，实际盈亏若除地租、地税、开支、摊提外，资金不作透支利息计算，而以建筑成本毛息折合，则廿二年应余七万七千八百余元，合年息三厘四毫弱；廿三年应余十一万一千八百余元，约合年息四厘九毫弱；廿四年应余七万五千一百余元，约合年息三厘三毫弱；廿五年应余四万四千七百余元，合年息二厘弱；廿六年上半年市况渐苏，至八月即遭变乱，但尚余一万五千四百余元，约合年息七毫；廿七年营业六整月，时值战争未息，空屋增多，上届决算始结亏四万三千三百廿九元〇五分，但历届摊提金仍照章提存。此毛息之匡计，若以资金及透支利息计算在内，则共计累年结亏国币一百三十一万〇二十九元〇三分。此实际盈亏之情形也。

第二节　未经收回及亏短款项整理办法

本商场营业五年又半，因支付资金利息之不足，积欠透支计一百三十一万余元，连同建筑资金合计国币三百七十一万三千三百五十一元五角九分。其整理办法，除尚未拨付房屋摊提金一部分仍照章支付，转让契约签订时费用应摊十九万元亦并入整理，共计全部结亏国币三百九十一万三千三百五十一元五角九分，内除收回建筑费国币七十六万九千二百三十元〇七角七分，及四行到期摊提金、商场收来抵付房租公积等各款项共计十九万六千〇九十四元五角八分，双方冲转，实际损失计国币二百九十四万八千〇廿六元二角四分，先予停息，由信托部另筹的款，交存中交两行，分别存放十五年长期存款，计在沪存二十二万六千元，到期本息共得九十七万六千七百五十八元八角九分，又在津存七万六千元，到期本息共得三十二万八千四百六十七元四角九分，津沪两处总共存放三十万〇二千元，到期本息合计共得一百三十万〇五千二百廿六元三角八分。兹将存储各户分列详表附后。①

附表。

查商场损失共计二百九十四万八千〇二十六元二角四分，连同津沪存放长期存款基金三十万〇二千元，合计三百二十五万〇廿六元二角四分。复查上项十五年长期存款到期本息仅可得一百三十万〇五千二百廿六元三角八分，以之抵补基金及商场损失，所差尚巨，到期本息拟再续存十一年，则到期约可得本息三百四十二万余元之谱（按九厘复利计算），方足以资抵补。此商场全部亏损之整理办法也。

沪储信部具

中华民国廿六年十二月卅一日

立解除租地契约并转让地上建筑物合同。

哈同洋行 大陆银行（以下简称甲 乙方）缘乙方前于中华民国十九年向甲方租得坐落南京路、九江路间基地建造楼房，订有租地造屋合同，定期三十二年，约明每年地租银规元二十万两，迨租期届满，地上建筑物即归甲方所有，近因乙方欠付地租十五万两，合国币二十万〇九千七百九十元〇二角一分，经甲方提起诉讼，现乙方愿与甲方解除上项租地契约，返还全部地基，并将地上建筑物（详后）提前作价让与甲方，经甲方同意，兹将协商一致各条开列于后：

一、双方民国十九年十月十六日所订关于租用坐落北至南京路、南至九江路、东至山东路、西至又新街计地九亩三厘四毫基地之契约于本合同成立时作废，该基地全部及其从属权利同时由甲方收回。

二、乙方在租地上所造之建筑物（即大陆商场）及工作物各全部，连同内外门窗隔墙、一切装修及其从属物件（但房客自备之装修不在此内），又（1）自流井、电梯暨供应水电所需之一切装修设备及其从属物件；（2）锅炉、水汀暨供应暖气所需之一切装修设备及其从属物件；

① 十五年长期存款沪存部分和津存部分二表略。

年份	收入			支出							盈亏	
	租金	电气盈余	杂损益	地租	地税	资金利息	各项开支	房屋摊提	器具摊提	透支利息	杂损益	盈	亏
二十二年	420,518.31	21,994.06	170.40	279,720.28	14,858.73	51,408.32	47,296.06	23,000.00	166.23			26,233.15	
二十三年	437,062.53	24,947.89	2,714.84	279,720.28	17,246.74	276,000.00	32,900.46	23,000.00	170.90	1,930.33			166,243.45
二十四年	406,189.96	21,732.74		279,720.28	17,246.74	255,300.00	32,824.68	23,000.00	197.57	33,141.74	571.46		214,079.77
二十五年	374,810.36	18,745.83		279,720.28	17,246.74	276,000.00	28,887.55	23,000.00	224.24	73,257.62	1,234.87		306,015.11
二十六年	359,482.71	13,560.80		279,720.28	17,246.74	276,000.00	37,578.72	23,000.00	134.78	97,972.31	7,465.59		366,074.91
二十七年上届	143,726.95	3,692.97		139,860.14	9,855.27	138,000.00	19,273.31	11,500.00		69,979.24	6,307.50		247,355.54
二十七年下届		1,007.32					1,684.88				9,582.69		10,260.25

(3)关于消防卫生警卫暨清洁所需之一切装修设备及其从属物件;(4)其他不属于以上三款,凡与管理或经租大陆商场有关之一切装修设备及其附属生财等,一并作价(金额详后),即日转让为甲方所有,听凭甲方照旧或改名,继续管业。乙方限于本年八月十八日以前负责照实列册点交甲方接收。

三、前条建筑物及其附属物之转让,共总由甲方偿付价金中华国币七十六万九千二百三十元〇七角七分(合旧规元五十五万两),此项价金除扣留二十万〇九千七百九十元〇二角一分(合旧规元十五万两)划抵乙方应付之民国二十六年冬季及二十七年春夏两季地租外,其余五十五万九千四百四十元〇五角六分(合旧规元四十万两),言定均分九期付清,不计利息。第一期应付之款计六万二千一百六十五元五角六分,于本合同成立之日给付。其余分八年付清,以每年七月一日为付款期,指定大陆商场房租收入为担保(给付方法如下),由甲方每月于所收该场租金项下尽先以五千一百八十元整提存于乙方银行(乙方租用商场房屋每月应付之租金按期尽先扣存,又所有提存之款均作为活期存款,乙方应按周息三厘计给利息),至民国二十八年七月一日即将逐月提存之款全数(除去利息)拨付第二期应付之款(同时将所生利息支给甲方)。所有第三期以下均照此办理。倘某月商场全部租金收入不敷提存时,甲方应以其他房租收入补足提存之乙方,并得派员查看该场经租账目,以明实际,但限于某月不敷提拨存款时行之。又如发现不实时,乙方得就每月应得之租金收入部分(指五千一百八十元之提存数额而言)有收租权。

四、点交时如发现未经本合同明白规定之物原为乙方所有而与转让标的有关者,亦概无偿移归甲方所有。

五、乙方保证,对于租地及地上建筑物并一切附属物,除房屋租赁外,并未与第三人设定任何权利。

六、乙方所设大陆商场经租处对外一切钱债往来统归乙方自理。

七、房屋出租约据及房客所交押租或保证金,限自本合同成立之日起十日内,由乙方造册,移交甲方点收。

八、本年七月一日以后之租金,统归甲方收取,开支亦属甲方负担。

本合同一式四份，双方当事人暨证明律师各执一份，其余一份呈送法院存查。

中华民国二十七年八月八日订于上海。

立解除租地契约并转让地上建筑物合同人 甲方 哈同夫人（英文签字）

乙方 叶扶霄①

证明律师 薛笃弼

① 叶薰，字扶霄，时任大陆银行上海分行经理。

张元济来往书札之三

陈正卿、彭晓亮 整理

1. 司温德耳致张元济函译文[①](1913年1月15日)

元济先生鉴:

谨启者,敝处 Mr. Michael T. Hagerty[②] 近年以来翻译中国农事论说,且得 California[③] 大学校中国学生之臂助,故对于 Tsai Hsiang[④]《荔枝谱》确切原文颇为注意,鄙人知此项论说业已在 Tsai Hsiang 著作内再版,此书出版名《端明集》,[⑤]拟托阁下搜觅一册,以备敝处议院藏书楼之用,倘无法办到,可将该著作内《荔枝谱》并《荔枝故实》拍照寄来。此事 Mr. Hagerty 曾已函致阁下询及,鄙人曾见过《荔枝谱》三本,系 Tsai Hsiang 所著,系从石头上揩刷而来,其中两本存议院藏书楼,其余一本存广东岭南学校阅书室。再,此间议院藏书楼亦有原文附本两本,完全木版,但此两本彼此不同,似较在石头上揩刷者尤为完备,倘阁下知揩刷而来之最老原文何处可觅,殊为欣盼觅到原文拍照寄来,俾资参考,尤所盼望也。敝处关于水果论说中,《荔枝谱》一项为最早之博考,故对于原文极为留心,务祈帮忙搜觅,俾便译英文,望细译,不失中国原文之精意,使中国对于科学研究之农业家无不

---

① 译文均为原件,系当时人所译,下同。

② 哈格提,英国植物学家。

③ 加利福尼亚。

④ 蔡襄,字群谟,宋代兴化仙游(今福建仙游县)人,《宋史》有传,公元1059年著《荔枝谱》。

⑤ 《端明集》,又称《蔡忠惠公集》,蔡襄著作。

注意及之。专此，并颂

年安

司温德耳顿首

一月十五号

2. 施永高致张元济函译文(1920年2月)

译美国图书馆施永高君致张菊翁原函(1920/2/25来)

菊生先生伟鉴：

敬启者，敝图书馆荷蒙先生代为搜集大批志书，甚为感激，虽价目似乎昂贵，但仍请继续收买，而以府志、县志为最要，弟深喜。科克君(O. F. Cook)亦曾为敝图书馆购买湖南府县志多种，兹附奉新坎纳来(Kennelly)目录一册，敝处所已有各志均经注明，前留尊处注有记号之坎纳来目录一册已不适用，请即寄还为荷。弟现拟购安徽、湖北两省通志，不识先生能以何价代为购到？《湖北通志》弟悉外间甚少，但尊处或有出售。又，《大清统一志》恐有数种，兹请代购佳本一册，约需价几何，亦望一并示知。先此奉恳，不日容再续闻。弟深望来年得再来华一行，但未知能否成为事实耳。耑此，顺颂

公绥

弟施永高谨启

3. 施永高致张元济函译文(1920年3月①)

中国上海商务印书馆经理张

菊生先生大鉴：

接读二月二十八日发来之大札，快甚。承于古书流通处代购各书，谢谢。惜近来地理志一门价目增昂，京沪间如斯，内地或不竟然。忆去夏柯克Cook君偕同金陵大学毕业生叶君游历湖南、江西二省，买得地理志多种，价值极廉，均合每部墨洋十元，倘蒙函托贵馆在内地之各分店访购，或能较廉。虽然，凡敝图书馆所缺之县志如不能廉价购入，自当根据市价，尤望旧府志能购成全套，庶不向隅矣。

前承在广东代购各书，兹寄上汇票一纸，恐有不足，望向银行索得

---

① 原函无日期，系由整理者考订。

汇兑单,与其兑成墨洋几何,由银行执〔职〕员用墨水签字,连同尊处收条一并寄下,不敷若干,当即照补。

前接贵馆一九一九年三月十八日开来发票一纸,系为鄙人代购书套四十一个,计洋念元五角,运费念一元八角,装箱费四元五角,回佣五元八角五分,共墨洋五十三元六角五分,兹寄上纽约汇票计美金五十元,不知所缺几何,再为补寄。

夙闻哈同君已将其道经翻印,不知确否?如已翻印,售价若干,望示知。

承询敝图书馆目录一部,不日另函答复。其目录均系拍出而非印成,各种样页容后寄上,并附解说,以便尊处择购。来示所言关于 Imperial Catalog① 不甚详晰,因该目录共有数种,不知所需何种也。

敝处寄存尊处之英文发票,望下次除正页外,再寄下空白副页一纸,签好字,若账目有误,即可在副页上更正,而无须将原页寄回,徒费时日也。屡烦代购各书,感激无涯。

再有恳者,敝处于宋版各书极欲购得一二种,尤望能获得关于宋版中国艺术史类,不知能否代为觅访?素知先生喜藏古书,若于宋版各书而为尊处已有者,望即代为购下。良以时有游人来鄙图书馆参观,惜无好宋版书示阅,诚憾事也。

二月廿五日曾寄上 Kennelly's 目录一本,其已为鄙图书馆购得各书已经标出,随后又收到书多种,名目另列一单,望在该目录内一一标出。

4. 张元济复施永高函稿(1920 年 4 月 16 日)

复施永高信 9/4/16

接二月廿五日信,诵悉。属〔嘱〕购各省府县志书,虽时价增加,仍照旧进行,自当遵办。寄来坎纳来目录一册,业已收到,即将去年所交一册寄还。惟直隶省宣化县、江苏省元和县、山东省邱县、四川省崇宁县旧目内已经×去,而新目反无之,未知何故;又,河南省旧目有南阳府无南阳县,新目反是,想系误笔,望查明见示。又,敝处近在北京代购到各志,计□②种,均系按照旧目采买,其中有□③种在新目中已经用红

---

① 帝国目录。

② 原函此处空缺,用“□”表示,下同。

③ 原函此处空缺。

笔×去，想必系 Mr. O. F. Cook 为尊处代购，但敝处先未知悉。兹附去一 A 单，请与寄还之旧目一查便知，现如与原店商量退还，但恐其未必允许，不知尊处能照收否？另有□①种，同时在京买来，其书稍有损坏，容修好并寄上。兹先将清单 B 寄上，乞查收。敝处久已将旧目各省除广东外均寄各省分馆，一时不及通知，恐将来不免有与新目重复者，嗣后如尊处转托他人代买，务祈先行示知，指明某省除出，如广东省之例，庶几可免重复耳。安徽、湖北两省通志，敝处遵为欲求，安徽已购得一部，价四十元，惟湖北极不易，敝处亦未购得，去年在京见一部，印刷极不佳，非二百元不售，以其价昂，故只可不买，后不久闻有他人买去矣。《大清一统志》殿本最好之纸自须四五百元，次者亦在二百元以外，广东翻版亦一百余元，尚有石印缩本，则字迹甚小，价亦较廉，每部不过□②元之谱，如欲购何种，乞示知，当为代办。阁下明岁来华，闻之甚喜，倘能成行，望先期见告。

5. 司温德耳致张元济函译文（1920 年 9 月 25 日）

美国华顺顿农部藏书楼会长司温德耳来信

元济先生大鉴：

兹者接奉尊处七月二十二号信，附来六月二十三号所开书账单一纸，即系六月十五号由上海装苛伦布船运来之书籍也。其中有《安徽通志》多出一部，此系鄙人之错误。就现在运到中国重要省分〔份〕内之通志书，除湖北、江苏两省之外，其余均各至少已获一部矣。此两省所缺志书，祈从速代购为感。

今寄奉敝处议会藏书楼中在两月中所集中国地志书书目单两纸，但此单所开志书名目与尊处六月二十三日来单（此单已拍照附还）内二十五种并不在内。敝处议会以后尚须续向尊处购办中国无论何处地志书籍。广东省前次购单内未曾开进，故未办来，谅邀洞悉。于添置地志书籍，鄙人最为注意，府志尤为留心。至敝处议会藏书楼中，尚拟在已搜集之志书中他种出版之志书外注明加圈，如泐、缺、劣等字样之佳本，前亦曾请阁下照办。四川、广东两省志书因不齐全，曾在原单上注明，

① 原函此处空缺。

② 原函此处空缺。

此种缺页现已补上,故此两省志书请不必购矣。福建、云南省地志请加意设法购来为感。就此重要两省中所得志书甚少,如见有广东省志书,无论何种,亟需购进。盖鄙人现在考察南省农业出产如橘子、文旦、柠檬等水果甚盛故也。近来收到山西阎锡山督军寄来新出版 Chih wu ming shih tu kao① 一书,其序文中申明此书已在山西省印刷局中出版,烦代托北京贵分馆代办翻版大号字十本,请寄广东教会学校 Christian College 教员 Prof. G. W. Groff、②非律滨小吕宋 Director of the Bureau of Science、③ S. E. D. Merrill④ 各一本,其余八本请装运来美,交鄙人收可也。

再,鄙人近来将各种所存志书编成目录(指植物言),连贵馆新出版者亦编列在内,目录编成,鄙人拟就诸书中所载植物名,以拉丁文字定以名称较易,且不致误,目录样张内中注明如何用法,是当早为寄奉也。

此请

日祺

司温德耳具

九月二十五日

6. 施永高致张元济函译文(1921 年 1 月 19 日)

○○先生:

兹者,《四部丛刊》与《廿四史》传单由美国寄来,鄙人曾函购连史纸一部,书底面均要注明书日,用布套装订。至《廿四史》,鄙人拟请特别减价,作□⑤元算,底面亦要注明书目,布套装订。既用布套,不用胡桃色书面,价目是必可减让。又,《增订丛书举要》,鄙人亦拟要购两部,上年农业部收到尊处寄来一部,印工甚劣,请寄印刷精良之本书,中题号

① 《植物名实图考》。

② 高鲁甫(George Weidman Groff),毕业于宾夕法尼亚州立大学,园艺学家,1907 年由美以美会派至广州岭南学堂任教,是首位来华的农业传教士。

③ 科学局局长。

④ 梅里尔(1876—1956),植物学家。梅里尔博士 1902 年以植物学家身份到美属菲律宾马尼拉服务,先在农林部,后来在国家实验局任职,最后任科学局局长。1924 年返美,先后任加利福尼亚大学农学院院长兼农业实验场场长,纽约植物园园长,哈佛大学植物学教授兼阿诺德树木园园长和哈佛大学植物标本总监。

⑤ 原函此处空缺。

均能一目了然，因此书为我美人所看，此为最要紧之事。又，各种图书丛报并月送书目单以后寄我，可径交农业部鄙人收，以便无论议院藏书楼或农业部随时可购定也。

再，附上《增订丛书举要》目录印工甚劣之照相一纸。

正月十九日

7. 施永高致张元济函译文（1921 年 2 月 2 日）

元济先生鉴：

今日由邮局挂号第四一一二〇一号邮袋退奉《安徽通志》并安徽省报纸共十二包，系上年夏向鄙人托购者，但此项同版书籍在议院藏书楼早已购存，包件系二二八三号至二二九四止，并有鄙人自做暗号码，请将此项《安徽通志》更换别种或地志书籍等，备存此间藏书楼中，其价值须售与藏书楼中之《安徽通志》相等。附上藏书报纸目录补单一纸，至 1921 年正月为止，补单即作前次送上一份之用，请为录入。尊处新闻目录单下注明以后应购备之报纸，并祈将来附添之报，务期办到。

鄙人前曾托购广东省书籍，比以 Prof. G. W. Groff 教授现在此间，可不必向该省购矣。但拟请金陵大学极力设法购置安徽或江西省报纸，已函请 Bowen① 监学，一俟定当何省，即转知阁下，故现在不必向该省去购，且待鄙人函致可也。搜购报纸之事，鄙人极为留心，未知阁下办得如何？湖北、江苏报纸至今尚未寄到，请代速寄为要。《湖北通志》书如有完好者，鄙人愿出洋二百元之数。《四部丛刊》并《廿四史》定单有否收到，均要连史纸，底面均注明目录，并用夹板套装钉。此托，并请

新禧

二月二号

8. 张元济复施永高函稿（1921 年 3 月 20 日）

复施永高信 10/3/20②

施先生阁下：

---

① 包文（A. J. Bowen），金陵大学首任校长。

② 张元济注：“请汪康年先生转交李渭林先生译成英文。张元济 10/3/21”。

敬启者,今致书于左右,先向先生请罪,即叠次接先生来信,均未答复,至为抱歉。缘去秋因事入京,又在本籍建筑阖族祖祠,常常回里。先生信中所言之事又非他人所能代办,而余又不能自缮英文。有此种种原因,致未能即时答复,总祈先生原宥。寄来 Two complete sets of the list of gazetteers in the Library of Congress Collection① 及历次寄来之 Supplement up to January 1921② 均已收到。

先生要续买丛书,余当属〔嘱〕上海书店开出所有丛书清单,并托北京分馆转托相识之书店照同样开出,随后寄上,但恐所开条件如先生一千九百二十年十二月十一日来信所举各节不能一一开列清楚耳。

先生所编之丛书目录如已编成,甚盼见示。

本馆影印《学海类编》,比原书较小,原书甚不易得,敝馆故影印。预约黄纸五十元,现售七十元,白纸预约六十元,现售八十元。贵馆如需购用,乞示知。

本馆出版《涵芬楼丛书》仅出五种,书甚平常,故不寄去。至《涵芬楼秘笈》,已出第三集至第九集。又有《宋人说部》,均有名之书,已出二十余种,均属〔嘱〕同时寄去。由敝公司发行所制成布套寄去,并开发单奉阅。

《四部丛刊》出版后,因外国经寄售书店尚未商定,国内定购者纷纷而来,所印仅一千部,不敷销售,故英文传单纸已印好,未敢寄奉。今承先生定购,至为感谢。惟是书分六期出版,大约一千九百二十二年十一月方能出完,第一、二期已出之书亦已售完,现在再版四百部。惟第三期书总印一千四百部,于一次印成,故先生此时定购第三期书反可先取,而第一、二期之书必须再版印成,随后陆续交付。兹寄去目录一本,内附第一期详细书目,又第二期详细书目一张,并英文传说明书一分〔份〕,统祈察入。

但有一事,先生属〔嘱〕代制布套,甚觉为难,缘此书并不依照目录次序出版(请看第一二期详细书目便知)。如将已出之书先做布套,则将来全部出完,所有经史子集次第必致错乱,若一种一套,则未免费钱

---

① 国会图书馆收藏之地理志书目录两全套。

② 截至1921年1月之补遗。

太多，且有种一册者或两册者亦不好看。敝处商量再四，尚未有妥善办法，可否俟全书出齐，按照经史子集次序排好，制成布套，再行寄去，乞示知。

是书白纸者预约价墨银五百元，印书根三十二元，现因第一次预约期满，改为六百元，连书根在内，但先生定购可以仍照第一次预约例收墨银五百三十二元，惟寄费不在内。即祈将书价汇下，当将预约券寄奉。

《廿四史》已全数售完，此书系用乾隆四年殿板影印，现不再版，无以应命，甚为歉仄。但敝馆欲搜集更精之旧本（合宋元明清四朝之版），另印一部，此时尚未十分决定，将来决定影印之时再行奉告。但书价必须增加，总在一百五十元以上，缘收罗旧本甚为不易也。

敝馆现又印一种丛书，名曰《续古逸丛书》，均用宋本影印。第一种为《孟子》，共七本，第二种为《庄子》，共五本，已经出书，用最上等之中国纸印刷，书之尺寸为 $9\frac{1}{2}\times 15\frac{5}{8}$，每部定价十四元，无折扣。第三种为《说文解字》，第四种为《曹子建集》，现正在印刷中，尚未定价。先生如欲购买，乞即示知，缘影印无多，购者甚众也。

敝馆出版书目及传单已属〔嘱〕该主任随时寄奉，并将大名列入 mailing list① 矣。

寄还《安徽通志》十二包已经收到，退还原售书之书店不能办到，即由敝馆收回另售可耳。② 属〔嘱〕代买志书极思遵办，仆为敝公司附设之图书馆收买已久，亦甚注意，但有三难：一、吾辈已购得种数不少，所缺各种均甚罕见。二、现在书价甚昂（但现在其价甚贵，在贵国视之，或未必觉其价昂）。三、敝公司分馆职员能明白旧书者甚少，欲其审查该种志书为何时所印，为何人所纂，有无缺少，殊难胜任。因此三难，故恐不易报命。鄙意只可将尊处所未有者开单，令各分馆采购，或可买得若干种，若于贵馆已有之志书而欲买其另一种 Edition③ 者，则恐办不到，反致错误。此事只可由鄙人自己为先生留心，今年拟再往北京或赴广东，彼时代为采买，在上海亦当代为留意。云南、福建两省各志书极不

---

① 邮寄名单。

② 张元济注："已送本公司图书馆。10/3/23"。

③ 版本。

易买，贵馆未有之府志，均当留意收买。

Mr. Jian Mun-Ling[①] 现在北京大学校代理校长，其人并不藏书。另有敝友蒋君梦苹，藏旧书甚多，志书亦不少，其人生存并无出售书籍之事。

《湖北通志》极不易得，敝处图书馆亦未有，先生出价墨银二百元，恐买不到，能再增加否？《江苏通志》要否？乞示下。本年二月二日来信不甚明析〔晰〕，故再问。明殿版《一统志》亦甚少见，容为留意。

《元一统志》Yuan I Tung Chih 从前钱大昕曾见之，不知后来何以散佚，各家藏书均无此书，惟常熟县瞿氏有抄本数卷，为蜀省均州一卷、房州一卷、通安州一卷、鄘州二卷、葭州三卷。尊处如欲得之，可以托人抄出，乞示知。贵馆所有直隶六卷，将来望用照相法影寄一分〔份〕，即彼此交换，何如？

另编《四库全书目录》，敝处有此意，然迄未能办理，因能办此事之人都无余暇也。敝国政府拟将此书全部影印，因财政困难，难于实行，欲委敝公司代印，因工事过巨，不敢担任。此书全部约略估计至少须售墨银三万元，恐能购者亦甚少也。

《增订丛书举要》系在江西用活字印行，手工甚劣，并无清楚之本，故不敢代买。山西省之《植物名实图考》Chih wu ming shih tu kao，去年九月廿五日来信属〔嘱〕买十部，久未办奉，现在尚要买否？乞示知再办。

先生所订定植物拉丁名称，甚盼见示。

刘翰怡 Liu Han-ye[②] 允将续印之书送先生，张钧衡 Chang Chuen-Hun[③] 亦允将《择是居丛书》所缺一种送上，但均未送来。

张元济

再，购买志书一事，有他处代君购买，敝处代买有时不免重复，迨敝处寄到美国，尊处查出如不退还，尊处留之无用，如再退还，隔时已久，敝处亦不能退还原店，事属两难，此事有何法可以解决，并乞斟酌见示。

右致施永高君附笺。张元济 10/3/24[④]

---

① 蒋梦麟。

② 刘承幹。

③ 张石铭。

④ 张元济注："李渭林先生：请将此纸另译一纸，附入施君信内。""此稿与英文稿不同，后有更改。"

9. 施永高致张元济函译文(1923年8月18日)

译施永高自美国一九二三年七月十三日来信

余二年前邮购翻版《二十四史》一部,迄未获得,未知足下能否代为设法?如无新书,即旧书洁净者亦可。虽此书现已列入《四部丛刊》Ssu pu ts'ung k'an 总目之中,但余现亟欲为国会图书馆 Library of Congress 求得一部中国旧式之《二十四史》耳。

罗佛博士 Dr. B. Laufer 为吾国研究华文之最佳者,现方游历中国,想已与君晤面。余之希望中实引罗博士为中国及中国人之良友,盖使吾国人能知过去中国文学之美,罗氏实其人也。彼将向君提议为国会图书馆采办各种华文书籍,就中以福建省之志书尤为需要,盖罗氏适将旅行其地之故。至其他书籍尚未搜集者,自亦当购置也。倘使足下许罗氏就贵各分馆尤以闽省为最,采购价值墨洋一千元以内之书籍,无任感激,且自信此举必可设法得国会图书馆员之赞助也。

前次寄上中国旧时专论耕植问题之译文,其内容实为世所罕闻。哈葛德君 Mr. Hagerty 翻译中文,引为其毕生之事业,故对于汉文极有研究。前欧洲汉译专家俾利奥君 Mr. Pelliot 对其译件认为应予公布,即其佐证。余曾恳托罗佛博士代为搜索《全芳备祖》Ch'uan fang pei tsu,此书可谓植物学中之百科全书,于一千二百五十三年刊行,详见哈葛德所译俾利奥著《橘录》Chü lu 书中第六页。尚请示知如何可以搜得此书,未知是否包含在手录《四库全书》Ssu K'u Ch'uan Shu 之中(余现避暑海滨,无目录可查)?果尔,如罗君未获抄录,尚望足下代为设法抄示一份为感。

至于下次农学专论,拟译蔡襄 Ts'ai Hsiang 所著之 Li chih p'u《荔枝谱》一书。数月前曾忆告知吾人现所搜集之书差异之处固多,而屡有错误尤为各书所同,故抄录此专篇时,务请详为校阅。惟此篇大约一部分在杭州《四库全书》之中,其余一部分在北京《四库全书》之中,可无疑义。

顷得一消息,即云南省长现应华盛顿教育委员袁博士 Educational Commissioner Dr. Yen of Washington 之请求,将全部省刊书籍由足下转寄国会图书馆,即请寄下。此后华京能搜集□□中国书籍,实受君惠,可预言也。至中国公家或私人已刊之著作,而坊间无从购得者,但求足下认为国会图书馆应行备置,即请随时指示。贵国男女生留学敝国几二千余人,是不但使彼等有机会得求中国掌故,研究经济问题,抑且使一般教授华生之教员心目中亦存有中国学艺精良之敬意。由此以言,在华京建设大规模之中国图书馆,其重要实无过于此者。此间图书馆,除中国、日本以外,允推最大,且其中并有在中国亦难得之书,正如最近在欧洲购得 Yung Lo ta tien① 不下二十九本之多,始与国会图书馆已存者汇成全部,除北京学务局 The Bureau of Education 存有此书外,当推此为一巨帙矣。

尤有恳者,深望在国内诸文学家前善为措辞,俾可获得其有价值之私人著述,便交就近各贵分馆,然后在上海汇齐打包,寄交华京,一切费用自应收到书籍即行照缴。

10. 张元济复石黑文吉函稿(1928 年 1 月 23 日)

石黑文吉先生阁下:

谨复者,前月奉到昭和二年②九月大函,敬悉前由侯爵克绳祖武,加惠士林,慨出珍藏,影印行世,并蒙颁到《重广会史》上帙一部,开缄展诵,知是书刊印已阅八百余载,在敝国久经亡佚,今藉贵国鼎力,得以复见于世,盛版大业,钦仰无穷,宠贶遥领,莫名感谢。敝族远祖宋谥文忠公著有《横浦先生文集》,自明季复印之后,三百年来亦已绝版,在敝邦之内素称罕见,近由鄙人用明本复印,谨寄呈二部,乞代呈通侯爵,一以奉赠阁下。尊经阁琳琅万卷,决不重此区区,匪敢云报以琼瑶,不过聊纾微悃而已。

再,尊经阁藏书如刊有目录,可否乞惠颁一部?冒昧陈请,无任慄惶,伏乞亮察。敬颂

台安

张元济

十七年元月廿三日

---

① 《永乐大典》。

② 1927 年。

11. 张元济等委托户塚正幸照相合同(1928年11月18日)

立合同。张元济、郑贞文、汤岛写真场户塚正幸,因摄照书籍相片事,商订契约如左:

一、书页照片由照相人制成阴纸(negative paper),[1]计价八折(纵英尺六寸零分,横英尺十寸零分)者每张日金四十钱,四折(纵英尺十寸零分,横英尺十二寸零分)者每张日金七十钱,不另给工资(半折每张日金一元三十钱)。

注意:八折者,有字之处最低不得过五英寸八分之三,最阔半页不得过四英寸八分之三。

二、如在工场以外照相时,应由委托人另给照相人以下列各费:

(甲)搬运照相机械每一处往返各一次之车资。

(乙)东京府内外出照相每日一次之午膳费(以五十钱为度)。

(丙)东京府内每日往返一次之电车费之实费。

(丁)东京府外外出照相时必须之车费、宿费、膳费之实费。

三、照相人于照相时应十分慎重处理,原书如必须拆开时,经借书人许可,得拆开之,但应由照相人照原式装订,如有损伤情事,一切由照相人负责。惟遇天灾不可抗力时,不在此限。

四、相片务求明晰,以所交样张为标准。如模糊不及原样时,得由委托人退还照相人,再照不再给费。

五、照相人每照二三百张相片时,应知会委托人代表长泽规矩也、马宗荣二君,约期到汤岛写真场当面点交包裹完善,由代表人邮寄,邮费一切由委托人负担。

六、委托人于委托照相之时,应预计拟照片数价款之约半数于照相人,每次收到相片后,应再寄各该次之相片价款之半数于照相人,于最后之一次清算。至第二条各款费用,由照相人于每两个月之终开具清单,交委托人代表核定寄沪后清算。

七、应照之书,随时由委托人之代表,偕同照相人,前往书主处借书,点明册数页数,交照相人,由照相人出具收据与代表,照毕即由照相人交与代表,转还书主,不得有误。

---

① 负片。

八、本合同以双方签字之日发生效力,至委托人拟照之书完毕时为止。

中华民国十七年日本昭和三年十一月十八日午后四时于东京帝国饭店

委托人:张元济、郑贞文

委托人代表:长泽规矩也、马宗荣

照相人:汤岛写真场户塚正幸

见证人:姜琦、宇野哲人

12. 郑贞文致张元济函(1929年7月8日)

菊翁赐鉴:

闻台驾将于明日赴庐,甚慰。本拟趋谒承教,因恐治装多忙,不敢奉扰。山居住址便乞示知,以便通讯。前马君来函,请代学艺社书横额四张,上款一书"宇野哲人博士惠存",一书"诸桥辙次博士惠存",一书"岩崎男爵惠存",一书"长泽规矩也学士惠存",下款请书"中华学艺敬赠 我翁书"字样。至所题之字,承嘱代拟腹俭,迄不得,当另纸姑笔数语以备参考,我翁斟酌改正之为盼。又,片山先生(片山正夫)拟求墨宝,得便亦乞一挥(挂在日本所谓床中,尺寸与长泽所求者同,下款只署大名,不必署学艺社等字)。送上宣纸两张,不知适用否?如不适用,或不敷用,请即示知。费神,心感不尽。此请

大安

又,补送前日马君来片二份。

郑贞文顿首

七月八日

再者,前恳书条幅赠片山先生,拟用苏子"盖将自其变化者而观之,则天地曾不能以一瞬;自其不变者而观之,则物与吾皆无尽也,而又何羡乎"如何?因此数语与近代科学家之说有相同处也。又及。

13. 郑贞文致张元济函(1929年10月8日)

菊翁赐鉴:

来示敬悉。学艺社横额承即挥毫,至感。纸四张已裁好,题字前曾拟若干,附七月八日函送上,未知尚检得出否(承掷八日函,未附此底)?如在尊处,请酌选数语一用。敝处已无留底,一时记忆不出。如已遗

失，示知再拟。款式拟从普通横额，上下款拟照马君所开。附呈马君函底[1]，即请察核。此请

大安

郑贞文

十月八日

14. 张元济致朱希祖函稿（1934 年 10 月）

逖先先生有道：

奉本月二十日书，知有访碑之行，不克来沪，良觌中阻，比望无似。《旭楼丛刻》稿六册先已由邮局递到，展阅一过，斐然可诵，具征家学渊源。来示属〔嘱〕售版权，遵即转送敝公司，俟有复信，再奉达。承示茗斋先生生卒年分〔份〕，极感。渔洋撰传，□□□各文集中，未知见于何书，尚乞查示。弟近辑《茗斋诗集》，前后仅缺三年，当先生廿五至廿七岁，蒐补恐复无望。此书出版年谱，当可增益不少。

15. 章梫致张元济函（1934 年 10 月 30 日）

菊生前辈尊鉴：

久阔晤谈，至望。敝友人黄小痴君文学明通，写画均好，惟口讷，拙于语言，客沪多年，渐处株守。前由夏剑丞厅长介绍商务馆外校书，所校之书，呈由察核无误，可以接校《二十四史》。嗣剑公上庐山，无从接洽，又有人说校史有人，未知是否。令小痴君二次修正之书业已修好，□意渠专忱晋谒，□□一见大君子，指示校书要法，求再发书领校。此君眼力敏捷，倘荷逾格相赏，令其到馆分校，必有成绩可观。穷士生业者，多量才采录，同感厚赐，即先道谢。渺请

政安

馆侍梫顿首

九月廿三日　十月卅日

黄君名条附呈。

16. 郭泰祺[2]致张元济函（1935 年 1 月 11 日）

菊生先生道鉴：

---

① 原件未收录。

② 郭泰祺时任中华民国驻英国大使。

前奉赐书,惊悉先生抱安仁之痛。尊夫人壶德并备,先生伉俪素笃,丧兹嘉偶,悲痛可知。尚乞达观,强自裁抑,是所至祷。新岁以来,想道履康胜,尤为私颂。去岁杪曾寄奉 Louis Dickinson[①] 传一册,计已收阅矣。英伦入冬,黑雾弥漫,颇觉沉闷。弟与内子现已渐习惯,殊不以为苦。此次海军谈判,英美对日本独羁太平洋及远东之野心已渐了然,两国关于东亚之政策似较前接近,大有合作之趋势,惟尚未具体化。春风有便,盼时惠德音为幸。专肃,敬请

道安

弟郭泰祺谨启

廿四、一、十一

17. 克里拜[②]致张元济函(1935 年 1 月 24 日)

敬复者:接奉大笺,敬悉一是。萨尔[③]归还敝国,足见人心不死,公理犹存。辱承函贺,并以国运昌隆为祝,善颂善祷,至感厚意,敬以至诚。还祝贵国亦日趋兴盛,中德邦交愈增巩固。肃此鸣谢,并颂

时祉

克里拜谨启

一九三五年一月廿四日

18. 长泽规矩也致张元济函(1935 年[④] 2 月 19 日)

张先生赐览:

旧年赐示以来,转瞬数月,久少通讯,非敢背旧情也,为俗务所累杂,又移寓两次,无业绩可报,惭愧惭愧。

上次手教所述及之照相宋刊本《周益公集》、元刊《东京梦华录》一事,似先生未赐函于诸桥博士处,同博士未尝一言及此,顷由弟告诸博士,博士即快诺影印,未悉贵馆方面意思如何,倘欲照印,从速赐复为盼。至于照相费,则近年鄙国金票跌落,上次所用 Negative Paper 原价涨贵,去年讨于北平图要求七十钱八切,尔后原价有昂毋减,顷由樽井

---

① 路易斯·狄金生。

② 克里拜(Hermann Kriebell),时任德国驻沪总领事。1934 年 10 月,其代表德国文化团体捐赠东方图书馆复兴委员会 3000 多册德文图书。

③ 指德法交界处的萨尔州,原属德国,第一次世界大战后曾被法国占据。

④ 原函无年份,由整理者考订。

照相师觅得新制子，已用新制子付玻璃版，印刷所方面云，成绩颇佳，刻由弟与榑井商议，渠云，价格四十钱八切（至于其他各项，概从上次合同，但膳费、邮费由榑井担负，未可再加）。兹将新制子样张，以及以同项底片付印样子奉上，试用是祷。

又，足利学校宋椠《注疏》借印之事，倘用下列合同，或非绝望也。并报。

所有照相印书费□之制造费用则概由贵方担负。

影印书封面付印“足利学校遗迹图书馆印”文字。

由贵馆赠赐影印书数十部于图书馆。

第二款之“足利云云”文字，但印赠书封面则可，尔后贵方加印缩印□之情事，固在于该馆以及弟□所关之范围之外。

日内由日本书志学会以足利学校名义出版同校宋元旧抄本书影，印成可赠。

金泽文库方面顷拟出版旧藏各书书影，已得傅沅叔先生《南史》照片，其馆长经弟恳乞贵处所储旧抄《文选》卷首、卷尾有“金泽文库”印记处之照片惠赠，未悉贵意，伏乞惠寄。

余事多多，容日再叙。敬请

文安

弟长泽规矩也拜

二月十九

付上《周益公集》有卷叶数表一叶。

再者，鄙处书店有欲购旧抄《文选》者，贵处《文选》犹有刻书之意，果然，则贵意觅价若干，便中示知为祷。

19. 张元济致宇野博士函抄件（1935 年 3 月 27 日）

录廿四年三月廿七日致宇野博士函（此信附入长泽函内寄去）

宇野先生大鉴：

远违霁采，笺敬久疏，驰念之怀，与时俱积。比维道履安吉，定洽颂忱。兹启者，敝馆近由长泽规矩也先生介绍榑井照相师在贵邦摄照借印古书数种，订有合同，并代恳先生作证，已蒙惠允，至为感幸。今将合同托长泽先生送请盖章签字。琐事上渎，无任铭感。专肃布

谢,敬颂
台祺

20. 张元济致诸桥辙次函抄件(1935 年 9 月 19 日)

录廿四年九月十九日菊翁致诸桥先生函
诸桥先生大鉴:

笺讯久疏,恒以为念。日前归自牯岭,接奉长泽规矩也先生八月一日惠函,述悉弟三月七日所上一缄早蒙察入,并承慨借静嘉堂珍藏《周益公集》、《东京梦华录》两书,均已摄照寄沪,感非言喻。惟另恳补照《济生拔萃》内所缺《针经节要》、《洁〔汲〕古云岐》、《针法洁〔汲〕古家珍》、《保婴集》四种,在敝邦公私藏家已难物色,素仰嘉惠同文之盛意,不得已再以奉渎,仍乞俯允借予摄照,俾敝邦久亡之帙得以流传,皆先生之所赐与者也。临颖瞻企,无任钦迟。专此奉恳,敬颂
台祺

21. 长泽规矩也致张元济函(1936 年 3 月 2 日)

张先生钧鉴:

日前收到向静嘉堂文库掷下之书籍,恭谢恳情。诸桥主任游历京阪未返,岩崎男【爵】避这次祸乱而在于别墅,容日分别赠呈。但根津执事、饭田司书仍各未接,续寄为盼。耑此奉谢,并请
文安

长泽规矩也拜

再者,这次兵变[①]已镇,市中除交通一部分杜绝外,全无动摇,已全归平静,放念为祷。

22. 松浦嘉三郎致张元济函(1936 年 3 月 2 日)

菊生先生钧鉴:

久疏教诲,时深心仪。顷辱大札垂贲,敬悉文祺绥和,道履康吉,为颂为慰。并日前托小包惠赐新印宋本《太平御览》、《搜神秘览》二书,已由邮局如数收到。先生嘉惠艺林之勋绩钦羡可佩,诱掖后学之盛情曷胜鸣谢。追念五年前承嘱曾在西京东福寺统督技师摄照,弥留多日,达

① 指日本右翼军人发动的二二六兵变。

于四十余天，仅以发挥东方古文化为志，聊报善邻之谊，未曾愿有所报酬。何料未几上海事变①忽生，祸及池鱼，贵馆亦半为灰烬。嘉窃以曩所代照诸片必归乌有，引为深憾，近恨不已，乃向当道诸公建议，须由日本外务文化事业部再为摄照，以赎回文化上之损失。因事未见实施，嘉亦奉命到任满洲，此事遂为停顿。今忽奉惠书，甫悉曩日引所深憾，天未丧斯文，克得幸免奇祸，再据先生之功，得流布于人间，盖万祸中之一福，抑又可谓艺林之佳话也。专肃悃谢，敬颂

台祺，诸希

照亮

松浦嘉三郎顿首

三月初二

23. 长泽规矩也致张元济函（1936年②3月3日）

张先生钧鉴：

日昨奉上一函，今来文库，由知悉向鄙库根津、饭田两位惠下之《太平御览》□参书，均于昨日拜领，除由两位先生寄奉谢函外，由弟恭谢恳情。余寒归去，

敬祈

珍摄，并颂

文祉

弟长泽规矩也拜手

三月三日

附上根津先生手札一。

24. 岩井大慧致张元济函（1936年3月）

觉生先生道席：

自接齐光，每深驰慕，欣羡云朵，仰审清祥，无任额庆。春寒尚峭，诸维珍卫是祷。拜锡精印《乐善录》，展观且胜视原本。近者东洋文库所有方志已编成目录，不日印竣，再敬呈左右。编目时甚多得益于尊藏目录（涵芬楼直省志目），即蒐集之初，亦叨尊目为指针也。现先检奉近

---

① 指1932年一二八事变。

② 原函无年份，由整理者考订。

刊英文,当《文库纪要》第七卷一册凡收二篇,而以拙稿当其一,敬乞审正。再,前请曾叔度彝进①先生代订《百衲本二十四史》,径寄东洋文库大慧收。其第一、二两期已经收到,而三、四两期竟未接得,不审何故。近闻曾先生他去,无从请问,敢渎左右,转令一查,至深感荷,不胜引延,尚祈亮察。专此,敬候

道安不一

海外晚学岩井大慧敬启

25. 岩井大慧致张元济函(1936年4月1日)

觉僧先生道席:

和风转暖,谅几杖益从清胜,欣忭无量。接奉三月十三日来书,并《百衲本念四史》(《隋书》、《南史》、《北史》、《元史》,计四种,凡一百三十二册),至深感荷,敬述谢忱。前函奉陈敝文库方志目录顷已出板〔版〕,别寄呈览,尚乞斥正,无任景企。专此,敬祝

道安

海外晚学岩井大慧敬启

四月初一日

《百衲本廿四史》

《汉书》、《后汉书》、《陈书》、《梁书》、《三国志》、《宋书》、《南齐书》、《辽史》、《金史》、《五代史记》、《魏书》、《晋书》、《周书》、《北齐书》,以上十四史收到了,尔余一分全部未收未著。

26. 吉川幸次郎致张元济函(1936年5月8日)

菊生先生执事:

在沪得接风采,东归之后,每系驰仰。迩惟兴居清适,为颂无量。此敬启者,比京都帝国大学得贶尊刻《横浦文集》、《词林纪事》二书,幸次郎与在教职鸣谢何已。而此二部者,敝研究所同人亦皆先睹为快,欲挹先德之清芬,增光采于策府,未知可否得赐一份?敝所刊物可供尊架之求者甚鲜,然诸景〔影〕印书《一神论》、《三藏法师传》之类,若以见徵,亦惟命其。《东方学报》已按期奉呈,想均检收。耑此

① 张元济注:"向在北平。"

奉恳，伏取进止。即颂
箸安

吉川幸次郎拜上
五月初八

27. 吉川幸次郎致张元济函(1936年5月22日)

菊生先生执事：

承到云笺并《横浦文集》、《词林纪事》各一部，鸣谢曷已。二书即交书库永远保存，敝所同人皆拜嘉惠。兹谨赠《一神论》、《大唐三藏法师传》及新增汉籍目录各一部，略答高谊，伏请检收是感。拙刻《周髀算经图注》一册另邮附上，亦祈哂存为幸。余不一一。伏颂
时安

吉川幸次郎上
丙子五月廿二

28. 岩井大慧致张元济函(1936年7月7日)

觉僧先生道席：

欣羡云朵，仰审清穆，无任庆贺。孟夏将至，诸维珍卫是祷。屡渎清神，至深惶悚感荷。前购之白纸《百衲本念四史》内尚有缺叶一张，列卷第页数于后，敬乞饬予检补寄下，俾成完璧，感祷无既。专此，敬请
箸安

海外晚学岩井大慧敬启
七月初七日

一、《魏书》一百一十一，刑罚志七，第十六，第十五叶。

29. 张元济致松浦嘉三郎函稿(1936年8月6日)

松浦先生大鉴：

前奉三月初二日环示，备承奖饰，且感且惭。六月徂暑，伏维履候清吉，慰如所颂。前在京都东福寺借影先著《中庸说》，极感盛意。荏苒数年，顷甫印成原版、缩本两种，兹各检奉一部。又有先著《孟子传》亦属宋刊，虽已残缺，已为人世孤本，顷亦同时付印，并呈一部，藉供雅鉴，聊伴芜函，至祈惠纳为荷。专此布候，敬颂

台祺

25/8/6

30. 张元济致荻野仲三郎函稿（1936 年 8 月 6 日）

荻野先生大鉴：

远暌雅教，笺讯久疏，仰企之余，弥殷驰念。比维履祺安吉，动定咸绥，至为忭颂。曩在故友山本条太郎氏席上获聆教益，并蒙致函京都东福寺冈根上人，借影所藏先文忠公遗著《中庸说》，当邀慨允，心感无既，荏苒数年，顷始印就，并成原版、缩本两种，谨各检呈一部。又，先著尚同时有《孟子传》，虽系残本，惟自宋迄今从未复版，顷亦并呈一部。藉供清鉴，聊伴芜函，至希惠纳为荷。专此布候，敬颂

台祺

25/8/6

31. 狩野直喜致张元济函（1936 年 8 月 16 日）

张菊生先生有道：

久违芝范，梦寐为劳。敬审道履安康，福祉日至，为慰为颂。比者辱惠尊印文忠公遗著《中庸说》并缩印《孟子传》各一部，莫名感激。抑先德之书早佚于中土，而残本则尚存于日本，不发见于他人，而于其子孙，典籍明晦，殆如有数存焉者，今又经景〔影〕印传之人间，嘉惠士子。先生此举，殊深钦佩，惠此鸣谢。顺颂

台祺，伏惟

亮照不备

狩野直喜顿首

八月十六日

32. 服部宇之吉致张元济函（1936 年 9 月 1 日）

张先生惠览：

敬启者，今年赤帝逞威，余炎未收，鲤信久不通，未审起居何似，伏惟万福。顷者蒙赠《四部丛刊》本《中庸说》及《孟子传》各一部，如数拜领，感激曷胜，敬表谢忱。弟近年视力减退，作字不如意，怪丑难看，请恕。耑此奉谢，顺颂

道安

服部宇之吉具
九月一日

33. 诸桥辙次致张元济函(1936年9月4日)

张菊生先生惠鉴:

时正盛暑,伏惟康安。曾蒙惠寄《乐善录》、《武经七书》、《清明集》、《太平御览》、《搜神秘览》,今复辱尊先大人遗著《中庸说》、《孟子传》两书之赠,盛意眷眷,感佩何堪,谨此道谢。弊〔敝〕库亦有《静嘉堂秘笈》及《静嘉堂丛书》付印之企,秋天印成之后将奉呈,希鉴纳。耑此奉布,敬颂
台安

丙子九月四日
弟诸桥辙次启

34. 吉川幸次郎致张元济函(1936年9月14日)

菊生先生台鉴:

顷奉大札,并承赠文忠公《中庸说》、《孟子传》各二部,铭感殊甚。会幸次郎有负薪之忧,入病院调治,笺谢荏苒,为辠之至。今略平复,足纾远注。邮寄上宋版《义楚六帖》书景〔影〕四页,亦东福寺所藏,伏祈莞存是幸。余不一一,诸希荃察。敬颂
台祺

吉川幸次郎顿首上
九月十四

文忠书一份已交研究所编目保存,另有谢函,度已达览。

35. 荻野仲三郎致张元济函(1936年10月13日)

敬复者:时属秋凉,遥维起居,清安为颂。顷蒙惠赠《续古逸丛书》本《中庸说》一件,《四部丛刊》三编本《中庸说》、《孟子传》各一件,拜领之余,无任欣忭,自当永久珍藏,以资研究。山本条太郎先生因病已归道山,想同痛惜。刻下金风乍至,伏冀珍摄尊躯。耑此鸣谢,敬上
张元济先生

昭和十一年十月十三日
荻野仲三郎顿首

36. 张元济致盐谷温函稿(1936年11月26日)

盐谷先生道席:

日久未作笔谈,敬想起居佳胜,著述贤劳,定符远颂。弟丹铅犹昔,无淑状可言。前曾辑印先著《中庸说》、《孟子传》二种,谨各奉赠一部,上备玄览。兹有魏君应麒留学贵邦,有志深造,拟于明年入东京帝国大学文学部研究院,盖有慕真学明师之故,特为函介,乞予训导一切,以副成德达材之教,无任纫感。专肃布达,敬颂

教安

廿五年十一月廿六日

37. 张元济致德富苏峰函稿(1936年11月26日)

苏峰先生大鉴:

前月二日肃上一椷,并附呈先人遗著《中庸说》、《孟子传》两书,谅邀垂察。比来霜晴气淑,遥祝颐养增绥。五载以前,曾乞转商上杉伯爵补借宋椠黄善夫本《史记》六十卷,畀与商务印书馆影印流传,敝邦久佚之本获成完璧,嘉惠同文,良非浅鲜。荏苒数载,顷始将全书印成,谨呈一部(仍请长泽规矩也先生代达),伏希莞纳为幸。专此布谢,敬颂

颐绥

张

廿五年十一月廿六日

38. 张元济致黑井悌次郎函稿(1936年11月27日)

黑井先生大鉴:

笺讯久缺,时殷企念。近维起居休鬯,闻望交隆,定符臆颂。五载以前,因商务印书馆景〔影〕印宋椠黄善夫本《史记》缺去约六十卷,仰蒙雅谊,代向上杉伯爵邸中借补,俾成全璧,嘉惠同文,欣感无既。荏苒数载,顷始获将全书出版,谨呈一帙,伏希莞存。再,上杉爵邸中亦已另寄两部,合并陈明。专此布谢,敬颂

台安

张

廿五年十一月廿七日

39. 张元济致上杉伯爵函稿(1936年11月27日)

上杉先生爵座：

笺敬久疏，恒殷企仰。伏维宏猷彪炳，景福骈臻，式如远颂。前因商务印书馆景〔影〕印宋椠黄善夫本《史记》，残缺半部，曾乞德富苏峰、黑井悌次郎先生转恳借补，仰荷玉成，嘉惠艺林，同深感篆。兹全书业已出版，谨寄奉印本两部，伏乞莞存为荷。专肃布谢，敬颂

勋绥

25/11/27

40. 诸桥辙次致张元济函(1937年1月)

恭贺新禧

丁丑元旦

弟诸桥辙次

张菊生先生史席：

久疏音问，深以为慊。寒风慄烈，不知康安。曩日奉寄静嘉堂所印《唐百家诗选》并《皇朝编年备要》，惟既入手，兹有恳请，拙诗一首仅以述怀，若蒙先生加朱，瓦砾变成玉，弟之喜何物如之。至嘱至嘱。耑兹，颂

台安

41. 诸桥辙次致张元济函(1937年1月8日)

张菊生先生惠鉴：

兹奉十二月廿三日玉书，闻先生不豫，特以为念，不知近状如何，切盼尊垂。比又自东方图书馆复兴委员会蒙惠赐参加伦敦中国艺术国际展览会出品图说一部，盖以为先生盛意之所致，弟不知同会住址，请代弟道谢。该书景〔影〕印精美，东邦艺术之粹收在一书，尤足玩赏，当长珍藏。元旦以拙诗奉呈，惟已入手，弟因不解作诗，拙闼散漫，恐不成句，请为加朱。春阳来复，万里同风。伏祷

高至清福

一月八日

弟辙次拜

42. 高仓克己致张元济函抄件(1937年1月26日收到)

再,宝号从〔丛〕刊预备出书目内虽有陈祥道《礼书》宋刊本,未见宋陈旸《乐书》之目,敝人顷于京都大学展视近卫文库(即现任贵族院议长近卫氏藏书寄托在大学者)时,亲阅宋刊本《乐书》二百卷,楼钥撰,正误一卷,共四十五册,首尾完全,无有阙残。补版该书正误末云嘉泰二年,为现知南丰县陈芾刊行本而作云云。此书贵国图书馆、敝国图书寮各有残阙数卷,亦不如此部之首尾完全远矣。又,此书现通行者,不过如明崇祯间、前清光绪间粤闽刊本之类,如宝号特以此书附影印刊行,其裨益天下士林几何哉。兹顺书端敢致,即颂

财安

节录高仓克己君来函(通信地址:日本京都市左京区净土寺西田町六)

43. 静安堂文库致张元济函抄件(1937年4月11日)

菊生先生座右:

敬启者,兹值芳春佳节,恭维履祉吉羊〔祥〕,起居多吉,为慰为颂。惠赐《新唐书》二部各四十本,与敝文库刻已拜领,厚情盛意,无任感激,用特谨表谢忱,并颂

大安

静安堂文库谨上

四月十一日

44. 饭田良平致张元济函抄件(1937年4月12日)

菊生先生惠鉴:

敬启者,时值阳春佳节,恭维起居,多吉为颂。惠贶新刊景〔影〕宋《新唐书》一部,现已拜领,芳情厚谊,不胜感谢之至。用特谨表谢忱,并颂

大安

饭田良平谨上

四月十二日

45. 张元济致长泽规矩也函稿(1938年5月4日)

长泽先生大鉴:

时事至此，无可告语，故久未通讯。比想动定休嘉，至以为颂。前年敝馆筹印元刊《济生拔萃》，中有四种缺佚，曾奉烦清神，代向静嘉文库商借摄入，俾成完本，具感盛意。刻已景〔影〕印出版，谨寄赠一部计十册，至祈莞纳为荷。另，并致诸桥先生信，并祈转致。专此，祇候

台安

廿七年五月四日

46. 诸桥辙次致张元济函（？**年**[①] **3 月 1 日**）

张菊生先生惠鉴：

久未裁书，歉仄良深，伏惟道履请安。兹有北平女子师范大学毕业生唐卓群女史，远负笈于东都，遂入我东京文理科大学研究汉文学，学殖深远，文藻丰赡。去年失所怙，悲痛恸哭，不知所措。顷日寄书于弟曰，愿译述《儒学之目的与宋儒之活动》（即弟之学位论文），聊以代奠羞，且问策于弟。弟既高其志，又悯其情，但恐该书篇章浩瀚，剞劂太难，因不得不翘望先生一顾。先生前总办商务印书馆，不知为女史介绍否？若得上梓印行，曷不独女史追远之情见酬，亦实弟欲求中国识者之高批之意亦达矣，而皆先生之赐也。弟不堪悬愿，至嘱。耑兹，颂

台安

三月一日

弟诸桥辙次

① 原函无年份，待考。

解放初期上海摊贩管理工作概况报告

张　辰　整理

整理者按：解放初期，上海摊贩数量大、成分复杂，对市容、交通、税收等方面产生了严重的影响，政府从组织、教育、改造等方面着手，既限制发展又照顾其实际问题，对尽快稳定社会起到了积极的作用。本史料选自上海市档案馆收藏的市工商行政管理局全宗档案，系市工商行政管理局于 1953 年 4 月所起草的一份关于解放三年来摊贩管理工作的概况报告稿件，对了解解放初期的上海摊贩及其管理工作有着重要的帮助。档号 B182－1－307。原文标点基本保留。

上海市三年来摊贩管理工作概况

甲、摊贩一般情况

1. 摊贩发展概况及趋势

本市解放前因长期遭受帝国主义和国民党反动派经济掠夺，造成广大劳动人民的贫困，特别是抗战结束后，美货充斥市场，伪币恶性膨胀，农村破产，民族工商业纷纷倒闭，以实物发放遣散费，以成品交付工资，加上解放前夕国民党反动派军事的溃败，机关逃散，大批失业失学亟待谋生，因此造成摊贩的畸形发展，本市几条主要马路干线均成为摊贩集结地带,出售钢锅、雨衣、胶鞋、毛巾以及各种西药、美货罐头等日用品,淮海中路一带甚有部分商店拆去门面摆摊兜售,化整为零,与摊贩争利,即如金陵东路一带地段就有摊贩七八千之多,这是反动统治所造成的恶果,和一个遗留下来的严重社会问题。解放初期由于敌人封锁,一般生产尚未恢复,工商业未趋正常,部分行业因不适合于新民主主义经济的要求或被淘汰进行转业,整个社会经济在各种不同的基础上,分别进行改造,在此改造期间部分职工遭遇到暂时的失业,且有不少商人不了解政府政策,图谋逃避纳税义务,化整为零,因此,就造成上海摊贩数字的大量增加,根据市公安局当时估计,有摊贩户达十五六万户之多。后来由于社会秩序逐渐安定,解放前因战争关系流入本市的陆续还乡,市面恢复常态,工厂商店复业,失业职工逐渐复业,政府更全面打击银元贩子,同时因为以市公安局为主任委员的摊贩整理委员会的成立,进行了全面整理,对一人设多摊、厂商化整为零予以淘汰,和对部分散兵游勇的收容,至一九四九年十二月摊贩户数减少至约为八四,六二三户。

“二六”轰炸之后,公债发行,工商业税开始民主评议,加上匪特造谣,工商业呈现暂时萧条,停工歇业现象增多,有的化整为零摆摊营业,职工拿到商店商品解雇费在街头设摊,苏北皖北灾荒,因此摊贩数字续有增加,同时当时币值尚不稳定,一般人仍存在重货不重币的思想,商人投机倒把旧的经营作风未改,而政府对市场管理打击投机很严,因而进行场外交易,造成市内特种摊商大批出现,如湖北路的布摊,康乐路的烟摊,徐汇区的米摊,北海路的皮革摊,就成为一般乡庄单帮客批发商汇集之所,大进大出成为露天的批发市场,全市摊贩至五〇年十二月底增至九二,四〇二户,如果不是当时政府动员疏散,调整公私关系,工商业逐渐恢复,土改后有些农民迁乡的话,当时摊贩的数字将不止此数。

此后社会经济改组,部分落后性行业逐渐淘汰,中小城市和农村中生活较苦和稍有技艺的人都流向上海,至五一年我局管理摊商和里弄摊后,摊贩数字增加至一〇六,八二六户。从这时起,因菜农受季节性、价格、农业生产条件等限制不易固定而化为流动摊,失业工人当时还不愿设摊而令家属打流动,开始发生了流动摊的问题。

五一年六月我局为维护工商业逐渐由恢复走向发展，和防止座商化整为零，指示各区人民政府按照限制摊贩发展五项原则，只有失业工人、菜农、烈军工属、老弱残废失去生产能力者，和遭受特殊灾害的始准其申请设摊，其他如米、盐、煤、油、酒、成衣、肉等限制行业虽符合五项原则亦不许登记，因此造成生活困难须依设摊为生的无门可入，同时由于工、商、农业改组关系，摊贩发展的因素仍继续存在，形成流动摊贩开始增多，当时我局对限制摊贩发展五项原则只要求硬性贯彻而未结合实际情况灵活运用，此时对流动摊也没有积极办法，以致五项原则实际未起限制作用，反而造成局区两级摊贩工作同志工作困难，思想苦闷。

“三反”“五反”期间我局及各区业务停顿，原有摊贩组织松弛，摊贩违法事件不断发生，代表组长有的带头犯规，或者独断包办，对其他摊贩管理工作形成自流，而当时城乡交流呆滞，工商业一时萎缩，农村又逢春荒，以致中小行业失业工人、运输工人、小商人、学徒、本市和外埠平民都纷纷设摊谋生，不需设摊为生的家庭妇女、儿童也设摊来补贴家用，固定摊贩也化为流动摊营业，遂使摊贩数字急剧增加，由五一年底的一〇六，八二六户增至五二年底的一二五，三〇四户（公安局管理的旧货摊未记入），流动摊由五一年底的一九，二三〇户骤增至五二年底的四九，一一一户，固定摊贩则因限制登记和部分转业或化为流动摊等原因由五一年底的八七，五九六户减少至五二年底的七六，一九二户。

截至五三年三月底止固定摊贩续减至七四，〇九五户，而流动摊贩数降低至四五，〇七三户，较五二年底减少了八.二%。主要原因是在这一时期因季节性关系若干主要商品如水果、鱼、蛋等市场缺货，而各区摊贩组织加强，常重点处理流动摊，同时部分失业工人转入生产岗位，也促使流动摊数字下降。

在过去三年中摊贩仍在不断发展，虽然在整个社会经济改造过程中，摊贩将随着工商业的改造而逐渐走向淘汰，但在今后若干年内部分落后性的行业仍将逐渐淘汰，农村剩余劳动力流入城市当所难免，而国家在短时期内还不可能全部解决失业问题，摊贩数字的发展仍有很大可能，以目前而论，未劳动就业如生活困难的势必谋“摊贩”之路，已劳动就业登记一时尚难就业的将临时设摊为生，郊区农民由于政府鼓励副业生产，而合作社和市场在销量和价格上又不能解决他们问题，将向本市流动或固定设摊出售，外地农民因农村互助等组织的建立，剩余劳动力又势必奔向城市，加以本市各行业有的价格高，工资高，生活较外地高，又为全国最大销售城市，谋生较易，外地平民或稍有技艺的一有机会便来上海谋生，等等，由于这些发展因素的存在，就决定了今后摊贩管理的性质。

2. 上海市摊贩分布情况

本市摊贩根据目前不完全的统计，本局管理固定摊贩有七四，〇九五户（内摊商三，〇六七户），未登记管理的流动摊贩四五，〇七三户，分布在全市卅个区，另旧货摊、荒货摊、刻字摊共约一一，四九〇户系由市公安局主管。由本局管理的分布在一般指定设摊地段二五四个露天和市立菜场中，大部分都集中在商业繁盛和人口稠密地区，市区如嵩山区有六，九二七户，新成、黄浦、提篮、蓬莱、常熟、卢湾等六个区都在三，五〇〇户以上，郊区以吴淞、杨思等区较多，摊商多集中在黄浦、老闸、新成、邑庙四区，里弄摊则以静安、普陀、虹口、北站、杨浦、卢湾、新成等七区较多，流摊多集中平民区（如蓬莱、闸北）和工厂及苏州河以北地区如榆林等区。

3. 上海市摊贩的特点

（1）摊贩数字大：本市卅个区的摊贩一二〇，三四四户（公安局管理的一一，四九〇户未列入），已登记管理的固定摊贩七五七二一户，未登记管理的流动摊贩四五，〇七三户，在固定摊贩户中以他们的性质来说，菜场摊贩在一二八，四八六户，占三十二％，普通地段二五，三〇二户，占二十一％，里弄摊贩八，三五一户，摊商三，一三二户，与内地中小城市的摊贩数字比较实是惊人，如湖南省长沙市全市摊贩只三千余人，尚不及本市摊贩较多的嵩山的四十一％，由此可见上海摊贩数字的大，从最低估计，上海十几万摊户包括家属在内最少在三十万人以上，相等于内地的中等城市。

（2）种类多：从设摊经营的场所说有供应副食品的菜场摊贩，有集结城市的似摊非摊似商非商的摊商，有摆设在马路人行道的普通地段摊贩，有散布在全市里弄高楼大厦公共娱乐场所的摊贩摊商。从摊贩的设摊形式来看，有固定在一定地点设摊营业的固定摊贩，有穿里弄跑马路哪里生意好便到哪里的流动摊贩,有非法在非指定设摊地段时而固定时而流动设摊的浮摊。从设摊的时间来看,有专在早上或晚上营业的早摊夜摊。从摊贩活动的情况来看,如百货摊上午固定在菜场,下午便四出流动,郊区菜农流向市区,市区百货饮食水果摊贩流向郊区工厂集市,邻近上海县份有时流来郊区的摊贩。

(3) 成份复杂:摊贩的原来成份有失业工人、小手工业者、外埠和郊区的农民、家庭妇女、儿童、流氓地痞、地主恶霸、小商人、军工烈属、复员军人、教职员、学生……他们的历史情况、社会关系一般尚难了解清楚,在镇反运动中经群众检举逮捕的反革命分子即达二六八人,此后仍陆续发现,最近在新成区的菜场摊贩纠察臂章背面仍曾发现反动标语。

(4) 资本额营业额大:全市有组织摊贩摊商七五,二七一户,根据自报资本额达三,七七三,五九八万[①]元(和实际数字相差很大,流动摊贩四五,〇七三户尚未计算在内),营业额达六六,五九八,一〇八亿元。一般远超过内地中小城市的工商业户和本市的小商店,特别是摊商有的资本额一两亿元,如邑庙区福纸品摊商□□□[②]户,据估计其营业总额即占全市纸品商的三分之一(邑庙区福佑世界商场的摊商二一八户,每月的营业额约在五〇亿元以上)。

(5) 经营业务面广,流动性季节性大:固定摊贩摊商行业达百余个,经营业务一般,虽系根据登记的业务经营,但部分摊贩每逢有利可图的时令商品上市时,便竞相私自经营,以蔬菜百货鱼摊贩为最多,外埠和近郊农民每逢春荒或农闲时便来市区设摊,农忙时又回去,如逢淡季或营业较清淡时,守法的摊贩常一年数次请求变更经营行业,不守法的就私自改营,季节性商品上市时,便有历史性的临时兼营,如卖棒冰、蟹、糖炒栗子、熟风菱、烘山芋、月饼、年糕等。

(6) 一般均有雇用人员或家属协助设摊,最多的如广东路某饮食摊有职工达二十四人之多。

4. 现阶段摊贩在社会中的作用

从本市一二〇,三四四户的摊贩户数和十六万三千工商业户比较,

---

① 此处原文为"亿",后改为"万"。
② 此处空白。

虽相差无几，如从资金营业额及对整个社会经济的影响面来说，摊贩的比重是很小的。由于摊贩一般均属穷苦人民，小本经营，藉设摊为生，平均以负担三口之家计算，它的存在便关系三十六万人的生活，同时经营业务手短脚长面广，并深入到每一里弄，不只有利于市民的购买，更有利于各种批发市场商品的推销，特别是各种不易保藏有时间性的时鲜商品，更有赖他们菜场摊贩的营业，关系到全市六百万市民的日常生活和健康，价格的涨落和商品推销的大小也足以影响到城乡物资交流，国家在短时期内尚不能全部解决失业问题，以前它是穷苦大众谋生寄身之所，他们的生活安定也关系到调整社会秩序，假如我们能善为教育、诱导，将是国家工业化的过程中一支有力的生产备用军，如从税收的角度来看，本市摊贩的营业远超过内地的中小城市，是值得我们重视的，从他的发展前途来看，在一定时期内仍有其发展因素，而且菜场和饮食摊贩不只有存在可能，且为市民特别是劳动人民所欢迎。

乙、初期的整顿与管理

第一阶段——上海解放至本局接管以前

这一时期的摊贩管理工作，基本上是由公安局领导各公安分局负责执行的，市府先公布了管理摊贩暂行规则，由公安局初步进行了紧缩与限制性的整理，以教育为主惩罚为辅，指定摊贩集中营业，初步划分摊基，并办理申请、登记、给证，开始建立纠察、请假制度，后来因该项工作性质复杂，牵连很多，于市府下成立摊贩整理委员会，由公安、民政、税务等局负责人担任委员，以公安局为主任委员，分区负责，各区亦成立区整理分会，并由税务局调派干部参加工作，发动摊贩民主评定摊贩牌照税的等级，了解了各地段的摊贩数字、营业种类、资本额和摊贩代表、小组长、积极分子的成份等，整理了摊基，检查了设摊许可证，并建立和加强了摊贩纠察、请假、会议等制度。

第二阶段——一九五〇年本局接管至五一年摊贩民主换证时期

五〇年市府决定将摊贩管理工作重心由公安局移归工商局接办，同时为了加强管理的行政组织，市府于一九五〇年九月间决定将摊贩整理委员会改组为摊贩管理委员会，以工商、公安、税务、工务、财政、卫生等局及区政指导处组成，以工商局为主任委员，明确有关摊贩管理的原则和方案,由委员会决定后交工商局摊贩科负责协助推行,各区成立区分会,由区人民政府工商科摊贩组办理经营管理业务,这一时期依据工商政策,在统筹兼顾的原则下结合土地改革、镇压反革命和抗美援朝三大运动,扭转单纯行政管理偏向初步转入业务管理阶段,主要工作在了解摊贩情况,掌握一般资料,逐步加以整理,使摊贩管理初步建立管理系统。重要措施:

1. 制定并通过管理办法和各项章则

摊贩管理会成立后,首先根据过去公安局公布的摊贩管理规则,修订了上海市摊贩管理暂行办法,呈准市府于十一月廿九日公布实施,为了开展各区工作制发了各区政府摊贩管理工作方案,关于各区人民政府办理摊贩申请签证手续应行注意事项,及各区政府收解摊贩申请书工本费及许可登记费办法,这些章则和办法的制发,使各区工作有了依据和方向。

2. 民主换证工作

于五一年结合镇反、抗美援朝运动对摊贩许可证采取了民主评定的换发方式,首先采取了发动群众,掌握积极分子,将行政任务与群众要求相结合,把单纯的事务性的换证变成为群众性的运动,选择了卢湾、嵩山、徐汇三区作重点试验,然后推广到全面普遍展开评议,各区指定地段参加民评的约在百分之八十,从这一工作获得以下收获:

(1) 加强了摊贩组织,改善了经营作风,如泰康路菜场群众去斗代表流氓分子朱××,使正气抬头,全部由摊贩自己担任纠察(过去是摊贩出钱雇用),巩固了组织,有些地段摊贩代表和积极分子带头拆除违章建筑,整理摊基百分之九五。各区菜场摊贩大部检讨了过去秤上的大进小出,自动纠正,修钢笔摊保证不再干换笔尖和零件的勾当。通过这次换证工作,不但经营作风上得到了很大改进,一般争吵打架事件也显著减少,对待顾客的态度也有了改善,教育了工作干部,纠正了单纯行政命令和事务观点。

(2) 提高了摊贩的政治认识,如卢湾区巨鹿路摊贩说:国民党反动派统治时有谁看得起我们,现在我们自己办自己的事解决自己的问题,才真正是翻了身作主人,徐汇区鱼贩自动坦白逃税二万余斤要求补税。

镇反期间据不完全资料，摊贩中被捕的二六八名反革命分子，有二四二人是摊贩自己检举的。一般的区都缴清了欠税并实行了集体缴税，涌现大批积极分子，当选了工作骨干的代表小组长。

3. 菜场副食品零售价格的管理

在政府大力调整公私关系、城乡物资交流的发展、社会经济情况逐渐好转的形势下，以及菜场地区分散，商品规格、来价、损耗不一、季节性与供销量等问题的存在的条件下，发动摊贩组织各业议价小组，采用议价方式，根据批价及合理利润，议定最高零售价格，由政府掌握随时检查，在全市普遍展开，结合度量衡，检定所在各菜场使用标准秤，展开了不少一两秤运动。通过这些措施，稳定了菜场零售价格，摧毁了以往旧社会所遗留下来的逢节必涨或逢特殊情况如大风雨、自然灾害等必涨的规律。

第三阶段——五一年民主换证至五二年三反运动

1. 限制摊贩的发展与流动摊贩的增加

五一年下半年工商经济由恢复向发展，为了维护中小商的正当经营，依照领导上的指示，在照顾个别的原则下限制摊贩的发展，于六月二十八日订定五项限制原则，只有失业工人、菜农、烈军工属、失去生产能力者和遭受特殊灾害的，方准申请登记，如米、盐、油、酒等即使符合上列五项原则也不许登记。这个办法实行后，部分摊贩进行转业，在五一年全年中缴销许可证者四，五〇四户，嵩山区所缴销三八四户中转业的一八九户，北站区二一四户中转业的或自动不设摊的九一户，但是有许多不合五项原则申请设摊不准的就去打游击，我们也无很好的处理办法，从此在管理上出现了漏洞，这就使流动摊贩的数字不断增加，到三反期间对摊贩管理无暇顾及，业务停顿，给流动摊贩大开方便之门，于是不须靠设摊为生的家庭妇女、儿童等的流动摊，急剧增加，原有固定摊亦且化为流动，这一严重社会问题因为未能及时解决，而愈来愈严重，因为问题的严重性而增加解决上的困难，这一问题存在，使局区对整个摊贩的管理陷于极端被动状态。

2. 摊商里弄摊贩管理工作

由于解放前美货充斥、物价高涨、工商业凋敝，遂产生一种似店非店似摊非摊的摊商,一般有三种类型:一种是集中指定马路地段经营数种或同类商品形成为市场形态;其次是商场中的柜户;再次是里弄公共场所类似小型店铺的形式。

摊商的经营业务一般较摊贩大,资本额最高的在一亿元以上(包括流动资金),超过中小商业,其经营方式有:(1)专门经营批发交易,(2)以零售业务为主,(3)纯粹是中间剥削性的交易,在经营业务上投机取巧走私逃税等现象很多,也影响了正当商业经营,为此于五一年十月公告实行管理摊商暂行办法,与此同时进行了里弄摊贩的登记管理,一面限制摊商的发展,一面建立组织制度,并配合摊商重点辅导设立账册,统一发票等,逐步使之走向正规,也纠正了摊商过去的不老实经营作风,与改善了里弄交通。

第四阶段——“三反”运动以后

1. 整理组织核对许可证及基本情况了解

“三、五反”期间局区业务停顿,摊贩管理形成自流,组织涣散,制度松懈,同时中小工业和手工业大部停顿,部分商业歇业或营业清淡,影响到职工生活,城乡交流暂时呆滞,农村又逢青黄不接之际,流动摊贩便急剧增加,各方反映很多,“三反”后局区业务恢复,我们一面布置督促各区加强摊贩管理,重建和整理原有组织制度,一面进行流动摊贩全面调查了解,并合同有关部门进行研究,拟订了“上海市人民政府工商局管理流动摊贩暂行办法草案”呈送市府核批,同时为配合社会经济情况的发展,及时掌握摊贩基本情况和了解存在问题,更督促各区进行固定摊贩的普查和许可证核对工作,掌握了全市有组织摊贩的资本额、营业额、文化程度、专门技术、负担家庭人口等基本情况,发现摊贩中本人常不设摊、擅自变更经营行业、一人多摊、出租顶替摊基、转让许可证等问题,并重点进行了十四个主要行业的典型调查工作,初步掌握了三年来的发展过程及其趋势。

2. 副食品零售价格的管理

由于“三反”期间区工商科不能下菜场,由摊贩自行管理议价,形成涣散松懈,造成区与区、地段与地段的副食品议价差别很大,如黄鱼毛利率闸北区按百分之四二议定最高议价,而老闸区按百分之二十议定,同时菜场最高议价与实售价格也相差很大，形成了最高议价不能发生作用，如提篮桥区同一菜场大黄鱼最高议价毛利率为百分之二九，实售价格的毛利率只百分之一二.五，针对这种情况，(1)经调查了解后拟定主要几种副食品利润率，交各区参考，由摊贩议定副食品最高议价牌，在原有基础加强各菜场议价牌，一九五二年市区二三七个菜场百分之九十以上都有议价牌，督促摊贩严格执行，不能超过议价出售货物。(2)建立小标价，十一月份二十个市区菜场摊贩有百分之二十以上已作到每种商品都有小标价。(3)检验秤一九五二年十月初共校验一九，七〇一户，全市一般都不缺秤，纠正了历史性缺秤的陋规，现在各区菜场上买菜的人已很少看到自己再拿秤的，这是移风易俗的表现的一个方面。

3. 流动摊贩的继续增加对摊贩管理工作与各方面的影响

流动摊贩自五一年指示各区依照限制摊贩发展五项原则限制摊贩申请设摊后，流动摊开设增加，至五二年一月份起据二十个市区估计约有一九，二三〇人，至本年三月底止发展到四五，〇七三人，增加百分之一三四，增加的原因是：(1)对摊贩申请登记设摊过严，影响到因生活困难必须设摊为生的无门可入被迫流动营业。(2)“三反”“五反”期间管理松懈。(3)整个社会经济改造过程中的失业工人、小商人、学徒和农村中地主、二流子的流动设摊。(4)郊区农民自产自销的蔬菜由于合作社和私商在收购数量上、价格上不能满足农民要求，因此便流向市区推销，有的农民生活较苦，一面在乡生产，一面贩卖蔬菜流动营业。(5)固定摊贩因管理松懈，和看到流动摊不交税，经营业务和营业地点不受限制，又没有组织制度的拘束，也出去流动设摊。(6)家庭妇女、儿童由于生活困难和看到流动设摊便当，为了增加收入贴补家用也出来设摊等。由于流动摊贩大量发展造成对各方面的严重影响。

(1) 固定摊贩和座商(中小商店)方面：流动摊贩包围菜场已成为一般现象，若干马路和里弄无形中变成了菜场或设摊地段，严重的影响了固定摊贩营业，彼此矛盾加深，如提篮区东余杭路菜场流动摊甚至摆在固定摊的前面，赶他不走，闹到公安分局也未处理，固定摊贩的代表纠察对流动摊贩稍加干涉甚至遭受殴打，同时如成衣、理发、百货、卷烟、油、酒等限制发展的行业,座商和固定摊是限制登记的行业,而流动摊可不登记经营,因而也影响了座商的营业。

(2) 税收方面:流动摊贩根据二十个市区的调查估计约有四五,〇七三户,营业不缴税,根据嵩山区府保守的估计,该区流动摊贩三,〇六七人,每月营业额约在三十亿以上,损失税收在一亿元以上,由于流动摊贩不缴税,造成固定摊贩和小型商店藉口流动摊贩影响营业不肯缴税,如三月份卢湾区新新街、泰康路、巨鹿路菜场摊贩六十余人集体说流动摊贩不取缔不缴税,新成区重庆北路菜场摊贩也公开向区政府这样表示,蓬莱区税务分局每到菜场催缴欠税,常被摊贩包围要求取缔流动摊后再收税。

(3) 交通市容方面:流动摊大多集中在闹区和菜场附近,充斥道路,使车辆行驶困难,甚至为整理交通而将摊贩迁移到固定摊贩地段又为流动摊贩占据,如提篮区临平路原为五五路公共汽车行驶时将固定摊贩迁移,后被流动摊所占据,汽车行驶困难。榆林区的兴康里被流动摊一三〇余占据,无形中成为菜场,也影响了里弄交通。纠纷很多,公安局曾一再提出管理流摊的意见。

(4) 卫生方面:流动摊因未组织管理,饮食水果等摊设备、经营业务不受有关卫生主管方面限制,本市各种运动展开也无法组织进行,如五二年全国展开爱国卫生运动时,流动摊便是死角,不能展开,今年的清洁卫生突击月也是如此。

(5) 对摊贩管理业务方面:由于流动摊贩的畸形发展一方面影响了固定摊贩的营业,同时固定摊贩与流动摊的纠纷特多,公安局既不处理,区政府无法解决,摊贩代表、组长和积极分子工作不能贯彻,相当消极,个别代表请求辞职,在市场购货由于流动摊享受固定摊同等待遇,每逢有利可图商品上市时便去抢购,影响秩序混乱,在出售价格方面也大受影响,如春节期间鸡的零售最高议价为每斤八,三〇〇元,而流动摊则售一二,〇〇〇——一八,〇〇〇元,再如土产公司供应水果时流动摊贩却作黄牛买卖,影响正常供应,以致固定摊贩反映说:"政府只会管我们不管流动摊,不合理","有许可证等于犯法","评税、议价、验秤、标价,样样搞我们,流动摊什么都不搞",闸北等区有的摊贩集体向区政府工商科缴销许可证并公然说去做流动摊贩,由于这样各区在布置具体工作时经常碰到困难，有时处理或赶流动摊时还遭扭打，如榆林区的胡白、新成区的邓蔚同志，工作不易开展，干部思想就产生低落情绪，同时在历届市区人民代表会议提案中，人民来信中，摊贩直接来局谈话中，各区政府的反映中均不断提出要求管理流动摊贩的意见，这一问题长久未得到适当处理，严重地障碍了摊贩的管理。

丙、目前存在问题

1. 摊贩管理的政策方针问题

我局接管以来的摊贩管理由五项限制摊贩发展原则的形式限制，而至三五反期间的全部放任，再由全部放任而至摊贩管理只局限于对固定摊商贩的管理，虽在稳定物价协助税收、交通、卫生、配合各种政治运动等各方面起一定作用，但是工作方向、组织原则、工作路线、工作重心、进行步骤、摊贩向何处去等若干政策方针，都不够明确，如我们过去对摊贩摊商的管理方针是“维护中小商业的正常经营，在保证税收、整饬市容、维护治安及兼顾摊贩生活的原则下限制摊贩发展，争取部分逐步转业淘汰的方针”，而目前摊贩发展的因素仍然存在，摊贩既限制发展又不能劳动就业登记，则摊贩向何处去，因此我们在工作中就很少预见性地来指导工作，而表现在工作中的穷于应付，或无所适从，这需要我们在现实工作中加倍努力，发现管理摊贩中的规律性，并争取上级的具体指导来解决这一问题。

2. 摊贩管理的领导机构问题

摊贩管理委员会虽由工商局各机关组成，但实际上并未发生统一领导作用而流于形式，同时因各局对工作要求不同，例如公安局对摊贩问题的处理认为不妨碍交通市容就可考虑设摊，税务局往往则不问摊贩是否合法只要缴税便组织，加以目前摊贩管理机构也不统一，如刻字摊旧货摊荒货摊一一，四九〇户由市公安局管理，其余的摊贩由我局领导各区和市立菜场管理所组织领导，形成对摊贩管理要求不一致现象，各区执行管理的亦仅靠工商科的一个摊贩组，而我局摊贩科与区政科及各区工商科之间的工作关系都不够明确，各区对于摊贩工作的重视也有所不同，如北站区工商科三十四个干部而专管摊贩的只二人，摊贩三,〇〇〇多户,其他有的区工商科长则把较差的干部放在摊贩组,对摊贩工作缺乏积极支持,在这样形势下摊贩科对各区工商科则很少有效办法,各区摊贩组干部思想上亦常有苦闷,这些组织机构上所存在的问题,就给发挥组织方面提高工作效率增加极大的困难,我们意见搞好摊贩工作必须加强领导机构,明确工作关系,建议在市府内或市财委内成立摊贩管理的专业机构,各区则成立摊贩科。

3. 摊贩组织问题

摊贩一般地多属半无产者,三年来全市摊贩通过土改、镇反、抗美援朝、三反、五反各项政治运动一般地政治觉悟都有了提高,涌现出不少积极分子,过去个别区曾要求成立地区性的摊贩组织,如徐汇区的摊贩由于条件较好,已有了摊贩联谊会(不对外),办理了四期(每三个月一期)摊贩讲习班,发动摊贩自己教育了自己,为摊贩转业创造不少条件,在一九五〇年十月份以前该区共摊贩二,八一一户,到五二年底已减少到一,一六八户,区内一般性摊贩纠纷及事务性工作也由联谊会自己处理,从这方面看如政府能加强组织领导可能获得更大效果,并且按照全国工商联组织通则,摊贩得按区组织联合会加入工商联的组织,因之如何考虑有计划进一步组织、整顿、辅导,组织群众性的摊贩组织是重要问题之一。

4. 流动摊管理问题

如前所述,流动摊贩由于社会经济改造等等社会因素而产生对市容、交通、税收、固定摊贩、工商户、经济、政治各方面重大影响,在目前摊贩管理中已成为不能不解决的关键问题,但是这一社会问题不是一下子,不是凭我们一个机关所能解决的,如何掌握现实情况,由减少管理中的困难,使不良影响不致发展,而逐渐适应社会情形逐渐淘汰,不但在现在就是在今后数年内仍将是一个相当复杂而艰巨的任务。

5. 对摊贩业务管理及加强各区干部业务学习问题

由于我们及各区干部对业务还不够熟悉而表现在工作中对业务领导的不够坚强,例如各区干部许多对摊贩基本情况、思想情况、市场商品产运销情况、规格损耗率、成本、市场陋规等不熟悉,过去对摊贩的片面的反映就无分析批判的能力,对议价等工作就曾感觉被动,虽经过一再注意掌握情况和资料工作以及今年组织了对鱼市场肉市场菜市场几次的参观，对组织业务学习有了一定的帮助，但这只不过是一个开端，今后有计划有组织地组织各区干部学习业务，交流经验，钻进去变成内行，以加强业务管理是一个重要问题。

6. 菜农问题

农民剩余劳动力自产自销的和非自产自销的在菜场经营固定摊或流动摊影响了固定摊的经营，同时由于郊区合作社和私商在收购数量上、价格上不能满足农民要求而影响了农民的生产时间和经济上利益，间接助长了大批流动摊贩，这在工农联盟政策中也是一个社会问题。

7. 摊贩教育问题

几年来经过组织管理与各种政治运动，有组织摊贩一般地觉悟都有提高，但是今后数年内既不可大量淘汰又必须准备转业条件，以达到逐渐淘汰的目的，为此加强对摊贩的教育，组织他们自觉地进行政治文化学习，掀起他们学习的热潮，提高他们的思想，以便逐步完成摊贩管理中的历史任务就是极重要的一环，这一问题在目前还未有力的提出，须在今后工作中把它放在重要的地位。

丁、今后管理意见

现阶段管理工作中，宜在不严格限制摊贩发展和管理流动摊贩的原则下，采取放宽固定摊贩登记尺度，开始组织管理浮摊和争取重点行业的流动摊贩固定设摊营业，加以整顿和组织管理，以达到减少流动摊贩（浮摊）对中小座商、固定摊贩的影响，配合税收，整顿交通市容的目的，首先对业经组织管理，在指定地段固定设摊而未发证的摊贩，先发给临时设摊证明，并开始整理浮摊，分别予以登记，组织管理，然后进行争取经营重点行业的流动摊贩到指定地段固定设摊营业，在审核、登记时，对生活确属困难、非设摊不能为生的审查合格准予登记，对烈军工属则优先照顾，根据目前摊贩实际情况及工商政策将(1)饮食类的糕团饼等业，(2)副食品类的蔬菜等业，(3)百货类的日用品等业，(4)棉毛丝呢类的零布，(5)衣着类的针织品等业，(6)服务类的书报出租等业的流动摊贩浮摊争取固定设摊，至于我局在企业分类分工表草案及曾经登报限制的行业仍限制其发展,康乐球等带有赌博性的行业与迷信业,则应取缔,此外不属上述三类的行业因影响不大,均暂听其流动,待取得经验后再考虑全面管理。

总之,摊贩管理中目前在于以最大努力第一步解决关键问题,即流动摊贩问题,求得对中小座商及固定摊贩矛盾的缓和初步的稳定,再从这个基础上进一步展开民主换证工作,加强对于干部的政治业务学习及对于摊贩的思想教育,帮助他们进行政治文化学习,充实其转业条件,提高其政治觉悟,诱导他们自己管理自己,巩固摊贩管理中思想基础。在组织机构方面,则必须加强统一领导的机构,充实各区的机构人事,对干部质量并重,使各区在思想上重视这一工作,以发挥组织效能,整理摊贩的组织,健全摊贩管理中的组织基础,在摊贩管理工作的发展中要求做到既限制发展又照顾其实际问题,随着国家经济建设的进程而完成摊贩管理的历史任务。

学术动态

把出版史研究放在国际交流平台上

——"历史上的中国出版与东亚文化交流"国际学术研讨会侧记

邹振环

中国是一个有着悠久出版文化传统的国家，从唐朝起中国就与周边的日本、朝鲜和越南在印刷技术、书籍编辑和出版流通等方面有着多种形式的广泛交流。明清以后中国在出版物、出版人、出版机构和书坊等方面与日本、朝鲜和越南等有着多方面的互动，通过出版传播，中华文化对东亚等周边地区的文明进程产生了深远的影响。

严格意义上的中国出版史研究可以说是从张静庐起步的，他以一人之力自20世纪50年代起编辑了《中国近代出版史料》和《中国现代出版史料》以及《中国出版史料补编》共8卷，他被很多历史学者认为是新中国最初30年中国出版史界独步一时的人物。其时上海正在酝酿推动近现代中国出版史研究的计划，60年代上海出版局曾专门成立了上海出版文献资料编辑所，负责出版史料的征集和编辑，后来编纂有《近现代上海出版界印象记》的朱联保曾经参与过编辑所的资料整理工作。"文革"中由于种种原因，当时征集的不少资料陆续有散失。80年代改革开放后的中国出版史研究曾经掀起过热潮，很快在南北形成了相当的规模，上海由1982年成立的出版工作者协会的会长宋原放和吉少甫等老出版人的推动，其间标志性的事件是1982年12月《出版史料》的问世；在北京则成立了出版科学研究所，在新闻出版署党史资料征集工作的带领下，1989年在全国26个省成立了相应的机构，在征集党史及近代革命出版传统资料的同时，也组织近现代出版史的研究，其间标志性的事件是组织了在湖南的大庸（张家界）、山西的太原等地召开了几次近现代出版史的学术研讨会,作为会议论文集问世的有《中国近代现代出版史学术讨论会文集》、《新民主主义革命时期出版史学术讨论会文集》和《近现代中国出版优良传统研究》。随着各省出版志开始纂修,各地也有相当力量致力于出版史志研究的开展,其间最有成绩的要数江苏省出版史志编纂委员会编辑部推出的十余种“出版史志丛书”(江苏人民出版社出版)。1987 年以商务印书馆 90 周年纪念为契机,商务印书馆也以张元济和商务印书馆为中心展开资料整理和研究,中国出版史的研究出现了第一个具有系统性的个案研究,为中国出版史研究的纵深发展奠定了基石。

1993 年随着共出 32 期的《出版史料》的终刊,90 年代中期以后规模性的出版史研究走向低谷,出版史研究演变为学者和部分出版机构的个别行为,其间标志性的出版物有叶再生主编的 6 期《出版史研究》。广西教育出版社从 1999 年开始为推动出版史研究不懈努力,如出版有孙晶的《文化生活出版社与现代文学》、刘纳的《创造社与泰东图书局》。该社出版的“20 世纪中国出版文化丛书”先后推出了笔者的《20 世纪上海翻译出版与文化变迁》、汪家熔的《出版人的文化追求》和张志强的《20 世纪中国的出版研究》等。出版史研究也进入了博士论文的选题,如王建辉的《文化的商务》(商务印书馆出版)、史凤春的《商务印书馆与中国近代文化》(北京大学出版社出版)、周其厚的《中华书局与近代文化》(中华书局出版)等等。但综观上述研究,尽管在资料整理方面的成绩颇为可观,在若干个案的研究上也有独到的见识,但总体上的不足非常明显,观点相对比较陈旧,对于海外的出版史研究的成果,基本忽略。

为了拓展中国出版史和出版文化交流史的研究,2008 年 11 月 8 日—9 日,复旦大学历史系与上海新闻出版局出版博物馆(筹)共同策划,联合在上海主办了“历史上的中国出版与东亚文化交流”为主题的国际学术研讨会。复旦大学历史系主任章清和上海市新闻出版局副局长李新立先后致辞,提出了如何推动和研究出版史的构想,中国出版工作者协会常务副主席杨德炎对双方的合作计划表示赞赏和支持。

本次会议的策划是首次将出版史研究推向国际研究的平台,利用国内外高校和研究机关的学院派研究的优势,结合出版界、图书馆、档案馆的研究人员,尝试将新一轮出版史研究,建立在国际性的研究平台之基础上。由来自挪威、日本、新加坡等国家以及中国香港、台湾、大陆各地高校和研究机构的各个专业领域的40余位专家学者参加了学术研讨,提交的30多篇学术论文涉及了"中国出版与东亚文化交流"、"中日出版与文化之互动"、"东亚图书知识之交流"、"现代化视野下的东亚出版界"、"东亚出版文化之互动"、"西学东渐与东亚出版界"和"文献翻译与东亚文化"等多个专题,以独特的视角为中国出版史研究提供了大量的新资料和新信息,不仅综合利用了以往印刷史、图书史、文献学、翻译学的研究方法,也尝试运用阅读史、概念史、比较文化史、图像学等新理论,很大程度上弥补了中国出版史研究中"交流史"研究方面的空隙,大大拓展了出版史的研究领域。下面笔者从五个方面对提交的会议论文作一简要概述和评介。

一、中日出版与文化之互动

中日出版交流有着悠久的历史,这一部分的论文最为集中。作为东亚文明渊薮的中国,汉文文献的出版在中日文化交流、文化传播的过程中具有举足轻重的历史作用。周振鹤(复旦大学历史地理研究中心)在《清代输入日本的汉籍与中国出版史研究》一文中介绍了汉文出版物作为文化的特殊载体在中日文化互动中的作用,指出清代输入日本的汉籍——《持渡书》及其在江户时期日本文化中产生的副产品——《大意书》(书籍提要)对今天研究中国出版史的重要意义。这些《持渡书》的书目与《大意书》,很好地体现了江户时期日本对中国书籍的需求以及这些书对日本产生的影响。他将《大意书》与《千顷堂书目》二者所列的作者名相比照,发现90余种明人所著与明代刊刻的书是《千顷堂书目》所未收的,这无疑增加了我们对明代出版书籍的认识。对于中国出版史而言,日本现今所存各种上述提及的书目与《大意书》之类,不啻为一份极为重要的第一手资料,值得做地毯式的全面研究。书目和知识结构的关系很密切,从《四库全书》到张之洞的《书目答问》、《书目答问补正》,已经能从书目上看出后者所处时代的想法和诚心建构的知识结构相较前者均有所变动。陈少华(南京农业大学)的《清末和民国初期中国翻译出版日本农业图书研究》一文对清末民初的农学图书翻译做了系统的考察,研究范围涉及到了上海农学报社、上海汇文学社、上海科学书局、上海新学会社及设在东京的东亚公司等机构。作者指出在晚清500余种翻译西书中,农业图书有230种左右,而且其中的大部分图书都是直接自日文书译出,如此的译书规模和翻译比例对出版史的研究具有一定的新意。同时作者还发现在一些早期的农业图书书后都附了当时书局的营业书目,其中信息含有书的售价、出版状况,甚至有的还有部分提要,这些信息对研究出版史也是一个新的收集材料的视角。

陈力卫(日本目白大学)的《江南制造局的出版物在日本的传播和利用》一文则从传播学的角度研究了江南制造局的出版物在日本的传播及利用情况。他首先考察了柳原前光与这批出版物流传到日本的过程,辨析了这批书在日本的馆藏情况,指出这些西学新书传入日本后,日本将其重要部分或刻或翻译为教科书加以利用,并据此又改编为不少层次不等的课本——如数学方面,日本的代数教科书的译名参考了《算学启蒙》、《代数术》里面的译名,《运规约指》也有很多词汇被日语吸收。特别值得注意的是在矿物学和地质学方面,《金石识别》和《地学浅释》可以说奠定了日本该领域的基础,其语词概念均得以作为日语新词使用。而我国的留日学生在20世纪初,又把这些日文教科书作为新知识译回中文,使得这些知识改头换面后回到中国,如仁和叶翰译、吴县汪氏校印的《地质学教科书》(横山又次郎著)就是江南制造局翻译的《地学浅释》。

中日之间的典籍传播的回流影响是文化交流中一个非常有意思的文化互动现象。巴兆祥(复旦大学历史系)的《〈大明一统志〉的出版及其对日本地志的影响》探讨了《大明一统志》的编撰与东传的过程,并着力分析了中国的典籍对日本文化的深入影响。该论文统计出江户时期流入日本的《大明一统志》应该不少于38部。从编志主旨、内容、体例到词汇,日本的地方志都是仿照《大明一统志》。《大明一统志》在日本人编写地方志的过程中,充当了范本的作用,日本不仅从《大明一统志》中学习到了编纂地志的方法与经验,全面了解中国行政体制,也搜集到了经济作物国产化的经济情报。许全胜(复旦大学文史研究院)的《〈西游录〉与〈黑鞑事略〉的版本与研究——兼论中日典籍交流与新见沈曾植笺注本》一文讨论了从日本回流的《西游录》与《黑鞑事略》的版本及研究的基本情况，从一个侧面反映了中日两国源远流长的书籍交流史。更为重要的是，这两本书的研究涉及一些重要学者，如李文田、沈曾植、罗振玉、王国维、内藤湖南、箭内亘、神田喜一郎等等，这足可见近代中日两国学术交流之一斑。黄天（香港中文大学日本研究学系）的《〈满清纪事〉、〈日本日记〉的逆输入和增田涉的有关研究——兼谈〈遐迩贯珍〉》一文，翔实地探讨了《满清纪事》和《日本日记》这两本书的产生及其在中日间流传的过程，在介绍了增田涉对《满清纪事》作者的考证之后，指出扪虱谈虎客在把它收录到《近世中国秘史》时对书籍所做的一些篡改，并提醒相关学者在引用时一定要加以甄别。《满清纪事》是罗森以同代人的眼光记录的太平天国运动的真实情况，《日本日记》则是罗森出使日本后对日本情况的如实介绍，这两本书都具有非常珍贵的史料价值。蒋竹山（台湾东华大学历史系）的《人参书籍、医学知识与消费文化：前近代东亚的人参史研究的新视野》一文从乾隆嘉庆间出现的一批人参书籍入手，探讨了这些书籍和人参消费文化以及与当时的医学知识之间的关系，进而论及日本当时一批类似书籍与这批人参书籍的关联性——18 世纪中叶日本的加藤忠懿在编《和汉人参考》时，参考过清代医家唐秉钧的《人参考》。透过人参史的研究，作者认为不仅可以探讨清代出版历史发展的特性，还可以进一步研究清中叶以来东亚之间的物质文化交流史，即在这个时期，东亚的中日韩三国，经由人参消费的流通，彼此之间，无论在消费知识与医疗知识上，都有非常频繁的交流。

在华和在日的出版机构的研究也是本次研讨会的一个重点。王宝平（浙江工商大学日本文化学院）在《岸田吟香出版物考》中，深入细致地考察了岸田吟香创办的乐善堂及其出版物。他认为乐善堂是岸田生涯中最具代表性、持续时间最长的一项事业，该社除在东京最繁华之地拥有一席之地外，还在上海河南路设有分店，其营业内容一为制售药品，一为经营书籍——上海分店的店牌“乐善堂书药房”足以说明这一点。该论文通过其出版物的书目分析乐善堂书目来源有四：一是铜版书、地图、铅版书；二是日本的古书和新书共 644 种，这是从日本贩卖到上海的书；三是比较复杂，有的是自刻书，有的是代销书，还有就是在华收购的书,像北京、天津、浙江、江苏等地;四是它的藏本书目,这些书以木刻为主,基本是从日本运到上海,很多是江户时代的版片,共 43 种,有日本的序列符号。该论文指出岸田吟香的出版物的特点,一是汉籍类的书占绝大多数;二是有日本人写的汉文图书;三是内容属于新学类或时事类书较多;四是医学类较多;五是主要针对科举考试的袖珍本比较多。沈国威(日本关西大学文学部)则通过出版机构和出版物的分析,研究了中日之间词汇、术语的引用问题。他的论文《近代转型期的中国与日语——泰东同文书局及其出版物》以泰东同文书局及其出版物为例,分析了汉字文化圈的学术语言问题,指出江户时代的日本学术用语是文言的汉语,来自西方介绍新知识的书籍,先译成汉语,之后再提供给日本社会,中国的这些翻译书籍促进了日本学术语言、学术来源方面的转换,原来提供知识的源泉由荷兰语变成由英语。到 19 世纪 80 年代末,以科学术语为主的现代日语词汇体系建构基本完成,日语实现了"近代"的转变——汉字本身不再是日语的学术语言,而变成了构成他们学术语言的要素。甲午之后日本开始出现"膨胀",具体表现在通过军事手段获取殖民地的国土扩张和语言文化方面的"东亚进出",日本开始了构筑"共同语"的尝试。作者以泰东同文书局的伊泽修二意图统一日清韩三国文字的《同文新字典》的使用方法为例指出:字典首先是列出汉字,第二列出汉字及发音(音读),第三该汉字的意义(训读),第四标出伊泽创造的汉字标音符号,第五是朝鲜语,第六是汉字的字义,第七是威妥玛音标。从这样的编排可以看出,中国人只要掌握第七项就可以使用此字典了,而完全没有必要去认识伊泽创造的标音符号,此可说明伊泽的汉字标音符并不能实现他所说的统一。

中国出版机构中的日本因素也成为学者关注的一个焦点。洪九来(华东师范大学传播学院)的《解码清末民初商务印书馆产业环境中的"日本"符号》一文从近代出版重镇的商务印书馆的"日本"因素的角度考察了商务印书馆与金港堂从合资到清算的历程,指出商务和金港堂的合作使得商务在内部产业环境的微观系统中,侵染了很强的日本的色彩,这可以从商务古籍的扩大、印刷技术的升级、人员的引进以及商务早期选题的扩大等方面很明显地表现出来。作者认为张元济奉行的教育救国路线和民族主义诉求也是增加商务印书馆日本色素的重要原因。而民国初年由于中日关系趋于紧张，以及出版产业竞争激烈，商务印书馆为了自身的发展选择了与金港堂分道扬镳，希望借此使得这些日本色素逐渐淡去。该论文分析了“日本”符号在商务产业环境中的复杂流变，验证了20世纪初以上海为中心的中国出版业深受外部（东亚）社会环境制约的心路历程，同时在某种程度上也验证了商务输送新知、启迪国民的启蒙立场，以及在商言商、与时俱进的经营理念，是中国出版产业追求现代性的比较成功的一个案例。

中日出版人之间的文化交往，也是本次研讨会切入的一个特殊的视角。陈正卿（上海市档案馆）的《张元济所藏与日本汉学界人士、机构往来函》和柳和城（上海市浦东新区文史学会）的《张元济东瀛访书与海外遗珍的流布》从两个不同的角度介绍了张元济与日本学界的交流活动。陈正卿利用新发现的张元济与日本汉学界通信函，研究了与张元济保持联系的日本各界人士，并详细介绍了这批函件主要包括的三个方面的内容，即接洽落实借书影印计划、双方交流互通信息、切磋学术及同携后学等。他指出张元济与日本汉学界这120余件通信函，所涉猎内容全为流散日本的中国古籍搜集、整理、出版等事务，而且在已出版的《张元济全集》等书中均未披露，所以它的研究价值是亟待开发的。柳和城则翔实地介绍了张元济访书东瀛及其带回的珍贵书目，指出张元济为中华文化的传承和复兴奋斗终生，而东瀛访书是他人生轨迹中的重要一环，也是中日文化交流史上的浓重一笔，值得我们研究和总结。

二、西学东渐与东亚出版

西学东渐在中国近代出版发展的过程中具有历史杠杆的重要作用，西学东渐与东亚出版之间的关系也成为本次研讨会的一个重点。作为西学东渐的主体的西方传教士们，他们所创办的印书馆、印刷所及其印刷的大量书籍，则直接推动了中国社会的近代转型。李晓杰（复旦大学历史地理研究所）的《十九世纪早期来华新教传教士所描绘的英国：〈大英国人事略说〉与〈大英国统志〉》从版本、内容、流布等方面重新审视了此两部书，通过对《大英国人事略说》中英两种文字所做的详细的对勘,不仅使我们对中文文本中诸如当时地名的译法、词汇的涵义等有更多的深入理解,而且通过对勘可以为语言的对译研究提供一些素材。他认为两书在出版时间上虽然相差两年,但其具体的差别还是颇大的:在内容上,前者简,后者详;在语言上,前者平铺直叙,后者则采用说书体;在影响上,前者大,后者则有些悄无声息,不仅魏源当时编撰《海国图志》搜集资料时没有注意到此书,就是后来提及者也不多,以致有学者发出至今"罕为人知"的感叹。

来华传教的基督教各个差会都有自己的出版机构,这些机构在东亚文化发展的过程中,究竟有过怎样的作用呢? 冯锦荣(香港大学中文学院)在《姜别利(William Gamble,1830—1886)与上海的美华书馆》一文探讨了长老会美华印书馆的发展历程及姜别利的贡献。他通过对1837年《美国长老会第一届年报》的分析,指出当时美国长老会到中国传教的计划已经臻于成熟,除了规定传教和掌管学校的教士数量之外,它还计划创办一所有足够能力印制传教所需《圣经》及其他宗教书籍的印刷机构。1844年长老会在澳门成立一个印刷所"华英校书房";1845年"华英校书房"搬到宁波后,改中文名字为"华花圣经书房"。姜别利是1858年10月份到宁波负责华花圣经书房的运营工作的,后来他把印刷所搬到了上海。该论文分析长老会选择上海作为传教基地的三个原因,一是上海刚刚变成通商口岸,它的政策很容易和华北发生联系,而且有很大的商业发展潜力;二是当时旧金山已经和上海开通了定期航线;三是总会希望在上海成立教会后,能有一个很好的印刷机构,能够充分利用已有的优势,给中国读者传送基督教传教印刷品。顾钧(北京外国语大学海外中国学研究中心)的《美部会澳门印刷所刊印的几部中文工具书》一文,则分析了美部会在澳门的印刷所为了传教士学习中文需要而印刷的几部中文字典。印刷中文工具书首先要解决的是中文活字问题,他指出澳门印刷所因为卫三畏得到了原来东印度公司的那套活字,这使得它得以印刷完成一系列的中文工具书。澳门印刷所完成的第一部中文工具书是伦敦会传教士麦都思的《福建土话字典》,这是最早的福建方言字典。1841年裨治文主持编写的《广东方言读本》是美国人编写的第一部学习汉语的工具书,也是第一本专门用于练习广东方言的实用手册,具有重要的历史意义。裨治文之所以要编写《读本》，意图不仅在帮助读者学习广东口语，也在帮助他们获得有关中国的各类信息。《拾级大成》是卫三畏独立编写的第一部汉语工具书，其中第一章“部首”尤其是卫三畏着意的重点，卫三畏这里对部首的排列完全是根据《康熙字典》，他认为作为学习汉字的起步，最好的方法是从部首开始，就像学习字母文字必须从字母开始一样。两年后卫三畏又推出了另一部工具书《英华韵府历阶》，这是一部英汉词汇手册，按照英语字母顺序依次列出单词和词组，并给出中文的解释和官话注音。之所以用官话注音，是为了适应中国内地已经逐渐开放的形势，由于广东、福建仍然是当时传教士和其他外国人活动的主要区域，所以在书后的索引中，除了官话注音，卫三畏还给出了该词汇表中出现的所有汉字的广州话和厦门话注音。1874 年上海美华书馆印行卫三畏推出的集大成之作《汉英韵府》也是建立在他早年在澳门出版的那几部工具书的基础之上的。

张晓依（上海图书馆）的《土山湾印书馆西文资料考述》一文，从分析天主教系统的土山湾印书馆入手，对其出版书目进行了细致的考述，指出土山湾印书馆建立的最初目的在于传教，因此宗教类图书在土山湾的西文出版物尤其是早期西文出版物中占了相当大的部分，其中宗教教义的出版物约占 1/3，宗教历史类约占一半，包括江南天主教的历史、天主教内某人物传记以及传教区现状等。另外，土山湾印书馆也出了不少有关宗教艺术的书籍，包括一些圣歌乐谱，虽然数量并不多，但都制作精美，显示出土山湾孤儿工艺院当时技术水平的高超。随着土山湾印书馆的发展，它所印刷的范围也不再局限于宗教出版物，非宗教的印刷品也占到了将近一半。其中，徐家汇的依纳爵公学和震旦大学所用的教材，占到总量的 1/3；各类反映中国情况类的出版物大概占土山湾西文非宗教类出版物总量的约 1/3，最著名的就是“光启社”的神父们编写的“汉学丛书”；还有一些土山湾出版的科学类的书籍，主要是出自天文台神父们编写的丛书《徐家汇天文台丛书》。

传教士在向中国的民众传教的过程中，为了方便受传者的接受和理解，借用了一些中国文化中浅显易懂的读物形式。司佳（复旦大学历史系）的《基督教三字经体著作与新教早期在华及南洋地区的活动》一文，重点讨论新教传教士在对华传教初期是如何借鉴中国传统蒙学读物的文字形式——三字经体写作风格,来调整19世纪初新教对华传教布道手册内容及思想定位的。她选取早期来华新教传教士及随同人员撰写的颇具影响力的两种三字经体布道手册——即麦都思首创的基督教《三字经》和"马典娘娘"所著之《训女三字经》,剖析了这种布道在早期对新教传教士的布道起到的积极作用。但是当19世纪中后期新教传教逐渐深入开埠口岸之后,三字经体著作显露出了形式对于充分表达内容的局限,一些教会学校更倾向于使用直接翻译的布道手册,有的教会人士甚至开始反对将中国蒙学读物《三字经》列为教会学校的基础中文识字用书,认为这种方式限制了识字范围,使学生无法深入阅读宗教文献。最后,该文指出就19世纪基督教三字经体著作的发展脉络而言,其"内容"与"形式"的结合与分离,恰恰彰显出文本背后的社会思想转变过程。

近代西学东渐引发了华文出版的深刻变化,不仅仅反映在沿海地区,也深刻地影响了内地的社会变革。王天根(安徽大学新闻传播学院)的《西潮下近代华文出版与西北出版中心味经刊书处》探讨了西潮激荡下的清末出版业生存状态及其经营管理与政治维新舆论建构的关系。他从人际网络在印刷传播中扮演的重要角色切入,指出味经书院设置的味经刊书处与中国近代社会舆论有着密切的关系,它与中国传统文化中的京派文化和西潮中的海派文化也有密切的联系,同时与湖北、两广张之洞的经世之学也有内在的人际脉络关系,所以为其鼓吹变法的可能性和合理性提供了充分的资源优势。因为味经书院刊书处最重要的目的是为维新变法提供一种合理性,提供变法的道统,所以它翻译了一些社会科学著作,如《天演论》,还大量刊行了近代关于变法的理论书籍,为变法维新营造了很好的氛围。作者认为如果味经刊书处的这种舆论动员不存在,那么维新变法很难取得成功。

三、东亚出版与东亚文化

东亚出版一直存在着频繁的交流,正是这种交流促成了东亚汉字文化圈的形成与发展。章宏伟(紫禁城出版社)的《10—14世纪中国与朝鲜半岛的出版交流——汉文大藏经的考察》详细考察了10—14世纪中国大藏经18次流入朝鲜半岛的情况，并分析了这些汉文大藏经对高丽自刻大藏经的影响，指出高丽不仅通过各种渠道获得了多部大藏经和大量书籍，而且从中国学会了印刷术，开始自行翻印中国典籍，并且有材料证明，宋朝曾经向高丽访求所佚失汉籍。从汉文大藏经来考察，指出10—14世纪中国与朝鲜半岛间的出版交流、佛教交流不是单一的、孤立的交流，而是综合性的交流。

在西潮东渐之后，东亚世界出版文化的交流不是萎缩，而是更加频繁。笔者的《中西文化之树在菲律宾移植所开出的奇葩——菲律宾印刷始祖龚容与高母羡的〈无极天主正教真传实录〉》通过对16世纪末在马尼拉最早从事印刷业的华侨印刷工匠龚容及其所刻板的西班牙多明我会教士高母羡用汉文撰写的《无极天主正教真传实录》一书内容的分析，研究了中国、西班牙和菲律宾文化在同一空间内形成的全方位的文化交流，并指出中西两种异质文化在菲律宾这一空间移植的过程中，中国的印刷术不仅为天主教在菲律宾的传播提供技术条件，而且在译述天主教教义过程中利用了中国的儒、释、道的思想资源，从而使天主教文化在菲律宾土地移植过程中开出了中西文化交流的奇葩。该文指出正是因为高母羡在翻译《无极天主正教真传实录》的过程中，借用了很多儒家、道家和佛家的术语，使得这本书在菲律宾的传播过程中，形成了一种儒家、道家、佛家和天主教的对话，从而为天主教在菲律宾的传播扫清了障碍。作者匡正了前人学者对《无极天主正教真传实录》后六章内容的误读，指出后六章内容总体上都是阐述基督教教义的，其他地理学和生物学的知识都是起铺垫和辅助作用的，其实是一本护教著作。在马来半岛中文印刷出版史上，1815年直到1835年是伦敦会的黄金时期，而1834年至1842年则是美部会的昙花一现的巅峰时代。对于这一段历史，目前学者知道较多且比较具体的是马六甲的英华书院，而对于坚夏书院则知之甚少，庄钦永（新加坡南洋理工大学）的《新加坡坚夏书院及其书刊对晚清学者的影响——以梁廷枏〈海国四说〉为例》正是填补了这一空白。该文利用美部会档案以及相关文献，翔实地勾勒出了新加坡坚夏书院的创立背景、出版经费来源以及所刊行书刊之种类、内容、刊行年代、印刷册数等等。论文还具体而翔实地考证了坚夏书院的哪些出版物直接影响了梁廷枏《海国四说》，并且在此考证过程中,作者发现了学界一直未注意到的问题——梁廷枏在撰写《海国四说》时还参考了郭实腊的《古今万国纲鉴》。中国内地与南洋之间的出版交流还有诸多值得开发的资料,如张人凤(上海市文史研究馆)的《商务印书馆和南洋华侨读物的出版发行》一文,分析其所见的商务印书馆针对华侨印刷出版的教科书及其对南洋华侨的影响,指出商务印书馆创立不久即开始关注南洋华人、华侨的华文教育与文化需求,并脚踏实地地做了许多这一领域中的业务开拓工作。作者提出商务所刊印的华侨教科书的主要特点,一是突出南洋华侨的历史(移民史),二是强调华侨所在国的地理,这两项内容占了全套书的四分之一。

东亚文化圈中出版物的交流同样存在于日本和朝鲜,并形成了复杂的关系。孙卫国(南开大学历史文化学院)的《日本宝历辛巳版〈明史朝鲜传〉考论》则讨论了日本出版的《明史朝鲜传》的相关情况,考查了《明史》东传日本的经过,并考证了日本宝历辛巳版《明史朝鲜传》和中华书局点校本《明史·朝鲜传》的20余处不同之处,继而分析了小池桓所注释的《明史朝鲜传》的内容及鲜明特点,指出从小池桓对《明史朝鲜传》的注释中可以清楚看出他带有强烈的日本民族主义情感,对某些事件的注释甚至体现出一种盲目的自大心态。傅德华(复旦大学历史系)的《日著在韩汉籍研究初探》别开生面地探讨了日本统治韩国时期出版的两百余种日著汉籍,并深入研究了这些日著汉字文献的特点,指出从版式上来看,日著汉籍与中国出版的线装书没有太大的区别,很多日著汉籍其实是在中国出版的,但在中国的各大图书馆却没有馆藏。作者介绍了自己正在编写的《日著在韩汉籍出版总目》,其中对每本书的书名、作者、书的大小、出版时间、在韩国的收藏单位以及资料来源等一一标示清楚。

四、东亚图书与知识之交流

近代以来东亚图书编辑、出版以及印刷技术方面存在着怎样的互动关系,传统知识框架向近代所构筑的知识框架转变的过程中,东亚世界有着怎样的变化,也是学界比较关注的问题。川边雄大(日本二松学舍大学)的《关于明治前期上海的日本人(传教士)活动——以〈沪游杂记〉和东本愿寺上海别院的日中文化交流为例》介绍了东本愿寺上海别院及在上海的传教士与海上派的交往情况，详细分析了《沪游杂记》诸版本的演变及其与《上海繁昌记》版本的对照情况，指出明治前期，它是日本传教士了解中国的重要根据之一。俞樾所编《东瀛诗选》本身就是中日文化交流的一个闪亮结晶，陈福康（上海外国语大学中国文学研究所）在《俞樾的〈东瀛诗选〉对日本江户汉诗的鉴选保存之功》一文中，充分肯定了俞樾在保存江户时代优秀诗人诗作方面的功绩，指出在对俞樾《东瀛诗选》的研究中，很少有学者注意到其中保存了很多日本人自己都忘记了的江户时期的汉诗。该论文对《东瀛诗选》选诗时的当选与不当选问题做出了分析，指出如果有些诗“当选”而未选，这不是俞樾的责任，是因为他没有看到那些诗；如果“不当选”而被选中，那么人们应该仔细去读这些“不当选”的诗，可能这正是一直没有被日本汉诗界给予应有评价的诗作。

于翠玲（北京师范大学文学院）的《从“多识之学”到“博物学”——论中日博物图书的双向交流》对乾隆年间刊印的徐鼎的《毛诗名物图说》和日本人冈元凤的《毛诗品物图考》进行对比研究，梳理了中国古代博物图书在日本的流传和影响，同时讨论了日本近代博物图书在中国的翻译和传播，通过这两本书的对比，论述了中日两国博物观念的演变及这种观念的演变对中日博物图书交流关系的影响。作者认为徐鼎和冈元凤分别编纂的两本图解《诗经》的书籍有着共同的文化渊源，其作为具体例证，可以说明中国古代有关动植物的“多识之学”对日本的“本草学”产生了直接影响，到了近代，中国与日本之间，在输入西方博物学观念和翻译出版博物书籍的过程中，同样存在着双向交流的关系，并指出从古代“图考”、“图说”到近代的科学插图，说明博物图书的出版与博物观念演变（从人文科学到自然科学）、印刷复制技术改进有着连带关系，因而这是考察中外书籍出版史与中外科学交流史的一个坐标；而梳理中国传统学术体系向西方学科分类体系演变的过程，这也是深入研究中日图书出版交流之复杂关系的一个角度。

程美宝（中山大学历史系）的《复制知识——〈国粹学报〉博物图画的资料来源及其采用之印刷技术》一文，以 1907 至 1911 年间在《国粹学报》上刊登的博物绘图为主要研究对象，集中探讨四个问题：一是绘图者在制作这批博物图画时，参照了哪些原始资料；二是绘图者有可能通过什么途径看到这些外文书籍；三是绘图者的外语能力如何，对这些外文书籍的理解情况怎样；四是当时在上海已有的印刷技术及其他物质条件，对于复制或重现这些来自外文书籍的图片，能达致什么效果。在研究过程中，程美宝发现蔡守画的这些博物图画主要来自于两部书籍，一个是在1906和1907年在伦敦出版的*A Picture Book of Evolution*（James Dennis Hird所著），蔡守译作《天择图说》；另外一个资料来源是Richard Lydekker编纂的*Royal Natural History*。同时，程美宝也发现了蔡守另外一个身份——翻译，他曾在广州的《时事画报》"译丛"一栏中，发表他翻译的佛来蔗的英文长篇纪事诗《珠江井》，并且蔡守本人对这个身份也颇为自诩。在谈到那批博物图画时，程美宝强调说，同一幅图是可以被挪用、复制的，知识的传播，光有一个人的发明是不够的，它必须有大量生产和复制的过程，这是近代印刷术的一个重大贡献。

五、文献翻译与东亚文化

文献翻译是文献出版的一个重要的方面，以往很少受到出版史研究者的重视，本次研讨会有不少论文涉及这一崭新的领域。鲁纳（Rune Svarverud，挪威奥斯陆大学）的《晚清国际法翻译的机构和语言》从国际法著作翻译的角度来介绍作为近代中国翻译西书的重要机构的江南制造局翻译馆和同文馆，指出它们在翻译国际法著作时采用了两套完全不同的术语和语言，而由于当时的社会环境，不仅国际法方面的译著一直没有引起人们的关注，而且这两个机构所采用的术语和翻译语言，在较长的一段时间内也没有得到公认，直到1895年中国因甲午战争失败而忍辱与日本签订条约之后，才认识到西方国际法是中国处理其国际关系所必不可少的具有实用价值的工具，但同文馆和江南制造局翻译馆创制的这些传统的表达形式没有能够在中国的言论评述中建立起自己坚固的地位。从1902到1903年开始，日语术语对汉语开始产生了巨大影响。但中国翻译国际法文献和处理国际法问题的将近四十年的传统，怎样和为什么会在20世纪初期甲午战争结束后的短短几年当中被完全日化了呢？作者从两个方面来阐释了这个问题，一是在《马关条约》的余波所激荡起的国际法理论问题的初期讨论中，丁韪良和傅兰雅使用的术语一时间造成了人们对有关术语和概念的混淆；二是留日中国学生在接受了数年西方式大学教育之后返回祖国，并将整套的日语国际法词汇也照搬回了中国，而且由于他们对中国这两套翻译传统及国际法翻译的前史不甚或毫无了解，加之这群年轻人中的大部分都很容易接受日本教育体制和日语版的西方科学理论的影响，因此他们就将这种现成的整套全新术语体系搬了回来。

高晞（复旦大学历史系）的《〈格雷的解剖学〉第一个中文译本之辨析》从医学翻译的角度来考察辨析了其出版物《全体通考》，并认定它才是《格雷解剖学》的第一个中文译本。作者认为《全体阐微》的第一版不是在1880年出版的，1880年的《全体阐微》不是《格雷的解剖学》的第一部中文译本。论文辨析《全体阐微》和《全体通考》的区别，即《全体通考》是《格雷的解剖学》的全译本，系统地阐释了《格雷解剖学》的整个思想体系，并指出《全体阐微》是节译本，内容仅限于对身体知识的介绍。为什么没有人知道《全体通考》是第一本解剖学的译本呢？作者认为一是1881年《全体阐微》所附"解剖学词汇表"被益智书会核定为解剖学术语标准版，1889年惠亨通《全体阐微》出版后，益智书会和中国博医会核定为教会医学校教科书，自此《全体阐微》在医学界的地位就被确立起来了；二是在市场上的消费流通方面，《全体通考》的售价是4元，而其他类似的书售价只有几毛钱，其价格的昂贵也影响了它的流通和影响力。

千叶谦悟（日本早稻田大学高等教育研究所）的《"米国"还是"美国"——传教士出版机构对外国地名书写的影响》则从音韵的角度探讨19世纪来华传教士在外国地名的书写过程中所做出的努力。作者指出来华传教士在出版活动中所创造的大量翻译词的一半是音译词，以"The United States of America"为材料，分析其中文书写形式。现在表达America的中文词语一般是"美国"，其中的"美"字是America的重音部分me[me]的音译。充当America的重音部分me的汉字有好几种：1860年代以前，音译汉字种类多；1860年代的音译部分主要以"米"、"墨"等为多；1860年之后"美"字逐渐取代"米"字成为代表美国的书写的位置。千叶进一步指出，从"米"到"美"的变化是因基础方言的迁移而引起的，带来这个"借方音系迁移"的主要原因是来华传教士活动中心从广州—澳门转移到了上海。广州话早在1850年代就脱离了书写基础音系的竞争,进入1860年代开始了上海音和官话音的竞争,由于美华书院、江南制造局翻译馆、格致书院等有力的翻译出版机构大多设在上海,这使得上海在西学东渐的方面加强了其地位。基于以上的分析,作者认为已往认为音译词基础方言的演变模型是广州话→上海话→官话,这个模型有重新检讨的必要。

关诗珮(新加坡南洋理工大学)的《亲近中国? 去中国化? ——从传教士近代出版看香港"总督"翻译到解殖民的"特首"》一文,则从近代出版刊物上溯源香港殖民时期出现的政治名词,并探究了传教士在翻译这些政治名词时所做的亲中国化的努力——附会中国的文化,选取中国现有的官职和机构名称来作英国殖民机构的称呼。作者指出香港在殖民时期采用了亲中国的政治名词,而在解殖民时期,这种亲中国化的色彩又被抹去了。这种文化的纠结现象正是后殖民讨论中值得关注的问题之一。目前学术界对傅雷的研究讨论多集中在翻译文学方面,对于傅雷在出版方面的贡献,则很少提及,樊琳(上海市档案馆)的《译界巨匠傅雷的出版历程》一文,从翻译出版家的角度研究了上海市档案馆所藏的《傅雷自述》和《傅雷言论集》,系统梳理了傅雷从少年时代就身体力行地从事出版工作,到晚年一直对出版事业关注不减的人生历程,并指出在以往的研究中,对于翻译家及出版家的研究成果都很丰富了,但就翻译家和出版家之间互动及互相渗透问题,希望给予特殊的关注。

关于出版史对文化史的重要意义,郑培凯(香港城市大学中国文化研究中心)在开幕式上作了"出版史研究对于文化交流史的意义"的主题演讲。他认为出版史实际上也就是社会史,它牵涉到社会各个不同阶层的人,牵涉到社会的整个结构,牵涉到整个过程的运作,它是通过特殊的文化载体来表现社会的一种方式。具体来说,出版史的研究涉及到印刷技术、装裱艺术、纸张、雕版、流通、商贸等领域,到近代出版史的研究更是与商业的运作紧密结合起来,不仅出书和售书作为一种普遍的商业活动存在,而且读书也越来越多地沾染了商业的色彩,如读书会、书刊俱乐部等都是一种商业运作的结果。从方法上来讲,现在有许多不同的领域都介入到了出版史的研究中来,如文化社会学,知识社会学,科技史等,如布迪厄(Pierre Bourdieu)的文化场域讨论的是政治、社会和文化的场域的关系，这牵涉到文化传播学。第二次世界大战之后，国外对于出版史的研究有了一个很大的飞跃，特别是年鉴学派的出现直接导致了这次飞跃的产生。新的出版史研究的象征性作品主要有年鉴学派的费夫贺(Lucien Febvre)和马尔坦(Henri-Jean Martin)于1958年在法国出版的《印刷书的诞生》(*The Coming of the Book*)。该书研究了平面印刷在欧洲出现后的发展、产生的社会影响及它如何影响人们对于社会的态度，又如何造成了大的社会历史变动等一系列问题，它以出版为线索，联系到了社会的各个不同领域和各个不同的面。受年鉴学派直接影响的美国学者罗伯特·达恩顿(Robert Darnton)完成了《启蒙运动的生意》(*The Business of Enlightenment*)一书，该书是以《百科全书》为线索，将其作为一个生意的运作过程和状况，研究了从启蒙时代一直到法国大革命之前对法国和整个欧洲社会及文化思维的变迁。近年来有关出版的相关著作，如笔者的《西方传教士与晚清的西史东渐》和沈国威的《近代启蒙的足迹——东西文化交流与语言接触》，都是以出版刊物为线索的代表作，两书讨论了有关晚清历史方面的文化交流的诸多问题，在这个领域内推进了出版史的研究，如果能再继续深入去做每本书的生命史，那么将会对出版史的研究做出非常重要的贡献，同时也是对文化史研究的极大贡献。

出版史与文化传播有着密切的关系，书刊出版是以文化传播为核心，以文化影响为关键的。文化交流是流域，因此其间牵涉了时间的维度、历史的演变、空间的维度、地域的差异、社会阶层的不同。文化的认识在现在世界变得日益多元，它对文化所产生的影响也是不尽相同的。本次举办的“历史上的中国出版与东亚文化交流”国际学术研讨会，仅仅是新一轮出版史研究一个非常重要的开端。为了使中国出版史和中国出版文化交流史的主题研究有一个可持续的发展，主办方还强调，本次会议是该课题系列会议的第一届，以后还将陆续在香港、日本等地持续这一国际性研究的平台，将在东亚文化史上产生较为深远的影响。

〔作者系复旦大学历史系、文史研究院教授〕

图书在版编目（CIP）数据

上海档案史料研究．第6辑/上海市档案馆编．—上海：上海三联书店，2009.3
（上海档案史料研究论丛）
ISBN 978－7－5426－2988－3

Ⅰ.上…　Ⅱ.上…　Ⅲ.上海市－地方史－史料－文集
Ⅳ.K295.1－53

中国版本图书馆CIP数据核字（2009）第012667号

上海档案史料研究（第六辑）

主　　编／上海市档案馆

责任编辑／邱　红
装帧设计／樊　琳
监　　制／李　敏
责任校对／张大伟

出版发行／上海三联书店
（200031）中国上海市乌鲁木齐南路396弄10号
http://www.sanlianc.com
E-mail：shsanlian@yahoo.com.cn

印　　刷／上海一众印务有限公司

版　　次／2009年3月第1版
印　　次／2009年3月第1次印刷
开　　本／640×960　1/16
字　　数／350千字
印　　张／22.75

ISBN 978－7－5426－2988－3/K·129
定价：45元